江水流墨

JIANGSHUI LIUMO

刘晓庄◎著

中国文史出版社

刘晓庄（2017年）

政协蛮好（代序）

岁月总是在人们的不经意中悄悄流逝。屈指算来，今年是我担任政协委员的第 20 个年头，可谓有些"年份"了。这些年来，不时会有熟人或朋友向我问同一个问题：你感觉政协怎么样？我一概回答："说句心里话，政协蛮好！"

1998 年 1 月，我第一次走进政协会议的神圣殿堂，对政协的一切都感到新鲜好奇。"青涩"的我看到他人写提案，却不知提案为何物，依据自己的体验，模仿他人的格式，懵懵懂懂写就了千把字，内容是"借鉴千岛湖经验，开发柘林水库旅游资源"。这是作为政协委员的我第一次学写提案。誊正之后，投入提案箱，以为完成了任务，压根儿就没有把它放在心上。谁知过了几个月，我的办公桌上摆放着一封公函，打开一看，还盖有鲜红的某市政府印章呢。原来是提案办理回复。答复的语气极为诚恳，表示对提案内容要"抓紧研究、认真采纳、着力督办"，以及"深表感谢"云云。对于人生的第一件提案能够得到如此"厚爱"，使我感到无比欣喜，也激发了我此后撰写政协提案、大会发言和调研报告的热情。再以后更多更高级别党政部门办理提案的积极态度，让我越来越明白，政协的提案还是蛮受重视的。

在过去的一段时间里，有人把政协的话语权戏谑为"自拉自唱，自娱自乐""说了是白说，白说还得说"。随着社会主义民主政治的深入推进，政协的"自唱"和"白说"已经有了很大改观，并逐渐由"不说白不说"的激情向"说了不白说"的挚情潜移。对此，我有切身的感受。就在近几年，我先后两次参加全国政协双周协商座谈会，多次在全国政协的联组会议、常委会议、全体会议上发言。如实说来，我的那些话基本没有"自唱""白说"。比如：我提出"开辟农村大学生就业新天地"，部门负责同志发出回声，"就业不能忽视农村这一块"；我建议"裸官不得继续为官"，参会高层领导当场回应，"是到了该解决的时候了"；我反映"乡村教师工作艰苦待遇低"，全国政协领导表示认同，"对于这一点我是深有同感"；等等。敞开心扉坦陈观点，倾心为民吐露真情，一次次政协会议发声的经历，使我一再感悟到，政协的话语权还是蛮管用的。

正如人们所常说的，政协的地位比较超脱。不过话说回来，政协超脱的是权力与名利，而不是超脱社会与百姓，因为在"政协"的前面还有"人民"两个字，她的根始终牢牢地扎在人民群众中间，这才是"新政协"的切实内涵。"居庙堂之高则忧其民，处江湖之远则忧其君。"为了更好地沉下身子、贴近群众、了解实情，政协委员撑着雨伞、卷起裤腿走田头，一身便装、脚穿布鞋进车间，于今已不是个别现象。这并非为了作秀，作秀对他们来说委实没有多大的价值。有一次我与农民兄弟在村旁"侃大山"，专门谈到种粮补贴："农民得实惠，一定很高兴"；回答："高兴是高兴，不过心里还是有些憋屈。"经慢慢细问，使我得知种粮补贴"不太公平"的真实情况，于是向有关部门反映"种粮补贴应注重公平"这一问题，引起了多方的密切关注。记不起多少次深入基层"摸问题、找对策"的实践，让我深深感到，政协的调研还是蛮接地气的。

有一种调侃：政协、政协，就是"紧歇""紧歇"。其实，这是不太晓得政协工作的内情。相当多的政协委员是本单位的骨干力量，事务性工作千头万绪，业务繁忙之余，还要腾出时间，结合本职岗位的实际，积极参加调研，思考建言内容，能说不忙？在政协会议期间，委员们认真组织材料、准备各种发言，"欢快地忙碌于履职"之间，怎能悠闲？自己也是这样忙过来的。记得有年春天参加政协组织的赣鄱经济发展论坛，看到其他委员运用精心准备的课件，各抒己见、见仁见智、图文并茂、精彩纷呈，才发觉自己原先起草的文字内容过于简单空泛。于是挑灯夜战，为第二天的发言重新撰写提纲、编制课件，花了好几个小时，直到认为发言内容像个模样，方才长长地吁了一口气，开窗远眺，东方已微微泛出乳白色的光彩。所以听到有人说，"忙起来就像在政协"，我可深有体会，政协做起事来还是蛮拼的。

　　智力密集，人才荟萃，各级政协都是"藏龙卧虎"之地，拥有不少学科领域的专家学者。他们言之有物、言之有据、言之有度，不说外行话，也不说"你好我好"大年初一的拜年话，表现的是一种君子风范。由于委员们懂得一个道理，批评的价值远胜于赞美的意义，因此在政协，要说就说"掏心窝子"的真心话，说自己熟悉的在行话，力求参政参在点子上，议政议到关键处。人云我不云，阿谀奉承我不会；空话假话我不说，进谗献媚我不做。这是政协委员的信条。知之为知之，不知为不知，宁可"却道天凉好个秋"，也不"为赋新词强说愁"，已成政协委员的风格。走进每年的两会，聆听委员们铆劲儿讨论报告，大多是富有见地、入木三分的真知灼见，很少听到"高屋建瓴、立意深远、蓝图宏伟、鼓舞人心"之类永远正确的客套话。故而，听了一些委员"大咖"的铿锵之语，会从心底发出由衷赞叹，政协委员的意见建议还是蛮专业的。

　　赤橙黄绿青蓝紫，远近高低各不同，世界上没有两片相同的绿叶。事物存在的多样性和差异性，构成了大自然绚丽多彩的壮美景观。各级政协集聚着四面英雄、八方才俊，英雄所见略同，却又时常略异，正所谓"君子和而不同"。"求同存异"是人民政协的本色，在一些场合，政协委员往往围绕着同一件事情，或工程项目、或财政预算、或政策措施等，官不分大小，人不分贵贱，各人都可以表明自己不同的主张。我在政协会议上就亲眼见过，一些有地位、有影响的知名人士，他们私下感情深厚、毫无过节，但商讨问题时却是针尖麦芒、使劲"抬杠"，互不相让，争论得脸红耳热。各种观点在激烈的交锋中密切地交融交汇，最大公约数在各自的体谅理解中求真求实，从而达成共识，凝聚力量，彰显出各美其美、美美与共的协商民主特色。政协"不打棍子、不戴帽子、不抓辫子"的宽松议事原则，会让人体味到，政协的氛围原本还是蛮包容的。

　　那年我在北京参加政协会议，清晨到驻地宾馆马路对面的小广场，跟着几位年长者比画太极拳，听到一番对话："宾馆拉上了警戒线，又要开政协会议了"，"可不是，这年头，政协还确实能帮咱老百姓说上几句公道话"。在当天下午的小组讨论会上，我以《增强使命感，百姓有期待》为题作了发言，特意将早上听到的那段极为普通的对话说给大家听，在场者频频点头，感动得那个"泪崩"呀，还真没有预料到。"要让人民群众感觉政协离他们很近"，已经成为各级政协组织的自觉行动。这些年来，政协委员立足民生，扶贫济困，把老百姓的诉求当作重托，在脱贫攻坚中扮演着重要角色，做了不少的实事和好事。人民群众最重那份情，只要政协把老百姓放在心上，老百姓也一定会把政协记在心上。从近年社会各界对政协的总体评价来看，政协的整体形象还是蛮高大的。

　　人们耳熟能详的《陋室铭》中有几句经典之语："谈笑有鸿儒，往来无白丁。可以调素琴，阅金经。无丝竹之乱耳，无案牍之劳形。"它几乎可以作为政协的大"写真"。在政协这个团结民主、和谐温馨的家园，委员们都有着一种同样的感觉，"无权无势无烦恼，有职有责有情操"。同样的感受给了我们共同奋斗的理想，信仰的力量鼓舞着我们积极进取乐观向上，所以说："政协蛮好"！

（原载于《中国政协》2017 年第 19 期）

目錄

1

辑一

民盟情怀

不忘责任之重

——寄语 2008

　　晨霞暮云，雁去雁归。不经意间，2007 年的日历撕完了最后一页，时光进入了令人憧憬的 2008 年。在这辞旧迎新、盘点过去、求索未来的时刻，人们或许喜欢用"感慨良多、思绪万千"之类的字眼来形容自己的内心世界，而我则想用一句话来表白个人的心情，"2008：不忘那一双双目光，记住那一份份责任"。

　　诚然，2007 年是我人生值得回味的岁月，我在这一年光荣地担任了民盟江西省委会主委。生活是如此厚待我，时代是如此厚望我，社会是如此厚爱我，然而，自己心中总觉得诚惶诚恐，战战兢兢。因为，在我的脑海中经常会浮现出那一双双注视的目光。

　　忘不了父亲那犀利而又诚恳的目光。我是从农村的田埂上走出来的，1977 年全国恢复高考，我成为那年全公社唯一考取大学的青年。圆梦的同时，由于自豪与无知，产生了几分陶醉、几分飘然。父亲见状，严厉地对我说："人生犹如走山路，有鲜花也有荆棘，有平坦更有崎岖，时时要当心摔跟斗啊。"父亲是个文化人，大学毕业后一直在乡村中学教书，吃过不少苦，遭过不少挫折，他的话往往是言语不多，却很有分量、很有道理。几句话如醍醐灌顶，使我清醒了许多，聪明了许多。从这个时候开始，我慢慢懂得了什么叫"不以物喜，不以己悲"，一直低调做人，不事张扬。启程那天，东方欲晓，薄雾缭绕，当村人还在酣睡之中，父母和弟妹们把我送到村口，我就这样悄然踏上了新的人生旅程。朦胧中，我看见了父母那慈祥而又深情的目光。

　　忘不了乡亲们那求助而又期待的目光。大学毕业，留城工作，无论再忙，每年我都会抓紧一段时间在乡间小住，几十年过去了，始终不能洗脱那股浓郁的泥巴气息，依旧保持着那份深厚的乡土情结。前些年，我在乡间听到了农村教育的艰难、农村医疗的无奈、乡村不良债务的包袱、农民工城市遭遇的辛酸，等等。农村的乡民、干部、教师、医生乃至孩子们，都热切地希望我这个政协委员能够向上面"反映情况"。在听到各种不同呼声的同时，我也感受到目光中所包含的情感与心愿。我没有辜负他们，也不能辜负他们，把一席席话语，整合成一个个提案，梳理成一条条意见，"一一反映到上面"，有的意见甚至在"两会"期间直接向中共省委书记陈述反映，一些问题已经或正在得到较好的解决。

忘不了中共和民盟领导那鼓励而又信任的目光。上任前夕，我的前任、前任的前任们分别与我交谈民盟事业的过去、现在和未来，教育我要在工作中把握好哪些重要内容，比如大是大非、同心同德、信念信心、真言真情等，诚可谓千叮咛、万嘱咐，高尚风范寓于谆谆教诲之中。而后，他们一一紧紧握住我的手，"困难不少，相信你能干好"。也是在上任前夕，中共省委主要领导和部门领导先后约我谈话，他们纵论多党合作的伟大意义，畅言民主党派的作用发挥，一次次的谈话，使我受到一次次的理论教益，得到一次次的心灵洗礼，更加深切地感受到多党合作情意浓浓。末了，他们也都是紧紧握住我的手，"压力不小，相信你能干好"。面对鼓励和信任的目光，我唯有一再坚定地表示，"尽职尽责，尽心尽力，踏踏实实地做好每一件事情"！

忘不了盟员们那希望而又炽热的目光。换届之后，我充分利用时间，走访了一些民盟地方组织和基层组织。在那里，我和盟员共同学习中共十七大和民盟十大精神，座谈政治交接学习教育活动的重要意义及其内容，交流一些对现实问题的认识与看法，甚至适当开展一些"理论热点面对面"的探讨。言谈之中，我知晓了不少真实情况，听到了不少鲜活经验，也了解到不少民盟工作的困惑。尽管民盟工作遇到诸多问题，需要花大气力去解决，但是，我却很少听到抱怨的声音。每当谈及未来民盟事业发展和多党合作前程时，盟员们都会热情洋溢，豪情满怀，脸庞上挂满幸福的笑容，目光中流露出对新时期党的统战政策的赞赏和对民盟组织的一片挚爱。从大家的炽热的目光中，我发现了燃烧着的新的希望之光。

目光，到处都是目光，以至于我仰望布满夜星的苍穹，看到的是一双双闪烁的目光，凝视水面跳动的浪花，也是一双双晶莹的目光。目光给了我信心，目光给了我意志，目光给了我激励，目光更赋予了我责任。正是在众多目光的注视下，使我在新的一年，乃至以后若干个新的一年，都不敢有丝毫懈怠与松劲，只能是全心全意，努力、努力、再努力。

有人说，责任是一种信仰。也有人说，责任是一种情感。其实别太玄乎，责任就是责任，是每个人都应该投入到自己的工作岗位中去，用实际行动去做好分内的事情。换言之，责任就是一种在忠实履行职责时孜孜不倦的自觉追求。使命则是责任的进一步延伸，是必须承担的更大责任。唯有责任与使命，才能使自己明白在岗位上应该做什么，如何做得更好，才能保持自己时时清醒，督促自己步步前进。

上任伊始，当主委的担子压到自己的肩膀时，我已经深切地感受到那份沉甸甸的责任，如政治责任、社会责任和行为责任等，委实不轻啊。这一切，我都必须勇敢地承担起来。

责任需要激情，更需要冷静，要学会冷静地分析问题和处理问题。当前的民盟工作，有机遇，也有挑战，并且面临着不少新难题。归纳基层民盟同志的意见，现在民盟工作普遍出现"四难"：一是自身建设难，二是组织发展难，三是开展活动难，四是争取经费难。对于横亘在面前的一道道难题，我必须认真加以剖析，找出症结所在，以便对症下药。不然的话，手捧着骨头无法啃，目瞪着难题干着急，一头雾水，无从下手，何谈履行职责？因此，在2008年，我应该多下基层，多了解和掌握盟组织及其成员的一些情况动态，迎难而上，排难而进，认真分析问题，思考解决问题的办法，提高处理问题的能力。这点很重要。

责任要体现在全部"接力"征程中。"政治交接"，顾名思义，是一场为时长久的政治接力跑。我曾经将"政治交接"这一严肃话题，从责任角度概括成这样几句话：一是"朝前看，不错道"，要明确目标，坚定信念，顾全大局，认准方向，勇敢向前，不要走错道路；二是"握紧棒，别摔跤"，任何时候都要忠于职守，把握原则，不左顾右盼，不犯错误，尤其不能出政治事故；三是"鼓足劲，竭力跑"，接力关键要竭力，咬紧牙关把劲使足用完，勇敢地跑完全程，再欣慰地将棒交给下一任。不管意思是否表达得准确，但我会这样去做，而且要从2008年做起做好。

责任必须有好的思路，思路决定出路。如何做好2008年的民盟工作？我归纳为六个字："一、二、三，齐步走"。"一"，就是把促进科学发展作为民盟组织参政议政工作的第一要务，紧抓要务不放松；"二"，就是搞好两个加强，一要加强自我教育，二要加强自身建设；"三"，就是抓好三项工作，一是参政议政、民主监督工作，二是传承思想、服务大局工作，三是维护稳定、促进和谐工作；"齐"，就是要在多党合作事业中团结奋斗、齐心协力；"步"，就是在政治上与中国共产党步调一致；"走"，就是坚持走中国特色社会主义政治发展道路。在此基础上，我要紧紧依靠广大盟员的智慧与力量，群策群力，完善措施，积极行动，努力把民盟工作开展得丰富多彩、有声有色。

责有攸归，责无旁贷。无论是居庙堂之高，还是处江湖之远，都要忠实地履行自己的职责。为了民盟的美好明天和多党合作的宏伟事业，我愿意把责任升华到高于一切、重于泰山的境界，为之勤勤恳恳，为之兢兢业业，为之殚精竭虑，为之奋斗不息。

东晋诗人陶渊明有过"盛年不重来，一日难再晨，及时当勉励，岁月不待人"的感叹。2008年的钟声已经敲响，2008年的春天即将来临。生逢此时，我们何等荣幸。我愿意在世人的目光关注下，以高度的责任意识砥砺自己，用坚强的时代毅力辛勤耕耘，在这朝气蓬勃的生命春天，撒播新的绿色希望。

信笔至此，我不能再唠叨了，权且作为我的"寄语2008"。

（原载于《群言》2008年第2期）

不忘草根之本

三年以前，在一片"哗啦哗啦"的祝贺声中，我走上了省政协副主席这样一个被人们视为较高的领导岗位。惆怅、压力、焦虑、憧憬等，各种情绪叠加交结，我一时感到惶惶然、茫茫然不知所措。

为了使自己复杂的心理保持冷静、守住安宁，在浮躁中回归常态，我曾经撰写过一篇短文《不忘责任之重》，刊载于《群言》杂志 2008 年第 2 期。在文章中我写道："责有攸归，责无旁贷。……我愿意把责任升华到高于一切、重于泰山的境界，为之勤勤恳恳，为之兢兢业业，为之殚精竭虑，为之奋斗不息。"说这番近乎"豪言壮语"的话，并无造作或取宠之意，只是为了表达自己内心的一种追求。所谓"励志"呗，自我勉励而已。

眼睛一睁一闭，一日没了；台历一翻一合，一年没了。三年的时光，在如履薄冰尽职尽责中给一天天地打发了。如今，回过头来检阅自己走过的坎坷道路，尽管足迹不甚整齐，然而体会十分深刻。突出的一点感受是，"记住责任之重"诚为必要，"不忘'草根'之本"亦很重要。责任与"草根"，两者合为一体，互为补充，可谓相得益彰。

大约在 20 年前的青年时代，有一首叫作《小草》的歌曲非常流行，其中几句歌词我非常喜欢，"没有花香没有树高，我是一棵无人知道的小草；从不寂寞从不烦恼，你看我的伙伴遍及天涯海角"。小草这般低调简单，不自大也不自卑，热爱身边周围的一切，在春风吹拂、阳光照耀、山河哺育、大地拥抱下愉快地生活。小草拥有的那种披挂霜雪而展现的浪漫、植根泥土而散发的芬芳，使我常常梦见自己宛若一棵青青的小草，在如诗如画的风景中，与万物生灵一起享受着大自然的幸福和欢乐。

如果说，小草也是阳光、水和土壤共同创造的生命，但与"花香、树高"相比，上帝毕竟把它造就得过于普通渺小、平凡微弱。然而，"野火烧不尽，春风吹又生"，小草一次次地接受风雨的爱抚洗礼，以其坚忍不拔的生命力遍布在每一个角落；"天涯随意绿匆匆，只与牛羊践踏空"，小草虽似柔弱却是顽强，为了绚丽鲜花的盛开，为了参天大树的矗立，为了这个世界更加精彩，它成就着一个又一个的梦想，无怨无悔地做出美的衬托、爱的陪伴……

春风化雨草长莺飞。小草值得礼赞，而与小草紧密相连的草根，它位于小草的最下端，最不起眼，最不引人注意，却更值得咏颂。正是因为有了草根的滋养，小草才能生生息息、绵绵不绝，才能深情地依偎着大地、获得生命的永恒。草根啊草根，它原本是默默奉献的化身。

近年来，"草根"的词义得到了新的发展，已经由自然学科向社会学科的范畴不断延伸，被用以特指社会底层的群体，又引申为大众百姓，例如："草根文化""草根生活""草根诉求"等。我是这样认识的，用"草根"的概念来比喻底层百姓，很形象、很鲜活、富有创意，语义极为新颖。我们不可蔑视"草根"，因为它具有强大的凝聚力和生命力。"草根"随地而生的习性和因势而长的个性，更是万万忽略不得。戏仿歌曲《母亲》中的词儿，"不管你多富有，无论你官多大"，还是学问有多深，职位有多高，其实呀，咱们都不过是芸芸众生中的一员，过去来自"草根"，现在离不开"草根"，到什么时候也不能忘了"草根"。

至此，我想到，毛泽东主席在当年"进京赶考"之前告诫党的领导干部要牢记"两个务必"，切实做到谦虚谨慎、不骄不躁，坚持"全心全意为人民服务"等，不就是要大家不能忘了"我们是工农子弟兵"这个本，时刻记住自己的"草根"出身吗？还有，记得我在某江南古衙门读到的一副著名楹联中的下联："吃百姓之饭，穿百姓之衣，莫道百姓可欺，自己也是百姓"，说的也是这么一个通俗的道理。如果我们大小官员们都能够深谙此理，心中装着百姓，心境清静坦然，没有贪婪，没有骄奢，那么，社会空气也就会得到净化，人与人之间的关系也就会变得更加和谐。

不忘"草根"之本，"根本"是要在感情上表现出一种"绿叶对根的情意"，在行动上表现出一种对"群众是真正英雄"的敬畏，在心态上表现出一种平常人"神马浮云"般的恬淡虚无。"我是中国人民的儿子，我深情地爱着我的祖国和人民"，"为什么我的眼里常含泪水，因为我对这土地爱得深沉"，这些语言朗诵起来铿锵有力，行动起来却不轻松容易。但是我愿意点点滴滴，坚持努力去做。

在日常工作中我特别警示自己，"为政不在多言，须息息从省身克己而出；当官务持大体，思事事皆民生国计所关"。几年下来，我要求自己经常深入乡村基层，走进茫茫田野和大山深处，在那里倾听民声、了解民情，并且乐此不疲，因而也颇有收获。诸如农村教育医疗、环境卫生、生态补偿等事关民生的一些提案建议，就是在基层调研中形成的。另外，我还把现实生活中的一些热点、难点和焦点问题，把人民群众中的各种合理性意见、要求和呼声，如种粮造林补贴、竹木产业发展、职业教育培训等，都在适当场合如实反映，而且取得了一定效果。

在个人生活中我严格要求自己，"成由勤俭败由奢"，"独身苍茫自忧民"。我来自贫瘠的农村，接受过风吹雨淋、日曝夜露的艰苦锻炼，深知一茶一饭来之不易，对于那些显阔气、讲排场、铺张浪费的行为，历来为我所不齿。即便现在生活条件好了，我也仍然保持着那样一种习惯，家中剩菜剩饭只要没有变质，决不扔弃，——综合利用加工成"菜煮泡饭"，虽说有那么一点"抠门"，却也滋味悠长。周末节假休闲时，我乐意陪同妻子，一道挤上公交大巴，来到熙熙攘攘的农贸市场和超市，选货还价、掏钱购物，还知道了不少市情，自觉其乐陶陶。

在平时交往中我十分提醒自己，"待人以恭，修己以敬"，无论官做到何等地步，都是为百姓办事的一个差使，千万不要在乎自己是怎么回事儿。多少年来，我对于那些官职不大、架子不小、一脸不耐、喜欢摆谱儿的人，会跟他瞪眼发急，而对于那些唯诺拘谨的"下面同志"，我会泡上一杯茶、递上一支烟，慢慢儿细聊。或许有人不理解我的这种"为人做派"，但我的这种"草根"情结，确实包含着几分情意，其中乐趣需要仔细品味。

古人孟子说过："民为贵，社稷次之，君为轻。""民贵君轻"，大概与今人追求的民主政治有异曲同工、不谋而合之处。大小官员能够"轻己贵民"，那是没有忘记"草根"之本，体现的是一种中国特色民主——"让人民当家作主"的博大胸怀。说到"民主"，费孝通先生还做过这种浅显的诠释："民主就是上情下达，下情上达。"在社会分工上有必要建立"科层分级"制度的时代，在工作上则应该上下联通，尊重广大百姓的意愿。"权为民所用，利为民所谋，情为民所系"，为什么内涵如此精深？因为它已被无数历史事实所证明："水能载舟，也能覆舟"，没有弱者的尊严就没有强者的安全。再回到本文的话题，没有"草根"也就没有小草，更没有大自然的万物生态景观。

叙述完以上零碎的语言，最后说说自己的体悟，姑且作为本文的结语。小草朴实无华，从不争奇斗艳，而蕴藏在泥土里的草根，更是默默无闻地为小草的茁壮成长提供丰富的营养和水分。小草与草根融合在一起，为明媚春天披上翠绿外衣，为苍茫大地铺上茵茵绣毯，却从不自我夸耀、自我显荣，实实在在地做到"俏也不争春，只把春来报"。在任何时候，我们都不能忘了自己的"草根"出身，不能忘了"草根"的那种崇高品格和高尚情操。惦记着"草根"、念叨着"草根"，我们会感觉心灵平静如水，思维淡定从容，人间原来是那么美好。

所以我认为，不忘"草根"，这是立人之本、立身之本，更是为官之本！

（2010年12月8日于北京中苑宾馆）

不忘民生呼唤

又是一年"两会"至。

回眸过去的一年，我深深牢记政协委员关注民生、情系百姓的责任和使命，认真倾听来自基层干部群众的呼唤，积极在神圣的"参政议政，建言献策"殿堂反映民声、传达民意。谨此再现几个"片段"，权且表达一年来尽情履职的心迹。

来自病房患者的呼唤

去年春节期间，年近 80 的老母不慎摔跤导致股骨颈骨折而住入医院。在病房，我听到了其他患者哀愁的声音，恳求大夫尽量少用一些药品，或用一些便宜的药品，不然的话，"一身病债怎么还"？我深深理解患者沉重的哀求，并总想为他们做点什么。于是，在去年全国政协十一届一次会议的联组会上，我作了一个发言，呼吁国家"建立大病救助廉价药品制度"。

推进医疗卫生事业改革和发展的目标，是为群众提供安全、有效、方便、价廉的基本医疗卫生服务，让人人享有基本医疗卫生服务。尤其是在人们遭遇不测的大病、急病时，能够接受一种政府和社会的特殊关爱，使疾病得到及时的治疗，而不是"小病忍，大病挨，快死才往医院抬"，也不是"拔针头，拒药片，就怕没有钱来垫"。

翻开尘封的历史，我们就会发现，历朝历代，大凡在大灾大疫之年，衙门及富贵殷实家庭都会给贫民采取施米、施药、施粥等赐送活动，而且逐渐演化成为我们伟大民族的一种优良传统。

在构建和谐社会的今天，尽管政府建立了城乡医疗救助制度，但仍然难以从根本上解决社会底层弱势群体的医药费用问题，有病不治、有死不救或因病致贫、因病返贫的现象，在城市的角落或农村的边缘时有所见、时有所闻。我们甚至读到过这样的耸人听闻的报道，有的重病患者因无力付费被抛弃于郊外、路旁而遭人冷眼。社会的麻木冷漠并非个别，在现实生活中，对部分人而言，"病有所医"的确只是一种愿景，能够见到真情行动者可谓一种幸运。

当然，我们也可以见到另外一番情景，那就是某地、某人患有某一种难治之症，经过媒体的大声疾呼或渲染煽情，令人悲悯泪流之后而解囊相助，我们中的每一位朋友大概都曾经有过这种捐助的经历。然而，在我们这个泱泱大国，需要接受捐助的人太多太多，媒体也不可能每天都登载催人义举的消息，都制作呼吁施助的节目，能够得到捐助的人毕竟太有限太有限了。

于是，我陷入了一种深深的思考之中：能否设计一种制度，可以时时帮助那些贫困交加、为病魔所折磨而又无钱就医的患者。思考之余，形成了"关于建立大病救助和廉价药品制度"的想法，并就此提出三点意见：

1. 民政部门主抓大病救助、廉价药品制度的建立与实施工作，社会保障、医药卫生、财政等部门配合。

2. 建立救助基金，具体细化基金使用办法，严格使用纪律，不断完善办法内容。

3. 多方筹措资金：政府预算划拨，专款专用；社会捐助与慈善资金；发行公益彩票；新特药（高价药）的利润比例提成。

诚然，有关制度的建立，还有许许多多的工作需要去做。但解除症结的办法，是要将大病救助等制度付诸切实的行为，不要在渗透着希望阳光的今天和明天，重演那些"有病不医、等待归西"的悲剧。

在这里，我以焦灼而又充满期待的心情，企盼着大病救助廉价药品制度的早日实施，并愿借用歌曲《爱的奉献》结尾词延伸着一种遐想："如果大家都献出一份爱，整个世界将洋溢着美好的生命春天"。

来自广袤田野的呼唤

双休节假日，又遇闲暇时，偶回到农村老家，不知怎么与农民兄弟聊到了农业收成和种粮补贴的话题。嘿，话匣子一打开，大家你一言，我一语，就当前的种粮补贴问题谈了不少看法，还希望我把这些意见捎到北京去。我当然不能辜负农民兄弟们的期望，便将大家的零碎意见稍加整理，在去年7月的全国政协常委会上，结合学习中共十七届三中全会精神，提出了一个敏感话题："种粮补贴该怎样补"？

"种粮补贴"制度，直接惠及农民，理应受到农民的欢迎。但就我目前所了解的情况，农民兄弟对"种粮补贴"的感激程度大大降低，甚至不以为然，略有微词。至少有三种抱怨：

一是"种粮补贴"不合理。补贴以单位面积计算，辛勤种粮者得到了补贴，无故撂荒者也可得到补贴；卖粮的得到了补贴，不卖粮的也可得到补贴。

二是"种粮补贴"不划算。种粮食得到了补贴，而农资产品却大幅涨价，一进一出一合计，却是入不敷出，不仅没有获利，反而有所亏。

三是"种粮补贴"不科学。种粮要靠水利基础设施建设来维系，种粮补贴再多，离开了水利命脉工程也是枉然，要把一定数量的资金投到水利建设上去，否则是舍本求末。

农民兄弟认为，实行种粮补贴，当然是件好事，因为有补贴总比没有补贴好，关键是怎样补得更科学、更合理，更能激发种粮的积极性？有三种认识值得关注：

其一，按卖粮数量进行直补。"按量直补"很简单，似乎也很合理，问题是土地有肥沃、贫瘠之别，地势有高低、优劣之分，投入与产出往往不成正比。如果按卖粮数量直补，势必会出现劣质土地无人种，撂荒现象则会更加严重。

其二，放活粮价，开放粮食市场。认为国内粮价还有上涨空间，开放粮价可使农民获得更大的利益。然而，粮价是牵一发而动全身的大事，放活粮价，有可能导致其他物资价格跟风上扬，CPI 难以控制，随之引起系列经济社会问题。此外，还有另外一种可能，就是类似于猪肉价格的起伏不定，最后出现"谷贱伤农"、粮食危机。

其三，用种粮补贴支持农资产品生产和农业基础设施建设，从而达到限制农资价格，保障农民收入和农业生产目的。可是，当种粮补贴一旦减少或取消，是否会挫伤农民的种粮积极性？很难预料。

看来，"种粮补贴"该怎么补？还真是一道"难解的困惑，费思的难题"。对此，我有以下观点：

第一，大幅度提高种粮补贴标准。中共十七届三中全会决定指出："健全农业补贴制度，扩大范围，提高标准，完善办法，特别要支持增粮增收，逐年较大幅度增加农民种粮补贴。"必须廓清"大幅度"的概念，怎样掌握这个"度"，增加 10 个、20 个百分点是否就是大幅度？要从保障粮食安全的社会角度进行考虑。

第二，适时调整粮食价格。"保护和稳定农产品价格"是保护农民利益，而不是伤害农民利益，随着物价的上涨，要适时提高粮食价格，不能依靠农民兄弟单薄的脊梁，来承担防止物价上涨的重大责任。

第三，安排专项资金，千方百计稳定农资产品价格，加强水利基础设施建设。这是直接关系到"农业可持续发展、粮食可持续安全"的国家战略方针，关系到芸芸众生每天离不开的吃饭问题，是"天大的事情"，不能等闲视之。

第四，参考各种观点，统筹各方利益，结合各地特点，制订因地制宜的地方种粮补贴政策。因为全国各地情况不尽相同，复杂多变，应该与时俱进，多头并举，具体问题具体分析，"种粮补贴"不要搞神州大地"一刀切"。

来自森林深处的呼唤

由于开展生态环境的调研，去年数次深入林区。在那云雾缭绕、树高叶茂的大山深处，我与林区的基层干部和林农促膝交谈，学到了许多知识，了解到不少情况，同时也听到了一些林区干部群众的强烈呼声。"人民的呼声是第一信号"，我把了解到的有关情况内容进行简单的归纳，在去年10月的一次全国政协常委会上，就环境保护问题，倡言"建立、健全并实施森林生态保护机制"。

人类需要森林，因为森林是人类赖以生存的环境之魂。生命须臾不可缺少的三大物质——阳光、空气和水，它们都离不开森林的作用。如人们常说的"山清水秀""青山绿水""山高水长"等，那水之"秀"、水之"绿"、水之"长"，无一不是以郁郁葱葱的森林作为前提条件和背景。

当代的中国尤其需要森林，因为我国的人均森林覆盖率实在太低，只有世界的1/3，而森林蓄积量则更少。我们谈科学发展与和谐，谈生态文明建设，谈绿色人居环境等，如果离开了森林，一切都将会显得那样的苍白与空洞。就某种意义而言，森林的礼赞，实质就是生命的礼赞。

中国的森林，已经出现危机。那些为保护现有森林资源、并继续致力于扩展森林覆盖面积的地区和人民，做出了无私牺牲和巨大贡献，可歌可泣，令人钦佩。如森林覆盖率已经超过60%的江西，作为经济欠发达省份，近年来不断提高生态公益林补偿标准，安排大量资金，在全省范围内实施植树造林。为了什么？为了"祖国的天更蓝，山更绿，水更清"。

在森林的泽被下，天蓝了，山绿了，水清了，空气清新了，生态环境更加优美了，这该是多好的事情。然而，林区的干部群众却犯愁了。基层同志反映，为了保护森林和下游水资源环境，林区必须限制诸多产业的发展，树不能砍，矿不能采，工业园不能建，制约了地方经济的发展，群众的就业增收变得越来越难，社会的不稳定因素变得越来越多。林农说的话更加直白：每亩公益林不足10元的补贴算什么，还不抵砍一根毛竹甚至挖一苋笋，靠山不能吃山，我们靠什么过日子？

政府花钱给补贴，林农领钱却不领情，问题的焦点在哪里？困惑之余，悟出一点：缺乏科学合理的森林生态补偿机制。是啊，森林所产生的价值是人类共有的，而对于那些忠实的森林种植者和保护者，尽管给予了他们道义上的尊重，但并未给予应有的经济补偿。林农没有得到实惠，岂能没有怨言？

于情于理，保护森林是大家的共同责任，补偿林农是大家应尽的义务，经济补偿是一种必须的支付，绝不是一种赐予。由于补偿机制的缺失，却一味让林农担负着保护森林的重任，结果只会影响和削弱他们造林护林的积极性，对地方经济发展和生态文明建设极为不利。长此以往，恐怕会衍生成毁林的恶果。因此，建立科学合理的森林生态补偿机制刻不容缓，势在必行。

的确，建立与实施森林生态补偿机制，涉及许多难题，如补偿资金从何来，补偿的主体是谁，补偿的标准怎样定……一句话，补偿工作该怎么做？我认为要抓住以下关键：首先是要尽快启动森林生态补偿机制的立法和补偿标准的制定工作；其次是要形成生态补偿资金来源多元化的格局，确立多样化的生态建设产业支持项目；最后是要设计灵活多样的补偿方式，建立行之有效的保障体系和统一、协调、高效的管理体制。有关具体内容，一言难尽，我想通过调研报告或提案的形式反映，此不赘述。

当然我也明白，有些事情说起来容易做起来难。但无论再难，我依然坚持，建立森林生态补偿机制这项工作必须尽早努力完成。且不说这是一件利国利民的大事，平心而论，那些身居大山深处的人们，默默无闻地守护着森林，委实太辛苦、太不容易、太需要给一点关爱！

（2009 年 3 月）

不要在乎被冷落

几天前，还是阳光明媚，暖洋洋的，不像冬天却似春天。没料到，老天把脸一沉，说下雪就下雪，气温骤然降了二十来度。眺望窗外，寒风挟着雨雪，向大地扑来，一片片树叶萧萧落下，平日里"叽叽喳喳"的小鸟也不知飞到哪儿去了，不由得见景生情，脑海里突然间浮起了一个词儿："冷落"。

人世间，有的人喜欢热闹，也有的人乐意清静。寒热炎凉，自然规律，躲不过去，绕不开来，人们唯独不情愿的就是心中的那份冷落与寂寞。

查阅辞书字典，概言"冷落"的词义主要有二：一指环境的冷清静寂，如"行客凄凉过，村篱冷落开""门前冷落鞍马稀""更那堪冷落清秋节"等；另指待人的冷淡怠慢，如"淮上客情殊冷落，蛮方春早客何如"，"原本有了心上人，把你冷落又奈何"。在我看来，一个人的被冷落有大小之别，受大冷落者，命运之神总是与他擦肩而过，好运始终不垂青于他，所谓"运交华盖，翻身碰头"；遇小冷落者，不时遭到别人的忽视甚而鄙薄，不为他人注意或青睐，也许就是"破帽遮颜，漏船载酒"之类。

人的一生无论他多么"春风得意"，总会有不足自夸的"昔日龌龊"，好比原野青草繁茂盛荣之前有枯衰，宛如江河流水一泻千里之后有平静，人被冷落只是生活中的插曲，没有格外的冷落也就没有熊熊燃烧的激情。所以，对待冷落，需要调整好自己的心态，不要在意那是最好的表现。

普天之下，多少平民百姓、凡夫俗子，饱受他人的白眼，遭到别人的冷落，可他们照样生活，"没有寂寞，没有烦恼"。因为他们懂得，吃自己饭、穿自己衣，为他人活着，未免太累。给人白眼的"得意者"们显的是一时威风，让他离开"得意"的舞台，把妆一卸，哈，该是啥样还是啥样。咋的，就是不服气也不行。所以，我们不能刻意强调逆来顺受、令人随意摆布，却也不要过于在乎别人对自己的冷落，更不拿他人的错误伤害自己的身体。真正要介意的，就是时时保留自己的那份体面与尊严，过好自己的每一天。

有人说，官场风光，没有冷落，那是局外人的话。身在官场的人都知道，官场的冷落更不好受。比方说吧，官职有上有下，下官陪侍着上官，人家热捧的是上官，下官于是被冷落；官位有实有虚，那些无多大权力的虚职没人追逐，蜂拥的是那些能办事儿、能批条儿的实职；官衔有大有小，"官大一级压死人"，大官可以疏远小官，小官即便受点冷落与委屈，那也情有可原。还有一些"离开岗位"的官、"退居二线"的官等，昔日风光不再，凡事也得求人，失落之意更是"苦不堪言"。凡此种种，倘若要生闷气，整天没个完，还不如一笑了之，压根就无须在乎。

回眸自己的过去，我也曾经多少次尝到被人冷落的滋味。在农村时幻想上大学，可推荐的名单中自己不在其列，我没有气馁，插秧割禾、挑粪浇地，照常干得认真卖力，终于等来了改革后恢复高考的春风；工作后因为"乡巴佬"的出身，天然的泥土气息或许与都市的香水芬芳难以相融，"乡气""香气"格格不入，但我毫不自卑，依然勤奋如故，一次次地书写着自己新的人生。每当我发现别人给权贵者以婢颜、给我以冷落时，我就会自觉地站在一旁偷偷地乐呵，心想"何必何必"。

于是我领悟这样一个事理，被人冷落往往是成功的发酵剂，这就是哲学中的辩证观。有志者在被冷落中可以激发力量，更有信心和勇气去追逐梦想。忽然想起了一个小故事，宋朝有个人名叫陈正之，智力发育不良，说话结巴，待人木讷，周围认识他的人都不把他当回事，认为是"朽木不可雕也"。然而他没有在乎，日复一日、年复一年坚持不懈地努力读书习文，学问与日俱增，终于造就为我国历史上一位著名的博学之士。试想，如果他过于在乎别人的冷落或者没有这种冷落，一代大师也就可能被自我扼杀。

由此我还想到，"离离原上草，一岁一枯荣"，只有冬天的冷漠无情，才有春天的盎然生机，沐浴在风雨之中，花凋叶落是为了又一个花繁叶茂。从这个意义上说，如果没有别人的冷落，唯有人整日价恨不得把你当成一尊菩萨，奉若神明，毕恭毕敬，顶礼膜拜，那你确实要引起注意，感到害怕，因为你并没有成为菩萨，只不过是"温水中的蛤蟆"。

冷落的时候，吟诵一遍亚里士多德的话："吾爱吾师，吾更爱真理"，心中便会感到温暖。在真理面前，我们难道还会在乎别人的冷落。

凛冽的寒风悄悄地平息了，白茫茫的积雪也慢慢地消融了，太阳重新露出了她灿烂的笑脸，小鸟又在欢快地飞逐歌唱。不用多久，春天回归，树草返绿，大地重现一派勃勃生机。新的生活又将启航，曾经的冷落算得了什么。明天，留给人们的一定会是更新的记忆。

（2010 年 12 月 15—16 日）

立志 立足 立身

——2010：与大家共勉

人生有"三立"，"立德、立功、立言"，后来又称"三不朽"，那可是祖祖辈辈传下来的古训，轻视不得，所以延续到今天，仍旧被人们奉为一生追求的目标。

然而，"人生一世，草木一秋"，人要在不到百年的短暂人生中，完完全全地实现"三立"，恐怕不是一件容易的事情。茫茫大地，芸芸众生，多少人士是留德而无功、有功而无言，圆满的"三立"总是可望而不可即。因此对于大多数人来说，"三立"只不过是一种憧憬、一种境界。

固然"三立"离我们是那样遥远，但我们也绝不可妄自菲薄、自暴自弃。"雁过留声，人过留名"，人来到这世上，总是向往着做几件对社会有益的事情，最起码不能干于人于己都没有好处的活儿，这才是做人的根本。故而，在漫漫人生征途中，无论多么艰难坎坷，我们还得一步步地向"三立"紧紧逼近、向"三不朽"徐徐迈进。

情动万里，思接千载。每当心灵深处涌动着"立德、立功、立言"的潮流时，我就会在苦苦地思索、苦苦地寻觅，攀登"三立"这高尚平台的阶梯在哪里？我似乎找到了，但又未敢确定，姑且斗胆命名为"新三立"吧，即"立志、立足、立身"。在此，我欲将两个"三立"的关系作个简明的阐述，那就是如果把古人的"三立"作为做人的尺度，新"三立"则是做人的基础。"万丈高楼平地起"，基础不牢，再高的大楼也会轰然而倒。做人也是如此！

一是要"立志"。民主革命先行者孙中山先生有句名言："要立志做大事，不要立志做大官"，后来多少名人志士都很乐意在不同场合引用这句名言。"立志做大事"即是志存高远，这已经成为激励千千万万有志之士成就事业、实现人生价值的座右铭。

那么，什么又是大事呢？其实，大事与小事并没有明确的界限。就在我们的身边，每时每刻都在发生许许多多大大小小的事情，其中不乏需要我们去直面解决、需要我们去行动处理的"大事"。比如，领导同志说："群众利益无小事，涉及人民群众切身利益的事，再小也是大事"；凡夫俗子说："能够把那片瓜皮清除干净，不使人摔跤受伤，那就是'铁臂一挥干大事'"……回眸历史的天空，众生熙熙攘攘、忙忙碌碌，可是都在干大事呀。

涓涓细流，微微善举，小事也能汇聚成大业。谨此用上一句文绉绉的语言：生命本身并不特别，是价值赋予她色彩与灵气。虽然我们每个人不大可能都有机会去书写"风萧萧兮易水寒，壮士一去兮不复还"的生命之歌，但"天下兴亡，匹夫有责"的强烈激情，依然呼唤着大家自觉承担起民族复兴的重任。在我看来，"勿以善小而不为，勿以恶小而为之"，沿着那条觉悟人生、奉献人生的道路义无反顾地走下去，即便是做再小的事情，也能够认认真真地将它做好，日久就必将成为大事业。

显然，尽管大事蔚然壮观，小事却也未必平庸渺小。能将小事干成大事者，犹如良厨能将粗菜烹调成佳肴，需要具有恒久的耐心与技艺的习练。说到这，让我们再来温习一遍伟人毛泽东的名句："一个人做点好事并不难，难的是一辈子做好事。"小事做起，终成大业，说难也不难，贵在坚持、再坚持，这大概就是"持之以恒"的真谛所在。

二是要"立足"。人的一生，要在符合现实条件的立场上站稳脚跟，千万不能"一失足成千古恨"，两手落空徒叹息。足立在哪？莫要踟蹰，不能惆怅，实际一点，就立在自己的工作岗位上。只要你不好高骛远，一心一意"爱岗敬业、务实创新"，并且将事业爱得那样深沉，在岗位站得那样坚实，把本职工作扎扎实实完成好，就算是把握了人生事业的准则。

举目望世界，有多少平凡的人在平凡的岗位上，从事着自己普普通通的本职工作，实践着自己非凡的人生价值。农民春播千粟、秋收万担；工人架桥铺路、历经艰险；战士风餐露宿、保卫平安；教师手秉烛光，照亮人间……他们一生默默无闻，没有豪言壮语，没有惊天动地的事迹，有的只是无私无畏、任劳任怨，用自己的实际行动，日复一日真实地演绎着"钢铁是怎样炼成的"这一熟悉而又陌生、普通而又庄严的人生命题。他们在喧嚣浮躁的世界中，忠诚地在本职岗位上创造工作业绩、讲述人生故事，委实值得人们去久久敬仰、深深爱戴。

"要么什么都别干，要干一件事情，就得干出点名堂"，那是一句多么质朴的语言，细细品味，却又蕴有极其深刻的含义。它的缕缕光辉足以拨开人们的困惑和迷茫，它的纯真内容则告诉大家一个浅显的人生哲理：一个人的价值取向并不是由现实环境所决定，而是由人生的奋斗目标所决定。"不蒸包子争口气"，"爱拼才会赢"，大凡能够在平凡岗位上，以平常的心态，乐观豁达，进取向上，坚忍不拔，多做实事和好事，使自己感到充实，使社会感到满意，这就实现了一年又一年的自我挑战、自我价值。正如一句大家熟悉的广告词：思想有多远，我们就能走多远。倘若把它转换成一句燃烧人生进步激情与动力的语言，就叫作"立足现实，鹏程万里"！

三是要"立身"。 既然人无法与世隔绝，立身处世就应有个规矩，不能随波逐流，也不能桀骜不驯。古人曾这样设定立身原则："修身、齐家、治国、平天下"，从中透视出一点，"立身"必先"修身"，人的一生不管他如何辉煌、无论他干成了多少大事，但都得从自我"修身"做起。"在事业上向高水平看齐，在生活上向低标准靠拢"，那句隽永的话语，表达的是大众化式的现代人对自我修身的通俗见解与诠释。

"仁义礼智信"，这是我们的立身之本。一个人的言谈举止，往往表现出他的生活态度、道德情操、精神境界、个人价值观等等。然而，随着经济的发展、社会的转型，功利主义思想越来越使得很多人只信"钱"不信"礼"了。于是，仁义翅膀的碎片撒落世间，成为人们的悲伤；诚信智囊的弃物扔向角落，成为人们的忧愁。正因如此，立身的现实意义也就显得愈加重要。

还是罗兰大师说得好："在人生的大海上，风高浪急，你须自恃一叶扁舟，方能到达成功的彼岸。"没有人生的立身之舟，你就会感到不堪重负，即便拥有得再多，也不过是"水中月镜中花"，终会消逝得无影无踪；没有人生的修身之道，友谊之光会凋谢，亲情之果会坠落，生命变得如过眼云烟，忽然间漂泊四散全不见。在人生的跨栏面前，我们万万不可以陶醉昔日的荣光、回嚼昨天的痛苦，因而停滞自己"修身"的脚步。唯有让"修身"陪伴着每个人的终生，世间才会充满和谐的阳光，变得更加生机勃勃、绚丽多彩。

"一日三省吾身"，负重前行不放纵。无穷事实一再启迪着我们，修身是一种美德，是一种取之不尽、用之不竭的财富。只要我们能够做到时刻加强品行修养，不断锤炼自我、完善自我、超越自我，生发出"没有沮丧、没有烦恼"的好心情，就能使自己的生活时时沉浸在一种"鲜花烂漫乐融融"的生态意境之中。

志在心底，路在足下；脚踏实地，身体力行。需要明白：我们今天激励着自己兢兢业业、勤勤恳恳地把每一件事情做好、做得更好，那么，我们就正在不断地向着明天"立德、立功、立言"的人生目标接近、再接近。

（2010 年元旦）

人生之三思

不知怎么回事，偶然间想起了"三思而后行"这么一句老掉了牙的古话。哪"三思"？当年孔老夫子没说，现代人的诠释不外乎是凡遇事情要仔细周详、反复考虑云云。诚然，人们干一件具体的事情，应该做到"三思而后行"，使事情办得尽可能周密一些。但对于人生事业的大设计，倘若一味谨慎小心，思之、思之、再思之，岂不是挨到人的生命边缘，也无有一个结果，而人生的"黄花菜"却已经凉了。

所以，我有一种对人生"三思"的另样认识。"三思"者，莫过于"思维、思考、思想"，思维是对于外界事物的浅表认识，思考是对事物较为深入的探求，思想是经认真思维、思考后形成的结果。人生"三思"是人生行动的基本前提。

首先是"思维"。人与其他动物最大的区别，是人拥有发达的大脑。人通过大脑的复杂活动，能够产生理性思维，而动物没有，所以人显得有智慧，并由此练就了超常的行动力。人的抽象思维具有层次性，这是我与一位书法家闲谈时所得到的启发。书法家告诉我，中国书法有三种境界：由幼拙到成熟，再由成熟到露拙。幼拙的书法稚气可爱，成熟的书法炉火纯青，露拙的书法则是藏巧蕴真。

由此联想到参禅的三重境界：参禅之初，看山是山，看水是水；禅有悟时，看山不是山，看水不是水；禅中彻悟，看山仍然是山，看水仍然是水。参禅全凭一种悟性，悟者，不就是一种理解判断的思维能力吗？人生的思维原本具有这么三重境界，由天真可爱，到浮想联翩，再到淡定从容，最后的结论是"生者寄也，死者归也"。

第一重境界："看山是山，看水是水。""人之初，性本善。"一个人在涉世之初，天然稚嫩，洁白无瑕，"恰同学少年，风华正茂"。用童真般的单纯看待世界上的万事万物，目光所及的一切都是好奇、新鲜与有趣，都在眼里还原成本原，见到什么就是什么。如果他想要知道梨子的滋味，就会执着地去寻求梨子并且品尝；如果他看到了"皇帝的外衣"，就毫不犹豫地道破皇帝没穿衣服的秘密。因此，这一境界的思维，朴实无华，虽然似乎懵懵懂懂，而恰恰贵在一片纯真，犹如阅读学生时代的作文，文笔未必优雅流畅，也不可能老辣练达，然而是充满着挚爱和幻想。

第二重境界："**看山不是山，看水不是水。**"人间气象，曲径通幽。经过许多生活的历练，日渐发现世事的繁杂，不愿意再轻易地相信什么，山不再是山的模样，水也不再是水的形状，一件简单的事物，他可能要从多个方位去进行思维，从多个维度去进行剖析，如一些现代哲学家就会把具体的事物，抽象到近乎复杂化、深奥化的程度。思维的第二重境界，激情奔越，生动活泼，勇敢地开展理性批判，热衷于捅破现象找本质。但如果一个人长期将思维停留在这一层面，会感觉一切如雾里看花，似真似幻，似真还假，甚至会这山望着那山高，斤斤计较，与人攀比，在世俗中自信懂得了很多，而又在阅尽人间春秋中迷失了自己，结果是在疲于奔命的路上到达人生的终点。

第三重境界："**看山还是山，看水还是水。**"这是一种本性与自然的回归，一种拨云见日的豁然开朗。"世事一场梦，人生几度凉"，经历了对世事、对自己的不断反省，思维变得更加清晰。望天上云卷云舒，看庭前花开花落，面对纷杂世俗万千之事，一笑而过，心无旁骛，从容淡然，只求做好自己该做的事情，于是见到的又是山水的本来面目。阅读巴金、季羡林等大师的晚年之作，话不多，语不长，娓娓道来，在短短的语言文字里，往往浸透着人间的沧桑、展现着世道的苍凉、寄托着殷切的希望，值得你慢慢地精心琢磨，让人从中感悟出深刻的道理。当然，不是每个人的思维都可以达到这重境界，但至少应该知道自己追求什么，必须放弃什么。

其次是"思考"。思考使人睿智，思考使人深邃。人的一生，需要思考的东西的确太多，科学研究离不开思考，工作部署离不开思考，撰写文章离不开思考，我们每时每刻都在思考，艰苦地创造着新的生活。对于每一个人而言，为了使自己在披星戴月、百折不回的奋斗中活得更有价值、更有意义，更向伟大的人生靠近，可能需要重点思考三个问题，并且经常进行自我的内心对话。

一问"我是谁"？这是一个非常简单的问题，但又不是每一个人都能够回答得上来。其实，每一个人都是沧海一粟、森林一叶、芸芸众生中的一员。"一滴水可以反映太阳的光辉"，而一滴水也容易被太阳在瞬间蒸发得无影无踪，所以涓涓细流要奋不顾身地直奔浩瀚大海，如果不能融入其中立刻就会身影不见。在现代社会，每一个人都不可能独立存在，是在集体的团队中互为依赖、互为作用的。知道"我是谁"，就应做到"己所不欲，勿施于人"，不要以言行伤害他人，不要让他人做自己不愿意做的事情。无论是什么人，出于自我生存发展的需要，都不要太把自己当回事儿，因为原本我们就是一滴水、一片叶，水易干、叶要落，只有摆正好自己的位置，发挥好自己的作用，才能获得生命的永恒。

　　二问"为了谁"？答案是很现成的，比如"为了秋的收获，为了春回大雁归"，还有"为了宏伟事业，为了民族复兴，为了普天之下的大众百姓"……然而，不扫一屋，何以扫天下？一切还得从自己的点点滴滴做起。老子云："合抱之木，生于毫末；九层之台，起于累土；千里之行，始于足下。"所以，要深刻理解"人人为我，我为人人"的道理。从生态学意义来说，每一个物种的存在，都是以其他物种的存在为自己存在的前提，"孤阴不生，孤阳不长"；从社会学角度而言，是先由他人的"为我"，才确定了我要"为人"，故此社会需要感恩。在他人需要时尽量去帮助他人，在帮助他人中求得良心的慰藉、灵魂的安宁和精神的满足。"人人为我，我为人人"，这既是我们存在的价值，也是我们获得幸福的一条途径，帮助了别人，别人高兴，自己感到快乐幸福，这该是一件多么惬意的事情！

　　三问"学习谁"？我不承认"法官的儿子永远是法官，强盗的儿子永远是强盗"之类带有血统味儿的说法，但"近朱者赤，近墨者黑"，一个人选择好自己的人生楷模确实十分重要。"榜样的力量是无穷的"，"三人同行，必有我师"，这些话固然非常正确，关键是在平时的生活中学习身边什么样的榜样，以什么样的人为师。环境的熏陶和楷模的潜移默化作用，有时会影响着人的一生发展，决定着人生的价值取向和未来结局。昔日孟子"幼被慈母三迁之教"，学会了懂礼貌、守秩序，成为一代宗师；现代陈景润由于中学老师一句"数学皇冠上的明珠"，而将终生献给了"哥德巴赫猜想"。故而，"学习谁"的思考，说到底是在确定自己人生的坐标。

最后是"思想"。人们常说的"仁者见仁，智者见智"，"境由心造，相由心生"等，大概就是所谓的思想。世间思想何止千万，然伟人说过，"各种思想无不打上阶级的烙印"。于人生而言，不妨换一种理解，不同的思想引领着人生不同的追求态度。于此，我愿意主张并推荐这样一种观点：得志者不能得意，失意者不能失志，平凡者不能平庸。这是智慧的抉择，也是人生的基础性的思想认识。

第一认识：**得志不得意**。"春风得意马蹄疾，一日看尽长安花"，得志者难免会得意。但即便是踌躇满志，豪情万丈，人生事业顺风顺水，也不要过于扬扬自得，更不能自我膨胀、难以自拔。要知道，福祸相倚，得志又得意，得意而忘形，恐怕就会招人侧目、惹人忌恨、引来祸患，结果是乐极生悲。"没有春风花不开，春风又把花吹落"，因此"花要半开，酒要半醉"。功成名就而不志得意满，适当地放弃一些得意，便可以固守一方心灵的空间，培植一片精神的乐土。始终保持清醒的头脑和良好的心态，心怀感恩与敬畏，知内敛、不张扬，守分寸、不投机，稳健做人、精心做事，正确对待自己，平和善待他人。诚如此，做人无忧，做事无虑，故而十分难能可贵。

第二认识：**失意不失志**。人生的道路总是由成功与挫败、得志与失意、辉煌与黯淡、平坦与曲折拼凑而成的，连接着我们的泪与笑，承载着我们的悲与欢。抑或一时失意、处于逆境，甚至行囊空空、面对败北，都只是一个过程，路依旧在向前方延伸，什么时候都不能丢掉那份可贵的志气。即便失败，也决不失态，世人常见的是志气和困苦一起相伴，而困苦之根生于自己的内心，它会挤走快乐、掩盖幸福，也会"艰难困苦，玉汝于成"。"哀莫大于心死"，"不蒸包子争口气"。要相信，梅雨季节再长，也浇不灭阳光的炽热；磨难坎坷再多，也遏不住飞腾的志向。"志当存高远"，追求成功是人的天性。人生成功有三大要素：天资，那是与生俱来；机遇，那是不期而遇；勤奋，那是要时刻坚持。人生最宝贵的是勤奋，"不光是身体上的勤奋，而是精神上的勤奋，勤奋靠的是毅力，是永恒"。自强不息，勤奋不已，同时在关键时刻把握住机遇，这是人生最为重要的内容。

第三认识：**平凡不平庸**。世界上绝大多数人都是平凡的，但未必都是平庸的。平凡是生命的常态，但不是平庸的根据。我们可以不出类拔萃、杰出卓越，却不可以浑浑噩噩、无所事事。我们没有理由让自己的一生在不断地挥霍中和无边的埋怨中流失，而应最大限度地寻求人生的价值。在田径比赛场上，没有人认为最后一名是平庸的，因为他以同样的尊严与热情跑到终点，只有连上场奔跑的勇气都没有的人，才会成为平庸的看客。所以没有人注定平凡，也没有人注定非凡，不同的只是面对生活的态度，积极使人平凡而不平庸，消沉让人由平凡沦为平庸。沉下身子，用心做事，用情做人，让自己平凡的本色永不改变，努力把每一件平凡的小事做好，创造出平凡生命中的不平凡业绩，那就告别了平庸，成为一个社会不可或缺的不平凡人物。

（2011 年 1 月 15—31 日）

千万当心：别人不把你当回事儿

一

偶读陈四益先生《忽然想到——别太把自己当回事儿》(《同舟共进》2010年第10期)，畅快淋漓，深为赞许。文章作者有言在先，"别太把自己当回事儿"，那是送给"无论官大官小"等官员们的一句箴言。读之余，我也忽然产生另样思考：那些"太把自己当回事儿"的官员们不知注意到没有？就在你"太把自己当回事儿"的时刻，也许别人并没有把你当回事儿。"螳螂捕蝉，黄雀在后"，那可千万要当心！于是狗尾续貂，"步韵"陈先生之笔法，撰此小文，请莫见笑。

二

"官者管也"。官员的权高位重，就在于一个"管"字。管人、管事、管物，管帽子、管票子、管位子，权力了不得。由于手中拥有太多的管理资源，在缺乏有效监督的情况下，尽可以耗费民脂民膏、挥霍民财民力，后果极其可怕。如果太把自己当回事儿，呼风唤雨，吃酸喝辣，无所顾忌，那么别人就不会把你当回事儿，一双双愤怒的眼睛在紧紧地盯着你。我所熟悉的一个县太爷，雪片般的举报信已经飞到了上级领导的办公室，他却利令智昏，依然作威作福。结果没过多久，来不及一声"哼哼"就给栽进去了。

三

一般而言，骄奢的官员有一种通病，除了管他的官以外，不会正视其他任何人，自谓是"清高"，其实很自傲。这种人习惯"天马行空，独往独来"，往往盛气凌人、目空一切，似乎谁也不能奈何他、谁也不能超越他。对于这种唯我独尊、趾高气扬、自以为是，不把别人当回事儿的官员，久而久之，大家也会清楚他究竟是怎么回事儿。那些吓唬人的活计，只不过是外强中干的勾当，一阵强风刮来，纸糊的老虎就会一破到底，这才发现，原来只是这么回事儿。

四

官职有三六九等，品级高低各不同。大凡别人把你当回事儿、自己也太把自己当回事儿的官员，未必是个人具备的"能力与魄力"，而是权势的"影响力和决定力"。再小的官，也会有人对着你的"位子"、朝着你的"帽子"烧香叩头，所以不要得意过早，应该时时保持那么一分清醒劲儿。我听过一些"退居二线"的官员说到，过去在台上的时候，有职有权，风光无限，逢年过节，得把自己藏起来，不然难以应酬；现今"无官一身轻"，在家备上好烟好茶，请人来聊个天、叙个旧，可别人忙着呢。由"门庭若市"到"门可罗雀"，不要一味埋怨世态炎凉，说到底，或许别人早先就没把你当回事儿。

五

左拉说过："一切弱者、被统治者、女人的毛病都是强者、统治者、男人造成的。"太把自己当回事儿的官员不会是弱者，他"出则舆马，入则高堂，上一呼而下百诺"，八抬大轿、前呼后拥，声色俱厉、鸣锣开道，于是便有了一班唯唯诺诺、颔首低眉、奴颜婢膝、狐假虎威的底下伙计，便有了"见者侧目视、侧足立"的官场现象。专横跋扈的霸气也就是这样"炼"成的。期求小人儿永远把你当回事儿，没门儿，因为你压根儿就没有教给他怎样做人做事做官。"你方唱罢我登场，反认他妈是我娘。"明日小伙计一旦当上"老板"，他自然也要学学你的威风，显摆显摆阔气。咋的，就这么回事儿，不服气还真不行。

六

孩提时代，幼儿园的老师都会给小朋友们讲个"狼来了"的故事，教育大家"要做个诚实的好孩子"。然而，这场重要的人生课程，却随着岁月的流逝被人们给淡忘了，尤其是一些官员忘得更加彻底，以至于要反复提倡说真话、说实话，一再强调不能说假话、空话、套话和糊弄人的话。尽管如此，在官员中间，还是会经常出现"数字出官、官出数字"，"村骗乡、乡骗县，一直骗到国务院⋯⋯"的情况，甚至到了见怪不怪、令人发指的地步。"民无信不立。"不尊重别人，也会失去别人对自己的信任，如果一次次地演绎"狼来了"的故事，结果获得的就是别人不把你当回事儿。因此，坚守诚信坚守道德，是致力建设和谐社会的根本。

七

近年来，媒体不时曝光一些地方官员的雷人话语，一次次引起了社会哗然。什么"你是替党说话，还是替老百姓说话""我和市长一样级别，你们算个屁""不要浪费警力，我们是有身份的人"，等等。官员"雷语"的屡屡出现，反映了对本身职务的误解，以及对社会要求的迟钝，表现的是根深蒂固的权力本位和特权意识。这样的人，不仅太把自己当回事儿、不把别人当回事儿，而且公然藐视民众权力，当然，民众也就不再示弱，奋力在沉默中爆发起来，给这些官员施以教训，根本不把你当回事儿了。

八

有那么一些官员，愿意乐得清闲快活，装扮得西装革履、油头粉面，日常忙于剪彩典礼、迎送嘉宾，一天天"工作就是开会，应酬就是喝醉"，难得深入基层、深入群众，倾听一下百姓的疾苦诉求。这样的官员患的是一种"时代不适应症"，进而会导致思想麻痹、耳目失灵、四肢无力、感情淡漠。对于此类百无一用的"残障"官员，还能企求别人把你当回事儿？不把你送进"政治休养所"才怪呢。

九

辩证法告诉我们，事物总是具有两面性，别人不把你当回事儿，需要当心，但也未必是件太坏的事儿。倘若别人成天把你当成菩萨，围着你、扶着你、追捧你、恭维你，也许正是在温柔地绞杀你，那才更叫可怕。"春风春雨有时好，春风春雨有时恶；没有风雨花不开，风雨又把花吹落。"要深刻领悟其中的哲理，"山不过来，我就过去"，无论别人多么不把你当回事儿，你还得把别人当回事儿。"吾日三省吾身"，多反省一下自我，不要整日价介意别人对你的冷漠态度，还是始终如一地挚爱着那些值得你爱的人和事吧。

十

别人不把你当回事儿，是源于你没把别人当回事儿；只有把别人当回事儿，别人才会把你当回事儿。说这几句近乎绕口令的话，目的是希望官员们要时刻敬畏民心民意，时刻警惕自身言行。"权为民所赋，权为民所用"，这是道德的提醒、良知的唤醒，应该时刻铭记在心。不然的话，待到别人真的不把你当回事儿的那一天，那就岌岌可危、追悔莫及，可惨啦！

（2010 年 12 月 15 日）

爱在《群言》

"爱在左，同情在右，走在生命的两旁，随时撒种，随时开花，将这一径长途，点缀得鲜花弥漫，使穿枝拂叶的行人，踏着荆棘，不觉得痛苦，有泪可落，却不是悲凉。"作家冰心的这首诗，可以视为《群言》的另一番写照。至于我挚爱《群言》，与《群言》那份深深的情结，得从20世纪80年代说起。

那时我刚过"而立之年"不久，偶然间从一位盟员老师的手中，厚着脸皮硬借到一本当时还不怎么出名的《群言》。杂志虽薄，篇幅也不大，但里面的文章内容却丰富厚重，都是一些发自肺腑的真话实话，作者也多为人们平时所景仰的一些大师级著名人物，他们"指点江山，激扬文字"，学识文采何等了得。于是乎，在《群言》魅力的吸引下，刚刚被评上中级职称的我，没有太多的思考与盱衡，"我的青春我做主"，便义无反顾地匆匆加入了民盟组织。

入盟两年后，适逢所在单位盟组织换届，各位盟友厚爱于我，一致推举我担任最基层的盟支部宣传委员。宣传委员有一项特别任务，就是负责收存各级《盟讯》资料和《群言》杂志，并及时将其中的一些好文章推介给大家阅读或在盟员会议上集体学习。职责所在，加之我对《群言》的喜爱，所以每期《群言》一到，我都会认真阅读。近水楼台，先睹为快，静静地享受《群言》淡淡油墨清香的愉悦，对我来说，当然也是一件十分惬意的事情。就这样，我在不经意间成为一名《群言》的忠实读者。

那个年代，智能手机、平板电脑不曾问世，电子读物还是件稀罕物，人们获取知识主要是借助纸质媒体。谁能得到一本刚刚出版的新书杂志，哪怕是一张报纸，一定会喜出望外，如饥似渴地巴不得一口气读完。我也是如此。某次，收到了新的一期《群言》，我迫不及待地把它摊放在餐桌上，右手喂嘴，左手翻书，在畅快淋漓的阅读中，滴滴菜汤飘洒到书页上，我竟浑然不知。过了几日，有朋友向我索要那期《群言》，才发现中间几页纸的字里行间浸透着点点片片的菜汁油渍。当着众人，我一时颇感尴尬，而朋友"哈哈"一笑，不假思索脱口而出："不要紧的，如此既能闻到知识的芬芳，又能品出营养的味道，一举两得，岂不更好！"好一个"营养的味道"，不仅为我解了窘境，而且寓含"双关"的意蕴。所以在若干年后，当我读到前辈陈望道翻译《共产党宣言》时蘸着墨汁吃粽子的故事，会由心底发出会意的微笑，原来这就是"信仰的味道"。

提及"味道"这个词，记得有人与我谈到过，阅读《群言》的文章，总觉得有一种很"特殊的味道"。什么是《群言》的"特殊味道"？我也表述不清楚。倏忽之间，则想起我国有一种名酒叫"四特"，当年周恩来总理对它给予了总结性的高度评价："清香醇纯，回味无穷"。借用"四特"的评价词语来形容《群言》的味道：清澈的心灵、芳香的境界、醇厚的真情、纯正的作风，我觉得这也是蛮贴切的。《群言》的文章，透明见底，实话实说，直来直去，富含甜甜的人性味、浓浓的真情味，没有刻板的八股味、刻薄的文酸味，不说那些永远正确的废话、空话和套话，真知灼见，切中肯綮，读来如饮甘霖，让人心旷神怡。这些，大概就是《群言》隽永的味道所在吧。

《群言》的味道彰显了民盟的风格，其源自民盟的精神传统。20世纪末，我国社会变革、经济转型、文化多元、国企改制，一些新词如知识经济、世界贸易、网络互联、拓扑结构等扑面而来，令人应接不暇。碰撞与交融、喧嚣与恬和，形成了世纪之交精彩纷呈的系列景致。《群言》作为民主党派主办的刊物，保持着一贯的冷静，"是其所是，非其所非"，戒除浮躁，针砭时弊，或对改革开放提出良策，或为同情底层民众命运发出呼声等，建言立论无不有理有节、有据有物。言之凿凿，"唯吾德馨"；赤胆忠心，挥写篇章。《群言》的文章，就是这样既表现了民盟"奔走国是，关注民生"的传统作风，又体现了知识分子深刻的社会良知。

多少年来，我从《群言》中获得了新知识，拓展了新视野，学到了不少做人、做事、做学问的道理，也感悟出民盟先辈们气质耿直敢吐真言的胆量，以及当代民盟专家学者洞察现实远见卓识的分量。耳濡目染，潜移默化，受着《群言》的思想启发，我信奉"要说真话，不讲假话，真话不全说，假话全不说"（季羡林语）的人生智慧，坚守处世的道德底线，坦坦荡荡，心无旁骛。直至今天，如果听人说到我的发言或写的东西反映了百姓愿望和社会诉求，包含些许"民盟的味道"，心里定会涌出甜蜜的滋味，把它当作至高的褒奖而倍感欣慰，要暗自窃喜一两个时辰。这不是我经不起"点赞"，而是庆幸自己在《群言》的影响下，终于修炼出了小小的"正果"。

《群言》帮助我成熟，伴随我成长，日历翻到了21世纪。其间我怀揣着一个梦想，能不能像他人一样为《群言》写点什么，过一把充当《群言》作者的瘾，但又觉得这个梦想近乎奢侈，不太现实。自己的那般"粗俗"文字，"文而无章"的述说，何能登《群言》的大雅之堂？2007年6月地方民盟组织换届，我担任了省级主委，当时的《群言》杂志主编热情地向我约稿，一再叮嘱"这是任务，务必完成"云云。诚惶诚恐之余，我却迟迟不敢动笔。一直推脱到2008年初，实在"拖"不过去也"赖"不下去了，才勉为其难写下了《不忘责任之重》，以表白个人担任主委的真实心情，这也是我在《群言》发表的第一篇文章。如今看来，是《群言》给了我勇气和自信，促使我成了民盟"群言堂"里新的一员。自此，我才开始拥有《群言》的忠实读者和忠实作者的双重身份。

每年的全国两会期间，《群言》杂志编辑部都要举办一次专题座谈会，邀请一些盟内的代表委员，围绕社会的热点话题畅所欲言，建言献策。尽管自己才疏学浅，但由《群言》牵线，我承蒙盛情邀请参加了几次座谈，因此也结识了更多的高朋胜友。座谈会上，大家纵横捭阖，见仁见智，直抒胸臆，我则是在从他人的发言中捕捉睿智的灵光以不断充实自己，同时也学着大胆地发表个人对某些问题的见解。我的那些未臻全面或显得鄙陋的观点，在与会同仁朋友的完善和编辑老师的整理之下，后来一一形成文字而见诸《群言》。在这过程中，我的认知水平得到了提高，学识素养也得到了升华。

于今，林林总总算起来，我大概有10余篇小文发表在《群言》，数量不是太多，内容也很浅薄，有滥竽充数之嫌，个人后来再读也感觉难为情，可有的文章从构思到完成，整个流程委实饱含着《群言》编辑的辛勤汗水，也饱含着他们督促支持的良苦用心。我深知自己缺乏写作的能力和实力，加之工作千头万绪，难以腾出大块的业余时间，有的文章原本是写不下来的。然而，"强逼"之下必有勇夫。在《群言》的"强大攻势"下，赶着鸭子上架，还是挤牙膏似的挤写了一些文字，难啊。故而，每当我的一些拙见发表在《群言》，都要打心底感谢《群言》的鼓励和鞭策，因为是她使我克服了懒惰的心理。我虽不能成为"勇夫",但毕竟也没有颓废成为"懦夫"。可不,眼下的这篇文字,就是在《群言》编辑从上半年到下半年的几遍催促声中,挑灯夜"敲",一字字一句句在键盘上敲打出来的。文字和语句敲完了,心里却是在敲锣打鼓,它是不是符合《群言》的口味?用上当今一句流行的"萌哒哒"语言:不好意思啊,请不要见笑哦,事情还真是这个样子吧!

时光无声,岁月当歌;情思袅袅,余韵不尽。如今,《群言》正当亭亭玉立,散发着青春的气息。回忆我与《群言》的"一见钟情",到今天的"不离不弃",那种深厚的感情真是难以言表。爱在《群言》,这是我的心里话,日后我还将继续与《群言》相携而行,一直走向民主法治的明天,风光美好的未来。

（原载于《群言》2015 年第 12 期）

民盟的精神价值

在中国民主同盟成立 70 周年之际，对民盟的精神思想内容进行一番梳理，从中挖掘中国传统文化的源泉，寻求多党合作历史的轨迹，进而探究民盟的精神价值，这是一件很有意义的事情。

一、民盟精神价值的文化内涵

民盟精神可以概括为："立盟为公，以天下为己任；正直正派、学有专长、甘于奉献；修德守身、淡泊名利、自尊自强。"它渊薮于博大精深的中华传统文化，凝结着我国古代先哲的政治智慧，对传统道德思想的延续和传承表现得非常深刻。在民盟精神价值中，既蕴含了切实的百姓日常礼仪规范，又富含着崇高的人生价值目标理想，极其平实而又不乏伟大。

一是以"天下"为重。"大道之行，天下为公""为天地立心，为生民立命""国家兴亡，匹夫有责"……这些隽永幽远的教诲，深深震撼着一代又一代国人的心灵，成为中华儿女不甘凌辱的强大精神动力。岳将军的"三十功名尘与土，八千里路云和月"，文山公的"人生自古谁无死？留取丹心照汗青"等，那些惊天地泣鬼神、荡气回肠的壮言，驱使着人们勇敢地去担当天下大任。

"身无半亩，心忧天下"，这是民盟的真实写照；"以天下为己任"，这是民盟的远大抱负。70 年前铁蹄下的中国，民不聊生，哀鸿遍野，"中华民族到了最危险的时候""每个人被迫着发出最后的吼声"。就在面临着国家民族生死存亡的关头，民盟宣告成立，为的是推进抗战、防止内战、救亡图存，其中没有丝毫政党的一己之利。在各个历史时期，民盟坚定不移地与中国共产党同甘苦、共患难，与广大民众同呼吸、共命运，为国家的独立、民族的振兴、人民的解放事业英勇奋斗，为社会主义革命与建设献计出力，做出了许多卓越的贡献。民盟的精神价值，本质上镌刻着中华民族千年不朽的"先天下之忧而忧，后天下之乐而乐"的传统文化精神。

二是以"道德"为先。孔子主张："志于道，据于德"，"君子谋道不谋食"。道是理想的人格，德是立身的准则。人生以求道为标的，社会以遵守孝悌、忠恕、诚信、恭敬、智勇为秩序，故此而有"朝闻道，夕死可矣"之感叹。我国传统文化中一个深入人心的基本理念，就是为有道之邦服务则是利国利民，为无道之邦处事便是"助纣为虐"。说到底，做人要立足于"道德"。

"修身、齐家、治国、平天下"，表现的是一种"求道"的强烈内心向往和精神价值追求。"修齐治平"，首要是"修己"，"修己以敬""修己以安人""修己以安百姓"。修好自身，才能"其身正，不令而行"，这便是社会治平的根本。综观民盟前贤和才俊，无不是修治的优秀典范。他们坦坦荡荡"真君子"，行为谦恭合乎礼节，处世诚信讲究道义。民盟首任领导人黄炎培留给后人的座右铭："言必守信，行必踏实；有言必信，无欲则刚"，我们今天"学而时习之"，依旧咀嚼到那种不可多得的精神韵味。

三是以"仁爱"为本。"仁者爱人"，仁是人的本质特性，仁的内核是"爱人"。"爱人"有三个层面，一为"己所不欲，勿施于人"，二为"博施于民而能济众"，三为"己欲立而立人，己欲达而达人"。这种以仁爱为核心的人本精神是慷慨无私、助人为乐的，它辐射到社会各个方面、各个领域，渗透到人的灵魂深处，塑造着一种"人人为我，我为人人"的"济众"品格。

70年来，仁爱精神一直流淌在民盟的血脉之中，并且随着时代的发展而不断赋予其新的内涵。在新的历史时期，民盟坚持以"仁爱"为本，光大了"关注民生"的人道精神、"扶贫支边"的济困精神、"乐以忘忧"的乐感精神、"烛光教育"的奉献精神等，这些都是民盟成员今天获得终极价值理想和精神家园的生命动力。

四是以"和合"为贵。"和合"是中国传统文化的精粹之一。《易经》载"保合太和，则利贞"，《论语》曰"礼之用，和为贵"，"君子和而不同，小人同而不和"，《老子》言"万物负阴而抱阳，冲气以为和"。说的都是"和"的意义。"和"既是万物化生的根据和源泉，亦是万物存在的一种状态，"和"可以理顺各种关系，融合各种冲突，从而化解矛盾而"和合"，这便是"大本达道"的原则。"和合"的重要方式是"中和","中也者，天下之大本也；和也者，天下之达道也。致中和，天地位焉，万物育焉"。"和合"作为中国"和谐"文化精神的代表性思想范式，以"执其两端，用其中于民"，从而达到"人与天调，然后天地之美生"这一合乎规律的存在境界。

烽火连天的抗战岁月，民盟深明"合作福，不合作祸"之大义，保持着一种不偏不倚的谨严态度，既不苟同也不立异，为的是避免"同室操戈"，求的是一致对外。抗战结束，民盟以极大的仁爱之心促进国共和谈，对国共两党签订《双十协定》的成就，表示十分欣慰，认为这是"国家无限的幸福，更是中国民主同盟多年来的愿望"。此后，民盟坚定地与中国共产党"同盟、同志、同心、同德"，与全体中华儿女一道，和衷共济、和谐并进，奋力促进中华民族的伟大复兴，实现了一个又一个"各美其美，美人之美，美美与共，天下大同"的美好梦想。

五是以"文章"为尚。"文章千古事，得失寸心知"；"文章乃经国之大业，不朽之盛事"；"铁肩担道义，妙手著文章"等。我国历代有识之士对"文章"的定义，远远超越了文章本身语言组合、思想表达的范畴，成为道德修养处事之旨义、经世治国思想之典籍。

"文以载道"，"一言兴邦"。70年来，民盟一直自觉担当"经国文章"的重大使命和责任，把"文章大业""学问人品"看得胜于生命，甚至以言获罪也终生不悔。在民盟组织中，有很多学者专家，在学术领域堪称大师泰斗级领军人物，但在盟内终其一生只是普通盟员。他们在孤寂与冷清的品味中，沉淀思想，凝聚才思，秉笔直书，振臂呐喊，发出社会的强音，不断谱写出精神的圣歌，描绘出人生的壮丽篇章。

六是以"教化"为基。"教化"者，指以教育为手段，感化人的心灵，达到"内化于心""外化于行"的效果。中国历来就是一个重视教育的国度，《诗经》"美教化，移风俗"，《论语》"有教无类""学而知之"，唐代诗人元稹"教化从来有原委，必将泳海先泳河"等，谈的都是教育乃兴国之基础的根本道理。民盟继承了我国传统教育思想的精华，认为教育的目的在于"养成独立人格，培植善良风气，发展民主精神"，以此奠定人民民主的基础，挺起中华民族的脊梁。

民盟拥有不少的教育大家如黄炎培、陶行知、梁漱溟等，他们力倡教育是改造社会、移风易俗的动力，是社会治平的支撑，主张平民受教育权利的平等和机会的均等，推行大众教育、职业教育、民主教育、乡村教育、生活教育，并且身体力行创办各种学校，"为中国教育寻觅曙光"，希冀通过教育拨开民众懵懂的迷雾，让底层百姓在心灵沮丧和痛苦的挤压中，唤起向前的决心，振奋搏击的力量，使善良的灵智发射光芒，而不走向自我人格的沦丧。

二、民盟精神价值的基本特质

70 年风雨砥砺，70 年凤凰涅槃，民盟从成立之初的精神追求、价值取向，到逐渐凝练成为具有自身特点的政治、社会和教育意义的精神价值，可以解析为以下基本特质。

第一，忠心报国，矢志为民。民盟作为一个具有较高文化素养的知识分子政党组织，表现出来的一个最重要、最鲜明的特征，就是把爱国当作自己的最高道德准则，忧国忧民，赤诚为公，履行兼济天下的社会责任，积极表达其政治理想和诉求，不以夺取政权为目的。

从成立那天开始，民盟以爱国、报国、强国、富国为理想信念，以国家利益为自己的根本利益。1941 年日军大兵压境，国共两党发生激烈冲突，摩擦频频，破裂在即，一批爱国上层人士，为调解两党纠纷而组织成立中国民主政团同盟，这是一种发自内心的"照人肝胆"的爱国行动。1947 年民盟被国民党反动派无理宣布为非法组织，并强行予以解散，也不是因为民盟要与国民党争权夺利，而是因为坚决支持中共团结统一、和平建国的政治主张。即使在多党合作事业遭受严重挫折时期，民盟也是深深地爱着祖国和人民，没有放弃过自己的理想信念。

在充分表达人民意志，坚决维护国家利益的斗争中，民盟先烈们不惜以生命和鲜血，写下了悲壮的春秋诗篇。如毛泽东主席所称颂的："闻一多拍案而起，横眉怒对国民党的手枪，宁可倒下去，不愿屈服，表现了我们民族的英雄气概。"还有李公朴、杜斌丞、杨伯恺等许许多多的民盟先烈，他们都以自己的行动实现了生命不朽的精神价值。

第二，崇尚科学，探索真理。"有因科学而进德者，科学不任受德。有因科学而丧德者，科学亦不任受怨。"无论是在战火纷飞的年代，还是在和平建设岁月，民盟一直把社会良心和知识储备集于一体，讲情操、讲气节，有学问、有水平，升扬着科学与真理的精神价值。

因为对科学与真理的那份执着，民盟中的一些人曾经遭受过许多磨难，他们被误解、受屈辱，却不计个人恩怨和一己之荣辱，历经坎坷而积极豁达，忍辱负重而果敢付出，以自己的铮铮风骨和高尚情操，实践着自己对科学和真理的孜孜追求。

人们不会忘却，梁漱溟先生即使是在批判中受了莫大的委屈，仍然坚持真理，不改自己的人格。"文革"中，梁漱溟先生再次挺身而出，说"批林，可以；批孔，不可以"。即便招来了狂轰滥炸般的围攻，他还是没有"低头认罪、检讨错误"，坚定把守着"是其所是、非其所非"科学精神的底线。

人们总是记得，在当年论证三峡工程的汇报会上，陶大镛先生顶着压力，带头对工程提出质疑，他大声疾呼：要全面考虑经济、社会和生态效益的统一，宁可把困难估计得更多一些，把问题看得更严重一些，以免愧对子孙后代。所以直至今天，人们还会提到，三峡大坝建设的成功，要感谢民盟和各民主党派在论证时建立在科学的基础上的诸多质疑。

第三，光明磊落，刚直不屈。"苟利国家生死以，岂因祸福避趋之。"许多民盟前辈性格刚直，宁折不弯，决不谄媚逢迎权贵，具有一种坦荡的气度和朝着光明的襟怀。1943年国民党在五届十一中全会上虚伪地做出了实施宪政的决议，张澜先生以年逾古稀的高龄，写下了《中国需要真正民主政治》，用大量的事实，无情戳穿了国民党假民主、真独裁的阴谋，主张政府应实践民主的精神，结束党治，建立民主的政府。

新中国成立之后，民盟作为参政党，政治地位发生了根本的变化，但作为知识分子的一个进步群体，民盟仍然是凭良知、凭学识、凭情操，与中共肝胆相照，直抒胸臆，用行动坚守着自己的贞操。他们在政治上不随波逐流，在学术上不人云亦云，慷慨陈词，知无不言，尽力当好"诤友"的角色。正如费孝通先生所说的那样，"正是这样一批人，作风正派、学有专长、有社会影响、愿意为国家做事情，大家走到一起才有了民盟组织，有了更好地做事情的条件"。

第四，持中致和，追求民主。民盟历来主张"中国团结、和平、民主、统一之实现"，"中国必须成为一个十足道地的民主国家"，坚持人民是国家的主人，只有在民主制度下，才有可能实现人民的权利和自由，才能谋求全体人民的福利。民盟孜孜以求的是让民主政治之花深植于中华辽阔的大地之上，让民众能够永浴于民主政治的阳光雨露之中。

国民党统治时代，民盟力主国家要建立、健全良好的选举制度，由人民真正选举代表，组成民意机关，行使管理国家的权利。"一本天下为公之旨，选贤与能"，绝不"偏重特殊关系"。在国民党反动派向民盟举起屠刀之时，毅然宣称自己的立场"就是人民的立场，民主的立场，因而也必然是革命的立场"，并对中共提出的"和平建国"的主张给予了道义上的支持。民盟曾经有过的超然"中立"是具有原则性的，并非像有些人所说的"和稀泥"，它始终追求的是国家的和平、统一、团结、民主这样一种理想的"大和谐"。

第五，自我修炼，俭朴淡泊。刻苦励志，恬淡虚无，是中国知识分子的优良传统，也是民盟前辈的优良品格。民盟前辈们"位卑未敢忘忧国"，修炼的操守、自尊、涵养和风骨，不仅表现在明志高远的大是大非，也表现在日常生活中的点点滴滴。

民盟在成立不久，国民党对之实施了拉拢政策，以高官厚禄进行诱劝，但民盟的态度非常明确而坚决：不求当什么部长、议员，只求做于国于民有利之事，坚决保持了那份纯洁的赤胆忠心。"川北圣人"张澜先生年轻时代就以不为自己积财而著称，后来所筹巨额款项全部用作民盟经费，新中国成立前夕全家一贫如洗，他身着旧布袍参加开国大典的矍铄形象，已经定格于现代国人的脑海之中；"教育大家"陶行知先生"捧着一颗心来，不带半根草去"，募集资金支持抗日救亡活动，积极创办平民教育，被周恩来誉为"一个无保留追随党的党外布尔什维克"；"巾帼英雄"史良女士将他人所赠的巨额财产捐给国家，自己身后留下的一些"漂亮首饰"，鉴定出的结果却是叫人不敢相信的价值仅为"三千元"的赝品。这样的故事在民盟还有很多，听后令人肃然起敬。

第六，独立思考，奉献社会。季羡林先生说过："知识分子就是站起来思考的人们。"坚持独立思考和批判，就是敢于追随真理、高扬正义、担当社会责任、培养奉献精神。民盟中的许多成员就是这样一些能够进行个人思考，可以提出独到见解和鲜明观点的人。

战争岁月，民盟前辈在血与火的洗礼中，经过艰难的抉择，"三思而后行"，自觉选定了与共产党人一道披荆斩棘、赴汤蹈火，庄严宣布"愿在中共领导下，献其绵薄，贯彻始终，以冀中国人民民主革命之迅速成功"。在社会主义革命与建设时期，一代接着一代民盟成员胸怀大国崛起的雄心壮志，立足于实现中华民族的伟大复兴，共谋国是、共献良策、共建大业，在不同岗位上与中国共产党披肝沥胆，建立了不可磨灭的功绩。费孝通先生提出"出主意、想办法，做实事、做好事"，并且率先垂范，为了经济的发展，80多岁高龄的他还四处奔波，93岁时再下定西，致力寻求贫困地区的脱贫途径，树立了智力支边扶贫的典范。

许许多多民盟前辈以自己的专业知识，为社会主义现代化积极奉献智慧和力量。如国际数学大师华罗庚，一个代表着中国光荣的名字，为中国数学的发展做出了无与伦比的贡献；钱伟长为"两弹一星"耗尽了毕生的精神力量，在生命的最后27年，毅然离开清华大学南下就任于上海工业大学，成为"中国最老的在任校长"。这些数不清的事迹，使我们今人无比敬重、无比景仰。

三、民盟精神价值的时代审视

拂去历史的尘埃，经历岁月的磨砺；擦拭心中的明镜，唤醒灵魂的良知。今天，我们以时代的目光审视民盟的精神价值，那种"坚持爱国主义为核心的民族精神和以改革创新为核心的时代精神"，依然是春风化雨催人奋进，润物无声启人心扉。

其一，感召作用。当前，绝大部分民盟成员受过良好的教育，对于社会上发生的各种事物和现象，都会有自己的观察和思考。然而，当他们睁开迷茫的眼睛，看到社会上物欲横流、灯红酒绿的各种现象时，有时不免出现困惑。本着坚持正面教育为主的原则，采用求同存异的方法，妥善处理好加强政治引导和搞好自我教育的关系，把弘扬民盟精神与深入学习贯彻"科学发展观"、树立和践行社会主义核心价值体系学习教育活动紧密结合起来，使民盟精神产生强大的生命力和感召力，启迪和唤起广大盟员的社会良知，不断为全面实现小康社会献计出力。

不久以前，《建国大业》《民主之澜》《黄炎培》等影视剧的播放，让多少人的心灵受到感染和震撼。大家在民盟先辈身上，找到了金子般的东西，发现了一个深刻道理：中国知识分子只有在中国共产党的领导下，才能真正实现自己的政治抱负和社会理想。这种"引无数英雄竞折腰"的思想感动，正是民盟精神力量之所在、民盟精神价值之所在。

其二，激励作用。毛主席曾经说过："民主党派能否与共产党长期共存，不是单由共产党一方面愿望决定的，还要看各民主党派自己的表现。"怎样进一步加强党派自身建设，激励广大盟员发挥作用并有更好的时代表现？民盟精神提供了强大动力。

在社会价值观多样化，各种思想观念互相激荡、互相影响的社会大环境中，民盟的精神价值决定着它能为民盟成员个人价值的实现和提升提供更为广阔的人文空间。民盟成员大都有自己的专业岗位，都有自己的学识专长，学习民盟前辈的精神风范，就是要像他们那样，不仅要有扎实的立身之基，努力使自己在学科领域内成为领军人物，而且更要以自己的专业知识为社会为人民提供更多有效的服务。民盟前辈的学术良心、操守品行、职业道德等，激励和鞭策着新一代盟员群体，自觉地在发展先进文化、构建社会和谐、促进国家繁荣、实现公平正义等各个方面发挥更大的作用。

其三，引领作用。当前，盟员的结构已发生变化，老一辈盟员人数日益减少，改革开放后恢复党派活动时期加入盟组织的一代盟员也逐渐步入老年，90年代后入盟的中青年盟员正成为骨干。在新成员中，一部分功利目的较强，思维方式、价值观念、思想认识都与老一辈盟员有较大差距。因此，用老一辈盟员政治坚定、作风正派、求真务实、敢进诤言、与中共密切合作的传统精神，引导新一代盟员健康成长就显得愈加迫切重要。

政治交接，新老交替，"长江后浪推前浪"。民盟现实中的思想建设和组织建设等工作，亟需精神上的引导和理论上的指导，亟需一批"领头羊""领头雁"在行动上的直接引领和具体示范。民盟成员中有很多教育文化科技工作者，本身就起着引领社会风尚、教化人群的作用，如果在他们身上赋予民盟的精神内涵，通过优秀分子先进典型事迹的榜样作用，以此带领众多新盟员在本职岗位上建功立业、创造佳绩，引导广大盟员积极参政议政、建言献策，就会成十倍、百倍地放大民盟的精神价值。

其四，净化作用。在全球化的形势下，西方的思想文化、价值观念和生活方式对我国的影响越来越广泛；在市场化的条件下，拜金主义和享乐主义越来越盛行。包括民盟成员在内，人们的思想都受到不同程度的侵蚀，观念急剧变化，方向逐渐迷失，对待群众麻木不仁、对待社会见利忘义等现象比比皆是。此时此刻，大家都在渴求着灵魂的荡涤，呼唤着思想的净化。

丁石孙先生说得好，"一个人应该有理想，但在实现的过程中会很困难，需要在现实生活中不断地修改，这样才可以在生活、工作当中成长起来"。立于澎湃的时代浪涛之前，缅怀民盟的光辉历史及其衍生的宝贵精神，抚今追昔，那份沉甸甸的精神价值犹如波澜壮阔的大潮，一次次激荡着我们的心灵。以史为鉴，以人为鉴，以民盟精神为鉴，使广大民盟成员更加清楚地认识社会上各种丑恶现象的本质，更加自觉地抵制各种不良思想观念的侵袭，从而增强信心，坚定信念，与时俱进，在政治交接中保证民盟的精神传统薪火相传，巩固和发展老一辈盟员创下的家业。

其五，实践作用。精神的实在价值并不在人生的舞台上，而是在自己扮演的角色中。发掘民盟的精神价值，关键在于把握实践这个中心环节，把民盟精神价值的基本内容、基本要求，融入思想建设和各项盟务的实践当中，融入自身建设和履行职能的全过程，坚定不移地走中国特色社会主义政治发展道路，在新的时代书写出多党合作的崭新宏伟史诗。

"知是行之始，行是知之成"。遵循知行统一的规律，最为困难的是把精神道德之"知"和精神道德之"行"统一起来，此所谓"知易行难"。民盟精神价值的可贵之处，就在于平凡之中见伟大，细微之处见高尚。弘扬民盟精神，做到知行统一，就必须努力提高运用科学理论指导人生实践、正确进行价值判断和价值选择的能力，真正永远地做到学与用、知与行、说与做的统一，以参政议政的实效和本职岗位的佳绩，树立起"立盟为公、参政为民"的新形象。

日月同辉，星光灿烂。记得朱自清曾为闻一多先生写下的颂词："你是一团火，照彻了深渊，指示着青年，失望中抓住自我；你是一团火，照明了古代，歌舞和竞赛，有力猛如虎；你是一团火，照亮了魔鬼，烧毁了自己！遗烬里爆出个新中国！"在今天，我们切实感受到民盟前辈是真正的"一团火"，他们所创造的民盟精神价值照耀了后辈时而迷茫的道路。未来的历史将会昭示，民盟的精神价值还要迎来一个又一个新的春天。

（原载于《中央社会主义学院学报》2011 年 6 月 15 日）

民盟的人格力量

"大江东去，浪淘尽，千古风流人物。"中华民族的历史长河奔腾不息，形成了独具中国气派、中国特质的人格力量，它释放着民族性格的魅力，散发出优秀文化的活力，汇集成为一股推动社会进步的强劲动力。

长期以来，民盟组织之所以具有那么大的凝聚力和感召力，正是因为在民盟的成员中，许多人的高尚品格为大家所景仰。他们积极弘扬中华民族的文化精髓，不仅说得好，而且做得好，所言所行，感染人心，催人奋进，传递着一种蓬勃向上、具有民族气质的人格力量。回忆民盟过去那些特殊的人物和故事，从中发掘民盟的人格力量，可以尽显厚重的历史意蕴，飞扬高昂的时代激情。

真诚坦荡的君子风范

"君子"是我国优秀传统文化中人格理想化的重要概念。《易经》明训："谦谦君子，卑以自牧"，强调君子要"自强不息，厚德载物"；《尚书》诫曰："君子勤道，不作无益害有益"。一部《论语》，"君子"一词竟出现百余次，内涵十分丰富，主要有谦恭礼让、坦坦荡荡、周而不比、尊贤容众等。这些都是做人做事的基本要素。

"君子之德风"。恰如缕缕道德清风，民盟先辈们合乎礼节的谦恭行为，遵循道义的诚信处世，对讲信修睦、与人为善的"君子之道"的孜孜追求，以及所表现的光明磊落、心底无私的君子品格，几十年来，一直影响着多少后来人。

"川北圣人"张澜先生一生以"人不可以不自爱，不可以不自修，不可以不自尊，不可以不自强，而断不可以自欺""四勉一诚"作为座右铭，清白为官，廉洁自律。他有一个定格于国人心目中的矍铄形象：身着旧布袍出席开国大典。此后毛主席派人专门为他送去呢子中山装和大衣，而他一直舍不得穿，放在箱内长期保存，直到逝世后家人将衣物还给公家。他身为国家领导人，却把家安置在一所旧宅院里，夫人在房前屋后种菜养鸡，一直过着普通人的生活。

"和若春风，外圆内方"的黄炎培，在新中国成立后，破除"不为官吏"的立身准则，欣然为民从政，处事遵循规矩而又不失君子风范。晚年他潜心《八十年来》的撰写，秉笔直抒自尊自立、择善而用，熔"实业救国"和"教育救国"于一炉的教育观，继续投身于中国的职业教育事业，以行动表明他"圆通方正"的人生真谛。

修齐治平的家国风怀

"以家为家、以乡为乡、以国为国、以天下为天下"，"修身、齐家、治国、平天下"，这是国人亘古不变的家国情怀，也是对国家、对民族的一种高度认同感和责任感。爱国是最大的人格，"因为对这片土地爱得深沉"，理想与抱负始终激励着一代又一代中华儿女精忠报国、竭诚为民。

人格是由人的内在价值观所构成，民盟的仁人志士无不是"修治"的典范。他们以国为家，为了国家和民族的繁荣富强，把爱国之心化为报国之行，表现出恪尽职守的高洁志向和公而忘我的奉献精神。他们历经磨难而无怨无悔，忍辱负重而不懈奋斗，努力续写着中华文明的大爱篇章。

新中国成立之初，沈钧儒为社会主义法制建设殚精竭虑，在太湖疗养时，发现长江中下游地区血吸虫病流行极为严重，立即给中央高层写信反映情况，引起毛泽东的极大关注，发出了"一定要消灭血吸虫病"的伟大号召，成为"春风杨柳"第一人。

1950年，"数学王子"华罗庚在国外发表《致中国留美学生的公开信》："梁园虽好，非久居之乡"，归去来兮，毅然回国参加科学研究，此后他推广数学"统筹法""优选法"的运用，毛泽东称赞为"壮志凌云，可喜可贺"。

新中国刚一成立，"巾帼英雄"史良便将他人赠予的上海十余幢房产全部献给国家，身后留下了一些"漂亮首饰"，鉴定结果却是叫人难以置信的"赝品"，价值仅为"三千元"。这种情真意切的赤子胸襟，曾经拨动着无数人的心弦。

文化奇人张伯驹，堪称"当代文化高原上的一座峻峰"，他可以用自家好大一座房子去换陆机的《平复帖》，然后再将帖子捐献给故宫博物院，自己过的是简单而又俭朴的生活。高山仰止，心向往之，他们的风怀赢得了人们的尊重。

纵横春秋的学者风骨

学者是有知识有理性有血性的人物。他们卓尔不群、言之凿凿，登高望远、貌之巍巍，既不屑于花言巧语进谀献媚，也不在大众之间流露傲慢显示清高，总是以其独立的人格和顽强的意志，纵横捭阖论春秋，彰显知识分子"三军可以夺帅，匹夫不可以夺志"的铮铮风骨。

"是其所是，非其所非"，理之所在，莫若以明。在来自悠远岁月的回响声中，我们可以聆听到许多民盟学者经邦济世、励精图治，站立起来思考真理的故事，他们秉持正直向上的人格，在天长地久的不知不觉中变得愈加高尚。

"最后的大儒"梁漱溟在全国政协常委会上发言，引起了一场"雅量"之争，受到不公正的待遇，后来面对"四人帮"的淫威，又公然叫板"批孔万万不可"，93岁的他应邀站在高校讲台上娓娓道来，朗声一句名言：学者就应该死在讲台上！让全场学子感泣不已。

"建筑大师"梁思成挚爱民族文化，面对北京古城墙、古牌楼的拆除破坏，坚决提出保全老城"中国建筑轮廓"的主张，在激烈的政治运动中充当着民族建筑的脊梁，直至他黯然地闭上双眼，也无法寻求到"无产阶级建筑观"的正确答案。

当代"中国人口学第一人"马寅初，"言人之所欲言，言人之所不敢言"，指出以几何级数增长的人口问题"不得了"，如不采取措施，"20年后，政治家们会遇到棘手的问题，会感到困难，会后悔的"。当他的"新人口论"遭到批判，仍然宣称"不怕泼冷水"，"无时无刻不与共产党在一起"。

"正人君子"陶大镛"端方刚正、敢于直言，始终如一、从无虚伪"，他顶着压力，带头对三峡工程的诸多项目提出质疑，呼吁论证务必严密，以免愧对子孙。对于他们当年的一些言论，你可以不同意其观点，但不能不钦佩其人格。

引领潮流的时代风尚

在一个张扬个性、百舸争流的时代，直面价值多元化的"万花筒"，总会有那样一群人，更多地承担社会责任，更好地发挥标杆示范作用。他们是智者，探幽发微，阐前人之所未发；他们是勇者，敢立潮头，站在前人的肩膀上寻求"慧光"。矢志不渝，开拓创新，始终是他们的本色。

"一朵忽先变，百花皆后香；欲传春信息，不怕雪埋藏。"在探索科学真理的道路上，民盟先辈中的一些大家，以宽厚、信任、忠义的良知，脚踏实地，甘做社会的拓荒牛，勤奋地行进在时代的前列。他们的学品人品，植根于民众的沃土中生根开花。

清华百年历史四大哲人之一的社会学家潘光旦，一生"特立独行"，曾拄着双拐，跋山涉水，行程万里，研究比较，确认了单一民族的土家族。此后他虽因此由褒而贬，惨遭迫害，但那颗中华民族的炽热忠心不改，依然声称对孔老夫子"佩服得五体投地"。其学生费孝通特别达人大观，他让老师躺在怀里含冤离世的那一刻，坚守的是人与人之间的道德底线，他提炼的"美美与共，天下大同"，不仅体现了民族文化的高度自觉与自信，而且展示了一种人性的光辉。作为对人类文化有重大贡献的思想家，他们当之无愧。

中国"克隆之父"童第周，是我国实验胚胎学的引路人，他从细胞核与细胞质的反复实验中，发现了二者在功能上可以相互诱发和抑制的"核质关系"理论，据其学说实验成功的"童鱼"，达到了当时世界生物科学的巅峰。

我国"发展都市以救济农村"的社会学代表人物吴景超，在几十年前结合国情提出了选择区域搞活经济的观点，以及改良生产技术、用机械生产方式代替筋肉生产方式等见解，与当今的一些经济发展理论不谋而合。

温文尔雅的贤士风度

人格的魅力离不开特有的气质，并具有相对稳定的个性特征，热情而不轻浮，稳重而不迂腐，学问高深却不咄咄逼人，地位高贵却能体谅包容。优雅的气质美，通常称之"有教养"，不仅在人们面前表现出得体的言行举止，更在于展示出与众不同的内心世界。

学高为师，身正为范。民盟是一个教育大家庭，在许多人的身上洋溢着一种知书达礼的"先生范儿"。他们充满力量与温柔，懂得真实的生活不是演戏，始终以诚恳的态度和高雅的素养影响着他人，使人们更加愿意与之亲近，由是形成迷人的人格魅力。

美学专家朱光潜一生严肃地研究"美"，庄重地评价"美"，在为人处世、待人接物中，始终浸透着心灵"美"。他从"对于一棵古松的三种态度"，概括出不一般的"真善美"的情感，激励着人们向往"真善美"的意境。

我国史学界主帅翦伯赞，既有梅花傲霜雪的坚强性格，又待人斯文、沉着和蔼。他研究了多少历史风云事件，但不懂现实生活，夫妻受尽折磨，甚至以死抗争，也绝不愿连累旁人，静静表现的是衣着整齐的学者形象。他们留下的是"光彩夺目的学术思想，博大深远的人格力量，追求真理的勇敢精神"。

"数学大师"苏步青，学术造诣很深，培养了出色的数学家谷超豪，却虚怀若谷，自谓是"高徒出名师"，希望学生们也要"培养出超过自己的学生"。1978年暑期，76岁的他冒着暴雨，参加青年师生的科学研讨活动，让师生感动之余深受启迪。

任继愈是被毛泽东誉为"凤毛麟角"的学者，在学海中几经浮沉，为教育事业不遗余力，他提出儒教也是宗教，儒、释、道是中国传统文化的三大支柱，启人心智，不仅充实了中国哲学理论，而且求证了中华文化屹立于世界民族之林的根蒂。

严谨细致的科学风格

老子曰："慎终如始，则无败事"，是以"博弈之道，贵乎严谨"。严谨细致是一种科学风格，也是一种"工匠精神"。树立一丝不苟、精益求精的理念，在实践中追求卓越、追求完美，才能把一些最简单、最平凡、最普通的事情做得出彩，做出成绩。

于细微之处见精神，于细微之处见境界，于细微之处见品德。在本职岗位的工作中，民盟的先辈们始终把着力点放在每一个环节、每一个步骤上，不心浮气躁、好高骛远，无论成功与否，他们都在享受着超越自我、不同一般的快乐。

中国的"力学之父"钱伟长，新中国成立初毅然回国，为"两弹一星"耗尽毕生力量，做出了突出贡献，却一再谦虚地说，"我没有专业，国家需要就是我的专业"。正因为这种科学精神，1983 年，邓小平亲自签发调令，任命 70 岁的他为上海工业大学校长。

北大的"民选校长"丁石孙，无论做什么事情都是心无旁骛，始终保持着乐观平和。他说："一个人，一个国家甚至一个民族，对待数学，重要的不是公式，不是定理，而是它的方法。"这个方法主要是严谨！

中国遗传学家谈家桢师承摩尔根"教而不包"的教学原则，要求学生对老师尊重而不迷信，更不能在学术上无原则地随声附和。他坚信"千里远行足下始，治学严谨能成才"，在教学科研中务必贯穿"求是"的宗旨，为奠定现代综合进化理论提供了重要科学依据。

马大猷是中国现代声学的重要开创者，他性格豁达，作风一贯严谨缜密，提出的简正波理论，声声入耳，成为当代建筑声学发展的里程碑。1959 年，他主持人民大会堂音质设计，按照微穿孔板和小孔消声器理论，组织声学专家反复修改设计方案，进行模型试验和测量工作，使这项美轮美奂的工程取得了精致的成功。

清新俊逸的文人风采

古往今来，文人是历史行进中的一个独特群体。他们或恬淡虚无、独享清幽，或寄情田园、入境随俗，或慷慨愤世、忧国忧民，或建功立业、气贯长虹。他们肝胆辉映，相互吸引，信奉着一个同样的价值取向："人生自古谁无死，留取丹心照汗青"。

民盟的前贤才俊，立志于"铁肩担道义，妙手著文章"，让春风化雨的认同，化为润物无声的敬重。他们"指点江山，激扬文字"，使人们陶醉于其间而获得大美的享受和文明的浸染；他们的机智言谈，经典语录，给后人留下无际的遐想和不尽的思索。

被称为"夜莺战士"的优秀诗人黄药眠，熟悉古今中外各种诗体和诗艺，特别能将政治与艺术有机地结合起来，几十年来不畏风雨霜雪，"他在歌唱，他在战斗"。代表作《我爱我们的祖国》，以浪漫主义的乐观态度，充满大我，融入自我，憧憬着"一到了春天，它又苏醒过来，满怀信心地表现出盎然的生意和万卉争荣的景色"。

"国学大师"张岱年，一生历经磨难而从不放弃信仰，创作了大批优秀哲学著作，求真求善之崇高境界和永不言退之学术锐气，难以语言表述。晚年他抱病登上北大讲坛，一边服药一边讲课，在座者无不为他精彩的授课内容和坚韧的毅力所折服。

学界泰斗季羡林，"心有良知璞玉，笔下道德文章"，对待学问十分刻苦，凝结的人生智慧只有一个字：真。真心真意，使他甘愿为入校新生看管行李；真情真爱，使他乐意为医护人员签名赠书。他以真示人，"人活一世，就像作一首诗，成功与失败，都是那片片诗情，点点诗意"。

"文学巨擘"叶君健翻译的《安徒生童话》，注重高度的现实主义精神、诗的意境与韵味、简洁朴素的语言风格，成为中国几代读者的精神财富。他感悟，一部好的文学作品，不是政治说教的宣传品，而是融政治、历史、人生哲理和诗情的艺术品，"对任何歌唱者来说，聆听者眼中的泪水是最好的报酬"。

亦庄亦谐的幽默风趣

"情韵连绵，风趣巧拔"，生活离不开幽默，人生也不能没有风趣。幽默是一种宽容的显示，风趣是一种睿智的表现，谈资丰富、妙言成趣，聪明透彻的风趣幽默往往能将严肃的生活点缀得绚丽多彩。

偏执极端难以产生幽默，装腔作势更无风趣可言。在从容平等、恬静淡定的超脱中，民盟的很多著名人物懂得生活里的情趣，无论在征途上遇到什么样的坎坷波折，都不气急败坏或自命不凡，只是坦然一笑，继续赶路前行。

被誉为"长夜明灯"的陈望道，年轻时翻译《共产党宣言》，蘸着墨汁吃粽子的故事传为佳话。他表情庄重，言语简练，虽然较真，但幽默诙谐，异趣横生。曾提议老校长把复旦改名为"男子大学"，以与北京女子大学相呼应，从此复旦改变了不招女生的做法；对于"批儒尊法"，他说法家"杀气太重"，让人生恐，以示不满。

逻辑学家金岳霖是名"哲学顽童"，用一句话概括他的人生，"地上生活浪漫情，云端分析理性魂"。清华大学请艾思奇作报告，按当时苏联观点，艾提出"形式逻辑是形而上学，要与之作坚决斗争"，金岳霖轻松回应："我完全赞同，他的话句句符合形式逻辑"，令四座击掌称妙；他听说要"多接触社会"，便坐着三轮车在王府井悠然转大街，令人忍俊不禁。

我国"化学旗手"曾昭抡被认为是"不谙世间风情"，以致闹出不少"笑话"，表现出另种幽默：对着电杆又说又笑，提着雨伞冒雨赶路，错把煤铲当饭勺，保姆把他当客人等。在他的心里充满了远见卓识，却想不到还有边幅可修。

通达乐观的"语言巨匠"周有光，50 岁之前主修西方经济，其后发明了汉语拼音，却一再申明不是"汉语拼音之父"，而是中国人民的"儿子"。他自我调侃：笔名替代了真名，"语言学家"替代了"经济学家"，以假乱真，全乱套了。他视 80 岁为人生新起点，92 岁时收到小朋友贺卡："祝 12 岁的老爷爷新春快乐！"竟高兴得三天没睡着觉。

历经风雨沧桑，星光依旧灿烂。民盟的人格力量集中体现在汲取中华优秀文化的菁华，秉承传统文明道德的要义，琢炼出"革命的传统、切实的知识、正直的作风"。它吸引着一批又一批纯粹的人，"正是这样一批人，作风正派、学有专长、有社会影响、愿意为国家做事情，大家走到一起才有了民盟组织，有了更好地做事情的条件"。

不信青史尽成灰，青史还能留住名。对于光明的渴望，使得民盟一群人的内心被同样的光焰照耀，这种由人格魅力汇聚的一团团火焰，燃亮着彪炳史册的中国民主同盟。我们将永远铭记那些闪烁人格光辉的民盟灵魂。

（2017 年 7 月）

辑二

人生情语

人在草木间

某一日，打开电脑，在网络上同时读到两条消息。

一是：台湾作家林清玄做客上海 SMG 艺术人文频道《世说新语》，与上海观众一起品茶，说道："有人认为喝茶就是养生，把喝茶看得跟'喝药'一样的绝对。但其实，喝茶对于身心的帮助是相对性的，而不是绝对性的……'茶'字拆开，就是人在草木间，这就是喝茶的最高境界，达到'天人合一'，这也是我一直在追求的状态。"喝茶能够喝到这种感悟人生百味的境地，很不容易。

另是：今年"文学四月天"期间，记者采访中国作家协会主席铁凝，她说："中国作家协会主席的确是官，但是，当选为作协主席之后，我一直警惕自己，不要有官气，不要把这个职位当成官来做。"在当代的社会，权财攀比，物欲横流，作为集著名作家与高级干部为一身的铁凝，能够深谙如何在"作家"与"高官"的双重身份之间保持和谐与平衡，实在是太难太难。

读完之后，心潮虽没有澎湃却在起伏，脑海虽似平静却泛起阵阵微澜，不禁多了些联想，增了些感慨。

"人在草木间"，一个多么浅显的人生常识。我们的祖先从草木中蹒跚学步、匍匐而行，人的一生孕育于草木，成长于草木，在草木之间忙忙碌碌。一年又一年，一代又一代，人类就这么走来，再接着走来。这是多么容易拎清的简单道理。

"人在草木间"，又是多么深邃的人生哲理。人的一生依赖草木，征服草木，却又总是梦想着占有草木，乃至掠获更多的草木，结果还不得不长眠于草木林丛中。人类的起点，人类的归宿，周而复始，谁也不能摆脱生命的轮回和沉重的烦恼。

草木人生，短暂一瞬间，本不该拥有太多的奢望，但浮躁总会把人的思维推向平静的对方，由是演绎出人生百态。权力者践踏弱势的权益，富有者掠夺贫穷的饭粒，文明者嘲笑底层的愚昧，幸福者引发悲伤的哭泣……这样的故事不会太少。人类都在草木间呀，何必要把同类当成异类看待？

"别把主席当官做"，文人说出的简朴语言，透视的是一种人生真谛。我一直认为，人在草木间，官员也罢，平民也罢，白领也罢，破衫也罢，都别以为谁是谁，一切的一切，最后都得"罢、罢、罢"。既然如此，就无须区分身份的富贵贫贱、地位的高下尊卑。

"别把主席当官做"，官员流露的是平常心态，折射的是一种人间真情。我始终觉得，撕去那层虚伪，撩去那层面纱，谁都明明白白，众人相聚是缘分，大家活得不容易，尽管财富有多少，职务有高低，有人欢乐有人愁，源自世间不公平。

官是人，民是人，芸芸众生皆为人。人与人相待，何须太较劲？追溯祖宗十八代，其实本是一家亲。"三十年河东，三十年河西"，再过三十年，大家再相会，或许掉个个儿，谁是公仆谁是主人？哪能预料准。清楚这一点，就会真正领悟："别把主席当官做，草木之间都是人。"

"人非草木，孰能无情？"这是耳熟能详的语句。实实在在说，草木岂会没有情？只是情态太平常，没有任何造作与粉饰，让人难以察觉它们的博大情怀。人本有情，风云沧桑，反而会在有些时候，过于贪婪的心理把友爱抛弃，过于浮华的现实把感情埋没，孜孜汲汲、追荣逐利、恃强凌弱，草木之间的人竟然有时显得如此渺小。故而冒出了当头棒喝："人间不能没有情！"

人在草木间，爱在天地间。淡淡的草木馨香深幽久远，浓浓的人间情爱悠悠绵长。让我们多一些清醒的思索，把繁华的世界甩在身后，心静如水，心平如镜，忘却过去的恩怨忧伤，抛弃现实的荣华贫寒，倍加珍惜今天的相聚相合。"水清鱼读月，林静鸟谈天"，这是我刚刚读到的两句佳联。愿大家欢歌笑语，牵手未来，尽情迸发活力，自由绽放才情，共同步入一个"天人合一"、融洽和谐的人类最高境界。切切记住啊，无论你我他，大家都是"草木间的人"。

话说完了，口也渴了，安静地坐下来，不要再乱作诠释，舒适地品品茶的甘醇，惬意之感，油然而生。

（2009年4月）

生活要坦然

忘记是在哪本书上，读到这么几句话："生是自然，死是必然，活得要坦然。"看似平淡，却也有奇有味。

生生世世，这是世界上万事万物都无法逾越的一个规律。人的一生，从生到死，就这么几十年乃至百年的光景，即便是永不流逝的长河之水，也是"长江后浪推前浪，前浪死在沙滩上"，生命原本"逝者如斯"。

人在短暂的一生，怎么个活法？还真是一门大学问。有的人事事顺风顺水，有的人处处苟且偷安；有的人活得威武雄壮，有的人活得邋里邋遢……还有多少种活法，谁能说得清楚？关键是，我们要生活得平静舒心，怡然自得，没有烦恼，没有忧伤，用个词儿叫作"坦然"。

活得要坦然，容易吗？不容易，也不难，在于创造一种和谐的心境，树立一种正确的人生价值观。"青青翠竹无非智慧，郁郁黄花皆是妙谛"，就拿我们身边的人和事来说说"坦然"吧。

有的人认为自己很有能力，他人只可望其项背，于是表现出浮躁。在这里，我想讲一个真实的故事。一个年轻人认为自己无所不能，有一位老人说："伙计，你真的无所不能吗？我跟你打赌，我可以把一样东西推到百米之外，可是你无论如何也没有办法把它推回来。"年轻人说："我赌。"老人指着独轮车说："坐进来吧！"众人大笑。故事的道理是：做什么事情，不要一味考虑自己的得失，不要"把自己装进车内"。否则，你再有力量，也将局限于一隅，无法大展拳脚，施展自己的才华。

有的人认为自己条件成熟，却不能得到提拔和重用，于是有抱怨。先说一则寓言：有一棵颗粒硕大饱满、金黄璀璨的玉米，希望主人尽快采摘它，而主人却是每次绕过它，直到最后，主人才自言自语地走向它，"这棵玉米我要留作明年的种子"。要知道，有时最棒的玉米别期待最先采摘，因为，它有更加重要的用途，一定要等到它充分吸取天地精华，十分成熟才能采摘。因此，要相信自己，更有那耐心在绝望的时候再等待一下。需要自问的，俺是不是最棒的玉米？

有的人本来生活得不错，但喜欢物质的攀比，心里始终不平衡，于是感到苦恼。须知，古今多少贪官污吏走向尽头，多半源于攀比。对于物质与金钱，不能匮乏，捉襟见肘不行，但太多也未必能给人带来幸福。著名画家范曾有一段名言："一个人一生所需总有限，你再有钱，也不能一天吃一个熊掌，那会流鼻血；你有钱用金马桶照样便秘；如果钱是火，人是钢，那么我这块钢无论多少火也是无法熔化的。"诺贝尔应该是一生富有，然而，金钱并没有使这位发明家幸福，这个早年浪漫、最怕孤独的男子，临终时却没有一个亲人在他身边。想想这些，心里或许就会平静如水。

有的人认为自己工作无过，生活无错，可是老遭人不理解，于是感觉委屈。果真如此吗？俗话说，人非圣贤，孰能无过？说的有道理。富兰克林验证了电的存在，非常高兴，邀请朋友聚餐为自己庆祝，但朋友们都不愿意来，因为对他们来说，这是一件很丢面子的事。富兰克林得知此事以后，便将自己喜欢显摆的习惯记在一个专门的本子上，提醒自己某一天又有沾沾自喜的言论，便认真地给自己记一次过，罚自己向朋友们道歉一次。所以，要学会给自己记过，因为，再聪明的人也会做出蠢事。实际上，一次错误的举动，一个幼稚的问题，都可以成为磨砺生命的砥石，就像排版工人排出的铅字，看上去是反的，可岁月会殷勤地带我们慢慢看透它的内涵与真谛。

有的人觉得自己很真诚，说真话，吐真言，但是总得不到认可，于是产生郁闷。可不可以自我检讨一番呢？比如，有位年轻美貌的姑娘，满身污垢去见国王，国王将她赶了出来，后来洗得干干净净、打扮得漂漂亮亮去见国王，国王很高兴地将她留在了身边。这个姑娘的名字叫"真理"。任何时候都要坚持讲真话，但人们听了赤裸裸的真话又会觉得刺耳，所以说真话的时候要讲究方式。真理就像一块宝石，如果不慎扔到了对方的脸上，就会造成伤害。但给真理加上精美的装饰，并且诚心诚意地奉上，对方必定会欣然接受。

有的人认为自己出类拔萃，却出身卑微或成长环境差，是鲜花插在牛粪上，于是感到沮丧。其实对于鲜花来说，牛粪可以提供充足的养料，养料被吸收后，残渣还能化作土壤，使其根基更加稳固。从实际情况看，一坨牛粪插一朵鲜花，鲜花会开得更加艳丽，而一个水晶花瓶可能会插进很多枝鲜花，尽管很美，但很快就会枯萎；从资源学角度看，牛粪便是沃土，在牛粪中鲜花依旧能够最大化地实现自身价值。再说，生活的道路要靠自己走，逆境也许是成长的好环境，是鲜花，不管在哪，都可以尽情地怒放。

人生百态，草木一秋；世事万千，不一而足。说完这些近乎闲聊的话，似乎便有了对"坦然"的大彻大悟。坦然，是一种无愧，是一种知足，是一种愉悦，是一种高尚。它犹如山涧的清泉，可以洗涤心中世俗的尘埃；犹如蓝天的白云，可以领略无限自由的风光。

人的一生，应该活得坦然一些、更坦然一些。让我们都高兴地去享受坦然的生活吧。

（2009 年 9 月）

常知感恩事

不久前，我的一位同事远调某沿海发达城市工作。临别之前，依依不舍，他馈赠了我一本唐晓龙先生的《感恩的心》以作留念，其深情厚谊我当然清楚，因此不胜感激。

我早已知道，《感恩的心》是一本被誉为"改变中国人心态的和谐人生"的力作，所以没有束之高阁，而是一口气把它读了下来。阅读之余，心灵受到极大的震撼，同时也产生了一些关于感恩的新畅想。

正如书中所言："当今社会，人和人之间的身体距离很近，但心的距离则遥不可及。"要把这种"心的距离"拉近，感恩是条温柔的纽带。我们都会说，"滴水之恩，当涌泉相报"，要抱有一颗感恩的心，感谢祖国、感谢人民、感谢父母、感谢师长、感谢领导、感谢同事、感谢朋友，乃至感谢对手、感谢……是啊，生命的真谛在于感恩，只有知道感恩的人，他的一生才会少了许多怨天尤人的不平，不懂得感恩，则是人生的莫大不幸。可是反省一下自己，我们真的懂得感恩吗？

感恩不是表面作秀，而是踏实做事。逢年过节，我们在电视节目中往往可以看到这样的镜头，各级领导去访贫问苦，将一个个红包递给困难群众，或者是农民工在有关部门的帮助下，拿回了属于自己的工资，然后把那几张崭新的钞票数来数去，再说一番感谢的话。这样的镜头之所以令人生厌，一是本来可以通过严格的工作制度，切实解决困难群众的生活保障和农民工工资发放问题，何必等到过年过节才去走访慰问？二是感恩的对象搞反了，是领导感老百姓的恩，还是老百姓感领导的恩？所以，这种作秀式的感恩，只怕是会给人们带来不良的影响。

感恩不是溢于言表，而是付诸行动。感恩应该有朗朗上口的语言，那是教化的需要，更应该内化为一种个人的品德，并在行为上予以体现，那才是真正的感恩。民族英雄袁崇焕自 1630 年去世后，佘家义士"冒死葬忠魂"，子子孙孙，生生世世，守墓遗训，口口相传，17 代人为他守墓 370 多年。20 世纪 60 年代末，在一次与洪水搏斗抢救国家财产时，金训华救了陈健的命，金训华牺牲后，陈健决心义务为战友守墓，并发誓要"一辈子陪着你"，从此，他再没离开过那里，一直为烈士扫墓守灵。以上两例，其感恩之心，苍天可鉴。试想，倘若一边唱着"爱的奉献"，一边干着偷税的营生，哪怕歌唱得再动情，还能让人感觉出感恩的滋味吗？

感恩不是一种赐予，而是享受欢乐。感恩是有付出的，需要时间，需要精力，需要物质，需要感情，但是别把这种付出当作恩赐，而应看作是对社会、对他人的一种补偿和回报，你可以在这种付出的过程中享受到不尽的幸福与欢乐。比如，在工作之余，"找点空闲，找点时间，领着孩子，常回家看看"，"生活的烦恼跟妈妈说说，工作的事情向爸爸谈谈"，一家人团团圆圆，让老人们享受到天伦之乐的同时，也让自己回到了金色的童年，这种欢乐能够年年岁岁都有吗？定西老人陈尚义夫妇靠捡垃圾收养 42 名孤残儿童，美好的情愫打动了社会各界无数人的心，当一笔笔汇款、一声声问候传进这个普通的院落时，老人布满皱纹的脸上绽放出灿烂的笑容，幸福和喜悦难以形容。任何时候，我们都要记住一个道理，"助人为乐，助人有乐"，对有困难的人们伸出你那爱心融融的援助之手。

感恩不是承受压力，而是担当责任。有位哲学家说过，世界上最大的悲剧或不幸，就是一个人大言不惭地说没有人给我任何东西，我不需要担当任何责任。如果把感恩行为都视为一种压力，你还能指望这种人承担什么样的社会责任？ 2008 年，在抗击冰冻雪灾中，有一句感人肺腑的话："有爱就有感动，感动是一种责任！"对我们每个人而言，感恩是一种爱，是一种对爱的追求、对善的坚守；感恩也是一种对社会的尊重、对责任的执着。经常怀着感恩之心，才会自觉自愿地把给人以帮助当作责任而自觉承担、勉力为之。

感恩不是握手言欢，而是相约再来。世界充满了竞争，有竞争就会有对手，有了对手就会不断激励你勇敢去面对、去磨炼、去抗争，就有战胜之而成为强者的念头，就会带来拥抱成功的机会。竞争必有强弱之分，有可能你是强者，也有可能对手是强者，或者过段时间再来个强弱交替。在德国，奔驰、宝马毫无疑问是对手，但为何两家汽车公司都能够飞速进步、风靡世界，奔驰老总说："因为宝马将我们攥得太紧"，宝马老总说："因为奔驰跑得太快"。这样经过一轮轮的激烈竞争，两家公司都能够长盛不衰。因此，对于对手应少一分挑剔，多一分欣赏，不仅要心平气和地与对手握手致意，更要心地坦荡、胸怀宽阔地去感恩对手，有度量与他们相约新一轮竞争，这才是豪迈的英雄式感恩。

"没有花香，没有树高，我是一棵无人知道的小草，从不寂寞，从不烦恼……河流啊山川你哺育了我，大地啊母亲把我紧紧拥抱……"我们普通，我们平常，这也许就是人生感恩的基础。但更加重要的是，我们要懂得怎样感恩，并身体力行，从而不断达到感恩的新境界。

（2010 年 1 月）

珍惜好机缘

什么是机缘？用一句通俗的话来说，就是机遇加缘分，在某些时候，它的意义近似于民间的用语："命运"。机缘虚无缥缈、捉摸不定，可又生动具象、处处可见。古人所言的"天时、地利、人和"是机缘，今人议论的生活环境、出身背景、工作条件等也是机缘。大家耳熟能详的"谋事在人，成事在天"的"天"，指的是不是机缘？尚可琢磨。

谈到机缘，不妨先说个小故事：朱元璋在一次微服私访中，来到一座古庙前歇息，适遇一农民提着一壶茶去田间干活。农民不识当今皇上，倒了一杯茶给朱元璋喝，并尽情聊了起来。事后，出于感激农民的"杯茶之恩"，朱元璋降旨让农民当了县令。有一个秀才听说此事，心中愤愤不平：我十年寒窗未得功名，而那农民一杯茶就换到了，公理何在？于是在古庙前题对联一副："十年寒窗下，不如一杯茶。"第二年，朱元璋再次路过古庙，看完对联，笑而回应一联："他才不如你，你缘不如他。"

听完故事，我们或许也会像那位秀才一样心中愤懑，头晕目眩，仰天长叹：机缘在哪里？为何不能给我一丝机缘？是啊，现实中究竟有多少人能够遇到这种好机缘，一杯茶居然换取了一个县令？还是让我们静下心来想象，就在我们无法奢求"农民县令"美妙机缘的时候，在我们的身边是不是还存在其他的好机缘？答案是："面包终究会有的。"因为，好的机缘就像是一个美丽的水晶球，从高处掉到地上，摔了个粉碎，碎片四处迸发。人们会捡到一些机缘的碎片，有人捡得多些，有人捡得少些，但是没有人全部捡到，当然也有人不愿意去捡一片。故此，我们要具备拾获"碎片"的足够耐心。

还有，从辩证的角度看，机缘无所谓好坏，好的机缘有时会成为坏事，不好的机缘又会成就良缘。机缘的良莠，有时还真分不清。就像那位获得县令的农民，假如他以后做了贪官被处以重刑，那他还不如陪着老婆孩子耕种"一亩三分地"强，这个机缘显然就变了味儿。然而，"艰难困苦，玉汝于成"，恰是"运交华盖"的百般磨炼，感动着幸运之神向他频频招手，苦难于是成为成功的好机缘。笑看古今中外，发生的多少大大小小的事情都有力地说明了这一点。钢铁也正是这样炼成的！

我们何必为贫穷而犯愁，因为"人生胜利者"也有感伤。成功显达的人，往往会怀念他们从前的穷日子，回想起过去，他们有一种甜蜜的滋味，这是他们发现，原来幸福藏在那个艰苦卓绝的过去里。由是启示人们，贫穷是一种机缘，它会激励人们追求与奋斗。

我们何必为工作辛苦而抱怨，苦尽甘来，甘是苦的衍生物。那些在事业上获得巨大成就的人，无不得益于长年累月的坚持不懈，水滴石穿。他们不把工作当成苦差事，而是甘之如饴。人生常理告诉我们，春播百亩是苦事，而秋收万担是向往中的快乐，播种是收获的机缘。

我们何必为自己的不晓世故而自责，老实会引来好结果。漫画家方成先生有一段启迪人生的感悟："老实为人，老实行事，做些平常事，做个平常人，该得到的就会得到，一切不必苦苦求，如此才会有一份好心态、好心情，也会迎来好运气。"说得真棒，真够水平，老实委实能够创造好机缘，也能获得好机缘。

我们何必为他人的非议和误解而痛苦，重要的是要保持自己那一份尊严。世界是多元的，人心是多元的，待人真诚是永远的。有些时候，我们需要调整自己的心理，克制自己的情绪，为他人留下一个认识自我的空间。实在痛苦，流几滴泪水也未尝不可，一个不知道泪水有多咸的人，也不知道生活有多甜。好的机缘正在泪水中孕育、在泪水中浸泡。

我们不能告别命运，不能脱离机缘，关键在于把握它。记得雷小军在《和命运结伴而行》中写道："有一种人，走运时，他会抑制自己的好运；倒运时，他又会调侃自己的厄运。他不低估命运的力量，也不高估命运的价值，不做命运的主人或奴隶，只做命运的朋友。"积极的人生姿态，就是不要错过好机缘、倍加珍惜好机缘。

我们不必为暂时没有遇到好机缘而闹心、而生悲，因为人在世上走，不是为了生气而生活。历尽是非成败，见惯秋月春风，人们懂得，好机缘就在身边。即便它有时迟到，耽误了些时间，也千万不要担忧，担忧是用昨天的问题来浪费今天的时间，从而揉碎了明天的机会。无论何时，我们都应该淡然一笑，泰然处之，不得意，更不能失意，因为我们清楚，好机缘就要来了，就要来了……我们要学学那勇敢的海燕——黑色的精灵，在与风雨的搏击中呼唤一声：让"好机缘"来得更猛烈一些吧！

聊完以上闲话，再说一句吉祥的语言来表达我心中美好的愿望："祝你好运！"

（原载于《群言》2010 年第 3 期）

关于"人与组织"的闲谈杂说

人与组织，浑然一体。人即组织，组织为人，所以医学上就有了"人体组织"之说。

大凡一个组织，能够像鲜活的人体那样，表现出一种蓬勃向上的生命力量，可以概略为一个"机"字，姑且称作十大"机要"内容。

其一，强壮机体。也就是要加强自身建设。有生命力的物体才叫机体，生命无须太多的富余物质，只需要营养与健康、活动与强壮。著名免疫学专家、全国政协委员冯理达说过，对于一个人而言，如果没有健康这个1，其他条件再多也只是0。没有健康就没有一切，所有的0都是健康1的外延和扩展。"要健康、健美、长寿，自身因素是第一要素。"一个人是如此，一个组织又何尝不是如此。

其二，发挥机能。机能是一种作用与价值的体现，缺乏机能，也就无所谓人或组织了。神给了我们一匹马，让我们骑着这匹马去传福音，而我们却杀了它或撇开它，那我们将一事无成。组织必须履行组织的职责，这犹如理发匠要理发、教书匠要教书，本来就是天经地义的事情，道理再简单不过了，因为这是责任之所在，使命所使然！古时范阳又叫小草，深知人生有三天，要开拓进取，不断耕耘，才能四季常青。为此，有人赋诗，作为对小草的贺礼："人生在世有三天，昨天今天和明天；回顾昨天多少事，今天总结不算晚；为了夕阳无限美，热爱自己追明天；明天世界多美好，前程似锦乐无边。"

其三，建立机制。好的机制能够干成好事，坏的机制会把事情干坏。说一个七人分粥的故事。方法一：拟定一个人负责分粥事宜，结果总是主持分粥的人碗里的粥最多最好；方法二：大家轮流主持分粥，但是每个人在一周中只有一天吃得饱而且有剩余；方法三：选举一个信得过的人主持分粥，开始还能基本公平，但不久就开始为自己和溜须拍马的人多分；方法四：选举一个分粥委员会和一个监督委员会，可是提出多种议案，各自据理力争，粥早就凉了；方法五：每个人轮流值日分粥，但是分粥的那个人要最后一个领粥，在这个制度下，七只碗里的粥每次都是一样多。故事说明，机制至关重要。

其四，善于机变。机变并非见风使舵，而是见机行事。机制灵活地处理问题，有时可以得到意外的效果。《三国演义》里有两个英雄人物，一个长歌当啸，豪气冲天，指点群雄；一个寄人篱下，一味谦恭。他们就是曹操和刘备。《青梅煮酒论英雄》这一篇绝世妙文把他们两人的心态刻画得淋漓尽致。其中有一个细节是：曹以手指刘，然后自指："天下英雄，唯有你和我。"刘吃了一惊，手中碗筷不觉落于地下。这时正值雷声大作，天雨将至。刘备乃从容拾其碗筷，说："一震之威，乃至于此！"这正好迎合了曹操此时的骄矜情绪，觉得刘备的生死就掌握在他手中，杀死他如同踩死一只蚂蚁一样不费吹灰之力。于是有了"巧将闻雷来掩饰，随机应变信如神"之说。

其五，抓住机遇。法国物理学家、化学家居里夫人说："弱者坐等时机，强者创造时机。"机遇平等又不平等，看你怎么对待它。从前，有三个商人骑着骆驼相伴着穿越沙漠，阴影中传来一个低沉的声音："停步！捡上小石头装满你的袋子。"三个商人照做不误。前行中，两个商人觉得袋子里的小石头越来越重，于是丢弃了这些无用的石头，只有一人遵行了那个神秘的指令。第二天日出，未丢掉石头的那个商人打开布袋，一看傻了眼，小石头竟然是钻石、玛瑙和紫晶！

其六，珍惜机缘。机缘是一种我们常说的"天时、地利、人和"，积极的姿态是不做命运的主人或奴隶，只做命运的朋友，不要错过好机缘、倍加珍惜好机缘。相传当年朱元璋在一次微服私访中，来到一座古庙前歇息，适遇一农民提着一壶茶去田间干活。农民不识当今皇上，倒了一杯茶给朱元璋喝，并尽情聊了起来。事后，出于感激农民的"杯茶之恩"，朱元璋降旨让农民当了县令。有一个秀才听说此事，心中愤愤不平：我十年寒窗未得功名，而那农民一杯茶就换到了，公理何在？于是在古庙前题对联一副："十年寒窗下，不如一杯茶。"第二年，朱元璋再次路过古庙，看完对联，笑而回应一联："他才不如你，你缘不如他。"

其七，保守机密。个人有隐私，组织有纪律，不能口无遮拦，否则"祸从口出"。一个忠实于道德的人，懂得怎样处理机密。罗斯福当海军助理部长时，有一天一位好友来访。谈话间朋友问及海军在加勒比海某岛建立基地的事。他的朋友说："我只要你告诉我，有关基地的传闻是否确有其事。"这位朋友要打听的事在当时是不便公开的，但既是好朋友相求，那如何拒绝是好呢？只见罗斯福望了望四周，然后压低嗓子向朋友问道："你能对不便外传的事情保密吗？"好友急切地说"能"。"那么，我也能。"罗斯福微笑着回答。

其八，掌握机宜。机宜是一种依据情况处理事物的办法，它既需要面授，更需要主动掌握。语文课上，老师突然提出请同学用"面授机宜"造句，说是考察大家的反应能力。大家面面相觑，茫然无措。一同学不慌不忙地起身，说"实在抱歉，我真的不知道该怎么造句，请您面授机宜。"大家顿时哗然。其实，这位同学正是掌握了"机宜"的真谛所在。

其九，创造机会。有一个故事，说的是四个营销员接受任务，到庙里推销梳子，第一个营销员空手而归，和尚说没头发不需要梳子，所以一把都没有卖掉；第二个营销员回来了，销了十多把，他告诉和尚，头发要经常梳梳，不仅止痒，而且活络血脉；第三个营销员销了百十把，他跟老和尚说，庙堂前放一些梳子，可以让香客磕完头梳理头发；第四个营销员说销掉了好几千把，而且还有订货。他跟老和尚说，庙里经常接受人家的捐赠，得有回报给人家，买梳子送给他们是最便宜的礼物。您在梳子上写上庙的名字，再写上三个字"积善梳"，可以作为保佑对方的礼品储备在那里，谁来了就送，保证庙里香火更旺。这个故事说明了一个道理，任何机会都不会从天而降，而是由自己去努力创造。

其十，自成机杼。"文章须自出机杼，成一家风骨。"文章如此，一个人或一个组织也是如此，应该具备和彰显其鲜明的个性与特征。如果整个世界只是一种颜色，那就会显得黯淡无光、黯然失色。梁漱溟老先生就是当代一位铁骨铮铮、具有个性的人！1974 年，江青策划了"批林批孔"运动。梁漱溟公开说自己不想批孔，但是可以批林，而且批林不应该批孔，两者根本没有关系。在一次发言中，他讲了中国的哲学精神，儒家的精华，对孔子的评价等问题。明明白白地说，孔子的学说有糟粕更有精华，我们应该给以继承和发展。孔子的"中庸之道""克己复礼"属于学术研究的范畴，不能与政治问题混为一谈。梁的发言震惊四座，使得批判的那些人将矛头从孔子和林彪身上转到了梁漱溟。等到最后一次批斗他的时候，他只说了一句："三军可夺帅，匹夫不可夺志！"

（2009 年 10 月）

有时候我们并不聪明

我对"聪明"的含义没有进行考据，大概源自"耳聪目明"之省称，说的只不过是一个人的听力和视力要比他人灵敏一些而已，由是延伸为天资高、智力发达、记忆和理解能力强的代名词。运用现代的语言进行界定，"聪明"指的是一个人的智商高出普通人的正常值，即至少要超过100吧。

芸芸众生，大可不必为自己是否聪明所困扰，因为智商高者毕竟是极少数。问题是似我等智商平平并不特殊者，有的时候竟然"孤芳自赏"，认为自己属于聪明之类。说来可笑，或许就在觉得自己聪明的哪个时刻，我们可能正在干着一件愚不可及的傻事，即便是那些为数不多具有高智商的聪明人，有时也会犯下一些不可理喻的低级错误而致洋相百出。因此，人生必须经常提醒自己：我们并不聪明。

有时候我们并不聪明，其中原因是什么呢？说起来很长，主观者有之，客观者亦有之。有人用几句中国的老话概括，特别好。一句叫作"智者千虑，必有一失"，另一句叫作"马失前蹄"，还有一句是"聪明反被聪明误"的大白话。哦，不多谈什么深奥的哲理之类，还是慢慢领悟以下几则"会不会"的小故事，再问问自己：我们真的聪明吗？

其一，会不会挪动位置。有一道这样的趣味智力题：请一次性挪动其中一个数字的位置，使"101-102=1"这个等式成立。这道题不知折磨过多少聪明人，他们往往在苦思冥想、满纸涂鸦之后，最后不得不选择放弃。其实很简单，只需将"102"中的"2"上移，变成10的平方，答案就出来了："101-10^2=1"。为什么如此一次简单的挪动会难倒众多聪明人？请听专家评说："一说到'挪动'，多数人首先与最后想到的都是左右挪动。而如果你不受这种约束，让这里的每个数字都东奔西突，活跃地在你的眼前跳舞，你就会很快地找到答案了。"

只会左右挪动，不会上下挪动，这是一个可怕的思维定式问题。当一个人深深陷入左右、横向思维之中，没有个体的发散、向上的维度，或者不会在高处寻求理想的目标，那他的聪明就会变得多余。人生的伟大与渺小又何尝不是如此？

其二，会不会正确做事。一群智商都在 140 以上的聪明人相聚用餐，偶然发现餐桌上标志为"糖"的瓶子里装的是盐，标志为"盐"的瓶子里装的却是糖，全反了。怎样在没有抛洒的情况下，借助餐馆的现有工具，将两瓶调料调换过来？这些聪明人给自己出了一道挑战题。大家热烈讨论，见仁见智，又是物理空间，又是力学原理，最后从几个方案中择优选用了一个最佳解决办法，仅仅需要一张餐巾纸、一根吸管、两个空碟。办法有了，聪明人将服务生叫来，不无炫耀地说："餐桌上的糖和盐装反了，我们有一个最好的正确办法将它们装回到自己的瓶子，只需要你提供……"话未说完，服务生道了声"对不起"，拿起糖瓶和盐瓶，把瓶盖拧下调换后，分别盖在了各自的瓶子上。看到这里，聪明人只能是面面相觑，无可奈何。

生活中，有时聪明的人只会苦苦地去思考问题，寻求着自以为正确的解决方案，并扬扬自得地空谈着边缘理论，却不会洋洋洒洒、从从容容地去正确做好一件事情，这样一来，聪明人反而显得不聪明了。

其三，会不会换种方法。实验室里，聚集着一群年轻聪明的研究生；实验台上，摆放着一个奇形怪状的容器，上部像椭圆的西瓜，中部像方正的木箱，下部又像梯形的碑座，大家好奇地望着它。导师走了进来，吩咐学生们用最简单的方法，尽快精确测算出这个容器的容量。这很困难，但对于学习过高等数学与立体几何的研究生来说，也算不了什么大的难题，无非是把这一容器分解成若干个几何物体，然后一一求证求解，再分别相加求和。于是，大家找来小尺、量规等工具，准备做一番精确的测量计算。这时，一直站在旁边显得有些拘谨卑微的实验员走了过来，他默不作声地端起容器，打开水龙头将容器灌满自来水，再把容器中的水倒入量杯，一个个动作是那样干脆利落、有条不紊。刹那间，把聪明的研究生们闹了个脸红脖子粗。后面所发生的结果就不用再细说了。

故事启示，任何事物的测算都有多种途径与方法，在难与非难之中，要学会换种方法，不能一条胡同走到底。然而，最简捷、最精确的处理方法常常蕴于实践之中，所以说，运用在于实践，最高远的道理，往往就是最普通、最浅近的道理。不知我们懂得这一道理的多少？

其四，会不会改变习惯。那是一个智商 160 的留美博士生遇到的事情。一天，博士的车坏了，来到了汽车修理铺，修车过程中并不太在意修车师傅的精巧动作。也许师傅从博士的眼神中发现了他不屑于修车的简单活儿，于是聊道："我知道你是一个很聪明的小伙儿，出一道题给你猜猜看，打发一下你的无聊时光。"博士懒懒地说："请出题！"心想"你这笨家伙能难倒我"？

"在一个五金小商店，来了个聋哑人，他左手做持钉状，右手做握锤敲钉的动作，老板先递了把锤子，聋哑人摇摇头，指了指持钉状的两只手指，终于将钉子卖给了他。不一会儿，又来了一个盲人，他要买的是剪刀。请问，他会做出什么样的动作？"师傅一边修车，一边摇头晃脑说题。博士赶紧伸出右手，用中指和食指比画着剪刀状。"错！盲人只需说'我买剪刀'就行，你这笨蛋。"修车师傅得意地哈哈大笑。

在许多时候，再聪明的人也会囿于程式，自然地顺着习惯思维跑，定格在过去的经验中寻觅着现成的办法，最终闹成笑话。所以，要使自己聪明起来，必须突破固有的思维方式。

其五，会不会相助互爱。一位美国老太太到过世界上的许多国家，她每到一个国家都少不了做一个游戏，目的是想测试这个国家人的聪明程度。游戏的道具是：一只瓶肚很大、瓶口很小的玻璃瓶，几只刚能通过瓶口的小球，每只小球上各系一根微小的丝绳。

在中国观光时，老太太从一群孩子中随机抽了一个 10 岁的女孩、一个 7 岁的男孩、一个 5 岁的女孩来共同完成这个游戏。宣布游戏规则前，老太太狡黠自负地笑着说，都说中国人是世界上最聪明的，现在我要试一试。接着语气一转："瓶内有三个小球，分别代表你们三个人，瓶子代表一口枯井。你们正在井里玩，突然冒出了一股汹涌的泉水，你们必须逃命。记住，我数七下表示七秒钟，谁还没有逃出谁就意味着被淹死。"在突然紧张的气氛中，老太太将三根丝绳交给了三个中国孩子。游戏开始，只见 5 岁小女孩很快从瓶内拉出了自己的球；接下来是那个 7 岁男孩，他看了一眼点头示意的 10 岁女孩，迅速拉出了自己的球；最后是 10 岁女孩，她也紧接着轻捷地完成了自己的拉球。

一场"惊心动魄"的游戏就这样很快地结束了，全部时间不到 5 秒。老太太问男孩，你为什么没有争先逃命？男孩指着 5 岁女孩勇敢地说："她最小，我应当让她。"又问 10 岁女孩，女孩坚定地回答："我是姐姐，三人最大，应该先救弟弟妹妹。"美国老太太感动得流出了眼泪，她在许多国家多次试过这个游戏，由于孩子们争先恐后，互不相让，几乎没有一次能够取得成功。

故事告诉我们，聪明不仅仅是智力发达，更是一种忘我无私、大爱无疆的品格。近年来在我国发生的一次次重大自然灾害中，涌现出来的一曲曲生命壮歌，无不深刻地说明了这么一点：不懂得相助互爱，就没有大聪明、大智慧。因此，中华民族是一个真正充满智慧的伟大民族！

体味一下以上小小故事，才会感觉到，有的时候我们并不聪明，是因为我们还有太多的"不会"，所以我们更要孜孜以求地不断"学会"。

（2010 年 8 月 29 日）

为人处事之基点

在中国传统文化的宝库中，有一项重要内容是教人怎样做人，从"三纲五常""仁义道德"，到"躬自厚、薄责人""修身、齐家、治国、平天下"，无不是做人的圭臬范式。至于现代，关于做人的箴言就更多了，"千学万学，学做真人"，"做一个大写的人"，"做高尚的人、纯粹的人、有道德的人"……在浮躁不安动荡难宁的社会，在推崇快节奏生活张扬个性的今天，要让人静下心来学习研究精深奥妙的做人学问，不太容易！因为既没有这个功夫，也没有这个心情，不如由博返约，讨论一下可以践行的做人基础。

到网上一查"做人基础"的内容，各种说法纷至沓来，林林总总，竟有数十种之多，诸如"知己""知耻""八德""诚信""理智"等，都是做人的基础。如果真能达到这个境界，做的就不是一般的平凡人，而是道貌岸然的圣贤之辈了，对此我们不敢奢求。只好再来一次由繁到简，着重说说做一个普通人必须具备的为人处事基本点。

做人的基点在哪？简洁明了地说，一是感恩，二是责任。我们都知道，"两点决定一条直线"，这是几何定理。感恩和责任这两个基点，决定着做人的一生，这也许是人生定理。如果做人缺少感恩和责任这两个基点，恐怕一生岁月空流逝，很难有所作为。谨此阐述一些个人的生活感悟。

首先让我们来注意一种现象：举凡一个成年后事业有成，能担大任、成大器者，在他们的孩提或青年时代，大都知忠孝、晓礼节，深深懂得感恩的情意。古之孔融让梨、缇萦救父、韩信报恩，无不如此。更有趣的是，罗斯福失盗后不难受，振振有词地陈述"感恩三理由"：未伤害身体、仅丢失部分钱财、做贼的是别人而不是我。这种"感恩"的胸怀使他后来能够成为优秀的美国总统。因此，学会感恩，应该是学会做人的最基本要求，是值得我们用一生去努力完成的壮举。

感恩往往与责任紧密连在一起，不懂感恩的人，也不敢担当做人的责任。有位哲学家说过：世界上最大的悲剧或不幸，就是一个人大言不惭地说没有人给我任何东西。不妨观察一下身边接触的那些普通人、周围发生的那些平凡事。有些人顺风顺水，却抱怨不能随心所欲，他们终日擅长"比较"，比能力自己强、比水平自己高、比工作自己累、比职位自己低，比来比去，比出个孤芳自赏、牢骚满腹。相反，有些人过得并不那么风平浪静，却从来都愿意与他人赤诚相待、和谐相处，他们深怀报答之心、履行刻苦之事、奉献大爱之情，甘之如饴地生活，舒舒坦坦地工作，因此总是其乐融融地融入社会之中。

如果再过十年、二十年，回过头来考察人们所走过的人生历程，检阅人们所做工作的基本轨迹，会突然发现，当一些人还沉浸在"仰天长啸、愤愤不平"的悲凉时刻，抑或有些人已经成为事业的栋梁，享受着人生的尊重。为什么人生的道路会出现正反两端？排除一些不可否认的机遇、平台、环境等因素，有一点很值得回味，那就是对感恩与责任的认知程度。具有正确认识者，往往以感恩之心激励自己工作，以责任之心鞭策自己奋斗，他们勇于并善于担负起自己应有的职责，努力创造更好的工作业绩以回报社会。这种感恩与责任的融合互动，激荡着人的心脉血液，决定着做人的价值取向和人生归宿。

有好事者，对我国恢复高考30年来的各地560位"高考状元"和中国科大少年班1000余名"神童"的成才状况进行调查，得出的结论发人深省：那些昔日的"高考状元"和"神童"们，职业发展并不理想，工作成就远低于社会预期，在各自领域中，没能出现行业的顶尖人才或学科的领军人物，大多在职场上显得默默无闻。相反，走出校园后成为社会精英者如两院院士、长江学者、杰出政治家等，他们很少有人在学生时代的考试中显山露水，只是在为人处事方面要比他人略胜一筹。

"高考状元"为何成不了"职场状元"，"神童"为何成不了"神才"？其中原因之一，是在他们的身心成长时期，被忽视了做人的基本教育，他们头顶着"天生英才"的光环，生活在以自我为中心的百般呵护之中，既不懂得怎样报答社会，也不懂得怎样承受社会责任。因此，当他们步入社会、游弋职场的时候，众人的期待值与个人能力出现极大反差，心理陷于茫然之中，很难将自己的才华发展到极致，过去的那种超常发挥在工作中顿时无影无踪，接踵而至的便是苦闷、惆怅和不知所措。当年"神童"宁铂有一段话可以作为注脚：

"'神童'剥夺了我许多应该享有的生活和娱乐的权利","我现在压力太大了，外界把我捧得那么高，我承受不了失败"。

有人说得好，"有爱就有感恩，感恩是一种责任"。形成感恩的风尚，扬起责任的风帆，这是人追求生命价值的道德准则，也是保持生命常青的原动力量；生活中懂得感恩，工作中敢担责任，这是做人的起码要求，也是人生持续进步的不竭动力。所以我把感恩和责任，定义为为人处事的两个基本点。换一句话说，做一个合格的人，应该从学会感恩开始，从担当责任做起。我想把这句话作为我与大家的共勉之语。

曾经读过这样一句诗一般的语言："在漫漫人生征途上，感恩是一束金色的阳光，能照亮黑夜；责任是一束温暖的阳光，能融化冰雪。"感恩与责任，如果这两束阳光能够照耀你、我、他，照亮着大家的心灵，那么，我们生活的这个世界，就一定会显得光彩流溢、更加和谐美好！

（2010 年 10 月 2 日）

"三纲五常"之无常

　　古时候，经过几代儒家人的努力，创造并确立了独具中国特色的"三纲五常"学说，成为草民百姓立身的圭臬、统治阶级治国的根本。近现代，复经几代读书人的奋斗，砸孔家店，革文化命，视"三纲五常"为十恶不赦的封建余孽，被痛批得落花流水，摧残得七零八落。

　　走进新时代，我们越来越感觉到创造灿烂文化的伟大中华民族，却明显缺少传统文化精神力量的坚强支撑，有人比喻是患了"缺钙症"，话说得严重、刻薄了点，但也形象而又不无道理。于是乎，挖掘中华民族文明因子、继承优秀传统文化精神、以德治国等，郑重且又庄严地被重提到国家议事日程。

　　"三纲五常"是否属于传统民族文化的优秀内容，可否纳入"德"的范畴？我不敢妄作回答，因为有学术权威者已在白纸立下黑字，"三纲五常"是封建统治阶级用来控制人们思想、防止人民"犯上作乱"的思想武器，它体现了整个封建统治的各种关系。所以，我只愿花些工夫做些文字分析，绝没有标新、冒犯或其他什么意思。

　　"三纲"是"君为臣纲，父为子纲，夫为妻纲"的简称。为纲者，即所谓居于主要或支配的地位，"纲举才能目张"。三纲最初始于孔子，他强调以等级名分教化社会，认为为政首先要"正名"，做到"君君、臣臣、父父、子子"。"五常"即仁、义、礼、智、信，是"三纲"意义的继续延伸，在孟子"父子有亲，君臣有义，夫妇有别，长幼有序，朋友有信""五伦"道德规范上提出，用以调整、规范君臣、父子、兄弟、夫妇、朋友等人伦关系的行为准则。

　　毋庸置疑，"三纲五常"如同其他传统民族文化，难以逃脱它的历史局限性。例如，"三纲"的绝对尊卑和绝对主从的思想，成为封建阶级专制统治和维护等级秩序神圣性、合理性的基本理论；"五常"作为封建社会的最高道德原则和观念，起着规范、禁锢人们思想和行为的作用，淹没了兴亡更替岁月沧桑历史前进的规律。至于"三纲五常"的弊端，已经被中国2000多年治乱兴衰、改朝换代、"其兴也浡焉，其亡也忽焉"的历史所无情证明，不需要多加评述。

我们经常引用这么一句话，"不要把孩子连同脏水一起泼掉"，来说明道德文化传承的处理态度。优秀的中华民族传统文化之所以能够在历史上盛传不衰，它的生命力在于它的受众性。2000多年来，"三纲五常"一直影响着中国人的国民性，不能否认这种思想在一定历史时期和特定社会阶段，起到了凝聚民众力量、维护社会秩序、规范人际关系的作用。唐韩愈《与孟尚书书》说："圣贤之道不明，则三纲沦而九法致，礼乐崩而夷狄横"；宋文天祥在《正气歌》中感叹："三纲实系命，道义为之根。"都有力地说明了这一点。

作为一个历史唯物主义者，我相信事物的发展规律是呈螺旋状的，也相信人类的进程是一个扬弃的过程。在充满矛盾而又惶然的心态中对"三纲五常"进行扬弃，难道我们就不能对其去粗取精、去伪存真，赋予它更多的时代新义，让它在伟大的新时代回归"文脉生辉"的地位？

"三纲"之"君君、臣臣、父父、子子"。按照古代汉语语法，将后一个名词用如动词，意思即变化为"君要有君样，臣要有臣样"，"君臣"要在各自岗位上，发挥"君臣"的不同作用。"大学之道，在明明德，在亲民，在止于至善。"《大学》开篇的"三纲领"，就要求人们发扬光大人所固有的天赋的光明道德，弃旧图新、去恶从善，达到伦理道德的至善境界。如果把"君臣"概念转换为"干部群众、上级下级"。说的是各级领导干部要以身作则、率先垂范，群众百姓要齐心协力、忠实履职。即便是今天，也没有对"三纲"进行全盘否定，我们恪守着"下级服从上级，全党服从中央"的民主集中制，不能说丝毫没有"三纲"的遗传基因。

关于"仁、义、礼、智、信"合成的"五常"，则是为实现"三纲"提出的教育纲领和培养目标。《大学》就有这样的严格规定："为人君止于仁，为人臣止于敬，为人子止于孝，为人父止于慈，与国人交止于信。"我们可以发现，就在最火热的反孔年代，"五常"也没有被完全颠覆过，如伟人的"我们不施仁政"，直指的对象是敌人而不是人民；"不能温良恭俭让"是指充满暴力波澜壮阔的革命岁月，不是构建和谐社会的执政时代。更为有趣的是，人们可以一再谦虚着我"无礼、不智"，但万不敢将"不仁、不义、不信"的标签贴在自己身上，因为大家都懂那可是骂人的话。

我们的今天脱胎于封建社会，我们秉承着产生于封建社会的道德文化，这都是无可辩驳的事实。我们推翻了封建社会的专制，但无法割断中国传统的文化血脉，我国特色的核心价值体系并不排斥优秀的传统文化内容。在不可能短时内构建一种新的文化体系的今天，我们的民族亟需道德文化的支撑，唯一的办法只有批判地继承、改造性发扬。

所以，假如当我们看到那一地脏水的同时，还看到那躺在地上哇哇大哭的孩子，怎能不感到一阵阵揪心？它无法阻挡那一声叹息：善待历史"三纲五常"，不能反复无常；弘扬中华传统文化，委实任重道远。我的观点是：你可以去批判"三纲五常"的不足，但是你永远无法否认它的历史地位、现代价值乃至未来的作用。我们的确不能干那种脏水孩子一起泼掉的傻事！

（2010 年 10 月 5 日）

正常思维之困惑

闲暇时读些"脑筋急转弯"之类书刊，图的是让大脑换换"空气"。不读则可，一读糟啦，大脑神经非但没有因为换空气而思路变得稍加清晰，反而愈发迟钝起来，刹那间脑筋一急，转不过弯了，就如中医所说的"痰闭心窍"，或像看赵本山的《卖拐》，给忽悠着、忽悠着就被搞糊涂了。不信吗？说几段给大家听听。

"问：早晨醒来，每个人都要做的第一件事是什么？答案是睁开眼睛。"而我醒来却是闭着眼睛思考今天该做什么。

"问：黑鸡厉害还是白鸡厉害，为什么？回答是黑鸡厉害，因为黑鸡会下白蛋，白鸡不会下黑蛋。"为什么白鸡就不能厉害？白鸡能下与自己同颜色的蛋，黑鸡不能。

还有更多的呢，什么"黑头发与白头发相比有什么好处"？正确答案是黑头发不怕晒黑，可是白头发也不怕晒白呀。"偷什么东西不犯法？"答曰偷笑，但谁都知道偷着流泪也不犯法。"借什么可以不还？"回答是借光可以不还，然而举目江海，百舸凭借东风破万里浪，难道又要还吗？

我困惑着，把这事说给明白人听，人家笑而点拨：你这叫正常思维，不是脑筋急转弯，"急转弯"是那样一种梵高作画时的精神状态。尽管我对那种所谓的"精神状态"还是没弄清楚，但依稀感觉到，脑筋急转弯会不会是一种临界思维，迷茫之际，胶着之状，在思维的临界点上和思维的断裂之处，灵机一动，让思维向另外一个方向奔跑。

正常思维可能相信自己的感官，黑是黑、白是白，香是香、臭是臭，甜是甜、苦是苦……可事实告诉我们：人有时会被眼睛欺骗，色盲者如此，正常视力者也会把斜线看成直线、静态看成动态；鼻子会把榴莲之香美，闻成怪怪的臭味。这样的事例生活中并不少见。正常思维相信真理，可是有伟人说过，真理与谬误相互转换，真理跨过一步，就会成为谬误。

糊涂了，我们给正常思维搞糊涂了，于是，就有人热衷从临界思维的"精神状态"中变通求解，不时来个脑筋急转弯。还别说，果然是有灵验，所以写下几句打油诗："正常思维有拐点，遇到拐点要转弯；一股劲儿往前跑，不犯糊涂那才冤。"兹举例说明之。

在时下的文件材料上，往往会出现这样一些字眼：对某件事情的处理，"原则上"要怎么怎么、"一般情况下"该怎么怎么、"有关部门"必须怎么怎么、"相关人员"应当怎么怎么等。正常思维对"原则""一般情况"等的理解，那都是非常刚性的要求，应该严格实施。换个"脑筋急转弯"，那可是弹性规定，因为"原则"要与灵活相结合，"一般情况"下有特殊，至于"有关、相关"，真正界定起来更是游刃有余。所以，文件规定在执行中会产生"变味"现象，"原则无原则，一般不一般；有关是无关，相关不相干"。人们常说的"国务院、下文件，政令难出中南海"，与此不无关系。

在实际工作当中，领导提出要提高认识，统一思想，形成共识，保持一致，同时又提出要善于独立思考，敢于发表不同意见，充分发挥个人的聪明才智。毫无疑问，这些都是正确的提法。可是如何处理这种共性与个性之间互为前提的辩证关系？场合不同，做起来还是有难度的。为了防止被人抓到把柄，于是有人采用正常思维大拐弯的临界思维，统一思想就是"坚持对上负责，不越雷池一步"，独立思考就是"揣摩上级意图，满足上级要求"，许多地方的带水的 GDP 难道不就是这样搞出来的吗？

在一些会议讨论时，目的非常明确：审议某个报告，征求修改意见。但是，与会同志往往形似糊涂实为精明，刻意远离主题，慷慨激昂大谈学习体会，"整个报告是高屋建瓴，立意深远；总结过去是全面客观，实事求是；部署工作是目标明确，思路清晰；下步打算是认真贯彻，抓好落实"。针对这种牛头不对马嘴内容空洞的发言，会议总结却是如此归纳，"审议报告言之有物，分析问题深入透彻，提出建议很有见地，修改意见值得采纳"。嘻嘻！我们不知经历过多少诸如此类的事情，竟然糊里糊涂地成为习惯。看来，我们的正常思维都出现了偏差。

人是有理性的，正常思维尽管有局限、有缺陷，但仍然是理性的，不然就不能称之为人了。如果人性被扭曲，思想被遏制，正常思维长期磨炼成所谓的

"临界思维"，就会出现思维的非常态，思考从属他人，思想由人主宰，"皇帝的新衣"大概就是这样织成的，"指鹿为马"也许正是这样练就的。我们可不能忘记这些经典故事的深刻寓意。

把话说到这儿，不由得想起著名作家梁晓声先生说过的一段"烟灰缸规则"：如果将一小撮蚂蚁放在烟灰缸里，当它们向外爬时，便用烟头烫它们，几次之后，它们便都不往外爬了，老子认命了，并且通过化学分泌物互相传达信息，达成不往外爬的潜规则——烟灰缸规则。当然，梁先生指的是文化现象，他说："我们的文化，正受着这么一种不良的规则所限制。如此一种文化，几乎只能在形式上变花样。自身精神萎缩，灵魂苟且，又怎么能够化一个民族的精神和灵魂呢？"

思维属于文化的范畴，正常思维也正在经受着这样的历练与折磨。我感到困惑的是，就像光着膀子的皇帝被说成穿了华丽的新衣，正常思维怎么会变得一塌糊涂呢？我尤其担心的是，正常思维不要被太多的"脑筋急转弯"所取代。一旦那种没有品性、没有品质、也没有品味的"脑筋急转弯"或所谓"临界思维"，越来越多地出现在人们的正常生活中，正常思维的"糊涂人"越来越变得"精明"起来，那就真是文化的堕落、思维的异化。对此，我们应该抱有一种严重的自责感和不适感，否则就叫麻木不仁！

文章结束时，我想说明一点：我无意抨击现实中的"脑筋急转弯"和"临界思维"，只是想袭用这两个名词，说明自己对正常思维的些许困惑，不然，会感觉更加苦闷和糊涂。

（2010 年 10 月 6 日）

用医学的思维感悟调研

"没有调查研究，就没有发言权。"深入开展调研，了解社情民意，反映群众诉求，提出意见建议，这是政协委员的重要职责，也是政协委员的重要工作内容。"衙斋卧听萧萧竹，疑是民间疾苦声"，当年郑板桥表达的是他体恤草根民生的一种情结。其实，民间的声声疾苦，是很难能够卧在衙斋里面倾听得到的，需要接近百姓、贴近群众，这就是调研。

如果说社会是个大课堂，那么调研可以称为一门大学问，它充满着科学知识，充满着艺术技巧，这不是在哪一门专业中能够获知，需要在实践中认真体验，用心去仔细琢磨。真正的感悟调研，应该来源于人们对调研的亲身经历与感受，细细领悟、慢慢开悟，逐渐对调研的事物及其内容形成比较正确的看法与认识，并提炼出比较正确的观点。

有的时候，我会产生这样一种联想，调研工作犹如医生看病，打好医学基础是前提，积累临床经验是根本。每日面对不同的病人，凝神定气、望闻问切、审症求因、辨证施治……一个步骤接着一个步骤来，最后对症处以良方。政协的调研工作，情况把脉、发现问题、提出对策等，不也正有这样的相似之处吗？

唐代医学家孙思邈给后人留有一篇千古不朽的名作，叫作《大医精诚》。精者医术精湛，诚乃医德高尚，也就是说，只有医术精湛医德高尚之人，方可称之为大医。他提出，"凡大医治病，必当安神定志，无欲无求，先发大慈恻隐之心，誓愿普救含灵之苦"。从医应该具有这样的品德修养，开展调研工作，也应该对照古代医家的风范，"恬澹虚无，真气从之"，对祖国对人民抱有一种炙热的感情，常怀忧国忧民之心，深深地爱着养育我们的那一方水土和人民。如此，调研才能够进行得心心相印、有情有义。

医生诊病有一个原理，叫作"司外揣内、见微知著、以常达变"，正如

《黄帝内经》所说："以我知彼，以表知里，以观过与不及之理，见微得过，用之不殆。"每一次专题调研，看之、听之、问之、议之，都会产生很多的感触，必须对调研所获得的素材加以梳理、归纳与分析。以之类比，要像医生那样，将通过四诊手段所搜集的各种征象予以整理，而后条分缕析，去粗存精，去伪存真，由此及彼，由表及里，获致每个症状的概念。调研的过程，正是通过大脑的思考作用，把掌握的各种事物分解成为若干部分加以考察，抓住关键，由感性向理性升华。有的时候，还要像老黄牛那样，"把已吃下的东西吐出来，重新咀嚼"，对一些调研材料反复咀嚼，"不仅其味无穷，其乐也无穷"。正确认知，善于分类归纳，这是调研所必须具备的基本功。

事物千变万化，纷纭复杂，怎样抓住本质，做出正确的判断？这又是调研的一项基本功。按照医生的说法，就是要"整体审察，诊法合参"，如果"相对斯须，便处汤药"，那就不是一个高明的医生。调研时，总结经验，应该准确客观，实事求是，不能拔高，不能掺水；指出问题，应该窥斑见豹，一针见血。

提出对策是调研的关键，也是调研的重要目的。用医生的话说，就是开处方。一个好的中医，其水平的高低，最后就全部显示在他所开的一纸药方上。处方讲究君臣佐使，对症下药，它需要整体观的全局性，也需要"治未病"的前瞻性，更需要力求实效的针对性。一些知名的药方，充满着智慧，会令业内行家里手惊诧，但随即它的绝妙就会使人叹为观止。每条意见和建议，犹如一味味药品，搭配得当，如鼓应桴，搭配不当，付诸东流。

概言之，用医学的思维方法感悟调研，应该在以下几个方面加强锻炼和修养。首先，要掌握学科的基本知识、基本理论、基本技巧，"知天地之方圆，晓方药之寒热"，调研亦然，没有对调研课题相关内容的基本掌握，很有可能说出一些外行话；其次，要不断地实践，反复"病床"，此所谓"熟读王叔和，不如临症多"，调研本身就是一个实践过程，不多多深入社会，了解社情民意，所得出的结论就会成为"空中楼阁"式的清谈；最后，要学会辩证思维的方法，克服主观主义、经验主义、片面局限、机械孤立等错误观念的影响，因为，"天下没有两片相同的绿叶"，每一个病人的病情是新的，每一次调研的情况也都是新的，需要一次次地重新审视。

一个好的医生，在复杂的病症面前，他会自如地驾驭着数不清的药方和药物，在他的眼里，那数以千计的处方药物，犹如漫山遍野的石头，只要轻轻挥动那医药知识的长鞭，那些石头便似乎受到了点化，变成一群群充满活力的雪白的羊群，在蓝天下活跃欢快地奔腾起来。调研、再调研，实践、再实践，我们也会获得那样一种理想的境界。

（2010 年 11 月 19 日于北京铁道大厦）

"床"与"房"的价值逻辑

2014年6月下旬，我参加了全国政协以"大学毕业生就业创业环境优化"为主题的双周协商座谈会。在会上的发言中，我提到了一种应该加以关注的现象，那就是当前大学毕业生普遍存在"宁要城市一张床，不要农村一栋房"的思想倾向。当然，这里的"城市"和"农村"都有其特指。

事后，有人对此表示疑惑，向我发问，城市"一张床"的价值难道高于农村的"一栋房"，这岂不是价值悖论？我明白，那不是诘难，而是需要深入分析的一个现实问题。于是乎，那一张"床"与一栋"房"，就似魔物一般，把我引向了近乎学理化的"价值逻辑"的思考。

从逻辑推理，"房"比"床"的范畴要大，"概念"中的"床"从属于"房"，"床"只是"房"概念中的一件生活器物，二者在性能上的使用价值比无法对等。

然而请注意，这里的"床"与"房"，拥有一个前置定语，即城市和农村。说清楚一些，是大城市的"床"、边远农村的"房"。人们奔"床"而弃"房"，具有一定的价值动机，而产生这一动机的直接原因，简单分析之，则是社会所使然。这符合逻辑的规律。

从实物价值而言，大城市"一张床"的价格高于农村的"一栋房"。算算看吧，放置一张床加上其回旋空间，总得需要5—6平方米，在北京市五环以内，房价每平方米4万—6万元，至少值20万元以上，而在边远农村地区，一栋房上下两层200平方米，每平方米造价不足0.1万元，满打满算20万元，"床"与"房"的市场交换结果显而易见。何况那栋"房"目前还没有产权，不能够交换。

从劳动价值而言，城市和农村的工资报酬不能对等，收入分配差距依然是道鸿沟。按照经济学观点，劳动作为商品在市场上出卖，同样的劳动应该获得同样的报酬。其实不然，在那张"床"的地方与那栋"房"的地方，工资收入高低过于悬殊，而且在那张"床"的地方，往往还会以物价（包括房价）过高等各种理由，获取更高的工资、奖金和津贴，其中的利益自无须多言。

从附加价值而言，城市和农村表现出诸多极大的不公平。在城市那张"床"的地方，教育医疗、环境卫生、水电交通等显性隐性福利，还有名目繁多的各种明贴暗补，而在那栋"房"的农村，这些福利可能有吗？大家心里明白，这种附加价值的各种福利，关乎着一个家庭老少成员长久的幸福安康。别的不说，就以考大学为例，同样的高考成绩，就因为一个小小的户口本的差别，城乡或地区的不同，而出现招生录取结果迥异。

从预期价值而言，城市的"床"会变成"房"，而农村只能是守着那栋越来越陈旧的"房"。尽管今日只在城市占有一张小"床"，但由于这个地方的事业发展平台大，寻求的机遇多，使得平台不同，起点不同，也就预示着个人的未来、后代的命运的不同。因此，城市的那张"床"也就更具诱惑力，而农村的那栋"房"，依照传统的观念，却始终是那栋"房"。其中的道理不言而喻。

《易》中有言："形而上者谓之道，形而下者谓之器。"由"器"而观"道"，"道"又总是那样香风缥缈、无可言说。不过，从那张"床"和那栋"房"的分析，真还可以捕捉到一些道理。由感而思，心底流淌着启迪；由思而悟，于是流露出心声。

"房"与"床"不是一个新问题，当年上海滩就曾流行过"宁要浦西一张床，不要浦东一间房"的说法，但在改革开放以后得到了较好的解决。用了什么灵丹妙药？很简单，发展浦东。"忽如一夜春风来"，情况马上发生变化。如今，"阿拉上海人"，抑或"外地人"，再也不会拿浦西的"床"去寒碜浦东的"房"了。

多少年来，党和政府为了优化大学生在农村的就业创业，出台了不少政策，想了很多办法，比如聘任村官、提高待遇、小额贷款、行业城乡对口支援等，但收效与预期值相差甚远。究其根本原因，主要是没有解决好城乡"床"和"房"的价值问题。有人曾向我直截了当地提出过类似问题：假如让你大学毕业一辈子工作在边远山区，即便给你年薪20万，你会去吗？我一时语塞，不知该作何答。

"床"与"房"的取向选择，不仅关乎大学生的就业和创业，而且直接影响到我国地区的人口布局和人才分布，影响到社会环境安全和执政安全，影响到城镇化建设的质量以及全面建成小康目标的进程——可谓大矣！对年青一代大学生开展思想教育、呼唤道德理想、树立正确的价值观固然重要，但根本的还是要帮助他们解决实际问题，使他们的人生价值取向与"床和房"的选择取向能够有机结合起来。

前些年，由于种种原因，使得我国的一些大城市框架越拉越大，开始出现"城市病"，而农村相对而言却越来越虚弱，已经初现委顿。怎样使"床"和"房"的价值得到合理回归，促使大学毕业生合理流动？关键是要让当前我国城乡"亚健康"状态向建康状态转变。这是一项社会系统工程，需要各个方面的努力。特此开一张处方。

一是机会均等。理想化的"床"与"房"的价值置换，要通过机会均等来带动。比如，实施就业优先战略，就要为农村城镇提供机会均等的就业岗位、充分就业的社会服务；健全覆盖城乡居民的社会保障体系，就要建立健全促进农民、低收入人群、贫困人群收入较快增长的长效机制；要使"北京大学"不成为"北京人的大学"，就不但在高考成绩上一视同仁，还可以将一些大城市的重点大学和科研院所，分散到全国各地，即使不能整体搬迁，也可以设立分校分院，就近招生。

二是重点下移。微软公司创始人比尔·盖茨提出过一个尖锐的问题："我们为什么更多地关心谢顶，而不是疟疾？""若以人为本，那么疟疾疫苗是最迫切需要的，但它几乎没有获得任何资金。"当前，在我国的各种资金的投放上，其实就严重存在着"关心谢顶"、无视"疟疾"的锦上添花的倾向，教育、医疗、科技、卫生等庞大经费投向的重点在哪？大家心中都有一本明细账，必须予以纠正。因此，无论如何，以人为本的城镇化建设各个方面的重点，都应该真正放到边远欠发达的地区和农村。

三是"控上补下"。《关于深化收入分配制度改革的若干意见》的通知所言，下一步"要继续深化收入分配制度改革，维护劳动收入的主体地位，提高公共资源配置效率，缩小收入分配差距，着力解决人民群众反映突出的矛盾和问题，在不断创造社会财富、增强综合国力的同时，普遍提高人民生活水平"。"让一切劳动、知识、技术、管理、资本的活力竞相迸发，让一切创造社会财富的源泉充分涌流，让发展成果更多更公平惠及全体人民。"

四是"限高填低"。 在基层调研农民工生活现状时了解到，农民工群体对通过技术、管理和资本获得更多收入并不反对，而且竞相积极提高自己的科学文化知识以期改善自己的工作生活现状，但他们对自己多年付出辛勤劳动却难以获得有尊严的经济收入和社会保障而无法释怀。城市以生活成本高昂闻名于世，多数业绩较好的公司在近年都通过加薪方式稳定团队。"我们的收入其实本来就不高，这次降下来就少得可怜了。"年轻员工或许如此抱怨，但可以呀，换到那栋"房"的农村去呀。

（2014 年 7 月）

点燃诚信的明灯

首先，我们要从逻辑关系的范畴来看待"依法治国与社会治理"这个题目。依法治国与社会治理二者应该是互为关联，即通过依法治国来促进社会治理，通过社会治理来推进依法治国。促进社会治理的目的，就是要达到社会公正、社会诚信、社会秩序。社会的细胞是人，要建立和谐社会，作为个体的每一个人必须要有诚信。诚信是法治国家建设的重要社会基础，而法治建设则是社会诚信的有力保障。没有诚信，就没有对法律的信仰与崇尚；没有法治，也就没有对诚信的不断延续与传承。如果一个社会处于"民不畏法，奈何以法惧之"的状态，可想而知，这种处于无序状态的社会该是多么可怕。《史记·商君列传》曾记载了"商鞅立木"以明法的故事。以信明法，以法立信，商鞅正是以诚信作为法律实施的基本前提，成功地实现了他的变法政令。所以说，要建立法治社会，实现社会治理，达到社会秩序，必先建设诚信社会。

诚信是契约的精神。法律是共同约定，诚信是共同遵守。只有公众共同遵守，才有法律及其权威。如果人们不尊法、不守法，也就没有规矩可言，社会当然会出现一片混乱。比如我们当下说得比较多的"互害型社会"，最简单的例子就是卖"化学牛肉"的，很可能吃的就是毒大米；生产毒大米的商人喝下的也可能是工业酒精兑制的假酒……人人都觉得自己占了便宜，避免了被伤害，但事实上处在这个互害社会生态链中的每一个人，或许都逃不脱伤害和被伤害。

政府在法治建设中处于核心地位，应该对这种情况的形成原因进行深层次思考。干群关系互不信任，日益紧张，原因之一就在于对官民鱼水关系的认识混淆。鱼水关系源于老祖宗提出的水舟关系：君为舟，民为水，水能载舟亦能覆舟。延安时期，毛泽东同志对党群之间的关系已经阐述得非常清楚：党是鱼，人民群众是水，水可以没有鱼，鱼不能没有水。但在新中国成立之后那段动荡的岁月，这种逻辑关系曾一度被颠倒，分不清谁是鱼儿谁是水，谁是瓜儿谁是秧。此后，一些官员因为有权而显得非常任性，将自己凌驾于人民群众之上，什么都是"我的"。结果，官风、民风、社会风气被搞坏了，干群关系越来越疏远，政府失信每每可见，遑论依法办事。人民群众慢慢对政府失去了信任，人与人之间相互不讲诚信，人们心中那盏诚信的神灯逐渐熄灭。傲慢的权力践踏着神圣的规则，一个不讲法治、不讲诚信的社会于是出现。因此，建立法治中国，通过法治实现社会的治理，当前最为紧要的事情，就是点燃人们心中的诚信那盏明亮的神灯。

（原载于《群言》2015 年第 4 期）

永远赣鄱魂

"建设'环鄱阳湖生态经济区'论坛"今天就要闭幕了。各位专家的精彩发言和实地参观考察，给了我很多的感触，也给了我很多启示。我想汇集本次论坛的相关内容，以"论坛印象"为题，谈一些自己的感想。

说起来很惭愧，作为江西人，我还是第一次踏上鄱阳这块土地。确实，这是一块神奇、美丽而又富饶的土地。在昨天开幕式上，我用几句话把我对鄱阳湖的感受和情结作了表达，这就是"徐徐赣江风，悠悠鄱水情，一方水土一方人，永远赣鄱魂"。今天早上，感觉这几句话还不能完全表达我心里对鄱阳及这次论坛的感受，就又加了几句，即"美哉，浪花上的城市，鸟语下的乡村——我心中的鄱阳"。

感 受

这次论坛，经历了三个半天的时间，给我的感受主要有四个方面：

1. 表达的观点独到新颖。昨天上午和今天上午 13 位专家的发言都谈到，建立环鄱阳湖生态经济区，要从各个视角进行关注。比如，有的学者谈到，要打造环鄱阳湖生态经济区，首先要从厚重的赣鄱文化当中吸取它的生态智慧。有的专家谈到，建立环鄱阳湖生态经济区，是江西目前发展的一个必然选择与发展的契机。水利厅的领导和专家，经过他们多年的研究，提出了一个新的观点：建立生态水利枢纽工程。还有同志指出，要打造环鄱地区的中心城市，等等。总的来说，大家在这次论坛上所阐述的观点，应该说是精彩纷呈，使我们产生了非常深刻的印象。

2. 阐述的内容全面翔实。大家就"怎样建立环鄱阳湖生态经济区"的问题，从不同角度、不同层面进行了全方位的论述。比如，建立生态工业、生态农业，打造文化产业、旅游产业，完善交通设施等，并把诸个产业有机地融合起来，提出要注意城乡建设和资源保护，注意产业结构和基础设施建设等等。概言之，大家的着力点都在于立足生态，立意发展，立志建设美好的家园。

3. 意见建议可供借鉴。这次论坛大家提出的意见，是经过深入的调研和思考得出来的，有见地、有价值、有分量、有意义，可供借鉴参考。论坛会之后，省政协人口资源环境委员会将把大家的意见进行归纳、概括、整理，在征求有关部门单位意见后，送省委、省政府和有关部门供决策参考。

4. 取得的效果显而易见。这次论坛，大家在各个方面都做出了努力，付出了辛勤的汗水。所以我给出的题目叫"付出的努力难能可贵"。大家围绕举办这次论坛所付出的努力，我们将不会忘记，在此，我只想说这么几句话，那就是：我们豪迈，因为付出过辛勤的汗水；我们高兴，因为领略过成功的喜悦；我们清醒，因为更知道在未来建设环鄱阳湖生态经济区漫长道路上的艰辛。

启　迪

1. 秀丽的鄱阳湖是江西的绿色名片。鄱阳湖是江西的代名词，是我省的名片，是大自然对我们的恩赐，我们一定要保护好这一湖清水，珍惜这张名片。

2. 保护鄱阳湖环境，是我们共同的责任。我记得在今年的全国"两会"上，温家宝总理在《政府工作报告》里有一段话："动员全体人民更加积极投身于资源节约型、环境友好型社会建设。节约资源和保护环境要一代一代人持之以恒地进行下去，让我们的祖国山更绿，水更清，天更蓝。"这既彰显出一种决心与信心，也表现出一种责任和使命。我还记得，总理在讲这句话的时候，充满着深情。我也不会忘记，就在总理结束这句话的时候，台下的几千名代表和委员报以热烈的掌声。所以，我要在这里着重强调：保护鄱阳湖环境，是我们共同的责任。

3. 建设环鄱阳湖生态经济区，是大家的美好追求。中共江西省委、省政府作出建设环鄱阳湖生态经济区的决策后，立即得到了社会各界的关注和赞同。全国"两会"期间，我们参加全国政协会议的25名全国政协委员共同签名，呼吁党中央、国务院重视和关注江西鄱阳湖生态经济区的建设。很快，有关新闻媒体、有关部委便找江西的代表和委员约谈有关建立环鄱阳湖生态经济区的一些构想。这说明了什么？说明了建立环鄱阳湖生态经济区，是大家的共同夙愿，是大家的美好追求。

4. 促进环鄱区域全面发展，是富民兴赣的根本要求。中共江西省委、省政府提出关于建设环鄱阳区生态经济区，紧紧扣住了江西发展的"牛鼻子"，发挥了江西的优势，突出了江西的特色，抓住了江西的关键，当它一旦形成了共同行动，也必将形成江西在全国的影响。

热　点

1. 环鄱阳湖生态经济区应该怎样建设、怎样布局、怎样定位。论坛上，大家对这个问题发表了很多很好的意见。大家认为，环鄱阳湖生态经济区的产业布局和定位，应从"一、二、三、四、五"五个方面来考虑。"一"，就是突出一线（即京九线）；"二"，就是打造双核（围绕南昌和九江两个中心城市的建设），以这两个城市的发展作为带头，然后继续全面铺开，再由经济区作为示范，促进江西政治、经济、文化、社会全方位的发展；"三"，就是强化三带（生态保护带、生态恢复带、生态控制带）；"四"，就是构建四区（禁止开发区、限制开发、优化开发区、重点开发区）；"五"，就是要建设好五大体系（生态经济体系、自然资源保障体系、人居环境体系、生态文化体系和生态社会体系）。

2. 环鄱阳湖生态经济区的项目经费与机制。建设环鄱阳湖生态经济区，牵涉到项目，牵涉到经费，牵涉到机制。比如说，打造生态经济区，应该确立一些什么样的项目，这些项目从哪里而来？同时，要打造经济区，它需要钱，那么钱又从哪里来？又比如说，它需要配套的机制，包括补偿机制、奖励机制、惩罚机制、干部考核机制等，还有绿色GDP的概念应该怎么形成？机制的建立又需要什么样的制度来作保障，同时还要制定什么样的措施来得以实施？我们必须深入思考，深入研究，认认真真地探究这些问题。

3. 环鄱阳湖生态经济区的统筹协调与互补。环鄱阳湖牵涉到几个市、几十个县。各市有各市的市情，各县有各县的县情。建设环鄱阳湖生态经济区必须强调统筹协调。有的专家认为，打造经济区不能各唱各的调，各吹各的号，应该做到统筹协调，各方兼顾，各市之间应该有市级的协调与合作，县级之间同样也应该有协调与合作。

昨天在参观和考察鄱阳县的一些工业园区与湿地候鸟区的时候，县领导也谈到并分析，鄱阳湖的湖东经济与湖西经济有很大区别。从目前看来，湖西经济要优于湖东经济，湖西的发展要快于湖东的发展，将来湖东、湖西之间又该怎样协调；中心城市与卫星城市的协调关系，哪些城市应该属于哪个中心城市的卫星城市；如果鄱阳县城作为一个中心城市来建立，周围又应该有哪些卫星城市与它进行密切配合，使它中心地位的辐射作用充分发挥出来。还有，城乡之间的协调关系，都必须认真地处理好。总的来说，建立环鄱阳湖生态经济区，一定要做到优势互补，主要包括：产业的互补，城乡的互补，地区的互补。最终的目标就是实现共赢。

4. 环鄱阳湖生态经济区政策的制定与把握。毛主席说过，政策和策略是党的生命。一个经济区的建设，必须要有一个好的政策，而且要有切实可行的措施作为保障。因此，政策对于建立环鄱阳湖生态经济区而言，它是生命。个人认为，从目前情况而言，首先是争取好中央的政策，请中央从各个方面重视和支持环鄱阳湖生态经济区的建设。中央政策出了台，然后我们再来进行地方政策的配套，从而加快环鄱阳湖生态经济区的发展和建设。

建　议

这次论坛提出的许多建议，我简要概括为三个方面：

1. 切实抓好规划的编制。城市规划、城乡规划的编制，在建设环鄱阳湖生态经济区的过程中，起着非常重要的作用。要抓哪些规划编制，在这次会上，大家提了不少，比如：要抓好各项课题的研究、要抓好总体规划、要加强城乡规划、要科学修编生态功能保护区的规划等。这些规划当中，总体规划是关键、是先导。规划一旦制定，领导干部要带头执行规划。规划就是城市的法律，要像国外的城乡发展一样，一个规划，几十年乃至一百年两百年都不变。

2. 认真构建项目体系。建设环鄱阳湖生态经济区，应该建立一些什么样的项目？我们要进行科学的分析和论证。有一个原则必须坚持，那就是坚决执行"三个不搞"：严重污染环境的项目坚决不搞、严重危害人民生命健康和安全的项目坚决不搞，黄赌毒项目坚决不搞。项目找准了，还应努力构建项目的支撑体系，同时应该全面思考各种子项目科学有机的配合，就是说在一个总项目的带领之下，任何子项目都要围绕着它再继续发展。比如我昨天看到鄱阳县工业园区，上了风能发电这么一个项目。风能发电没有污染，我们应该抓紧时间上，围绕着风能发电，还有一些配套的项目，包括运输、冶炼、加工、铸造。我们应该全面思考各种子项目的配合。如果引进了一个大项目，而一些配套的项目没有跟上，这种项目将不具有生命力。在思考项目的时候，我们应该有前瞻性，不能只图一时的或局部的利益。

3. 要不断创新工作思路，奋力突破制约瓶颈。 建立环鄱阳湖生态经济区，是一项崭新的工作，需要不断创新，没有创新就没有思路，没有创新就没有发展。我们的一切工作都贵在创新。因为今天的太阳不同于明天的太阳，今年的绿叶也不同于去年的绿叶，事物总是在不断地变化和发展。我们要响应党中央、国务院和省委的号召，在现有基础上进一步解放思想。我们也必须看到，在环鄱阳湖生态经济区建设中，还有许多的坎坷和风雨，还有许多的困难正在等待着我们去解决，我们要用创新的精神去破解难题，要争取各个方面的支持与配合。我们要抓住机遇，迎接挑战，努力战胜前进道路上的困难和障碍。因为成功永远属于那些敢于挑战的勇士。

现在正值春天，建设环鄱阳湖生态经济区，可以说是江西人民"春天的歌，春天的梦，春天的畅想，春天的希望"。让我们朝着希望，唱响属于咱们江西的春天。

屈原有一句大家耳熟能详的名言，那就是"路漫漫其修远兮，吾将上下而求索"。愿我们大家共同勉励。

论坛即将结束了。应该说这是建设环鄱阳湖生态经济区的首次论坛，也是一次重要的盛会，它将在江西发展的历程上具有里程碑的意义。我们将永远记住这一天，永远记住在鄱阳湖畔召开的这次盛会。

（2008 年 4 月 29 日）

我们在生态的南丰采风

由省政协组织的采风团，来到了令人憧憬、令人神往的南丰进行生态考察。通过一天多时间的考察，我们目睹了南丰的青山绿水和近年来所发生的深刻变化，耳闻了来自南丰干部群众发自肺腑的心声，更加品尝了南丰蜜橘的甘甜芬芳。在短短不到两天的时间中，生态采风团的成员们，采到了清风，采到了阳光，采到了丰硕的果实，采到了愉悦的心情。

刚才采风团的几位成员在发言中都谈了很多感受，和大家一样，我也有太多的感受。由于时间关系，这里我想谈三点：

1. 优美的生态环境。 近年来，南丰人民实施"生态兴县"的战略，努力构建绿色生态新南丰，取得了显著的效果，并且荣获了国家级生态示范区。比如昨天下午和今天上午我们看到了橘海片片翠绿、万点金黄所构织的壮丽自然画卷。我们也看到了刚才县长在他的汇报材料里所提到的"橘树高低屋，斜阳远近山，林梢烟似带，村外水如环"的城乡美景。看到这些，我们考察团的成员都不得不由衷地感叹：有这样优美的生态环境，真好！

2. 深厚的文化底蕴。 通过考察，我们进一步了解到南丰的文化底蕴极其深厚。我把南丰文化概括为三种文化有机统一：一是高雅文化，也就是曾巩文化（简称为巩文化）；二是民俗文化，就是我们今天上午所领略到的傩文化；三是气质文化，我将它称为橘文化。为什么把橘文化作为气质文化，而不作为景色文化、生态文化或饮食文化呢？因为2000多年前屈原写了回肠荡气的《橘颂》，在其中所渗透出来的是人的情操与大自然的融洽，也就是说体现了中华传统文化中"天人合一"的精髓部分。三大文化交织一起，于是形成了独特的南丰文化现象。正是有这么一种文化的传承，千百年来滋润和孕育了这块江南丰盛之地的人民。考察之余我们也不得不打心里赞叹：有这样深厚的文化底蕴，真好！

3．强烈的环保理念。南丰县委、县政府贯彻落实科学发展观，认真处理环保与发展的关系。大家都清楚，环保与发展是一致的，但是在发展的进程中，恰恰环保与发展之间又常常会突现矛盾，有时显得难以处理。但是南丰在抓好项目建设、促进经济指标大幅度增长的时候，突出抓好刚才县长提到的"蓝天、碧水、洁净、绿色"四大工程，促进资源的整合与生态同步推进。现任的书记和县长，我昨天下车就听到了被人们誉称为"生态书记、生态县长"，这是因为他们每到一处任职，都是围绕发展抓生态，发挥特色抓生态，时时刻刻想到环保与生态。他们就是这样带领大家创造了许许多多的业绩，其中有亮点，有精品，百姓深受其益。人民群众也非常高兴与这样的书记和县长交流思想。所以在这里我也想借用老百姓的一句话：有这样的领导干部，真好！

至于意见和建议，说句心里话，真的谈不出许多。因为从你们的汇报材料，以及通过近两天考察的所见所闻，我感觉到你们对许多问题都已经考虑得非常周密，思路也非常清晰，关键就在于一步一个脚印踏踏实实地走下去、做下去。下面我想结合考察的印象，谈几点个人的思考，仅供参考：

一是继续加大宣传力度，让更多人了解南丰，相聚南丰。如何宣传？我认为关键要抓载体，要有抓手。这里所称的载体不仅是新闻媒体，而且还包括利用什么样的手段把南丰推介给社会、推介给世人。应该说近年来县委、县政府以及相关部门在推介南丰方面已经做了许许多多的有效工作，但是还不够，还要继续努力。我刚才讲的载体，比如说一部有影响的影视作品、一首歌曲、一本书，都可以让人家了解南丰，促使人家走进南丰。这样的例子很多，比如影视作品《芙蓉镇》，歌曲《太阳岛上》，有影响的书就更多了，如《红岩》等等。

二是切实注重城乡规划，进一步抓好乡村建设。关键在于布局，按照功能性、观赏性、合理性去科学布局。比如说工业园的布局，我们昨天到了工业园，非常的好，形势非常的喜人，但怎样按照功能合理布局，还有文章可做。另外城乡建设、旅游路线和设施的布局，都要好好思考和论证。

三是努力破解当前难题，增强农产品研发能力和新产品的开发能力。我们当前遇到的最大的难题就是响当当的南丰蜜橘面对市场的阻力。怎么办？从这里我们应该举一反三，我们不仅要思考今年南丰蜜橘该销往哪儿去的问题，还应想到明年我们的南丰蜜橘又会碰到什么样的新问题，我们应该怎样来迎接这些挑战。我想我们应该从以下几个方面做文章：（1）要提高标准的检测能力，并且按照风味进行品种的分类；（2）要寻求新的市场、争取新的项目；（3）产品的深加工、延长产业链及创新橘子延伸产品的品牌。

四是进一步做大县城圈，优化小城镇，为农民季节性亦工亦农创造条件。在做大县城圈的同时，要做好周边的卫星小城镇，打好产业基础，增加就业机会，使南丰农民能够按照季节忙闲的不同，既能务农，又可务工，由此提高收入。

五是全面实施"引进来、走出去"的战略，建立生态工业园示范区。我们省正在思考建立生态工业园示范区，而南丰有条件有优势能为全省的工业园做一个生态示范作用，真正做到南丰工业园多功能、低能耗、有循环机制，使之成为环境友好型、资源节约型园区。

六是充分发挥农民的主体作用，把新农村建设与生态建设有机结合起来。当前我们正在进行三大建设，一是新农村建设，二是生态建设，三是项目建设，三大建设须臾不可分离。要以项目为抓手，带动新农村建设和生态建设，促进城镇化工业化。

两天来我们走进南丰，领略南丰，开了眼界，长了见识，心情非常舒畅。我们衷心地感谢南丰县委、县政府、县政协及其工作人员为本次生态采风所作的精心安排、周密部署、热情接待，及其所付出的辛勤劳动！我们真诚地祝愿南丰在全县人民的共同努力下，尽早地实现把南丰建设成为中国最甜、最美的乡村的美好的梦想，我们将会为你们圆梦而努力加油！我也热切地希望在座的作家、书法家和媒体朋友们，拿起你们生花的妙笔，为南丰更加灿烂辉煌的未来写下浓重的一笔，以表达我们对南丰这片绿色家园的浓浓深情。

（2008 年 11 月 9 日）

宜黄山水醉人心

一

在明媚的春光里，我与省政协人口资源环境委员会生态采风团一行，走进了令人心驰神往的宜黄。

经过两天的采风活动，大家初步领略了宜黄的山水风光，阅览了宜黄的人文历史，考察了宜黄的经济社会发展现状。风光绮丽醉人处，我情不自禁为宜黄优良的自然生态、深厚的文化底蕴和淳朴的民风民俗感到振奋。

昨天还是细雨霏霏，云雾缭绕。在山雨朦胧中，我们来到了禅学曹洞宗的发祥地——曹山。之前，我特意扫描式查读了有关曹洞宗的禅学沿革。据介绍，在禅学五大宗之中，曹洞宗有着 1100 多年的历史。创始之初，经历过 200 多年的辉煌岁月，接着是一段沉寂的时光。而后禅学承接中掺杂了新理念，曹山重现香火旺盛、万人朝拜的新景况。清代以降又逐渐寂寞悄静，直至近 20 年才再次得到人们的认同，海内外香客纷纷来到这块憧憬的圣地寻宗祭祖。沧海桑田，几度沉沦，几度辉煌，不由得让我们联想起中华民族的历史变迁，坦途随着坎坷，高潮伴着低谷，在曲折漫长的进程中演奏出跌宕起伏、威武雄壮的交响乐章。

今天天公作美，云开日出。我们沐浴着一片灿烂阳光，面迎徐徐吹拂的和煦春风，沿着山道迤逦而行，尽情观赏蓝天绿地交融的一帧帧美景。目不暇接，心已沉醉，悠长的路程似乎变短了，不知不觉已进入宜黄的大山深处。

在位于青山环绕之中的二都镇，我们欣喜地看到饱经千百年风霜而依旧苍郁繁茂的古树群，还有那古树下的一簇簇绿苔青茵、一股股蜿蜒碧水。"长于春梦几多时"，这里也曾遭遇过不堪回首的"树被砍光、山头裸露、水土流失"

的年代，然而，一棵棵参天古树竟得以保护完好，多么不容易。风吹树叶的沙沙声响，流淌跳跃的汩汩清泉，仿佛在诉说着一段动人故事，使我们的心里油然生出对山民的敬意和感动。

继续漫步前行，我们来到坐落在山梁上的新农村。大家围坐在青山绿水的怀抱中，啜饮着村民用山泉水泡制的野山茶，品尝着村民自家产的正宗土鸡蛋，齿颊生香，喉间如饴，爽滑可口，确实别有一番味道，因此备感大山居民的热情与朴实、厚道与善良。山外来客与山里主人你一言我一句，相互问候，一时欢声笑语，气氛热烈。文人们更是兴致盎然，一个个神采飞扬，指点远方，释放着胸中的澎湃激情。

行程的最后一站，是以青山作钟、以翠岗作鼓的妈祖道场。璀璨的道场文化，涌动的深谷激流，让我们好像听到了当年晨钟暮鼓的浑厚声响在山峦之间回荡。心灵震撼，触发感悟：人生如斯，天不变、道亦不变，山不变、德亦不变。人法地、地法天、天法道、道法自然，人与自然相互包容尊重的道德境界，似乎可以从妈祖道场的山水人文中窥视一斑。

二

这山、这村，这树、这绿，竹林婆娑，一水如镜，飞珠溅玉，花间莺语，大自然构织的这梦幻般的情景，让我加深了一丝对生态别样的感受与理解。

生态是大自然对人类的恩赐。劳动创造了人类，而人类生存与发展必须有一种合乎规律的状态。地球，作为生命的家园，正因为它拥有阳光、空气和水这三大基本生命物质，才有了世界万物的生育成长，有了人类的进化、生存与繁衍。这恰恰应验了咱们老祖宗的那句话："道生一，一生二，二生三，三生万物。"人类在亿万年的活动中，无论是生活的索取，还是命运的改变，都与大自然的良好生态息息相关。随着社会文明的不断进步，人类抑或有了新的需要和追求，如享受健康幸福、持守尊严体面等，这一切总离不开大自然的良好生态。故此，人类在返璞归真中的自我反思，与远古的呼唤交相呼应，激发着越来越多的人愿意贴近大自然的胸脯，聆听亲切温馨的生态心声。

保护生态是人类的神圣职责。自从西方进入中世纪的工业文明，人类便开展了一场对大自然的肆意掠夺和无情践踏，旷日持久的环境破坏，结果是人类自身终于吞咽了自然报复的一颗颗苦果。生物圈缩小、食物链断裂、大气层混浊，现代人类于是有了生态意识的萌动与觉醒。敬畏自然、感恩生态的情感，化作人们保护自我生存环境的种种自觉行动。就我们所知，宜黄人民坚持发展经济和保护生态的高度统一，在生态环境保护方面做了很多卓有成效的工作，不仅为子孙后代留下了宝贵的财富，也为人类做出了巨大的贡献，理应受到道德礼赞，更应得到生态补偿。当然，我们还要继续努力下去，保护生态环境在任何时候都不能懈怠。

倡导生态文明是为了促进人类的全面发展。加强生态文明建设，已经写入党和政府的正式文件。它意味着，生态既是全面小康的必要条件，更是科学发展的应有之义，保护生态是我国新时期以人为本的重要命题。宜黄山水的生态风光，之所以能给我们带来许多愿景和眷恋，因为它使我们越来越明晰了一条理念：唯有勤勉迎接生态文明晨曦中的一道道曙光，才会捧出人类全面发展新的一轮太阳。经济的腾飞、社会的和谐、政治的稳定，都应该有良好的生态作为依托。过去、现在和将来都是如此。所以，无论当前面临着什么样的难题，不管今后会发生什么样的变化，生态之基万万动摇不得，那可是人类自身可持续发展的生死抉择！

三

两天的听和看，两天的见与闻，让我们心中明白，宜黄人民有着一种要把家乡打造成为生态休闲基地的强烈愿望。我想，随着宜黄县交通、旅游等基础设施建设的不断完善，目标的实现应该是指日可待。

谈到发展生态旅游，咱们不妨先给自己提一个简单的问题：我为什么要去旅游休闲？回答可能是为了得到某种欲望的满足和升华。而欲望是因人而异，具有多元性，或领略文化，或观赏景观，或享受生活，或兼而有之，等等。要满足不同层次人群旅游休闲的欲望和要求，就应该提供保障多样性的休闲条件，提升各个方面的服务质量。

倾听阵阵松涛紧接着潺潺溪流的交响婉转，嗅闻野花瓣儿与香樟嫩叶交替散发的缕缕馨香，在欢悦的心境里，脑海的思绪顿时清新活跃起来。信马由缰任驰骋，悠然间我形成了以下的依稀感受。

确立主体，突出特色。人们之所以要去西藏，是因为那儿有壮美的布达拉宫、高原的蓝天白雪，以及神秘的民族文化等。宜黄也拥有不少能够吸引人们眼球的地方，还具有比较扎实的开发基础，如全国独一无二的曹洞宗文化、宜黄戏文化和华南虎文化等，再凭借颇具特色的山林、竹海、温泉等数不清的自然资源，完全可以做好休闲旅游这篇大文章。关键是不能盲目复制，应该明确主题内容，彰显宜黄"人无我有"的文化个性。

挖掘潜力，连片开发。宜黄的古树林、太极岩、荷莲池、宗教寺庙等，蕴含着不少内在的相关性和连贯性，开发时不能各自为政，最好把各游览景点与线路连成一体，形成宜黄景区的整体吸引力。此外，围绕中心景点适当发掘一些新的景观，如曹洞宗殿旁的古代遗址、太极岩石拱下的峡谷激流等，都有着进一步开发的价值。丰富的景观群不致内容显得单调，游客可以在一处留得更久、看得尽兴，从而派生出流连忘返的宜黄情结。

健全功能，完善服务。休闲旅游有吃、住、行、游、购、娱六大要素，说到底，就是要有一种"食之有味、购之有物、游之有趣"的情调。倘若游客来到宜黄，既能欣赏禅宗"翠海照古寺，幽境映禅光"的胜景、领略宜黄戏"高腔春光融，长袖风雨凄"的韵味、体验莲花盛开时节"青荷盖绿水，芙蓉披红鲜"的意境，同时还能品尝各种宜黄地方风味小吃、选购精巧别致的手制工艺品……那就真是太过瘾了。一定要在这方面下点功夫。

加强宣传，扩大影响。目前，宜黄的生态休闲旅游业还处于"养在深闺人未识"的阶段，要学会"抛绣球""露秀颜"，充分展示宜黄的文化魅力和自然风貌。发挥各种媒体作用和力量，采取喜闻乐见的方式加大宣传力度，以生动的语言文字和精美的图画影像，推介宜黄的天然丽质，扩大宜黄的生态影响，感染着更多的游客走进宜黄的山水之中，探寻幽深奇异的景致，一睹清丽多姿的风采。

宜黄就像一本厚厚实实的书，读不完，阅不尽；宜黄就似一幅栩栩如生的画，看不够，赞不止。我们深深地祝愿：勤劳智慧的宜黄人民一定会通过自己的劳动创造，把自己的家园建设成为宜居、宜业、宜游的人间乐园！

（原载于《江西日报》2012 年 7 月 27 日）

在青山绿水中体验西昌

带着怎样建设森林城市的学习目的，我们考察团一行由南昌往西、再往西，走进了令人神往的西昌。南昌、西昌，两个都被誉称为"昌盛之地"的城市，因为"森林"而紧紧连接在一起。在短短不到两天的时间里，西昌给了我们每一位考察团成员许多难以忘怀的印象，也使大家不由得产生了太多太多的深刻感受。

一、走近西昌

我们一行，都是初次来到西昌。在这之前，西昌给了我三大印象：一是从历史书上读到的，当年刘伯承与小叶丹在这里歃血为盟，流传着一段红色的故事情节；二是从现代媒体中看到的，这里是著名的航天发射基地，新中国的火箭卫星，一次又一次从西昌豪迈腾飞遨游太空；三是孩提时代从地理课本上学到的，彝族人民世世代代在这块土地聚居繁衍，它位于巍峨苍翠的凉山深处。把这三种印象叠加起来，我的脑海浮现了西昌的轮廓：这里的地域是崇山峻岭，这里的人民是粗犷豪放，这里的史诗是神奇雄壮，苍茫中它拥有沧桑。还有，它离我们非常遥远，遥远得就像在天边一样。

当我们走近西昌，和它真正融为一体的时候，印象也就不再是模糊的想象，西昌是多么具体鲜活、立体感人。由雄伟的泸山和浩渺的邛海所构成的那种独特神韵，不能不使人陶醉。这绿色的树、红色的花、飞翔的鸟，一一倒映在清澈的湖水之中，映入我们的眼帘，即使你想把它抹去，可是怎么也不可能。在彝族博物馆，我们领略着西昌的民族风情，细听着彝族的猛虎雄鹰精神和对蓝天太阳的热切向往……西昌悠久的文化历史和一步跨越千年的时代巨变，一次次地撞击着我的心灵。

"细石平流游鱼可数，小山芳树珍禽时来。"这是我在邛海湖畔读到的"清风明月"名联，多么雅致、何等迷人。站在西昌的面前，我切实感受到了"睡醒的万物／都忙着梳妆打扮／那些美丽富饶的心愿／一直生活在儿时的田园"。这又是我刚在《凉州日报》上读到的《西昌田园》抒情诗句。借用其中"每每有人问起／来年与你相约的地点和时间／我告诉她不在山巅就在海边／不在原野就在田园／在我生命中的每一天"来形容我现在的心境，可以说是最为简便，也最为恰当。

二、感悟西昌

徜徉在邛海湿地公园，远望着泸山上薄纱般的雾霭缠绕着巅峰，紧贴绿树丛林舒畅地飘舞；近眺蓝得见底、亮得照人的湖面小船轻轻游弋、飞鸟追逐戏水，清风吹来划起了一圈圈涟漪……在山水之间感悟和体验西昌，会少了许多现代人容易滋生的那份惆怅、迷茫和浮躁，更增添了一些我们需要的那种愉悦、宁静与恬淡。

我认为，西昌人是真正懂得什么叫作生态健康积极向上，什么才是美丽富饶文明和谐。他们让森林拥抱城市，把城市建在森林，统筹环境保护与经济发展的利益和效益，在山水城市建设上做出科学发展的大文章。"工业强州、生态立州、开放兴州"，这种工业、生态、开放"三位一体"的发展思路，必将为西昌、为凉山各族人民带来更多的福祉。

在推进现代化城市建设的过程中，西昌人领悟到绿色森林的价值，难能可贵，委实不易。我们都知道，森林是人类的摇篮，是大地的"肺脏"，同样，也是一座现代文明城市的灵魂。人类生命最基本的三大物质：温煦的阳光、清新的空气、洁净的水质，一一离不开森林的净化作用。西昌在促进发展的同时，将森林城市建设摆在突出的位置，配套基础设施，完善公共服务，不等不靠，自强自励，不断增强自我建设与发展的能力，使一座颇具魅力的森林城市矗立在世人面前。我们不能不赞叹，西昌的领导有远见，西昌的人民了不得。西昌的森林城市建设，是办了一件大实事、大好事，它惠及当代，为"十二五"发展开好了局、起好了步，也利在千秋，为子孙后代过上幸福体面生活打下了良好基础！

三、学习西昌

西昌的"十二五"规划，把加快建设现代化的生态田园的新目标写入其中。西昌的森林城市建设，给了我们诸多的思考和启迪，其中有几点经验非常重要，很值得我们在工作中学习借鉴。

一是科学规划，把森林城市建设与经济社会进步总体规划结合起来。通过城乡互动、推进项目建设，科学地设计着秀美彝城的构建思路；挥动科学的大手笔，实行花卉辉映、林草组合、山水互补等，使自然景色与城市建设浑然一体，并且取得了实实在在的效果，"一座春天栖息的城市"已经初露端倪。

二是产业支撑，把森林城市建设与经济发展结合起来。森林城市建设离不开经济发展，经济发展需要生态环境强有力的支持。不然，森林城市会成为荒芜斑驳、陷入苍凉境地，显示不出它的勃勃生机。考察中，我们突然发现，在美丽的西昌竟然还蕴有一个偌大规模的花卉基地，它联系着国内外市场，散发出异样的芬芳。另在城市的周边，发展生态旅游、乡村休闲、农家乐等，形成了城市建设与产业发展相得益彰的态势，很值得我们仔细品味。

三是彰显特色，把森林城市建设与文化精神弘扬结合起来。西昌在推进森林城市建设中，不局限于森林文化的展示，还融入彝族传统的太阳文化、月亮文化等，让人们在休闲、娱乐的生活中，享受着一种地域文化的熏陶。此外，西昌用多种彩色植物装扮着重点道路和景区，做到一街一景，匹配媲美，无不体现了一种昂扬向上的文化个性与特色，使人感受到，这里就是宜人宜居宜业的西昌。

四是整合资源，把政府主导与多方参与、多元化投入结合起来。森林城市建设需要资金，这是一道难以逾越的课题。西昌通过整合资源，捆绑资金，引导各方面力量积极参与，比较成功地破解了这道难题。另外，采取拆墙透绿、屋顶绿化、垂直绿化等"三大工程"，小公园、小游园、小绿地等"三小工程"，拓展了森林城市的范畴；坚持"民众参与，群众受益"原则，调动了市民参与创建的热情，增加了造林面积，提升了城市品位。

五是加强领导，把规范性文件的制定与目标考核结合起来。森林城市的创建活动，是一项全方位的工作。政策措施是前提，组织保障是根本，但有这些还不够，最为关键的是任务落实和目标考核。西昌在这方面给我们提供了成功做法，如明确责任、常态管理、限时办结、阶段督察等，它使干部产生了巨大压力，也形成了一种无穷的工作动力。

四、祝福西昌

来到西昌，我们方才知道，这里正在过着彝族人民的传统节日——彝历新年。新年伊始，万家团圆。两天来，我们已经与彝族的兄弟姐妹和朋友们高兴地分享了新年的快乐。现在，我还要代表考察组的全体成员，向彝族人民致以新年的祝贺，并深深地祝福西昌人民在推进跨越式发展的未来进程中，取得更加辉煌的新业绩，实现更加宏伟的新目标。

我们在任何时候，都会为西昌的文明进步感到心情振奋。我们完全相信，西昌的明天一定会更加和谐安康、幸福美好！

（2010 年 11 月 27 日）

萍乡印象

这是一座生态盈盈、生机勃勃、生活甜甜的城市，就像一幅绚丽多彩的画卷展现在人们的面前，让人赏心悦目、深深留恋、久久难忘。她的名字叫萍乡。

萍乡的过去，曾经有一个骄傲的称谓：江南"煤都"。她因煤而生，因煤而兴，因煤而强。可是，不到百年，煤矿逐渐衰落，"煤都"成为历史，人们从地下走到了地上，睁开困惑的目光四处眺望，唯有天地之间一片苍茫。

资源已经枯竭，人口需要生存，环境亟待治理，这或许就是几年前萍乡的基本"乡情"。人口、资源、环境，一道又一道沉重而又难解的课题，横亘在萍乡的干部群众面前，直压得大家喘不过气来。"敢问路在何方？"萍乡人民在努力探索、奋力开拓。

凤凰涅槃，壮士断腕；浴火重生，换了人间。在艰难的转型岁月里，萍乡人民没有丧失斗志，依然充满着智慧与勇气，充满着憧憬和希望。在市委、市政府的坚强领导下，他们凭靠着一种坚韧、一种顽强，咬定青山不放松，科学发展不动摇，"推进城市转型，实现赶超跨越"。仅用了短短几年时间，萍乡敢为人先，逐步实现了她优雅而又华丽转型的美好梦想，用萍乡人的话说，"灰姑娘"变成了"俏姑娘"，"黑珍珠"变成了"蓝宝石"。如今，萍乡正在打造一个更加响亮的名称——江南"重镇"。

制订一项项得力措施，产业升级、结构调整、"南延北扩、融东接西""一园两带、四区同建"；采取一个个有效行动，污水处理、街道整治、道路拓宽、小区绿化……萍乡人民一次又一次地创造了骄人业绩，那一系列已经取得的荣誉称号就是明证：国家园林城、"双拥"模范城、省级卫生城，还有科技进步先进市、文化工作先进市、"固投"增长先进市、"综治"管理先进市等，可能一时还算不清。诚然，一切才刚刚开始，"路漫漫其修远兮"，只要大家不懈怠，踏踏实实地勤奋工作，将会有更加靓丽的桂冠等待着萍乡人民去摘取、更加丰硕的成果等待着萍乡人民去收获。

在推进新型城镇化的征途上，检阅萍乡走出的那一串串坚定的奋斗脚印，从中我们可以发现一道道清晰光彩的成功轨迹。其中尤其是那关键的始端起步，走得极其稳实，走得何等豪迈，潇洒飘逸，弥足珍贵，很值得我们记下浓墨重彩的一笔。

一是树立"以人为本"的正确理念，重点突出，高位推进，不是领导决策拍脑袋，而是"能干不能干，百姓说了算"；二是制订立意长远的科学规划，高起点，大手笔，全方位，一以贯之，一茬接着一茬干，不搞"瞎折腾"；三是紧抓布局合理的建设项目，同时开工城建项目 100 余个，总投资 200 亿元，如果不是亲眼所见，容易误信为一个"神奇的传说"；四是注重城市功能的不断完善，交通道路、购物通信、文体娱乐、教育卫生、住房保障、社区管理等，都被一一提上了议事日程；五是强化山水园林的环境建设，一个个绿化、美化、亮化、净化工程，一处处草地、湿地、基地、园地建设，优化了生态环境，提升了城市品位。这一个个精彩纷呈的耀眼亮点，无不折射出萍乡人民落实科学发展观的决心与行动，它昭示着今人，也彪炳着未来。

文化是城市之魂。一座城市具有一种文化，一种文化必将彰显出自我独特的魅力。当我们走进宜居宜业的萍乡，领略着萍乡的生态风光和悠久文化的时候，我们又觉得她似乎还缺少点什么。萍乡正在着意朝着"国家宜居城市标准"梳妆着自己，完全有理由相信她在不久的将来，把自己打扮成一种城市的"共性之美"。然而，我们也不能忽略对萍乡"人无我有"个性美的精心塑造，因为这才是人们对萍乡心仪与向往的真实内涵。萍乡在推进新型城镇化建设的进程中，不能雷同着"千城一面"的"呆板"形象，应该善于张扬那种颇具地方个性的文化特质。

文化渊源于一方水土，文化支撑着一方水土的繁衍，城市的文化个性与城市的沧桑经历密不可分。萍乡人文厚重，历史久远，古色的鞭炮文化、禅宗文化、傩舞文化，红色的安源罢工、秋收起义、"少先"组织，近代的维新变法、洋务运动、机械采矿，绿色的高山草甸、萍水涟漪、莲荷映夏等，它们就像一颗颗璀璨的明珠，交相辉映，为人们所记忆、为人们所称颂。这些承载着萍乡绵延发达的文化及其精神，应当体现在萍乡的现代化城市建设之中。

我们很清楚，近年来，萍乡在这方面确实下了许多功夫，做了不少工作，但是在城市文化的传承方面，还有必要进一步发掘，加以利用，使萍乡的文脉融入或者镶嵌于每一座建筑、每一条街道、每一个社区。只有这样，那才有"萍乡"个性化的灵气和神韵。所以我有一点基本认识，"以人为本"是实现城市文化深层次的现代化，建设新型的萍乡城，应该光大传统的萍乡文化，把萍乡做出自己的特色、做出自己的气派。

走进萍乡，体验萍乡，目睹萍乡近年来的改革发展与巨大变化，我们的心情备感振奋。感触至深，欣喜之余，我们为萍乡喝彩，并且诚挚地祝福：在萍乡市委、市政府的科学谋划下，依靠全市人民的通力合作，上下一条心，劲往一处使，萍乡的新型城镇化建设和各项事业一定会取得更加优异的成绩，萍乡的明天一定会更加灿烂美好！

（2010 年 10 月 15 日）

寄语乐安山水青

这次我们生态采风团一行来到乐安，有一个明确的主题：为了乐安在青山绿水中崛起；有两项明确的任务：宣传乐安、推介乐安。两天来，大家考察了乐安的城市建设和新农村建设工作，参观了小蓬莱游乐园、水南古樟树林、古村流坑、金竹瀑布等几个旅游景点，刚才又听取了县委、县政府主要领导同志有关乐安经济社会发展的情况介绍，已经对乐安有了一个大致的了解，感觉收获不小。

一、不平常的感受

因为我是第一次来到乐安，对乐安没有太多的"原始知识"的积累，也没有纵向的比较认识。下车伊始，只有初次的直观印象，这种"一见钟情"，谈不上非常深刻，只是要求我今后更多地来到乐安，加深对乐安的了解。

下面我愿意谈谈自己对乐安的几点不平常的感受。

第一，优美的生态环境。走进乐安，第一感觉是山岭绵延，溪流潺潺，绿色追着绿色，鸟鸣跟着鸟鸣。这里有山有水有树，森林覆盖率超过70%，到处都是一幅幅天然的山水国画。在这里呼吸的空气是新鲜的，喝进的水是甘甜的，感受到自然界的一切都是生态的。在这样一种环境中，我们的心情感觉也是十分舒坦的。

第二，深厚的文化底蕴。乐安建于南宋，鼎盛于明清，符合赣文化的发展沿革的特征。历史上，这里名人辈出、文化灿烂，知书达理成为风尚，即便现代董必武等诸多俊杰英才后代，也来到这儿寻根问祖。这里的每一处风景、每一座山、每一道水、每一棵树，都流传着一些神奇的故事，蕴含着深邃的思想。

第三，特殊的地理位置。乐安地处抚州、吉安、赣州交接位置，古时候庐陵、临川、客家三大文化在这里交融汇合，承接了三大文化的精华雨露。在江西的版图上，乐安位居中央，就像人体的一个"肚脐眼"，江西发展的"凸凹"现象，都会在这里得到表现。所以，当我们行进在古驿道、目睹着古驿站的遗址和乌江河岸的古码头时，心中不能不对乐安产生深深的敬畏。

第四，丰富的自然资源。乐安拥有地上的农林资源、地下的矿产资源，以及由红、古、绿三色构织的旅游资源，因而也就形成了三大产业竞相发展的良好条件。三足可以鼎立，乐安拥有这么多的自然资源，再加上深厚的人文底蕴，为今后发展奠定了坚实的基础。

第五，良好的发展态势。进入本世纪，尤其是近几年来，在乐安县委、县政府的坚强领导下，抓好项目、做好工业、建好城镇，重点在于打好科学发展基础，在工作中坚持"三个不放松"。应该说，思路非常清晰，重点非常明确，措施非常得力，只要努力干下去，不用多久，乐安将会出现更新的变化，实现中部崛起的理想。

二、不流畅的思考

在两天来的"采风"过程中，我一直把乐安置于江西发展的大格局中，跳跃式地思考着以下几个问题：

第一，为什么经济欠发达的局面难以得到根本转变？

江西最大的优势是生态环境，江西最大的困难是经济欠发达的局面没有得到根本转变。从各方面的情况来看，乐安就是江西的一个缩影，从乐安分析江西很有意义。

多年来，乐安人民为了经济发展付出了辛勤的劳动，做出了巨大努力，为什么欠发达的局面没有得到根本转变？这的确是一个值得我们大家认真思考的问题，分析起来，里面有客观原因，也有主观原因。

比如乐安，在历史上这里曾经是个交通便利的地方，水运发达，驿道贯穿。乌江河水经永丰流入赣江而直达长江，四通八达的交通条件不仅促进了经济的繁荣，更重要的是没有藩篱，促进了思想意识、文化观念的大开放、大交流。而现在的交通格局出现了质的变化，这里没有铁路、没有高速公路，交通越来越闭塞，与外面的交往也越来越少，引进外资存在困难，主攻工业的架势不能全面展开，许多好的优势和条件没有得到很好的利用，效益也不能得到充分的发挥。因此，我们还必须进一步解放思想，扩大开放，加强对外合作交流。这些不是口号，而是在现实中显得非常重要。

第二，为什么"三色"旅游没有取得应有的效果？

旅游是门大学问，我不懂旅游学，只想从旅游者的角度谈点认识。

旅游不仅需要有值得一游的独特景观，还要具备几个基本要素，如基础设施、卫生条件、文化品位、连片效应、社会宣传等。乐安具有如此之好的旅游资源，令人羡慕，但又总感觉还有点什么欠缺之处，可能在硬件、软件建设方面还得多下功夫。

近年乐安打出"旅游旺县"的口号，这很好，大有文章可做，但目前还没有做出大文章，乐安的一些景区仍然深藏闺中。大家可以对照以上几大要素，有针对性地在原来的基础上乘势而上，再烧它一把旺火。

第三，为什么产业发展无法形成强劲的竞争力？

产业发展是地方经济发展的基础。发展产业必须结合当地实际，确立支撑产业，培育龙头企业，在市场形成一定的影响力和占有力。从乐安的情况来看，目前还缺乏具有带动意义的主导产业，在工业园建设方面，企业之间还缺乏一定的关联度，各自"小打小闹"，没有产生"握拳出击"的效应。

乐安是个山区县，竹子占有一定的面积，但这里的竹产业发展情况，与我到过的一些地方相比，就存在较大差距，有的县通过现代技术，可以把普通毛竹加工成鼠标、键盘等，而乐安还停留在加工竹地板的层面上，经济效益当然就不如人家。还有，乐安具有生产绿色食品、有机食品的优越条件，但在食品产业方面，还缺少叫得响的现代食品品牌。同样，地矿产业也需要注重深加工，进一步延伸产业链，不然，就占领不到市场领域的制高点，更谈不上形成市场竞争力。

三、不成熟的建议

结合以上所说的内容，我想再谈几点极不成熟的意见和建议，供同志们参考。

一是要把科学规划与产业发展定位有机结合起来。 乐安在发展大项目方面已经有了一个明确的目标，但发展定位还必须在科学规划的框架下进行。拿县城建设来说，就应该做到农林、旅游、城建"三位一体"，体现农林生态特色，打造乐安文化个性，为旅游发展创造更好的条件，不能顾此失彼，甚至分割对立。如小蓬莱景点，在我看来，可以把功能定位在县城游乐园，使本地居民及外来旅游者有一个城内的休闲、饮食、野游的去处，若定位在景点打造，恐怕有点勉为其难。

　　二是要把产业发展与新型城镇化建设有机结合起来。 切实解决"三农"问题，根本出路在推进新型城镇化建设。但农民告别农村、离开土地，成为城镇居民，首要的问题必须解决就业，就业必须要有岗位和技能，岗位及技能应该有企业作为依托……这样一来，企业、产业、就业、工业园区建设、公共服务、社会保障等，问题一个接着一个，内容一环紧扣一环，要把它们统筹解决好，抓好项目、促进产业化建设是个"牛鼻子"。没有产业，城镇建设得再好，由于不宜人居，也会成为没有生气的"死城"。

　　三是要把城镇化建设与森林生态城市构建有机结合起来。 乐安处在一个多山的地域，满目青翠，具有建设森林城市的基本条件，在推进城镇化建设中决不要忽视这一点。然而，大家有一点感觉，县城建设并没有突出森林的特色，城区内的森林植被并不是太高，森林似乎在县城被"边缘化"了。所以我认为，乐安有条件、也有必要走在我省乃至全国森林城镇建设的前列，使乐安成为绿色生态的乐园。

　　四是要把政府引导与市场运作机制建设有机结合起来。 我们都知道，搞建设、促发展，需要前期资金的投入，如果没有投入，就难以产生效益，县级财政也就更加窘迫。钱从哪里来？这是个实实在在的"先买鸡，还是先买蛋"的大问题。

　　前几天到四川成都考察，他们在城乡接合部把土地集中经营，再分成小块租赁给城市居民种菜，这样，建设与发展的资金来了，农民在合作社就业了，节假双休日城市居民也来休闲消费了，真是一箭多雕呀。所以我认为，应该建立科学化的管理运行机制，来解决好"缺钱"的问题。比如流坑居民因缺钱而无法外迁，直接影响旅游环境，是不是可以通过政府积极引导、社会化管理、市场化运作的办法，筹措资金，另外选址建设流坑新村，帮助村民迁出古村旧居，同时又让他们参与旅游管理，并获得一定的利益分红。值得一提的是，政府在这其中只是充当组织引导者，不能瓜分利益。否则，村民容易产生抵触情绪。

四、不虚情的祝愿

乐安有一个好的名称，更是一个好的地方。"乐安"，快乐平安，那可是人们追求的两大目标，它包含着很多很多的内容，诸如经济发展、生活富裕、社会和谐，以及每个人的幸福健康、体面尊严等等。谁能不期待自己"乐乐安安"、家庭"乐乐安安"、社会"乐乐安安"？

来到乐安仅仅两天，时间的确是很短，我们对乐安的了解也非常有限，但我们已经真正品味到了乐安自然之秀美，感悟到了乐安人民之真诚，已经为乐安的发展所感动，已经把乐安的事业铭记在心头。请相信我们采风团的每位成员，大家都会把乐安的心声化作我们的任务，尽心尽力、尽职尽责地去努力完成。所有的话语聚集到这里，唯有汇成一个声音：衷心祝愿乐安人民永远欢乐平安！

（原载于《光华时报》2011 年 1 月 4 日）

山路的情怀

江南的初夏，是阳光和雨交替的时节。车在山路上盘旋，刚刚阳光灿烂，只是拐了个弯，骤然浓雾扑来，"啪啦啦"一阵风雨，过后没多会儿，又见山头的太阳在云雾中露出了笑脸。

第一次走进向往已久的畲乡，一切都是那么好奇，一切都是那么新鲜。远眺近望，山岚叠嶂，绵延不断。沿着山路，烟云朦胧，左看是山，右看是山，抛掉后面的山，前面等待的还是一座更高的山。

很久很久以前，畲族的祖先为了躲避欺凌和战乱，肩扛背驮，拖老携幼，步履蹒跚，一步步向大山深处走去，从此祖祖辈辈、世世代代生活于斯、劳作于斯。他们似乎远离了喧嚣尘埃，"屏蔽"了烟火人间。

岁月沧桑，一晃千年，历史成了记忆，中华民族昂首迈进新时代。"要致富，先修路"，畲乡儿女开始寄托着一个新心愿：在崇山峻岭中，开辟一条通向外面世界的路。山中那条弯弯的路，承载着畲乡经济社会发展的情愫，也构成了现代畲乡的"七彩梦"。

说干就干，只在倏然间，"高路入云端"。如今，在政府的帮助和部门的支持下，一条条连接畲乡的通道已经打开，而且是"硬邦邦"的水泥路面。山路纵横交错，蜿蜒向前，犹如青翠的图画中跳跃出五线乐谱。在通车的喜庆日子，畲乡的男女老少高兴地跳起了悠荡的"功德"舞。

来到铅山的太源畲族乡，我们方才知道：眼前这座横亘的大山，这边是畲乡，那边也是畲乡。畲族兄弟姐妹情深，过去翻山越岭走趟亲，来回得花好几天。现在可好了，太阳落山前，一个电话打过去，可以相约吃晚饭。这话不假，午餐后我们与这边的畲乡兄弟告别再见，只是在车上打了个盹，几十公里的山路就已经走完，贵溪那边的畲乡樟坪朋友伸出了欢迎的手，一点也没耽搁下午的考察和座谈。

我们真切地看到，来往车辆在青山中穿梭，城乡物资在贸易中交换，城里的流动超市开进了畲乡山村，山林的野果珍味可以让城里人及时尝鲜。因为有了路，昔日的穷乡僻壤，经济生产大发展，文明程度大提升，村容寨貌换新颜；因为有了路，身居深山的畲民收入稳步提高、生活逐渐改善，一个个精神抖擞，走出来赛过"活神仙"。

　　我无法去形容畲乡儿女对政府修建山路的感恩之情，无力去礼赞筑路工人开山辟路的辛苦与艰难，更无意去流露自己内心的感动与震撼。我，只是想表达我对畲乡山路的那种情结，抹之不去的留恋，难以卸下的眷念。

　　一条山路，填平了社会的沟壑，促进了民族的团结，沟通了人与人的心灵；一条山路，可以让生活在深山角落的居民充满阳光和温暖，可以让大家对民族伟大复兴充满期待和信念。借用脍炙人口的《天路》中的几句歌词，"那是一条神奇的天路啊，带我们走进人间天堂，从此山不再高路不再漫长，各族儿女欢聚一堂。"呵呵，这不正是眼前畲乡山路的写照吗？

　　山路，一个具象的、清晰的、真实的定义，它给畲乡人民实现了过去的梦想、带来了今天的欢乐、展示了明天的愿景。山路，又是一个抽象的、依稀的、虚拟的概念，它给了我们这样的启迪：芸芸众生相处的社会，乃至每个人的内心深处，或许也有一座座高山、一道道沟坎，既然难以将山壑搬迁，何不努力去构筑一条条沟通人与人之间的"山路"，让人间的友爱向四方伸延。

（原载于《光华时报》2013 年 7 月 9 日）

青花清茶情天下

一个"茶"字，特别有趣：上为草，下为木，人在草木之间。而茶本身呢，似草非草，似木非木，亦在草木之间。原来人与茶都蕴含着那么一种大自然的相同灵性。因此，品茗不仅可以品出甘醇幽远的茶味，还可以品出悠长淡然的人生韵味。这也许就是人们喜欢品茶的缘故之一吧。

与许多人一样，我也爱好喝茶，虽然不太讲究茶的品质，却青睐的还是绿茶的清香。工作之余，喝茶是我的生活内容之一，常常是——活干完了，口也渴了，安静地坐下来，没有太多的奢求，只需要端起茶杯，舒适地品尝着茶的滋味儿，一股"非叶非花只是香"的惬意之感便会油然而生。

常言道："一壶茶到手，闲话九十九。"一壶茶，一茶壶，茶因壶而彰显精神，壶依茶而弥足珍贵，茶文化原本就是茶和茶具的组合，包含的二物都不可或缺。故而，品"茶"的同时还得品"壶"。

茶具源于何时，我无意去考证。如果从唐代说起，以湖南长沙所产的釉下彩绘瓷壶为例，这时的茶具已改变了以往的羹饮法，开始注重营造氛围的煮茶点注。到了宋代，饮茶之风盛行，茶宴已由达官贵人的专属走进了"寻常百姓家"，茶具逐渐趋于"紫泥新品泛春华"的成熟。元代典雅丰润的青花茶具的兴起，引出了明代翠青、斗彩、娇黄等茶具的交相辉映，以及清代官窑粉彩、祭红、珐琅彩等茶具的新奇繁缛和华丽，使得茶文化在中国诸种饮食文化中独占鳌头，大放异彩。

在琳琅满目的茶具中，我还是比较钟爱江西景德镇的青花瓷，爱得甚至有点偏心。这除了我怀有深厚的赣鄱情结之外，还有很重要的一点，就是千古以来，景德瓷的青花水墨中的烟雨朦胧、水云萌动，晕染了一种"近看有花，远看有色"的神采意境。它那"白如玉、薄如纸、明如镜、声如磬"的特质，可让人们在品茶之时调动所有的感官，静静观赏青花瓷的清冷透亮，尽情品味青汤绿水在细嫩白瓷中荡漾着的那种娇美。

由于江西盛产各种绿茶，什么庐山云雾、婺源玉丫、浮梁仙芝、遂川狗牯脑等，都具有上乘的气、色、味、形。它们香溢舌齿，清爽而又浓郁，再配以景德镇青花瓷壶瓷杯的细腻白润，使得审美意趣能够穿越重重的历史，融糅于清茶的芳香之中。如此一来，青花与清茶相配的一杯清茗，恰映衬为一道纯净淡雅的风景，更显茶色的百般清丽，让人在品茗时既是心情的放松，又是性情的陶冶，可以获致天人合一、沁养心脾的安然情致。

品茶光品茶味的芳香甘美是不够的，神奇的是要品出那一缕缕"人在草木间"的深远意境。世事沧桑，社会转型，不管你我他，都是凡夫肉身，谁能说心中没有一丝的浮躁和焦虑？可仔细琢磨，人在草木间，爱在天地间。大家都是来自大地草木，最终还得长眠于大地草木，人类的起点和归宿，周而复始，谁也不能摆脱生命的轮回和沉重的烦恼。既然如此，我们在躁动不安的时候，与其宣泄和抱怨，不如自省和感恩。前人和大自然赋予我们的委实太多，比如青花与清茶，真的应该好好地领略。

有幸看到老匠人用青花料在瓷坯上作画，引我联想到水墨挥洒于宣纸之上的酣畅淋漓，真是美！那如玉石般的洁素莹然，不仅有人的付出，有传统工艺的源远流长，还有青花庄重典雅的艺术风格给我们带来的熏陶，直让人感动于博大悠久中华文明的灿烂辉煌。这文明中包含着多少代人的智慧创造，而一代又一代短暂的生命，正是依赖着大地草木的滋养，依靠着顽强不息的传承，给后人留下了美妙的"青花与清茶"。我的确说不清楚，这是不是茶文化的真谛？

品壶品茗品人生，青花清茶情天下。淡淡的草木馨香深幽久远，就像青花的品位，看似浓笔，却透出淡雅的执着。当烦恼缠身、身心疲惫的时候，用青花瓷具泡上一壶碧绿清茶，把盏啜饮，消愁提神，悠然自得，好似进入到宁静恬淡的禅境，感悟有尽又无尽，回味有穷又无穷。

不说这些闲话了，还是把玩青花瓷，泡盅清香茶，喝茶去吧！

（原载于《人民政协报》2012 年 3 月 9 日）

翰香字画之雅俗

时下有两样东西价格一路飙升，涨速之猛，令人目瞪口呆，这就是住房和字画。经济学家告诉我们，价格是由供需关系所决定的。住房价格居高不下的原因，媒界多有披露，不赘述。而字画价格"芝麻开花节节高"，恐怕不是供给量少了，而是需求字画的"雅客"愈来愈多了，甚至明知是赝品，竟也有人趋之若鹜。这可否认为是当代社会"文明进步"的一大奇怪现象？还真说不准，待商榷。

历朝历代，海内海外，名家字画素以"雅"而著称。在我国，习字作画的地方叫"雅室"，以自己字画作品赠人叫"雅正"，把玩字画叫"雅读"，精美上乘的字画形容为"典雅""精雅""俊雅"等等。"美的化身、美的天使、美的载体、美的象征"，这些"美妙"的雅号似乎从来就与字画结缘。历史上，数不清多少名流骚客、达官贵人与精美字画"心有灵犀"，对字画情有独钟。字画的魅力，真可谓"引无数英雄竞折腰"，当然也有因其而"不废江河万古流"者，此不言表。于是在中国的文化中，便滋生了这样一个褒贬同义的词："附庸风雅"。

闲暇时与友人私下聊天，谈到当下世风渐变，有钱财者、权势者、特殊地位者，一个个变得崇尚"精神财富"，染上了收藏字画的嗜好，收藏数量多多益善，堪可与职业收藏家媲美。尤其是一些身居要位的大小官员（毕竟是少数），他们的觉悟在不断提高："视金钱如粪土"；境界在不断升华：以淡雅字画净化心灵；品位在不断增强，一日无字画则寝之不安、食之无味。友人告诉我，现在社会送礼流行什么？送字画。因为它拿得出手，接得顺手，既有价值，又很雅致。嘿，这叫"雅贿"，明白吗？

重庆"打黑"等腐败案件的公开，让人们总算搞明白了一个原本不太朦胧却又似"雾里看花"的道理。如文强之流贪官，为何一改以往直接接受真金白银、皮袍、人参、香车豪宅和有价证券等传统做法，摇身一变成为爱好名人字画或古代青瓷、玉器等，并不是拒腐能力增强，而是外面"风声太紧，盯得太严"。送金钱、有价证券等叫贿赂，换之字画或古董者叫惠赠。这样一来，"暧昧"的心理转化为"爱好"，字画便一次次悲哀地扮演着"由雅沦俗"的角色，纯洁的"真优美"天使，充当成了粗鄙的"孔方兄"使者。

"上有所好，下必甚焉；上有所欲，下必孝焉。"爱好字画者多了，馈赠字画者也就不会少，收的人乐此不疲，送的人络绎不绝。更有甚者，当他对某种字画爱得不能释手时，就忍不住狠狠索取，不再是盈盈笑纳。字画的价格由此推波助澜，岂有不往上攀升的道理？所以，茶余饭后，有时可以听到这样一些来自坊间的风言风语，如果将某某官员收藏的字画拍卖，金钱价值一定不菲，弄不好还是一个吓人的天文数字。

以字画惠赠，行"惠"者投其所好，受"惠"者满足己欲，才有了"雅贿"的各种传说。说来说去，雅贿的个中实质，只是为了适应"新需求"、转换方式手法而采用的一个贿赂新变种。"腐蚀"与"腐败"双方在"犹抱琵琶半遮面"的文雅气氛中，优雅地完成某些不能见人的交易，实现利益共赢。这么一来，赤裸裸的权钱交易就被遮蔽在貌似文人雅趣的珠帘中，变成了一种似乎很雅致很有品位的往来。雅乎？俗乎？字画的薰香一旦在远离阳光的黑暗处染上了铜臭，就很容易发生霉变，交易者们附庸的不再是"风雅"，而是恶心的低俗。

我素来愚钝呆板，既不通晓挥毫泼墨，更不知道运笔涂色，但我深为赞叹书画家们的"笔走龙蛇，潇洒飘逸"，以及那种如大自然鬼斧神工般的艺术造化，了解他们"纸上一笔工，平时十年功"的心血耗竭，懂得一张字画作品的来之不易和至珍至贵。每当看到一幅好的字画作品时，我都会为作者巧妙构思的笔墨布局、力透纸背的艺术创作而感到肃然起敬。原来，我也是乐呵呵喜爱笔墨山水的忠实一员。

这么些年来，有一些熟悉的书画界朋友诚挚地向我馈赠他们的作品，情真意切，却之不恭，我也就诚惶诚恐地接受下来，再表达自己的万分感激。所以，家里也就收藏有那么十几、二十幅朋友们"自产"的字画作品。偶有亲友光临，小酌之余，雅兴未尽，于是示出家中的那些字画作品，伴着淡淡香茗，悠然陶醉其间，愉悦之融融，情谊之浓浓，心情感觉无比美好。

自打我听到市面字画价格上扬，一幅某某字画可值多少银两之后，我是谨慎而又小心，绝不敢轻易接受书画界朋友的作品，哪怕是一字半纸。因为我知道，这已经不是纸上染墨的字画，而是实实在在的真金白银啊，可不能沾染"雅贿"的嫌疑。为此，我还因自己曾经婉拒一些书画界朋友馈赠的大作，而引起了他们对我的诸多误解，或是清高自傲、瞧不起人，或是远离朋友、自我封闭。其实我再清高也懂得对朋友的尊重，再自闭也知道对友情的珍惜呀！我要躲而远之的是那"贪财"的恶俗。我只能向那些朋友致以深深的歉意，请他们理解我。

"有节骨乃坚，无心品自端；默默无闻处，萧瑟多昂然。"字画之雅，雅在神韵；字画之俗，俗在低媚。那种字画"由雅而俗"的现状，是人情非正常交往的一个"杯具"，它败坏了社会风气，的确是应该整治整治。我希望，有这么一天，雷雨之后，天宇朗朗，空气清清，字画超凡脱俗，回归到它原本清纯高雅的境地。但愿到那时，我可以摆脱难堪，心情坦荡地向书画界的朋友们讨要几张字画，让自己附庸一把"风雅"，在欣赏中陶冶情操。这样一件多么惬意的事情，那才真正叫个"雅爽"。

（2010 年 10 月 4 日）

"天下清规"百丈情

"山不在高，有仙则名"，这话是有一定道理的。

江西南昌以西奉新境内的百丈山，虽然无"仙"可言，却也是"仙花不间三春秀，灵境无时六月寒"，正因为有一座寺庙、一位禅师、一道清规而独具灵气，名扬九州。唐德宗年间，怀海禅师来到百丈寺住持，撰修了禅门的丛林宗规，后来被人们称为"百丈清规"，又由于清规"诏天下僧悉依此而行"，故此它还有一个更加响亮的名字——"天下清规"。

带着一种心驰神往的情结和热切兴奋的情感，选择了一个人们常说的"秋高气爽，丹桂飘香"的时节，我和江西政协民族宗教委员会的委员们来到百丈寺进行考察，寺内的顿雄法师热情地接待了我们一行。

参观中，我轻声地请问法师："当年的'天下清规'可在乎？"法师摇摇头，笑之而不语，只是向天空挥了挥手。迈步走进大殿，法师给我们每人赠送了一部厚厚的《百丈山志》。我暗自思忖，这莫非有什么禅机？不由得用心揣摩："清规"原本就是一股清凌凌的精气神，随着斗转星移，已化作蓝天中朵朵飘游的浮云，欲知"清规"事，一言难尽也难明，只能自个儿阅尽百丈春秋。这种禅心是何等的超然和飘逸。

岁月沧桑，由唐至清，"天下清规"历时既久，沿革自多，怀海禅师当初所立的禅门规式，原貌真迹已经不复存在，其间每有增订删减，错讹乖谬杂陈其中。不过不要紧，物我合一，相入无碍，后世出现的各种"清规"，虽难免有鱼目混珠的内容，但还是颇具历史的继承性，并不影响"清规"的旨意所在，正所谓"今人不见古时月，古月依旧照今人"啊。

说到"今人古月"，记起了《百丈山志》中顿雄法师的一首偈言，前两句是："寂静真如体，明月照乾坤。"那个晚上，真个是清风伴着明月，夜静人静心静。按照"清规"的禅茶之说，我泡上一杯清茶，轻轻地翻开了《百丈山志》，希望在幽幽的茶香和书香中，探究"天下清规"的深奥禅理。"以茶悟道"，我似乎领悟到什么，又仿佛什么也未曾悟到，毕竟我是一个没有走进禅界不擅心悟的凡夫俗子，怎能超越人世间的五欲六尘，发现禅门"清规戒律"的真谛？

每当谁提及"清规戒律"那个词，给人的印象总会是冷冰冰、硬邦邦，呆板单调、苛刻无情，没有一丝儿生机蓬勃的人世间活力。其实也不然，如果把"天下清规"放在一千多年前的历史大背景下析读，倒还是可以从中发觉一些值得思索的活跃激情，隐含着不少人性化的东西。"担水劈柴皆为妙道，行住坐卧皆是禅定"，此所谓"道是无情却有情"，百丈山那"春日融融、秋波潋潋"的深情厚谊，似乎都浸透在"天下清规"的条文之中。

在唐代中期以前，僧人一般是云游在外，沿门托钵，化缘讨斋，不事劳作。而后僧众日增，生活出现极度困难，吃饭穿衣是一个必须解决的现实问题，要活命就得垦荒种地。但在当时的戒律中，却不允许僧人掘土耕地，理由是犁锄入地，必会危及地下小虫之类的生命，杀生则属于犯戒。怀海禅师可管不了那么多，毕竟僧人们活命要紧。他大胆主张由禅而农、农禅并举，开展了生产自救、自供自给的农耕活动。应运而生的"天下清规"，不仅奠定了禅门的经济基础，也保障了禅宗的香火不断。

生产劳动该怎样组织、如何推动？怀海禅师决心实行"上下均力""普请劳作"。用今天的话来说，就是无论大小老少，不分地位尊卑，任何人都要参加集体劳动，做到自食其力，不能搞特殊化。他直接宣布"佛是无着人、无求人、无依人"，每个僧人都得扛着锄头垦荒种地去。对"普请"制度进行调整改革，把儒学融入禅学之中，符合中国农耕文化的传统风情、均等公平的人士风俗，为禅宗的进一步发展扫除了不少障缘。

怀海禅师既是"天下清规"的制定者，也是遵守"天下清规"的楷模。他身体力行，随众共作，坚持和大家一起参加农田耕种。年纪大了，弟子们不忍心年迈的师父受劳苦之累，悄悄地将他的劳动工具藏了起来，不让他"随众出坡"。吃饭时，怀海禅师竟然要起了小孩子脾气，在方丈室的禅床上打坐"绝食"，弟子们端来的饭菜也绝不动一筷。他以坚决的口吻说道："一日不作，一日不食。""我无德劳人，人生在世，若不亲自劳动，岂不成了废人？"没有办法，弟子们只好将劳动工具还给了师父。

某一日，百丈寺众僧同在田间耕作，忽闻寺内传来阵阵鼓鸣，一个小和尚扛起锄头，二话不说，自顾自地径直向寺庙走去。怀海禅师见到这种情况，也不把小和尚叫住，只是脱口而出："好哇！简直就是观音入理之门。"晚上劳动归来，怀海找小和尚问话："刚才为何不打招呼，转身便回寺庙？"小和尚回答："我实在感觉饥饿，听到鼓声，便顾不了许多，急着赶回去吃饭。"怀海大笑，毫无怪罪之意，因为肚子饿了就该喂食，闻鼓用膳也在情理之中，而此时这名小和尚的脸色却犹如晚霞般通红。

　　青山无语，"清规"有情。"农禅并举"的作风，使禅门得以自立；"普请劳作"的制度，使禅门得以自强；"不作不食"的精神，使禅门得以自尊；"肚饥当食"的宽容，使禅门得以自爱。情是情，缘归缘，百丈怀海禅师制定的禅规之所以能为天下禅门所尊崇，这种情缘也就不足为奇、不难理解了。

　　"逝者如斯，不舍昼夜"。千百年来，百丈山的"天下清规"不啻禅门的当头棒喝，无异于山涧的汩汩清泉，它让人们猛然惊醒，使人们洗去心灵的尘埃。风动幡动心不动，可是，我做不到心如止水，思想一直在跳跃着。所思所悟，牵出了一番联想。

　　大千世界，芸芸众生，各人有各人的欲望，各人有各人的需求，本也无可非议。然而，"国有国法，家有家规"，"无规矩不成方圆"，做人做事始终不能超越规矩、突破底线、为所欲为，这一哲理超越时空，已经灌注于世世代代中华民族儿女的血脉灵魂之中。"古今多少事，都付笑谈中"，纵览上下数千年，一些"天马行空，独往独来"的人物，就因为随心所欲，放荡不羁，最后纷纷落得个众叛亲离、路断天涯的可悲下场。杜牧曾经在《阿房宫赋》说过这样的话："秦人不暇自哀，而后人哀之；后人哀之而不鉴之，亦使后人而复哀后人也。"我们当把那一桩桩往事引以为戒，总不能一次又一次地哀叹下去呀。

　　早在 2600 年前，《管子》用"礼义廉耻，国之四维；四维不张，国乃灭亡"这样一句话，阐明了不讲规矩而致人灭国亡的深刻道理。至今看来，很多事情坏就坏在没有规矩和不守规矩上面。踩线的、出格的、打"擦边球"的、闯"红灯"的、翻"栏杆"的、跑关系抄"近路"的，比比皆是，真是"长歌当哭，情何以堪"。所以说，规矩是一种约束、一种责任、一种情怀、一种忠诚，也是一种发自内心对法纪的坚守、对原则的恪守、对制度的信守，表达的是对他人和社会的一种充分尊重。

百丈山的"天下清规"也给后人留下很多的启示：制定规矩应该革故鼎新，不能因循守旧，尤其是在当今滚滚涌来的改革浪潮中，建章立制、健全和完善法制显得更加迫切、更加重要；遵守规矩应该人人参与，不能袖手旁观，每个公民都要将自己置于规矩之下，自觉遵纪守法，莫以善小而不为，莫以恶小而为之；执行规矩应该以身作则，不能阳奉阴违，官员要套牢头上的"紧箍咒"，带头将权力关进制度的笼子，不容在严肃的规矩面前发生"上有政策，下有对策""唱歌错音跑调"等打折扣行为；严明规矩应该宽大为怀，不能锱铢必较，既要坚持规矩不动摇，又要体现人文关怀精神，对偶尔违规者，应分清事由，明辨是非，通过心灵感化达到教育目的，不可将人一棍子打死。

"天下清规"百丈情，情之所至，感人至深。制定规矩、明晓规矩、遵守规矩、维护规矩，这是"心的呼唤、爱的奉献、人间的春风、生命的源泉"，大家奋力为之，我们的社会将充满和谐温馨，世界将变成美好的人间。如此岂不善哉？

（原载于《群言》2014 年第 2 期）

辑四

政协情结

政协不要被玷污

中共十八大以来，随着反腐风暴的席卷，一大批腐败官员应声落马。作为位置相对超脱、少有贪腐现象的政协，却频繁曝出腐败官员被调查的新闻，一时间令人不愿接受却又应接不暇，引得网友戏言：政协呀，怎么老有你？

政协"无权无钱无人找，无忧无愁无烦恼"，本是个清清朗朗的好地方。腐败官员如此集中地出现在各级政协系统，难免群众议论纷纷。据某媒体分析，落马贪官之所以多有政协官员，一是"带病提拔"，二是"照顾安排"，三是"权宜之计"。也有人说，位高权重的落马官员在进政协之前就违法乱纪，"东窗事发"源自时间后移，政协只不过在"背黑锅"，是"躺着中枪"。

"背黑锅"也好，"躺着中枪"也罢，政协官员落马，总不是件光彩的事情。长此以往，不但直接损害人民政协的声誉，丧失政协在社会上的公信力，甚至会挫伤人民群众对中国特色社会主义民主政治的信心。谨此提出以下认识：

清除思想认识上的"偏见"。人民政协是我国政治体制的重要组成部分，但有人却认为，政协只不过是"吃吃馒头，举举拳头"的"陪衬""安置"机构。视政协委员为"花瓶"，看政协官员为"待遇"，拿政协职位当"象征"，其不但不利于政协工作的开展，也无益于民族复兴大业的实现。这就要求，应进一步明确人民政协的法律地位，加快人民政协的法制化进程，切实把人民政协的职能落到关键处。在思想上要真正认识到，各级人民政协在中共的领导下，"不决策而论策，不立法而明法，不行政而参政"，与各级人大、政府只有分工不同，没有高低贵贱之分，不能够厚此薄彼。要通过清除对政协思想认识上的"偏见"，纠正所谓"退居二线"的错误观念。

握紧反腐倡廉的"利剑"。中共十八大以来，新一届中央领导集体言必信、行必果，自觉践行"八项规定"，带头整顿"四风"，以反腐倡廉的成效取信于民，让全党全国全社会看到了一种新气象。然而，反腐倡廉如逆水行舟，建设廉洁政治非朝夕之功。要持续加大查办案件的力度，保持反腐败的高压态势，切实做到一旦发现官员搞腐败，不管在哪个职位、职务有多高、功劳有多大，都要排除一切阻力，及时而又坚决地查处，不要转任政协再来"秋后算账"。同时，要将反腐倡廉重心前移，加强对重点领域、重点行业、重点岗位领导干部的监督，对党政领导干部转任、升迁前实行严格的离任审计，杜绝领导干部"带病提拔"或"边腐边升"，然后往政协岗位安排的现象。

严把政协领导干部的"入口"。 尽管大家都很清楚，那些被查处的政协领导所涉及的违法违纪问题，绝大部分与政协职位无关。但说明一个问题，由于某些"潜规则"的作用，一些地方把政协岗位看成为"解决级别"。因此，在配备"四大班子"领导成员时，要统筹安排，真正把政治坚定、作风民主、年富力强、热爱和熟悉政协工作的同志充实到政协领导班子中去，不能把一些群众举报不断的领导干部，带病转岗或提拔到政协班子中任职。在配备政协班子人选时，除从党政部门中安排合适人选外，还应考虑从政协下级或本级机关选拔合适人选。要把政协工作当回事，进一步推进政协和党委、政府之间的干部交流，激发政协内部活力，不能让政协成为"养老院""终点站"。

织牢政协自身拒腐的"防线"。 加强政协机关廉政建设，是提高政协组织拒腐防变能力的关键。要发挥政协党组在政协组织中的领导核心作用，定期开展廉政教育，努力提高自身修养，增强政治责任感，带头遵守政协章程，继承和发扬党的统一战线和人民政协的优良传统。政协领导干部要善于广交深交党外朋友，真正成为合作共事的模范、发扬民主的模范、求真务实的模范、廉洁奉公的模范。同时，要加强对政协委员和政协机关干部的管理和监督，建立明晰的政协委员和政协领导干部考核退出机制，对那些不称职、不合格的政协委员或政协领导干部，按照组织程序，及时退出政协队伍，确保政协干部政治坚定、作风优良、业务精通、廉洁奉公。

总之，作为一名政协人，我不愿意看到人民政协被玷污！

（2015 年 10 月）

政协委员要"重品行"

在今年全国政协常委会的工作报告中，俞正声主席郑重指出，"政协委员应该懂政协、会协商、善议政，更应该守纪律、讲规矩、重品行"。我认为，"懂政协、会协商、善议政"这九个字，是对各级政协委员提出的基本要求，紧接着"守纪律、讲规矩、重品行"这九个字，则是在基本要求上的一种递进，也就是更高层次的要求。对政协委员的这总共"十八字"要求，字字千钧，掷地有声，而其中的"重品行"，原本就是做人、做事、做学问的压舱石，作为政协委员，尤其要在"重品行"上下功夫。

什么是政协委员的"品行"？可以从今年全国政协常委会的工作报告中提炼出以下方面内容。

一是求同存异。世界是由多样性所构成，"万紫千红才是春"。政协委员来自社会上方方面面，思想多元、文化多元、利益多元、诉求多元，这是一种客观现实，因此要学会尊重多样性，体现差异美，海纳百川，兼容并蓄。"若以水济水，谁能食之？若琴瑟专一，谁能听之？"（《左传》）然而，尊重差异务必多样统一，"同"是人民政协的基础和前提，每一名政协委员，都必须坚持中国共产党的领导，任何情况下都能与执政党同心同德，"共同致力于坚持和发展中国特色社会主义、实现中华民族伟大复兴的中国梦"，在重大问题上，要把握大局，形成共识，凝聚磅礴的力量，彰显中华民族"天下为公，崇尚和合"的品德风范。

二是实事求是。政协委员拥有提意见、提建议、反映情况的话语权，要多深入基层，广接地气，带着感情和使命进行调查研究，"用事实说话，用数据说话，真正把问题找准、把原因理清、把建议提实"。当前特别是要避免两种倾向：其一为盲人摸象，以偏概全，从愿望出发，固执己见，对事物只凭片面了解或局部经验，就加以猜测性分析，得出未必准确的"全面判断"；其二为对问题不做深入思考，发表意见缺乏真知灼见，不分场合，不得要领，只会随声附和，一味赞同，说些空话套话、大年初一的"拜年"话，敷衍了事，从而浪费了时间和精力，也惹人讨嫌生烦。

三是平等待人。"人不分贵贱，官不分大小"，在人民政协这个大家庭中，委员之间相互平等，相互尊重，相互体谅，权力不可任性，资本不可任性，职衔不可任性，"坚持平等议事，有平等才能沟通、有平等才能信任"。在协商中，大家平等自由地积极表达各个方面的利益诉求，亮出个人的观点，甚至提出批评性意见，但不居高临下，"不强加于人，不先怀成见，不因人废言"，营造团结民主的宽松氛围，既要倾诉也要倾听，从而不断增进思想认同和政治共识，求得最大公约数。

四是为民情怀。把根扎在百姓之中，时刻关注民生，"先天下之忧而忧，后天下之乐而乐"，以人民群众利益为重、以人民群众期盼为念，真诚了解群众呼声，真实反映群众愿望，真情关心群众疾苦。比如在我国"十三五"期间实施的精准扶贫、精准脱贫攻坚战中，政协委员就应树立担当精神，坚持问题导向，"多做雪中送炭、扶贫济困的工作，多做春风化雨、解疑释惑的工作"。只有把人民群众装在心中，做群众利益的坚定维护者，才会"让广大人民群众感到政协委员就在身边，人民政协离自己很近"。

五是坚持真理。"贫贱不能移，威武不能屈"，勇于坚持真理，晓之以理，以理服人，这是我国自古以来仁人志士的一种高贵品格。同时，一日三省，修身律己，自觉修正不足，不断完善和超越自我，这也是千百年来中华民族孕育的一种传统美德。以修己而获致良知，以良知而坚守真理，富有正义感，秉笔直言，虚心纳谏，这正是我们每一名政协人需要锤炼的人格品行和道德形象。

"俏也不争春，只把春来报，待到山花烂漫时，她在丛中笑。"政协委员要"重品行"，依靠全体政协委员共同的品行修养，人民政协的工作就一定能够切实做到"以道相交同甘苦、以诚相交见肝胆、以志相交共奋斗"。

（原载于《人民政协报》2016 年 3 月 8 日）

让群众感到政协离自己很近

在今年的全国政协常委会工作报告中，有一句话印象很深，特别令人感动，那就是"努力让群众感到政协离自己很近"。

政协是人民的组织，人民政协为人民，这是政协组织成立的题中要义，也是人民政协一以贯之的根本宗旨。然而有的时候，政协却会让人感觉是那么的遥远，委员只会高谈阔论、举举手鼓鼓掌。所谓"花瓶"的调侃，大概由此而来。

阳光、春光、风光，曲折、波折、挫折，正反两方面的经验一次又一次告诫我们，政协工作离不开人民群众，政协委员要始终与人民群众心贴着心、手牵着手，真正做到亲密无间、亲近无痕。唯如此，政协的工作才大有希望，人民的事业才蒸蒸日上。

政协应引领调查研究之好风气。深入群众调查研究，这是政协工作广接地气的重要途径。从某种意义上说，政协委员的身份更普通，位置更超脱，因此更容易与百姓直面对话。政协的调研应当率先下基层、到田边，走进群众之间，认真倾听群众呼声，切忌搞形式主义，不能"隔着车窗看，照着稿子读"，装模作样走过场。

政协应倡导谦虚朴实之好作风。政协委员是政协工作的主体，也是政协组织活生生的具体形象。"委员"，接受责任委托的一员。委员的言行可以亲切感人，也可以因态度生硬而拒人于千里之外。尤其是出身官员的委员，更应实现好由"官"到"员"的身份转变，多消除一些"官习气"，多增加一些"草根味"，脱掉官帽戴草帽，群众才会认可你。

政协应树立风清气正之好形象。近两年来"打老虎拍苍蝇"，一批贴着政协委员或政协领导标签的腐败分子纷纷落马。尽管他们的腐败行为不是发生在政协，但总是让政协之人羞愧难当。保持政协风清气正的好传统，不致成为藏污纳垢之地，政协的自身建设固然重要，不断纯洁队伍也有必要，但更重要的是澄清源头，把好委员入口关，不能让腐败分子跻身于政协队伍，影响政协的良好形象。

政协应营造协商议政之好氛围。畅所欲言、各抒己见、理性有度、合法依章，营造协商讨论的民主氛围，这些内容在报告中都作了深刻的阐述。当前的关键是要在政协的殿堂里，在守规矩的前提下，真正能够体谅包容、求同存异，容得下各种观点的交锋，"促进不同思想观点交流交融"，相互尊重，兼容并蓄，发出政协的好声音，唱响政协的"同一首歌"。

政协应构建群众参与之好平台。创新政协工作方式，敞开政协的大门，既要"走出去"，又要"请进来"，更多地吸引各方面群众代表参与政协的调研、协商、议事等工作，引导他们发表意见、提出建议、反映诉求，搭建政府与公众的桥梁，使人民政协能够成为广纳群言、加深理解、增进共识、凝聚人心的好地方。

政协应维护真实话语之好体系。政协是一个直抒胸臆、坦诚相见的宽松组织，政协话语体系的特质就是尽量地真实真切。我们既要拒绝冷漠懈怠，更要拒绝假大空套；不能偏执偏激，也不能马首是瞻。即便有时可能会缺少说真话的环境，但无论何时，我们都要记住季羡林先生的那句话："真话不全说，假话全不说。"否则，人民群众不会满意政协工作，人民政协也会离群众越来越远。

（原载于《团结报》2015 年 3 月 12 日）

牢固树立人民观，切实做到履职为民

胡锦涛总书记的"七一"重要讲话，站在历史和全局的高度，全面回顾了中国共产党90年波澜壮阔的光辉历程，系统总结了90年来中国共产党领导革命、建设和改革的宝贵经验，明确提出了新的历史条件下建设中国特色社会主义的目标任务，深刻阐述了在新的历史起点上推进中华民族伟大事业复兴的大政方针。讲话通篇闪耀着马克思主义真理的光辉，具有很强的理论性、指导性和实践性，是做好新形势下人民政协工作的行动指南。

在"七一"讲话中，充分体现和贯穿了马克思主义的人民观，再次强调科学发展的核心是坚持以人为本，要努力做到权为民所用、情为民所系、利为民所谋，把人民放在心中的最高位置，尊重人民主体地位，尊重人民首创精神，从人民群众中汲取智慧和力量，深深扎根于人民的创造性实践之中，坚持问政于民、问需于民、问计于民，真诚倾听群众呼声，真实反映群众愿望，真情关心群众疾苦，依法保障人民群众经济、政治、文化、社会等各项权益。一句话，要牢固树立正确的人民观，使我们的工作获得最广泛最可靠的群众基础和力量源泉。

作为一名政协委员，在学习好、领会好、贯彻好胡锦涛总书记重要讲话精神时，应该同人民政协履行职能、服务发展的生动实践结合起来，突出团结和民主两大主题，充分发挥政协作为党和政府联系群众、团结各界的重要桥梁和纽带作用，不断深化大团结大联合工作。必须牢固树立人民观，进一步明确履职为民是人民政协性质、地位和作用的体现，增强履职为民的坚定性和自觉性，维护好、实现好、发展好人民群众的根本利益。在实际工作中，要进一步密切与人民群众的联系，切实按照协调关系、汇聚力量、建言献策、服务大局的工作方针，深入基层、调查研究、关注民生、反映民意，全心全意为人民群众办实事、做好事，做好理顺关系、化解矛盾、凝聚人心的工作，真正做到来自人民、扎根人民、服务人民。

忠于人民，履职为民，关键是要始终把人民利益放在第一位，把群众呼声作为第一信号，把群众需求作为第一选择，把群众利益放在第一位置，把群众满意作为第一标准。在履职过程中，要以共识坚定立场，以目标引领方向，以实践推动发展，以勤奋取得实效。

回顾近年来江西政协的各项工作，由于牢固树立了人民观，积极履行职能，为加快江西经济社会的发展起到了助推作用。一是紧扣主题主线，围绕中心，服务大局，就加快经济结构战略性调整、发展低碳经济、创新社会管理机制等事关全局的重大问题，深入调查研究，积极建言献策，促进社会和谐，为"十二五"规划的实施，为全面建设小康社会凝聚智慧和力量；二是充分发挥政协的特色和优势，立足改善民生，抓住"五河一湖"污染防治，新型农村合作医疗，打造油茶、文化、旅游产业，积极开展各种形式的活动，深入基层，深入群众，深入实践，竭尽全力为群众办实事办好事，千方百计帮助群众排忧解难，推动经济社会全面协调可持续发展；三是通过实践不断完善民主政治建设，着眼于提高政治协商质量，研究、分析、判断经济社会发展的各种复杂情况，顺应人民群众新时期的新要求新期待，广泛反映人民群众的愿望和诉求，为党委、政府的科学决策提供有价值的参考和依据；四是时刻把人民群众安危冷暖放在心上，在大灾大难面前，伸出援助之手，扶贫济困，奉献爱心，发挥了政协作用，提升了政协地位，彰显了人民政协为人民的新形象。

"只有我们把群众放在心上，群众才会把我们放在心上；只有我们把群众当亲人，群众才会把我们当亲人。"总书记的讲话情真意切，气贯长虹，表达了共产党人的亲民情结。在永无止境的政协事业征途上，我们要开拓创新不歇脚，始终带着对人民群众的一份深厚感情，牢固树立人民观，切实做到履职为民，不断追求人民群众对人民政协工作的信任，在新的历史时期为人民群众过上美满的生活创造出新的业绩。

（2011 年 7 月 20 日）

漫说"三心二意"干政协

看完题目，你或许会纳闷：干什么事情都应该一心一意、专心致志，这可是我国的古训。还是在小学的课本中，我们就已经读到《小猫钓鱼》的故事，说的就是做事要一心一意的道理，为何干政协工作要"三心二意"呢？切莫着急，这儿的"三心二意"，可是带引号的，它与一心一意不相悖，有着特定的含义。

政协工作，可以认为是"无职无权无烦恼"，总体来说比较超脱，但必须用"心"去做才能做好，否则就不叫干政协，而是叫"混"政协。该用什么"心"呢？

一是"事业心"。我很欣赏国家体育总局原局长袁伟民说过的一句话："要想在事业上真正干出名堂来，首要的是有一颗强烈的事业心，以及在这种事业支配下产生的钻劲和出奇的迷劲。"中国人民政协是我国的一项基本政治制度，履行着"政治协商、民主监督、参政议政"三项职责，是中国特色社会主义政治构架中的一个有机组成部分。这一点大家都很清楚。然而，还是有不少政协成员存在一种困惑，那就是政协"不决策、不立法、不行政"，怎样理解政协的具体内涵与工作定位？对此，我有一种很直白的认识："政协就是协政。"协者，具有"协力、协作、协助、协同、协调"等意思；协政，就是要通过各种方法，调动各种积极因素，团结各种力量，齐心协力支持帮助党委执政和政府行政。

理解与悟彻好人民的地位、性质和作用，就会使我们感觉到，政协工作与党委、政府工作不可分割，它关系到中华民族的伟大复兴，不是可有可无；政协工作与党委、政府工作有所区分，却依然为目标统一的一项伟大事业，不是可做可不做。实际情况是，政协工作涵盖面广、针对性强、要求高，有许多社会难题等待着破解，有许多重大课题等待着承担，我们任重道远，必须以强烈的事业心去做好政协的每一件事情，勇敢迎接新的风雨考验。

二是责任心。何谓责任？词典的解释有二：应尽的职责和应承担的任务；应承担的过失和应受的责难。政协委员是一种荣誉，更是一种责任。政协委员的责任，表达着自觉完成政协任务、做好政协工作的感情和心意。我们经常说，责任重于泰山。忠于职守、勤勉尽责就是最起码的职业操守和道德品质。要把政协工作做得尽善尽美、精益求精，这是件很难的事情，离不开每个政协委员的责任心。有了责任心才能敬业，自觉把岗位职责、分内之事铭记于心，知道该做什么、怎么去做；有了责任心才能尽职，一心扑在工作上，真正做到问心无愧；有了责任心才能进取，不因循守旧、墨守成规、原地踏步。

政协的责任是一份沉甸甸的政治责任和社会责任。成了政协一员，就要胜政协之任、履政协之职，就要"在哪个山头唱哪儿的歌"，这是最起码的道理，否则就是失职，就得究责。要担负起政协的责任和使命，需要树立一种理念：既做啄木鸟，又做小蜜蜂。做啄木鸟，就要敢于针砭时弊，祛虫治害，充分运用话语权，及时地发现问题和指出症结；做小蜜蜂，就要善于通力合作，采花酿蜜，把来自群众的智慧创造、来自基层的真知灼见，汇集成意见、建议提供给党委政府决策参考。

三是平常心。所谓平常心，就是心态要摆正。做好政协工作，要摒弃三种心态。

一不能有失落感。政协工作是过去工作的一种延续，过去的业绩已经成为记忆，昨日的荣耀已经化作烟云，一切都得从头学起干起，这是一场意志的斗争。在政协中，职位的尊卑逐渐淡化，曾经担任过领导职务的政协委员，尤其要控制好自己的思维和情感，不可以患得患失、一味留恋曾经"前呼后拥、一呼百应"式的辉煌，要尽可能多地表现出实力，才有可能赢得一个更好的未来。耐得住寂寞，耐得住清贫，这才是政协应有的品格。

二不能有优越感。政协委员是党和人民赋予的责任与使命，只可珍惜，不可炫耀，更不能肆意张扬。不管你是官员、老板，还是学者、精英，到了政协便会更加清楚"天外有天、山外有山"，需要以普通人的姿态深入基层、深入生活、深入群众，把心与大众百姓紧紧贴在一起。政协工作委实没有什么可以显摆的地方，不然，是把"谱"摆错了位置。

三不能有畏惧感。政协工作是不容许瞻前顾后、畏首畏尾的，只要真理在手，该说就得说，说了不白说，唯马首是瞻会让人看扁。有人形容政协委员是"做酒不甜做醋酸"，咱不理这茬，来个"做酒缸缸醇，做醋坛坛酸"，关键时刻能够"顶得上去、帮得上忙、管得上用"。又如何？

做好政协工作，用"心"还不够，还得有"意"。心意一起上，才能见实效。

一要深情厚谊。我们不会忘记邓小平同志的一句名言，"我是中国人民的儿子，我深深地爱着我的祖国和人民"。人民政协来自人民，做好政协工作，必须始终保持着与人民群众的一脉相连血肉情，保持着对大众百姓的那股爱在心底的真情实意。比如当今，我们要为民生、为就业、为劳动保障、为社会和谐稳定等问题献计出力，就不妨像温家宝总理那样，常吟郑板桥的诗句"衙斋卧听萧萧竹，疑是民间疾苦声"，心中时刻想着人民、念着人民、装着人民，多到人民中间去走一走、听一听，时时处处想民之所想、忧民之所忧、急民之所急。

"我为人民鼓与呼"，这不是一句简单轻松的豪迈语言。政协委员只有经常和人民群众心连心，了解人民群众的实际困难和迫切要求，才能把"江湖之远"的低吟语音，秉笔直书成"庙堂之高"的高亢呼声。我以为，"民间疾苦，笔底波澜"，方是政协委员的真正本色。

二要刻苦锐意。"铁肩担道义，妙手著文章"，怀着满腔的热情，迎着明媚的阳光，踏着时代的脚步，我们迈进了政协，开始了新的工作。就在我们感到重任在肩的同时，也感觉到知识和能力的严重不足，这就要求我们刻苦学习，积极实践。常识告诉我们，鲜花每一季的绽放都要经过三个季节的孕育和储备。只有通过加强政协理论的学习和工作实践，才能使一个政协委员获得新的成功的基本素质，彰显政协委员的人格魅力，进一步培育出奋发向上先进的文化思想、正确的价值理念、高尚的道德情操。

政协的工作千头万绪，涉及的专业领域非常广泛，而社会又在不断地变化，譬如谁也未曾预料到金融海啸会那样汹涌澎湃、席卷全球。"江河长流，生活常新"，面对新的知识挑战，我们要直抒胸臆、建言献策，唯有锐意进取、勇于创新，在实践中不断地磨炼自我、完善自我和超越自我，才能使自己在迎接瞬息万变的时代发展中释放出一片激情。

已经把"三心二意"的话讲完了，再做个归纳。"三心"说到底，还是

"一心"，即真心；"二意"合一体，便是"一意"，乃实意。说来说去，兜回到原本那句话，那就是"真心实意干政协，一心一意做工作"。如此而已，实无新意，姑且作为自勉的话。

（2009 年 6 月 12 日）

构筑起"真正的铜墙铁壁"

1934 年 1 月，在瑞金的临时中央政府大礼堂，第二次全国苏维埃代表大会隆重举行，"关心群众生活，注意工作方法"，洪亮的声音回荡在中华苏维埃共和国上空。

时光流淌八十年，2013 年 11 月，在北京雄伟的人民大会堂，中共十八届三中全会胜利召开，"尊重人民主体地位，发挥群众首创精神"，铿锵的语言传遍神州大地。

八十年风云激荡，八十年苦难辉煌，中国共产党"全心全意为人民服务"的宗旨始终不渝，"一切为了群众，一切依靠群众"的本色一脉相承。纵观历史长河，直面时代潮流，激励着我们重温毛泽东当年那字字千钧、句句有情的《关心群众生活，注意工作方法》，更有特殊的意义。

让我们先把视角回放到八十年前血与火的赣南原中央苏区。正当苏区人民在毛泽东、朱德的领导下，"收拾金瓯一片，分田分地真忙"，呈现出一派如火如荼大好形势的时刻，突然从共产国际刮来一股"西伯利亚的寒流"。王明等以教条主义为特征的"左"倾机会主义、冒险主义路线，导致苏区"反右肃反"严重扩大化，大批干部遭到打击，群众利益遭到伤害，革命事业遭到极大破坏。人们既看到苏区洋溢着浓烈的红色氛围，也不时发觉人人自危的紧张情绪。老板不愿雇工，师傅不愿带徒，店铺关门，经济萧条；"从经济上消灭富农，在肉体上消灭地主"，中间阶级受到打击，朋友一时成了敌人；干部群众不愿多说话，老表见了"公家人"唯恐避之不及，襁褓中的苏维埃红色政权受到了严重伤害。

水能载舟，亦能覆舟。当时被剥夺了军事指挥权的毛泽东，深知这一古训蕴含的哲理。面对"左"倾思想的泛滥，毛泽东心急如焚，而又只能以大局为重，韬光养晦，克己相忍。他采取迂回策略扭转局面，努力做好各个方面的工作，使危害减少到最低程度。为了挽救革命，挽救初生的红色政权，修复党和群众的血脉通道，毛泽东身体力行，亲自带领乡亲挖井、建桥、铺路等等。"关心群众生活，注意工作方法"，正是他在那种特殊背景下竭尽全力的呐喊和发自心底的呼唤。

"革命成功，尽在民众"，得民心者得天下。反之，心中没有人民，必将被人民抛弃。在历史这本厚重的教科书中，记载着多少惨痛事件，苏共"20万人时建国、200万人时卫国、2000万人时亡国"的历程则做了最好的注脚。在执政的中后期，苏共全面背离群众路线的根本宗旨，党风持续败坏，民心不断丧失，当镰刀斧头旗帜从克里姆林宫顶悄然落下的时候，广大群众和苏共党员漠然视之，看不到有人站出来哪怕说上一句公道话。执政党脱离群众，群众就会脱离执政党，两种危险叠加，终致苏共走向败亡。沉痛的教训无时无刻不在告诫着我们，执政的根基要永远深深地扎在人民群众的沃土之中。

翻阅《关心群众生活，注意工作方法》，犹如一股汩汩涌动的甘冽清泉，让人透彻肺腑；就像一盏光芒四射的海岸灯塔，让人心明眼亮。重温这篇光辉著作并对其内容进行琢磨，可以在接受灵魂洗礼的同时，发掘出许多党的群众路线的思想元素，寻求到一些弥足珍贵的时代答案。

植根于民。中国共产党之所以能够立于不败之地，根本原因是来自人民并深深植根于人民，始终保持同人民群众的血肉联系。在过去的战争岁月，"真正的铜墙铁壁是什么？是群众，是千百万真心实意地拥护革命的群众。"党一旦离开了群众，就会遭围剿、遭捕杀、遭饥饿，就有丢掉生命的危险。群众是党的铜墙铁壁，是党的眼睛，是党赖以生存的土壤，毛泽东曾经做过十分形象而又精辟的论述："我们共产党人好比种子，人民好比土地，我们到了一个地方，就要同那里的人民结合起来，在人民中间生根开花。"那生动的语言至今闪烁着睿智的火花。

"穿百姓之衣，吃百姓之饭，莫以百姓可欺，自己也是百姓。"新中国的江山，就是靠那些"来自老百姓"的子弟兵经过浴血奋战打下的。从革命党成为执政党，党的根基没有变，也不可能变。人民群众是力量之源、执政之基，决定了党的政策和方法在群众之中，党所做的一切，都要看看群众满意不满意、答应不答应、支持不支持。因此，"我们对于广大群众的切身利益问题，群众的生活问题，就一点也不能疏忽，一点也不能看轻。"作为一名领导干部，心里没有群众，就是忘本；对群众的疾苦漠不关心，就是变质。这不仅是态度问题，而且是带原则性的立场问题。

情系于民。你与群众感情有多深，群众与你也就有多亲。换言之，你与群众距离有多远，群众也会离开你多远。坚持人民的主体地位，就要时刻把群众安危冷暖放在心。在《关心群众生活，注意工作方法》中，毛泽东饱含深情地说道，要得到群众的拥护和支持，"就得和群众在一起，就得去发动群众的积极性，就得关心群众的痛痒，就得真心实意地为群众谋利益"。一连四个"就得"，情真意切，充满理性，表达了一种党和群众血肉相连、唇齿相依、"呼吸相通"、手足相拥的真挚感情，从而"使广大群众认识我们是代表他们的利益的"，赢得老百姓的衷心拥戴。

党和群众，鱼水情深，党所表现的旺盛生命力，就是永远和人民群众在一起。毛泽东曾在延安时期一篇党建课文上批注：党和群众的关系是鱼水关系，水可以没有鱼，但鱼不能没有水。真情所至，溢于言表，不由得让人们记起郑板桥那首久传不衰的诗句："衙斋卧听萧萧竹，疑是民间疾苦声；些小吾曹州县吏，一枝一叶总关情。"心存百姓事，冷暖知民心。心里时刻装着群众、想着群众，就应该把一切群众生活上的问题，都"提到自己的议事日程上，应该讨论，应该决定，应该实行，应该检查"。充分表现了共产党人那种高尚的仁爱情操、宽博的为民情怀。

问需于民。"苏区干部好作风，自带干粮去办公；日穿草鞋干革命，夜打灯笼访贫农。"那一声声悠长深情的"哎呀嘞"兴国山歌，是当年苏区干部问政于民、问计于民、问需于民的形象概括和真实写照。把人民的需要当作我们的追求，把人民的期待当作我们的任务，首先要围绕人民群众所思所盼的实际内容，知道人民群众急需什么、期待什么，多想想解决问题的办法。比如，"妇女群众要学习犁耙，找什么人去教她们呢？小孩子要求读书，小学办起了没有呢？对面的木桥太小会跌倒行人，要不要修理一下呢？许多人生疮害病，想个什么办法呢？"为民爱民之心跃然纸上，感人至深。

毛泽东还把兴国县长冈乡的干部当作苏区干部的楷模："长冈乡的群众说：'共产党真正好，什么事情都替我们想到了。'模范的长冈乡工作人员，可尊敬的长冈乡工作人员！他们得到了广大群众的真心实意地爱戴，他们的战争动员的号召得到广大群众的拥护。""什么事情都替我们想到"，于今看来，这是密切联系群众的一面生动的镜子。对照这面镜子，真正做到想人民群众之所想、急人民群众之所急、解人民群众之所难、做人民群众之所需。党和群众心贴着心，打断骨头还连着筋，这是共产党获得"广大群众的真心实意的爱戴"重要原因之所在。

造福于民。"天下难事，必作于易；天下大事，必作于细。"群众利益无小事，群众的事再小也是大事，再难也一定要办好。毛泽东在《关心群众生活，注意工作方法》中，一再谆谆告诫大家要善于从小事实事好事做起，真正做到对人民群众体贴入微、无微不至，"群众的穿衣问题、吃饭问题、住房问题、柴米油盐问题、疾病卫生问题、婚姻问题"，总之，莫以善小而不为，"一切群众的实际生活问题，都是我们应当注意的问题"，"就得真心实意地为群众谋利益"，不但要动之以言，更要动之以情、动之以行。

"意莫高于爱民，行莫厚于乐民"，喊破嗓子不如甩开膀子。把老百姓当作大写的"人"，把老百姓的事当成自己的事，就应该拿出实实在在的行动，让老百姓过上幸福安康的生活，只有这样才能打动老百姓的心。在苏区时期，如果"不注意扩大红军的领导，不讲究扩大红军的方法，尽管把扩大红军念一千遍，结果还是不能成功"。所以，在动员、组织和依靠群众开展革命战争的同时，要切实做好"群众生活的领导者、组织者"，保障和改善民生，"改良群众生活"，保护好群众的切身利益。在《关心群众生活，注意工作方法》的文字中，我们不难发现一个深刻的道理：权为民所赋，这是逻辑的起点；造福于民，这是逻辑的终点，也是一切工作的落脚点。

取信于民。人民是国家的主人，要取得广大人民群众的信任，必须使权力在行使的过程中受到制约，自觉接受人民监督，努力提高老百姓的舒适度和满意度。苏区时期出现过"在我们的工作人员中，曾经看见这样的情形：他们只讲扩大红军，扩充运输队，收土地税，推销公债，其他事情呢，不讲也不管，甚至一切都不管"。结果呢，群众"后来就不高兴到会了，会议也召集不成了"。毛泽东严肃指出，"如果仅仅提出任务而不注意实行时候的工作方法，不反对官僚主义的工作方法而采取实际的具体的工作方法，不抛弃命令主义的工作方法而采取耐心说服的工作方法，那么，什么任务也是不能实现的。"

苏区社会是人民群众广泛参与政治事务和社会管理的社会。在物质极度匮乏的苏区，也曾发生过贪污腐化的不良现象，苏维埃政府采取了坚决措施。在中国革命博物馆内，至今陈列着当年兴国县高兴区苏维埃政府的"控告箱"，上面写着："苏维埃政府机关和经济机关，有违反苏维埃政纲、政策及目前任务，离开工农利益发生贪污、浪费、官僚腐化和消极怠工的现象，苏维埃的公民无论任何人都有权向控告局控告！"务实清廉的作风，严明的政治纪律，使苏维埃政府得到了人民群众的信任和拥护，老百姓因此愿意"把革命当作他们的生命，把革命当作他们无上光荣的旗帜。国民党要来进攻红色区域，广大群众就要用生命同国民党决斗。"从这些字里行间，我们可以汲取到当年那种宝贵的精神营养，也感觉到一种震撼的力量。

苏区的硝烟已经消散八十年，祖国的蓝天飞翔着美好的"中国梦"。梦，在每个国人的心中萦绕；路，在我们大家的脚下延伸。中共十八大之后，中国经济社会发展已经进入新阶段，中国改革开放也进入攻坚期和深水区，各种风险和挑战的艰巨性、复杂性前所未有。以中共十八届三中全会召开为标志，中国正在开始一场新的伟大革命。勇啃硬骨头，敢于涉险滩，离不开人民群众的伟大力量，"关心群众生活，注意工作方法"，于是显得尤为重要。

无论过去、现在还是将来，我们都必须时刻牢记：人民群众是"真正的铜墙铁壁"，是永远坚不可摧的"铜墙铁壁"！这是力量的源泉，这是永恒的真理。我们相信，在以习近平同志为总书记的中共中央正确领导下，继承密切联系群众的光荣传统，树立以人为本的治国理念，中华儿女必将万众一心、众志成城，共同构筑成新时代的"真正的铜墙铁壁"！

（原载于《纵横》2014年两会专刊）

撒播春天的希望，收获金秋的收获

金色的秋天，阳光灿烂的北京，全国党外代表人士教育培训工作会议暨全国社会主义学院工作会议隆重召开。历史将注定，这是我国多党合作进程中一次非同寻常、意义深远的会议。那诸多的"第一次"：第一次统战和社院系统的高规格工作会议，第一次将党外代表人士教育培训工作列入中央层面，第一次以中央办公厅名义印发《党外代表人士教育培训改革和发展纲要》……就似一声声布谷鸟的呼唤，昭示着我国统一战线和社院工作又一个新的春天的到来。

一、难以忘记三点感受

出席这次会议，聆听了贾庆林主席、杜青林部长等党和国家领导人的重要讲话，心情格外激动，心灵极为震撼，有三点深刻感受使我难以忘怀。

第一，领导讲话令人鼓舞。贾庆林主席的重要讲话高屋建瓴，立意深远，他提出的关于"加强理论培训，增进政治共识；加强实践锻炼，着力提高素质；加强学院建设，发挥主阵地作用；加强党的领导，健全工作机制"等"四个加强"的要求，既是对我们工作的殷切希望，更是对我们工作的鼓励和鞭策。杜青林部长在讲话中深刻而又详尽地阐述了学习贯彻落实《纲要》的意义、内容及其方法，指出《纲要》的颁发，标志着中国共产党对党外代表人士工作重要性的认识达到新高度，党外代表人士队伍建设在党和国家人才中确立新定位，党外代表人士教育培训工作跃升新层次。领导同志的讲话精神，给了我们思想的启迪和行动的力量，鼓舞着我们奋发勇为，不断前进。

第二，《纲要》内容令人振奋。《纲要》科学回答了加强党外代表人士培养的重要理论和实践问题，明确了社院的主阵地作用，具有鲜明的时代性、科学指导性和现实针对性，是加强党外代表人士教育培训工作的纲领性文件，对党外代表人士队伍建设具有里程碑意义。《纲要》确立的社院三大职能，进一步明确了各级社院在新时期加强党外代表人士教育培训工作的内容和任务，令人方向明确、精神振奋。

第三，工作部署令人明晰。怎样在贯彻落实《纲要》的过程中，不断推进党外代表人士的教育培训工作？这次会议对此做了周密的部署，思路非常清晰。例如，杜青林部长在讲话中，就当前贯彻《纲要》的若干工作，具体分解为"精心组织、抓好重点、整合资源、练好内功、加强督察"等几个方面，对于推动党外代表人士教育培训工作的有序开展，在新的起点上实现新的发展，具有很强的针对性、指导性和可操作性。

二、工作面临三大难题

《纲要》指出：党外代表人士是我国人才资源的重要组成部分，党外代表人士教育培训工作是统一战线的一项基础性、战略性工程。但要切实抓好党外代表人士的教育培训工作，在现阶段还面临着不少困难。

一是调学计划难以完成。一般而言，党外代表人士都有参加学习培训的迫切愿望，希望在工作中通过学习"充电"进一步提高理论素养。但是，由于他们中的不少同志是单位上的业务骨干，担负着比较繁重的工作任务，时间安排较为紧张，加之单位经费报销"略有特殊困难"，往往使得调学计划不能正常完成。如果不能帮助他们解决学习培训的实际问题，取得各方面的支持，切实保障他们的学习培训时间和经费，党外代表人士的教育培训工作，无疑会成为一纸"计划性"的空文。

二是教师队伍难以稳定。社院的教学布局是突出一个主题，即坚持走中国特色社会主义道路，做好基础理论、政治素养、统战政策、能力培养等四个方面的工作。这种布局适合对党外代表人士的教育培养。然而，一个不争的事实是，社院专职教师偏少，专业教学布局困难，必须借助"外脑"办学，依靠社会上的各种教育资源，充分利用兼职教师这支队伍力量完成好"教学布局"。问题在于，兼职教师基本上都有自己的本职工作，兼职服从本职，这是基本的要求，因此社院正常安排课程难度较大，教学布局往往要被打乱，教学计划往往难以完成，这种教师队伍缺乏稳定性的状况，直接影响了教育培训的质量。

三是教育目标难以实现。教育目标是以教育培训内容为支撑，而教育培训内容具有一定的科学性和系统性。按照"缺什么，补什么；干什么，学什么"和"少而精，要管用"的原则，对党外代表人士应该区分层次类别，丰富多样性的"知识大餐"，实行各种知识内容的多维教学，使之学有所获、学有所益。但从社院的教学现实来看，由于专职教师的本身专业知识限制，兼职教师的专业分布不够广泛，教学内容有时只能是"拼凑"性的，或者是"拆东墙补西墙"，既不能满足教学培训大纲要求，也不能满足学员对知识的需求。如此境况，何谈实现教育目标？

三、认真做好三件工作

围绕提高对党外代表人士的教育培训质量，紧扣"联系工作，结合实际，着眼大局，小处入手"，我感觉，当前应该认真做好三件事情。

1. 创新教学方法。会议明确提出，社院的教学工作核心是强化政治共识教育。共识教育不是"攻势"，重在"共识"，这意味着，在对党外代表人士实施教育培训中，不能说教，不能灌输，也不能强加，只能是循循善诱、因势利导、潜移默化、润物无声。这就要求我们改变以往以课堂为主的单一教学模式，通过创新教学方法，丰富教学内容，更多地开展研究式、答辩式、互动式、案例式、模拟式教学，增强生动性、可信性，依靠真理与事实，令人"悦而服之"，从而产生思想上的共鸣、认识上的一致、行动上的同步，取得实实在在的政治共识教育效果。

2. 建立实践基地。实践基地是对党外代表人士教育培训不可或缺的重要场所，建立统一战线教育实践基地有必要，也很重要。例如，江西是中国革命的发祥地，也是统一战线的策源地。无论是安源的工人大罢工、南昌的八一起义，还是井冈山的武装斗争、瑞金的苏维埃政府，都有党的统一战线初创时期萌芽阶段的成功与挫折，留下了许多弥足珍贵的经验、沉重而又深刻的教训。借助这些丰富的统战资源，建设教育实践基地，让党外代表人士在培训时身临现场，听取老一辈统战人的"现身说教"，领悟战争岁月统一战线的伟大作用，可以使教学内容更加立体化、直观化、具体化，并由之坚定多党合作的信心和决心。

3. 推动教学交流。教学交流是一种好方式，可以弥补社院教育培训工作诸多方面的不足。聘请高等院校、科研院所、党政部门的专家、学者、领导担任社院的客座教授，实质上就是一种交流，效果显著，但力度还要加大。在现有的基础上，应该进一步推动纵向交流、横向交流和联合办学。比如说，各级社院的教学课程联动交流，兄弟社院培训内容互动交流，社院与党校、行政学院或其他高校联合办班等。交流方式应不拘一格，名师讲座、教学大纲、教材教法、课题课件等等，都可以成为相互交流的内容。通过广泛的教学交流，"以人之长，补己之短""他山之石，可以攻玉"，促进教学成果的共享、教学方法的共用、教学质量的共同提高。

四、努力实现三大突破

其一，在深化教学改革上有新的突破。加大教育改革的力度，主要抓好三大体系和一支队伍的建设：抓教学质量评估体系建设，对教师的教学及其课程内容，开展班次和学期的跟踪评估与考核，适时反馈评估结果，促进教学方法与内容的改进；抓网络教育平台体系建设，利用现代信息网络传输技术和手段，开展网上教学，实现党外代表人士在线学习培训与交流；抓学科体系建设，夯实中国特色社会主义理论体系的基础，以需求为导向，因材施教，按需施教，积极开发新型课程，推出精品课程；抓专兼职教师队伍建设，遴选好学科带头人，以更加开阔的视野，从各个领域、各个方面发现名师、培养名师、打造名师。

其二，在扩大培训规模上有新的突破。党外代表人士教育培训是一项特殊的人才培养工作，我们要在现有的基础上，克服一切困难，争取各级党委和政府的支持，建立培训与使用相结合制度，制订中长期党外代表人士教育培训规划，积极筹措和落实教育培训工作专项经费，帮助学员解决实际困难，为党外代表人士提供更多参加教育培训的机会；苦练内功，挖掘潜能，进一步改善办学条件，努力办好各种班次，提高办学水平，开展远程教学，力争在教育培训的数量和质量上有新的提高，掀起对党外代表人士开展大规模教育培训的新热潮。

其三，在统战理论研究上有新的突破。统战理论研究是社院的三大职能之一，相对于其他两项职能，理论研究是社院的一大薄弱环节，必须迎头赶上。根据理论研究三大要素即领军人物和团队、研究课题、经费与基础设施条件的基本要求，社院要聘请一批统战经验丰富、理论功底深厚的同志担任特约研究员，成立学术委员会，设立专项科研经费，实行课题公开招标，举办一定规模的理论研讨会。同时，实行院内正规化、科学化的科研管理，建立开放性、社会化的科研机制，"不求所有，但求所用"，吸纳和借助社会力量开展专兼结合的统战理论研究，从而提升科学研究的水平，实现理论研究的突破。

认真学习好、努力贯彻好、全面落实好这次工作会议的精神，根本在于始终坚持正确的政治方向，始终坚持与时俱进、改革创新，始终坚持以科学发展观统揽全局。从现在开始，我们应该积极准备，不负众望，不辱使命，不遗余力，扎实做好每一项工作，努力推进党外代表人士教育培训工作迈上新台阶。

春潮涌动，百舸争流；殚精竭虑，尽职尽责。今日，我们愿以艰苦的劳动和辛勤的汗水，在充满生机的春天撒播希望与理想；明天，我们将在孜孜追求中又一次收获统一战线丰收的累累硕果！

（2010 年 9 月）

祛腐而育新，放飞"中国梦"

一个七彩的"中国梦"，荡漾在亿万国人的心中，承载着人们太多太多的期待，激发了中华儿女对未来新生活的无限憧憬。

"国家富强、民族振兴、人民幸福"，这不仅是殷殷寄托，更是责任担当。坚持中国道路，弘扬中国精神，凝聚中国力量，要把美丽中国建设好，一切的一切，关键在于人，包括现代人和未来人。一方面"打铁还需自身硬"，坚决祛除消极腐败的丑恶现象；另一方面"圆梦自有后来人"，努力培育一代身心健康的新人。我们正站在新的历史起点，聚力扬帆起航，时代给我们提出了一个永恒而又富含新意的命题：祛腐而育新。

"芳林新叶催陈叶，流水前波让后波"。一切有生命的物质，总是在不断地新陈代谢，进行自我清除和自我更新。"物必自腐，而后虫生"，"正气存内，邪不可干"，那一条条蕴含深刻哲理的千年古训，始终记在人们的心中。如今，中国的经济社会已经发生了前所未有的变化，一幅波澜壮阔的宏伟蓝图正展现在世人面前，执政党比任何时候都更需要提高自身的免疫抗病能力，增强自我祛腐更新的本领，以更加非凡的胆略和超强的气魄，继续带领中华儿女越雄关、过险滩，"敢教日月换新天"。

犹如晨曦中升腾起一轮红日，春天里飞扬出一缕清风。中共十八大以后，新一代中央领导集体重拳出击，反腐防变，"定规矩""动真格""铁心肠"，以"踏石留印，抓铁有痕"的决心，"老虎苍蝇一起打"，以"容得下尖锐批评"的雅量，倾听逆耳之言和群众心声。一项项铁律落地生根，一个个行动果敢有力，充分展示了中央高层领导履职的新作为，不断焕发出全国人民实干兴邦的新活力。

"心事浩茫连广宇，于无声处听惊雷。"人们欣喜地从反腐的滚滚惊雷中，闻听到中华民族新的觉醒，感受到惊天动地的伟大壮举，因自信而鼓舞，情不自禁地唱起："希望的曙光在哪里，不是在梦中，不是在天际，希望的曙光啊，就在我心里……"

复兴的道路漫远悠长，壮丽的事业薪火相传，中华民族永续发展，在加大祛腐的同时，还需要一代又一代人接力奋进。培育新人，这份义不容辞的历史责任，关乎民族的长远利益和国家的长治久安，也关乎每个家庭的幸福尊严，现代人应该勇于承担。

首先是人口生育。 由"人多力量大"到"只生一个好"，三十多年来，我国推行一对夫妇生一个的计划生育国策，有效地控制了几亿人口的增长量，取得了举世瞩目的巨大成就。但在进入新世纪以来，也已经引发了不少的社会问题：人口数量依然庞大、人口红利即在消退、老龄社会日益凸显、劳力市场逐渐短缺。谁来养活将来的老人？这个问题已经切实地摆在我们面前。

坚持和完善基本国策，应该是数量上维持相对稳定、结构上保持比例协调、区域上趋于分布合理、素质上保证优生优育，唯此才能"促进人口长期均衡发展"，实现真正意义上的由人力资源大国转化成人力资源强国。计划生育重在"计划"，绝不能放任为自主生育，中国人多，一放就乱。然而，随着经济的发展和社会的进步，民生保障的加强和改善，"计划"的政策概念应适时作出必要的修正。当前人们的生育观念已经在悄然发生变化，如果始终困扰在"人口膨胀"的担忧之中，不能很好地适应我国人口总量和结构变动趋势，筹划调整人口生育政策，再过十年或者二十年，错过"二生一"那一代人的最佳生育年龄，恐怕就会出现新的人口问题。对此，我们应该未雨绸缪，做好准备。

其次是智识滋育。 回顾新中国成立以后的教育历程，可谓山重水复，九曲十八弯。有人认为，在中国的所有问题中，教育问题最为严峻。也有人调侃，在当下中国，除了足球，最容易挨骂的目标恐怕就是教育。不管怎样说，我国长期以来的家庭教育、学校教育还有社会教育，一直是把重点放在应试方面，升学是唯一目的，"学优"简化为"考优"，过多的作业，过度的考试，使得属于知识教育范畴中的智力开发、动手能力培养等个性发展内容，被竞争激烈的考试挤压到教育的边缘甚至抛掷在九霄云外。

我国的基础教育现状以及现行升学考试制度，统一、单一的评价机制，一些"标准答案"的评判体系，不同程度地遮蔽了学生对未知世界的悟性，抹杀了学生探究知识海洋的兴趣。教育成为追逐功利的手段，过分强调实用主义，接踵而至的便是对知识智慧推崇的弱化和庸俗化。读书为了上大学，上大学为了找工作，念学位为了找更好的工作，教育成为盲目的拼命竞争，学生、家长、教师于是都成了教育绞榨机器上一块痛苦的肉。因此，教育改革必须扩大"自主权"，拆掉"独木桥"，让各级各类学校各自走好"阳关道"。这是一件等不得也等不起的事情。

再次是道德化育。教育重在心灵的教化、品德的优化和习惯的驯化。对此，陶行知先生概括得非常精辟，"千教万教，教人求真；千学万学，学做真人。""人之初，性本善"，而人之后呢，则要通过各种教育手段和方法，挥引"八九点钟的太阳"去探求人生真理，奉行道德原则，学习做个正直诚实对社会有用的人。"学高为人师，身正为人范"，这是教育的基石；"春雨化草香，润物细无声"，这是教育的真谛；"灵魂的卓越，思想的升华"，这是教育的本位。离开这些内容，教育就会一批批地复制出"不合格品"，教育失败的"杯具"就会一次次重现。

反观当前我国的教育风气，却是越来越心浮气躁，越来越急功近利，越来越迷失了公平多元的方向。学校也越来越不像学校，学术造假、职称造假、学位造假、成绩造假，诸如此类的教育腐败现象，最可怕的是玷污了青少年纯洁的心灵。恰是80、90后这代独生子女，不仅缺乏关爱、感恩等道德潜质，还缺乏抵御挫败的精神韧性。教育如果一直错位下去，没有人生的准则，没有仁爱的释放，没有理想的追求，没有信念的支撑，成天价地要求学生做题、再做题，那道"钱学森之问"的大题："为什么我们的学校总是培养不出杰出人才？"真不知何时才能够得以破解？

最后是身体训育。"强国梦"必须要有强壮的国民体魄，少年壮则民族强，强身健体要从娃娃开始抓紧训练。听到两则故事真是让人"哭之笑之"，啼笑皆非。一是在2012年夏天，某中、日两个学校联合组织"夏令营"活动，结果在跑步、拔河、爬山等系列体能活动中，中国学生一律败北，日本孩子称，如果中、日再战，我们还会打败中国；二是在2009年PISA（国际学生评估项目）全部三项测试中，中国上海学生的学业非常优秀，平均成绩在60多个参与国家和地区中排名第一。

一个故事是"一律败北"，另一个故事是"排名第一"，稍用心进行一番比较，就不难发现，中国的学生被课业折磨得痛苦不堪，身心千疮百孔，太重的学习负担直接影响身体发育成长。有人形容，如今的学生体质是"胸围越来越宽，肺活量越来越小；身材越来越高，跑步越来越慢；体重越来越重，力量越来越小……"中小学不戴眼镜的学生越来越少了，大学军训操场上晕倒的却越来越多了。中国学生学习成绩的"第一名"，通常是用牺牲更多的体育活动时间换来的。国民素质状况不是小事，"东亚病夫"的耻辱历史不能忘却，如果学生的体质得不到根本性改变，将会衍生为民族之忧、民生之痛、国家之患，过莫大焉。

"中国梦是民族的梦，也是每个中国人的梦"，与每一个中国人息息相关。追梦、寻梦、圆梦，十三亿人的心声叩响未来，而梦想却永远是现在时。祛腐而育新，强基而固本，实现"中国梦"必须从今开始，脚踏实地，多一些忧患，多一些谋划，多一些实干。美好的明天在召唤，我们众志成城，万众一心，挺起脊梁，托举起民族伟大复兴的"中国梦"。面对着困难，我想借用罗素的一句名言作为总结："我们无法奔跑，那就蹒跚而行吧，总有一天会够着我们想要的目标。"

（原载于《光华时报》2013 年 4 月 12 日）

"三才"学说与生态伦理

在咱们中国，谈论得比较多、比较久的话题，生态伦理应该算得上一个。不过在老祖宗那儿，并不是现在这种叫法，而是文绉绉地称为"三才"。后来的学者也很聪明，索性把"三才"学说提升到一种哲学理论的高度。

"三才"又称"三材"，泛指"天、地、人"三道，其源自《易经》："有天道焉，有人道焉，有地道焉，兼三材而两之。"这里的"人"自不必多言，而"天、地"内容则包括了自然界的资源和环境，三者相合，即构成了生态——人类生存的状态及其相互之间的关系。由此看来，在咱们这个国度谈论生态、研究生态、倡导生态的保护等，都不至于觉得太新鲜，因为它在中国可以说是源远流长，拥有深厚的历史文化底蕴。这绝不是笑谈戏说。

"三才"一立，便受到后世各家学派的顶礼膜拜。道家哲学代表老子指出："人法地，地法天，天法道。"说的是天、地、人各有其规律，人要"效法自然"。儒家哲学倡导"三才者，天地人"的结构模式，按照现在的说法，世界的存在是"人—社会—自然"复合生态系统，它们相互作用、相互依赖、紧密联系，构成有机统一的整体。佛学哲学概称"五阴""众生""国土"等"三世间"，表明的是要实现人与社会、自然的和谐发展。各种学术流派也不示落后，纷纷将"三才"学说纳入本学科内容，如中医认为"三才者，精气神也"，气来自天、精来自地，精气合之成为神，神指的就是人体活鲜鲜的生命。

为什么"三教九流"都乐意崇尚天、地、人"三才"学说？说来道理也不复杂。人在天地之间，依赖自然生存，当然应该尊重自然规律，与天地万物共生、共存、共荣，这就是"立天之道曰阴与阳，立地之道曰柔与刚，立人之道曰仁与义，兼三材而两之"蕴含的深刻道理。千百年来，"三才"学说被打上"天经地义"的烙印，深深地刻入中华民族的心扉，贯流到中华民族的血脉，牢固地培育了中华民族与天地合一的精神，同时也铸就了中华民族虔诚敬爱天地与自然的灵魂。在此基础上，"三才"学说得到提炼与升华，塑造成为独具民族特色的生态伦理观念。

世事纷繁，是非易变。人类告别了原始的野蛮，一种新式的野蛮却又悄然而至。就在人类一步步迈入工业文明时代以后，竟将自身赖以生存的地球绿色生态环境丢到九霄云外。什么天地、什么自然，全不当回事儿，人类才是自然的主人。于是乎，资源消耗不断加速，生态恶化不断加剧，环境污染不断加重，世界的公平正义和社会的伦理道德遭遇了颠覆，人类的生存也因此受到了严重威胁。"三才"学说逐渐湮没，生态演变为"三态"，可怕的三种病理状态——心态扭曲、世态炎凉、生态破坏。

世界的喧嚣、社会的浮躁，在咱们国家未能幸免，只是比发达国家晚了些时间。随着光阴的荏苒，中华民族乐于与自然和谐的高贵品格受到玷污，我们越来越缺乏祖先的那种"天人合一"的思维模式，没有古人那种与天地和谐相处的哲学智慧，我们已经忘记了在天地面前，"立人之道曰仁与义"的基本准则。

多少年来，与天奋斗、与地奋斗，竟然可以产生"其乐无穷"的快感；GDP 增长的数量和速度，竟然成为人们唯一的目标追求。殊不知，对天地的百般蔑视、对自然的一味掠夺，天地自然定会给我们以严厉的惩罚与报复。近些年，山体滑坡、草原荒漠、黄河断流、太湖蓝藻……多少惨重的教训已经一再发生，人定胜天的"其乐无穷"演化为痛定思痛的"其哀无限"。长此以往，不需要在多久的将来，由于生态环境的严重破坏，在那个"江山如此多娇"的家园，可能是天上没有飞鸟，地面没有绿林，江河没有清波，水中没有游鱼……各种生命就在这种"寂静的春天"中逐渐夭亡。到那时，"举目千山鸟飞绝，遥看万径人踪灭。悲叹孤舟蓑笠翁，凄然独钓寒江雪。"唐代诗人柳宗元的《江雪》意境，似乎是在千年前对我们发出的恐怖预言和诅咒？

面对人类生存的困惑和精神的荒芜，人们开始痛定思痛，反省问题背后的深层根源，一门新的学科也在国内外应运而生，这就是生态伦理学，或称为环境伦理学。生态伦理学的研究内容其实并不新鲜，所讨论的实质问题是古老的"三才"学说早已告诉我们的，人与人要和解，人与自然要和解，人类要实现"天下大同"。生态伦理学的主张，就是要统筹协调好人口、资源、环境之间的关系，促进人与天地即自然环境的平衡和谐发展，实现人际之间、代际之间、地域之间的公平与公正。现代环境伦理学家罗尔斯顿明确提出："大自然启示给人类的最重要的教训就是：只有适应地球，才能分享地球上的一切。只有最适应地球的人，才能其乐融融地生存于其环境中。"这是人类的道德境界，也是人类的光明希望。

重温中国古代的"三才"哲学思想，走向人与自然和谐发展的道路，重要的是人类要端正对自然的态度，改变在自然中的地位，自觉地与"天地"亲近，与自然结缘。举凡食人间烟火、吃五谷杂粮者都非常清楚，"天食人以五气，地食人以五味"（这里的"食"，当作"饲""赐"解），是大自然养育了人类，人类岂能充当主宰、征服和统治大自然的角色？人类要设身处地地为自身创造一个优美的生存环境，就应该在实施社会物质生产中承认自然物质、保护自然价值、尊重自然界的一切生命。为了谋求眼前的利益，蝇营狗苟，干污染环境、掠夺资源、破坏生态的勾当，那是自己在掘自己的坟墓。这种行为，天不答应，地不答应，当代人和后代人都不会答应。

胡锦涛总书记在中共十七大报告中，正式提出了"建设生态文明"的新概念，具有极其深刻的含义。今天，伟大的中国人民在继承祖先创造的富有生态特色的"天、地、人""三才"学说的基础上，立足基本国情，借鉴国外经验，按照科学发展观的要求，以一个负责任大国的态度，切实解决好人口、资源、环境问题，对于实现世界和平发展，创造人类更加美好的明天，必将产生重大而深远的影响。

我们已经豪迈地走进科学发展、和谐发展的新时代，我们不仅有信心超越工业文明"反自然"的思想和实践，点燃人类生态文明之光，更有能力寻求机遇、破解难题、化危机为生机，建设一个令人憧憬的"资源节约型、环境友好型"的生态文明社会。

（原载于《群言》2010 年第 1 期）

岁月回眸：土地与政权的思考

今年是中国共产党成立 90 周年。回顾 90 年来中国共产党走过的风雨历程，我们可以发现一种值得注意的现象：土地与政权息息相关，紧密相连。回味并分析土地与政权的关联现象，委实具有一定的意义。

1. 土地革命，夺取政权。"唤起工农千百万，同心干，不周山下红旗乱。"可是，用什么唤醒社会底层的工农，尤其是占当时中国人口 90% 以上的农民呢？最好的方式就是土地。"耕者有其田"，这是几千年来广大农民的美好憧憬与根本追求。在土地革命时期，中国共产党在农村建立革命根据地，以农村包围城市，开展打土豪、分田地，废除封建剥削制度，从土地着手满足农民的基本需要，使党的武装起义队伍有了立足之地，并求得了广泛的支持力量。在 1928 年底，湘赣边区政府根据井冈山地区一年来土地革命的实践经验，制订了我党历史上第一个土地法——《井冈山土地法》，从根本上否定了封建土地归少数人所有的制度，规定"没收一切土地归苏维埃政府所有"，"以人口为标准，男女老幼平均分配"，从而激发了广大贫苦农民和城市产业工人参加革命的热情，根据地人民毅然决然揭竿而起，挥起了大刀长矛，涌入到革命的洪流。"星星之火，可以燎原"，在中国共产党的领导下，经过 20 多年艰苦卓绝的英勇奋战，终于推翻了蒋家王朝，夺取了中国政权。

2. 土地改革，建立政权。中国共产党没有忘记当年关于土地按人分配的庄严承诺。抗战时期，中央政治局通过了《关于抗日根据地土地政策的决定》，制订了抗战时期土地政策的三项基本原则，在各抗日根据地实行减租减息。新中国成立前夕，在解放区率先实行土地改革，废除封建土地所有制，集中力量分田地，一时，"解放区的天是明朗的天，解放区的人民好喜欢"的嘹亮歌声响彻云霄，劳动人民欣欣鼓舞，人们的劳动积极性空前高涨。新中国成立之后不久，1950 年 6 月 30 日，中央人民政府颁发了《中华人民共和国土地改革法》，以法律形式规定废除地主阶级封建剥削的土地所有制，实行农民的土地所有制。同时，在全国范围内有计划、有领导、有秩序地开展了声势浩大的土改运动，将没收的土地分给无地或少地的农民耕种。1952 年底，全国土改除几个少数民族地区以及台湾外，基本完成了任务，3 亿多农民分到了 7 亿亩土地和大量的农具、牲畜和房屋等，广大农民成了土地的主人，农村生产力得到了解放，其不仅为农业生产的发展和国家工业化奠定了基础，同时也宣告了工农联盟和人民民主专政的政权全面建立。

3. 土地集中，维护政权。"普天之下，莫非王土"，这虽然是封建帝制的说法，但土地的各家各户私有化毕竟与中央集权不相适应，更与美好的共产主义理想格格不入。就在农民刚刚获得土地耕种权之后的几年，中国向苏联老大哥学习，对土地展开了集中使用的改革。几年间，中国农民先后经历了互助组、初级社和高级社三个历史阶段。先是农民自愿互利，互换人工或畜力，组成劳动互助组；再是在互助组的基础上发展起来的初级社，农民将私有土地、耕畜、大型农具等主要生产资料分社统一经营和使用，按照土地的质量和数量给予适当的土地分红，其他入社的生产资料也付给一定的报酬；然后由初级社发展而成高级社，土地、耕畜、大型农具等生产资料归集体所有，取消了土地报酬，实行按劳分配的原则。在高级社的基础上，1958 年进一步发展为全国性的农村人民公社，毛主席高兴地说："人民公社这个名字好，包括工、农、商、学、兵，管理生产，管理生活，管理政权。""公社的特点是：一曰大，二曰公。"就当年情况来看，"一大二公""一平二调"，与反右斗争、"大跃进"运动以及后来发生的"文革"相呼应，主要是为了更好地维护和掌握还比较脆弱的新中国政权，防止修正主义出现。

4. 土地承包，稳定政权。事情的发展往往与愿望相悖。由于农村人民公社存在着管理过分集中、经营方式过于单一和分配上的平均主义等缺点，极大地挫伤了广大农民的生产积极性，农民觉得自己是为集体劳动，不是为自己，自己干得再卖命也不能得到多少财富，大家吃"大锅饭"，出工不出力，阻碍了农村生产力的发展。天灾人祸，民怨沸腾，农村形势很不稳定，必须有一种新的方式来调动生产者的积极性。"文革"结束不久，"于无声处听惊雷"。1978 年安徽凤阳县小岗村的 18 户村民摁下手印，私下将生产队的土地按承包的方式分了，这在当时是一件非常危险的事情，但得到了中共中央高层的认可。这年底的十一届三中全会后，中国拉开了改革开放的序幕，这是中华民族的伟大转折。土地联产承包实行家庭经营一下子调动了农民的积极性，农民又一次拥有了自己的土地，因此更加自觉勤奋地投入到农业生产中，这是解放生产力、发展生产力的伟大改革，从此以后农业生产不断迈上新的台阶，并引领着各项事业蒸蒸日上，从而也使在经历10年"文革"之后的中国稳定了政权。

5. 土地经营，发展政权。以经济建设为中心，"发展才是硬道理"。在"春天的故事"畅想曲中，中国为了让资源得到更加科学合理的配置，以土地资源及矿产资源作为支撑，大力推进工业化和城市化进程，加快基础设施建设步伐，在短时间内取得了令世人瞩目的经济快速发展的成绩。发展型政权对中国发展的重大意义是以往任何一个政权都没有办法相比的，这是一个不争的事实。但与此同时，也不能忽视土地开发中所存在的土地浪费和耕地侵占等诸多问题。"谁来养活中国？"粮食安全已经摆到了显要位置，坚守13亿人粮食安全生命线的挑战与日俱增，"保耕地"与"保发展"两难局面和双重压力日益凸显。目前，中国人口高峰还未到来，粮食总量的需求将继续扩大，为保障国家粮食安全，坚守18亿亩耕地红线成了一场没有硝烟的保卫战。土地作为不可再生的稀缺资源，变为经济发展原始积累的一张王牌，它给地方财政带来了巨大收益，也给少数占有者带来了巨额利润。土地"引无数英雄竞折腰"，土地使多少权力寻租者进了牢，土地问题并由此引发的粮食安全、群体事件、干部腐败等等，直接涉及了执政安全和政权稳定，这一点已经被越来越多的人所深刻认识。

6. 土地保护，巩固政权。"为什么我的眼里常含着泪水，因为我对这土地爱得深沉"。每当吟诵着这一诗句时，我们就会对"大地之母"充满着深深的敬畏。抚今追昔，土地已经为新中国政权的建立与发展承载了太多的东西。现在，我国已步入"十二五"规划时期，据专家介绍，保护耕地的主要挑战来源于城市和小城镇的快速膨胀和农村建设用地的扩张，土地供给相对不足与土地利用粗放浪费并存，违法违规用地总量大、比例高成为保护耕地的绊脚石，仅2009年全国违法违规占用耕地就达27万亩。这些现实不能不引起我们的高度关注和警惕。因此，努力寻求"保耕地"与"保发展"之间的平衡点，促进土地节约集约利用，保护土地尤其是耕地，加快农村土地整理复垦与开发，积极探索并建立对耕地的有偿保护制度，有力遏制地方政府违法违规圈地行为，坚决打击土地矿产资源的无序开采和破坏性发掘等，这已经成为当务之急，决不可以等闲视之。我甚至认为，要把土地保护放到巩固政权的重要位置来看待，谁违法侵占土地，谁就是挖中国政权墙脚的耗子，就要对他喊打而"决不姑息"。嘿！在土地问题上也来个政治的"上纲上线"，如何？

概而言之，作为世界第一人口大国，中国用全球7％的耕地养活了世界22％的人口，成功解决13亿人口的吃饭问题。平心而论，中国共产党能够做到这一点，就已经非常伟大、非常了不起。回眸过去，中国共产党夺取和建立政权，依赖于土地；中国共产党维护和发展政权，离不开土地。看看当今，中国共产党要巩固和提高自己的执政地位，还必须用铁的手腕，保护好这一片我们赖以生存、来之不易的960多万平方公里的土地！

（2011 年 11 月）

教师形象与"基础人生教育"

胡锦涛同志在不久前召开的全国教育工作会议上指出,"教育对提高人民思想道德素质和科学文化素质、发展科学技术、培养人才具有基础性作用",并着重强调,"教育大计,教师为本。要把加强教师队伍建设作为教育事业发展最重要的基础工作来抓"。要充分认识教育的"基础性作用",切实抓好教师队伍建设的"基础工作",其中一项不能忽视的内容,就是要重视教师形象的塑造,这是因为,教师形象在促进学生德智体美全面和谐发展的"基础人生教育"过程中,可以形成一种特殊的形象"映射效果"。下面就这一问题进行初步探讨。

一、教师形象在"基础人生教育"中的意义

现在提及的基础教育,通常可以分为"基础知识教育"和"基础人生教育"两大内容板块。基础教育之所以"基础",就在于受教育的对象是即将迈向社会的青少年,在向他们输送"基础文化知识"的同时,还要对他们进行人生"核心价值体系"的教育,为其未来的健康成长打下良好的基础。

广义的基础教育阶段,可以包括人们从小学、中学乃至到大学的全部学习过程,大概也就是人们常说的"人之初,性本善",人体从生理到心理的发展阶段。处于这一阶段的青少年学生,最一般的情况是由生理、心理上的不成熟日趋成熟,由生理上的"断乳"逐渐形成心理上的"断乳",其心理特点是积极面与消极面互存,自我意识中表现出显著的矛盾。他们由懵懂到顺从到叛逆,然后再到人生观的选择,常常会以惆怅和迷惘的眼光,去观察外部丰富多彩的世界,寻求人生的"偶像"并刻意模仿,探索理想的目标且努力追求,因此容易出现"极大可塑性"。

教师者，授人以知识，给人以思想，所以"传道授业解惑也"。在学生面前，教师展示着具体生动的人生"模范"和"榜样"，教师的知识、思想、言行、举止等构成一种特定的教师形象，每时每刻都在影响着学生。学生在接受教育的过程中，往往会不自觉地根据个人的"偶像需求"和"理想需要"，择取某位教师或者某个教师群体的形象，作为自己知识、事业、生活或理想道德的"化身"进行效仿。故而，对处于成长发育时期的学生，既需要加强智力教育，助其智商的开发，更需要强化非智力因素的培养，即"做人"的情商教育。其间，教师由其特殊地位所决定，始终发挥着一种极具价值无可替代的引领示范作用，这种作用可以分解为感染、激励、启迪等三个方面。

第一，**感染作用**。教师形象的感染作用主要是通过言传和身教来实现的。学生在青年之前尤其是在少儿时代，一般都比较乐意接受教师言行的影响，有模仿教师行为的倾向。在学生的心目中，教师是有教养的人，教师的行为甚至衣着、发型、语调、习惯动作等，都对学生的成长具有弥久的感染效应，譬如当年中学老师的一句"数学皇冠上的明珠"，影响着陈景润一生对哥德巴赫的执着追求。因是，卢梭曾说，教师"在敢于担当培养一个人，自己就必须是一个值得推崇的模范"(《爱弥儿》)。

第二，**激励作用**。教师的重要作用就是把知识和技能传授给学生。处于人生基础阶段的学生，通常会将教师视为知识的宝库、鲜活的教科书。然而从现代教育心理学的观点来看，学生的学习过程又是一个以学生为主体的、积极主动的学习过程，教师对知识的传授，应着重体现在激发学生的学习积极性，要反映自身对知识掌握的"博""深""新"，从而策动学生不断开拓进取，勇于探求真理，立志"长大后我就成了你"。从这个意义上说，教师更是学生学习、成长的激励者和鞭策者。

第三，**启迪作用**。学生由于抽象思维的发展，能在一定程度上摆脱具体现实进行思考，容易靠想象来构造美妙的"幻境"，以幻想代替现实求得补偿的满足，而这种幻想与现实的可能性又往往存在一定的距离。当学生沉湎于不切实际的所谓"理想"时，就会与客观现实发生矛盾，心理处于茫然状态。教师作为抽象与具象结合的生命实体，这时能以自己的实际工作行为开启学生的心扉，帮助他们重新思考、科学分析现实问题，启迪他们"仰望星空，脚踏实地"，真实地丰富自己的学习和生活。

二、"基础人生教育"对教师形象的基本要求

教育，寄托着亿万家庭对美好生活的期盼；教师，肩负着国家兴旺和社会进步的重任。就"基础人生教育"而言，教师形象不应是传统印象中那种文弱儒雅的"教书先生"，而应定位于一座座巍然挺立坚忍不拔的民族脊梁，一颗颗各种素质有机交融熠熠生辉的智慧结晶。

1．道德形象。教师道德本身就是一种强有力的教育因素和教育手段，它以其"教而化之"的效应，在学生身上产生"内化于心，外化于行"的精神力量。无论在哪个社会，教师都必须具备特定内涵的道德规范，个人的行为活动必须忠实服从于社会伦理道德。除此之外，教师的个人道德修养还应拥有："蜡烛"之魂，无私忘我、乐于奉献的人生观；"园丁"之心，公正对待全体学生的平等观；"春蚕"之志，勤奋工作、自强不息的价值观；"蜜蜂"之情，齐心协力、团结合作的集体观。正确的教师道德形象，能给学生以判断真伪、善恶、美丑的睿智与指导，它伴随着学生的成长，渗入于学生的血脉之中和灵魂深处。

2．知识形象。教师是科学文化知识的传播者，也是科学文化知识的创造者，必须树立比较高的科学文化知识形象。在实际教育工作中，教师的知识形象具体表现为扎实的基础知识、精深的专业知识、宽厚的人文科学知识、广博的相关领域知识、崭新的前沿学科知识，等等。教师只有能够熟练地带领学生遨游在知识的海洋之中，才能展示出"捧着一颗心来，不带半根草去"的崇高人格魅力，在学生心中留下难以磨灭的深刻印象。

3．能力形象。能力既是知识的一种外化活动，又是技艺的一种传承行为。在现代社会中，教师再也不是传统意义上的"说文解字教书匠"，尤其需要具备不断求新求是的创造能力，这种创造能力涵摄了敏锐的观察力、良好的记忆力、丰富的想象力、主体思维能力、知识运用能力等内容。同时，教育又是一门科学，作为"教人之师"，还应兼具专门的教育能力，包括教育预见能力、获取信息能力、表达能力和教育指导能力、教育应变能力、教育科研能力、控制教育环境能力等。在某种程度上，教师的教育能力可以直接转化为学生的学

习能力和独立思考能力。

4. 仪表形象。教师时常是以楷模的身份出现在学生面前，教师仪表展现在学生面前的不仅是一面明镜，也是一种最直接的活生生形象。教师的良好仪表形象应该是时尚有度、内外兼修，如体魄健壮、精力充沛，谈吐文雅、幽默风趣，庄重含蓄、举止得体，朴素大方、穿着整洁，讲究卫生、注意小节，彬彬有礼、遵守秩序等。教师真率的仪表结合其美好的心灵，可以满足学生身心健康发展的需求，能给学生以审美意识的培养，对学生的人生成长起着样板式的潜移默化作用。

概而言之，高尚的道德情操、优雅的审美情趣、端庄的外在仪表、渊博的文化知识、熟练的技能操作、生动的语言表达和巧妙的教学行为等等，是现代"基础人生教育"对教师正确形象的基本要求。故为人师者，当为人师表，实非易事。"师者教人以不及，故谓师为师贤也"，倘若"不胜师资之情"，则难为人"师"。

三、加强"基础人生教育"，积极塑造教师形象

强国必先强教，教育事业发展的关键在教师。按照"三个面向"的根本要求，全面促进学生的健康成长，必须加大工作力度，从各个方面积极塑造教师形象，为更好地开展和实施"基础人生教育"打下基础。

首先，教师必须不断提高自身的综合素质。教育的核心是解决好培养什么人、怎样培养人的重大问题，教师是学生健康成长的指导者和引路人。教师要引导学生形成正确的世界观、人生观、价值观，必先以自我形象为示范，而形象又是以个人素养为基础的，此所谓"打铁还得本身硬"。如果教师不能加强自我修养，蝇营狗苟，"唯名利是务"，那么，其开展的一切教育活动都将会变得苍白空乏，甚至付诸东流。

面对新的历史时期，肩负着新的时代任务，社会对教师的要求越来越高，教师形象已经赋予全新的概念。有关部门要正视教师队伍参差不齐的现状，更加重视教师职业理想和职业道德教育，增强广大教师教书育人的责任感和使命感。教师应该自重自励，加强学习与实践，进一步扩充知识，提高能力，跟上

科学发展的步伐，在事业中有所突破、有所创新，永不停留在一个水平线上，使自我形象能够与时俱进，日趋丰满生动，始终光彩照人。

其次，全社会共同塑造教师的整体形象。教师在人类文化的继承和发展中起着桥梁和纽带的作用，在人类社会的文明进步中占有非常重要的地位。塑造教师在众人心目中栩栩动人、光耀生辉的形象，教师的自身修炼固然是一个方面，但更离不开社会条件这个大前提，诚如温家宝总理在全国教育工作会议上所指出："在全社会弘扬尊师重教的良好风尚，让教师成为全社会最受人尊敬、最值得羡慕的职业。"

教师的神圣工作理应受到全社会的广泛尊重，教师形象的塑造理应成为全社会关爱的共同行为。就当前而言，必须从根本上解决教师的地位问题，"制订、完善和落实好教师医疗、养老、住房、绩效工资等政策，积极改善教师的工作和生活条件"，帮助他们解除后顾之忧，让他们在充满阳光的幸福生活中，找回教师工作应有的体面和尊严，而不致感觉工作总是那样辛苦与无奈，生活总是那样窘迫与寒酸。在我国经济社会体制发生变革的今天，我们仍要重复那句老话：一个民族如果不懂得尊重教师、尊重知识，不懂得如何塑造教师的崇高形象，那就是一个充满愚昧、没有希望的民族！

最后，努力改变封闭式的教育管理体制。不可否认，在当前的教师队伍中，比较普遍地存在年龄老化、结构不合理、队伍臃肿、效率不高等状况，或者部分教师从事教育工作是权宜之计，甚至极少数"南郭先生"混迹于教师队伍。仔细分析，之所以会产生这些直接影响教师整体形象的情况，主要源自教育体制与学校的封闭式管理，长此以往，对教育事业的发展极为不利。因此，应该遵循教育规律，考虑以改革校长遴选办法为切入点，着手建立富有活力的教育管理体制、学校管理体制和教师管理体制，在教师队伍中全面实行激励制、竞争制、递增制、引进制、聘请制等等，不断活跃学术氛围，充分发挥每个教师的主动性和积极性，促进教师水平与能力得到较大提高，教师队伍得到优化并形成平稳结构，使教师形象永葆时代的青春活力。

综上所述，教师形象是教育活动的重要外部条件，对学生的全面发展具有不可忽视的影响作用，"基础人生教育"须臾离不开教师形象的引导和介入。大力弘扬优良教风，不能再是一句简单的空话，根本在于大家努力、各方联动，营造浓厚的尊师重教社会氛围，进而熏染出优良教风，孕育出一尊尊生动感人的教师形象。对于辛勤工作在教育一线的教师来说，应时刻像罗丹所塑造的"思想者"那样，勤于思考、勇于践行、严谨笃学、淡泊名利、自尊自律，精心塑造好自我的教师形象，为新时期更具挑战意义的"基础人生教育"做好准备。

（写于 2010 年 9 月 10 日教师节前夕）

让"年味"多点"廉味"

春节又叫"过大年",是中华民族的传统佳节。"千门万户曈曈日,总把新桃换旧符",燃烟花、放炮仗,贴春联、打糍粑,亲人团圆、拱手祝福,给孩子一个压岁包、给长辈一双暖棉鞋,等等。人们习惯于把这种过年的气氛统称为"年味"。"年味"中饱含的浓浓亲情,想想心里都会洋溢着热乎乎的喜庆劲。

国人喜欢传统"年味",同时也追求着春节的"廉味"。在我的家乡就有这样的习俗:大年三十,家家户户几乎都要贴上一张"连年有余"的年画,栩栩如生的莲荷与跳跃翻腾的鲤鱼相互辉映,画中"莲"之不染不妖,寓有"连"和"廉"的美好愿景;大年初一的早餐是万万不能吃荤腥剩食,一定要青菜煮豆腐,拌上新鲜香葱和白嫩年糕,"清清白白、清清爽爽",图的是新的一年全家没病没灾;大年初一上午,家里不时会走进"送财人",那是乡里的一些生活困窘者,挨户送上硕大一片洗净的翠绿芥菜叶(芥菜也叫大菜,谐音"大财"),道上几句"和气生财""勤劳致富"之类的话,而后即可领到户主的一份打赏。那股"年味"与"廉味"相伴相融的情景,于是成为笔者儿时记忆中的"乡愁"。

人们也不会忘记,曾在那个不太久远的物质短缺年代,每当春节甫至,就会听到"过一个革命化春节"的号召。人们凭着户口本儿去街道领取每户两斤肉、两瓶酒、两包烟,外带少量花生、瓜子、芝麻糖等供应票证,全家在一起,不到一天的工夫,年货消失殆尽,还没咀嚼出"年味","年味"或已经飘远。得益于伟大的改革开放,也就是在近几十年间,我国经济快速发展,人们的收入增加了,生活变得富裕了,日子过得一点不窘迫。然而一个时期以来,浓郁的"年味"却变淡了、变味儿了,"廉味"也逐渐变少了、变没了。

雪花飘,喜鹊叫,大红灯笼高高挂。曾几何时,大凡新年前后,在一些有权有势的官员那儿才真叫"过年"。车水马龙，门庭若市，亲友骤然增多，一个个"没有大事不登门"，温情脉脉，互道拜年，行贿受贿戴上了礼尚往来的面纱，从提大包、拎小包，到塞信封、递卡片，再到什么电子支付之类，真是"与时俱进"，无一不具。很多落马官员，最初就是在这缕缕的"年味"中被熏昏、被征服，最后成为温水中的青蛙，在滚烫的热汤中不能自拔。

党的十八大之后，在高压态势之下，"四风"问题虽大为好转，却依然是树倒根存，或曰"树欲静而风不止"。有的官员喜欢出没于丰盛的饭局，推杯换盏，觥筹交错，且不说席间完成了什么感情"交易"，单说浪费就够惊人，一场酒席下来，很多菜品都剩下大半盘子，甚至几乎没动筷。有的官员根据个人爱好，趁着节日痛快地玩一把，或游走天涯，或打牌推麻，或搜罗字画。凡此种种，不一而足。

"不怕领导讲原则，就怕领导没爱好"，一些擅长投机钻营的"有心人"，专门从领导的形形色色喜好中找准"突破口"。他们察言观色，左右逢源，极尽阿谀奉承之能事，帮助领导"培养喜好""实现夙愿"。在万民欢腾的春节期间，恰是"蛰虫萌动"攻陷某些官员的"好时节"。

官员为什么会成为一些人的"围猎对象"，春节为什么会成为送礼的"关键时节"？这不是什么奥秘，大家都心知肚明，无非是权力的魅力和人情的网罗。对此，领导干部要保持足够的清醒。"近利以利来，近色以色至，事事投其性之所近，阴窃其柄。后虽悔悟，已受牵持。"越是位高权重，越要在关键时节把握自我。天下没有免费的午餐，美味的鱼饵总是包裹着锋利的鱼钩，吞噬得愈深，危害也愈大。从古到今，此类历史故事和惨痛教训不胜枚举，只是"后人哀之而不鉴之，亦使后人而复哀后人也"。

平心而论，当下做官也不容易，工作压担子、任务接单子、犯错打板子、出事摘帽子，节假日还不能很好地陪孩子，在如山的责任面前，神经总是绷得紧紧的。利用春节长假那一年难得的几天，神清志闲，调整一下心态，多陪伴一下家人，多整理一下家务，或静下心来读几本好书，听几首名曲，让神志回归宁谧，让灵魂紧跟脚步，这也很契合《黄帝内经》的养生旨意："虚邪贼风，避之有时，恬淡虚无，真气从之，精神内守，病安从来。"所以说，官员若能领略"年味"中的那份"廉味"，原本是一种天伦之乐般的生活享受，遑论还可避免"失身""落马""进笼子"之灾，岂不美哉。

《孟子》曰："廉，人之高行也。"对于领导干部而言，应该自觉地把"年关"当作"廉关"来过。习近平总书记在十八届中央纪委七次全会上指出："党员、干部要不断提升人文素养和精神境界，去庸俗、远低俗、不媚俗，做到修身慎行、怀德自重、清廉自守，永葆共产党人政治本色。"清廉是一种人文素养。让"年味"多点"廉味"，就是把凝结于春节上的文化教养、伦理情感、人生态度等，"慎其家居之所为"，在社会的革新变化中得到进一步升华和深化。清廉是一种精神境界。"衙斋卧听萧萧竹，疑是民间疾苦声"，为民情怀可以体现在春节前后的点滴行动中，远离灯红酒绿，来往于贫困家庭，多听上群众一句真心话，就能多得到他们一句由衷的人品点赞。清廉是一种纪律要求。让"年味"多点"廉味"，就应当严守纲纪，不逾底线，加强监督，标本兼治，既抓好"关键少数"，又管好"绝大多数"，唯有法引规矩方圆，方能调律世间万象。

作风建设永远在路上，过年就像路上的"一道坎"。从春节开始驰而不息，从领导做起持之以恒，当人们对"年味"的理解形成心理上的谐振，并由"廉味"凝聚成一种积极向上的正能量，那种难以抑制的文化认同感，就能促进清正廉洁在我们的国家形成风尚和常态。"年味"中的"廉味"，便会自然滋生出人间更多的如蜜"甜味"。

（原载于《人民政协报》2017年2月9日）

权力的境界

境界是事物所达到的程度或表现的情况。对于一个官员或管理者而言，权力作为个人职责范围内的支配力量，它必须具备一种境界，无有较高的权力境界，支配不好也不可能支配好手中的权力。依仗权柄玩弄权术、依靠权位树立权威、依附权臣实施权诈者，由于权力境界的低劣，最终手中的权力都会被击碎，落得个两手空空。

毫无疑问，权力的境界取决于权力掌握者即权力人的思想理念、道德操守、价值取向等等。在现代社会，对权力境界的认识，以下几点是很重要的。

之一，谨慎用权。权力人是权力的拥有者，也是权力的形象化身。凡是权力人，不论其职务高低，皆有相应的、充分有效的被授予的权力。尽管有权在握，但一定要谨慎使用，有时宁可备而不用，既不要炫耀自己的权力，更不可滥用手中的权力。在运用权力时，要做到"四戒"：一戒以权谋私；二戒以权纵私；三戒义气用权；四戒肆意用权。虽然在现实中不乏以权作恶而一时得逞者，但盈亏相济、善恶相济，终究会有报应。这不是在宣扬轮回观，而是借语说明：如果把人间看成一个纵横交织的横流状态，那人民就是"如来佛"，罪恶永远逃不出他的手中，因而必然恶有恶报。这就是历史的辩证法。

之二，尊重人性。在追求和谐平安的时代，权力人应该以人为本，尊重人性，以创造学习型、进取型组织为己任，激发每个人的积极性。单位、部门的管理者要善于弱化自己的权力，日常看不到他挥动的手臂、怀疑的眼神，听不到他命令式的口气、训斥人的声音，而是发挥每个人的作用，通过人力资源管理缔造一个坚强的组织，一切活动按要求有序地运行，这才是权力使用过程被优化的极致。因此，权力人要靠优秀的理念来获胜，致力于营造一个符合现代人心理需求的宽松、自觉、负责、向上的健康组织氛围，把重点放在整个组织的效能发挥上，并不是个人权力的扩张和强化，尤其不能情绪化地使用权力。

之三，发挥影响。卓越的领导者，不是凭借法定职权的威赫去推动工作，而是十分善于利用个人影响力驾驭全局。依靠领导者个人影响力的发挥，往往比靠职权支配力所产生的效果更好、更恒久。它可以增强下级的主人翁意识，减少被驱使的感觉，从而心悦诚服地服从指挥，按决定行事。个人影响力是权力人物在个人品质和才能基础上形成的一种使人信服的力量和威望，是深受众望的一种统御能力。一般而言，个人影响力由领导者的品德素质、创造能力、判断能力、吸引人和团结人的能力诸要素构成，它要求领导人始终如一地公道正直、为政清廉、信任下属、率先垂范、勇担责任。某些位高权重者，由于品行不佳、吃五喝六、权为私用，久而久之，就会威信扫地，下级对于他的工作布置，要么消极抵制，要么公开顶撞。因此我们必须时刻牢记，"人无信而不立"，千古兴亡事，成败皆由人，人是第一因素。

之四，运筹帷幄。优秀领导人运用权力，是站在全局的高度，把不同的意见和建议进行糅合，充分发挥不同的能力，调动各种资源，妥善地处理各种矛盾冲突，解决各种复杂难题，实现优势互补，形成合力。有鉴于此，领导者要集中精力做好两件事情：一是用人，内圈用德，外圈用才，用人所长，容人所短；二是激励，解人之难，记人之功，通过正面激励，引导下属往前跑，通过负面激励，推着下属往前走。平时善于"有效沟通"，借助沟通，彼此间可以相互理解、相互关心，达到和而不同、求同存异的目的，进而形成内在的凝聚力。在此基础上，领导者可以得心应手地运筹各种力量，周密布局，下属则充分领会领导意图，执行工作要求，以最优异的方式去完成任务。

当然，权力的境界是个大课题，远不止以上内容。之所以要引出"权力境界"这个话题，主要是想说明一点：当我们拥有权力的时候，应该不断追求权力那种崇高的理想境界——超越自我，律己利人，兢兢业业，勤政为民。至于什么"权威权福，权势压人""有权不用，过期作废"之类的意识，应该统统放入"垃圾箱"。

（2008 年 5 月）

权力的药品属性

药品与权力，二者似乎风马牛毫不相及，但如果仔细一琢磨，或略加分析比较，又会感觉它们之间颇有诸多相似的地方，或许还有些耐人寻味之处。

药品是特殊商品，一方面具有防病治病和调节机能的作用，另一方面又具有各种不良反应，甚至可以置人于死地，既可治病，又可致病，此所谓"是药三分毒"。权力是把双刃剑，运用得当，利国利民，反之则害人害己；权力又是一条河，水在河道涌流，浩浩荡荡，景致壮观，一旦溢出河岸，则泛滥成灾，殃及无辜。大家耳熟能详的"水能载舟，亦能覆舟"，朴实而又深刻地揭示了权力与药品的双重性，充满着辩证法思想。

药品要发挥其正常疗效，应该严格按照适应证或者功能主治范围，"辨证论治，对症下药"，此外，还要遵守其剂量、用法及其他医嘱要求，否则无益。清代一位名医写了一本书叫《医门法律》，说的就是这些道理。同样，权力要充分发挥其政治上的强制力量，或职责范围内的支配力量，必须依据国家的有关法律法规、政策文件，依法行政，依法用权，在规定的权限内行使职责，既不能缺位，更不能错位和越位，这是建立法制社会履行职权的基本要求。

药品有慎用、忌用、禁用等注意事项的区分，它告诫人们在服用某种药物时，或不要轻易使用，或避免使用、最好不用，或绝对禁止使用、无任何选择余地。权力也有慎用、忌用、禁用的严格界限：慎用权力就是在正常行使职权时，应该如履薄冰、战战兢兢，不能胆大妄为，滥施权威；忌用权力就是要善于发挥非权力因素的影响，不能动辄舞动权力的指挥棒，该不使权力就别使权力；禁用权力就是要坚决制止和约束权力的寻租行为，杜绝权力私用，防止酿成"腐而自败"的悲剧。

药品的根本用途是服务人类的健康，从生产到使用，必须严格监督管理，每一道环节都要切实做到质量可控，保证其安全有效。关于权力的用途，乔治·布什对此有一段很好的注脚，他在 1989 年就职演说中慷慨陈词："我们被给予权力，不是要遂行我们自己的目的，也不是要在世界来场大表演，更不是为名。权力只有一种用途，它是服务百姓。"诚然，用权者只有时时想到权力的"服务"特性，并接受严格的监督，才会保证权力的"安全运行"，不致失控。

药品再好，但绝不能滥用，更不可依赖，只能"中病即止"，病愈即停，保护机体的最佳途径，还是要靠增强自身的抗病免疫能力。权力具有威力，也不可滥用，如果那些得到权力授予的人，无所顾忌，为所欲为，大肆滥用权力，企图以权力护身，最终不仅不能保护自己或自己最关心的人和事，反而会落得个"凄凄惨惨戚戚"的结局，甚至"一失足成千古恨"，留下永世骂名，这恰恰是滥用权力的悲哀所在、危险所在。

就像人们不反对药品一样，人们并不反对权力；就像人们期求保护健康的优质药品一样，人们也期求能够保护自己合法权益和切身利益的"优质"权力。重要的是，掌握权力的人，应该时刻牢牢记住并深深懂得两句话、十个字："为人民服务""权为民所用"，百倍珍惜人民所赋予的那份权力，就如同良医正确认识和善于使用药品一样，正确认识和善于使用自己手中的权力。

"药品"之于"权力"，真不知这个比喻是否贴切。不管怎样，玩味玩味还是可以的。

（2008 年 5 月）

权力具有感情

通常认为，权力不能带有感情色彩。因为，行使权力必须依据法律，而法律是无情的，"法不容情"，故而权力也必须无情。应该说，这种观点不无道理，但只是问题的一个方面。实际上，权力之于法律，两者原本"道是无情却有情"。

权力不仅有情，而且极具丰富的感情，关键在于如何正确认识权力的感情内涵。胡锦涛总书记指出："权为民所用，情为民所系，利为民所谋。"此语言简意赅，深刻阐述了权力的感情所在。

在共产党执政的中国，任何领导干部手中的权力，都是人民所赋予，不是哪个人的恩赐。同样，一切法律都是人民意志的表达，不代表任何个人或部门团体的利益。正因如此，拥有权力的领导干部必须每时每刻把人民群众放在心上，和人民群众建立真挚深厚的感情，以对人民群众高度负责的态度，依据法律行使权力。焦裕禄、孔繁森、郑培民、牛玉儒等一大批领导干部在做官用权的过程中，密切联系群众，始终想为人民之所想，急为人民之所需，鞠躬尽瘁，死而后已，在人民群众的心中树立起了一座座权力感情的丰碑，百姓永远记着他们，这充分显示了权力感情的沉重分量。

与此截然相反的是，有些人一旦捞到了权力，便"一人得道，鸡犬升天"，将权力的感情付诸身边大大小小不同的圈子，什么家族圈、乡邻圈、同学圈、战友圈、朋友圈、情人圈，五花八门，不一而足。这种人把权力当成了实现一己私欲的工具，穷凶极恶地追求权力"利益共享"，从而滋生出利己排他的各种丑恶行为。结局如何呢？成克杰、胡长清、王怀忠之流就是现成教材。他们蔑视国家法律，冷漠群众利益，玩弄手中权力，掠夺社会财富，权力私有化、圈子化，感情完全倾注在自己周围亲近人的身上，损害了党的形象，最终只是落了个惨赴黄泉的下场。历史给了他们最大的无情，人民将永远鄙视他们。

权力所具的不同感情是多么泾渭分明，不同感情的结果又是那样善恶相悬。我们大力提倡的，是权力情系群众、心连百姓；我们坚决反对的，是形形色色的权情交易。也就是说，权利的感情必须用在正道，用于大众，绝不能用在歪门邪道，用于极少数人。

权力的感情不是抽象的，而是活生生、看得见摸得着的，甚至可以表现在掌权用权的具体点滴行为中。当我们看到任长霞、张玉泉见到百姓受难彻夜不眠、听见百姓哭声伤心流泪的先进事迹的时候，再看当下某些人在群众面前迈方步、瞪眼睛、板脸孔，在上司或款爷面前屈双腿、赔笑颜、频叩首的举止，不需要进行太多的比较研究，其权力感情的天平倾向于哪方？大家心中就已经非常明白。

一种现象尤要警惕，当一个人拥有权力之后，在他的身边自然会有不同的人怀着不同的目的纠集在一起，"感情交往"神话般地多了起来。就在支付权力感情的时候，他还会浑然不知，甚至自以为随和亲近、讨人喜欢、具有人格魅力。在此不妨进一句逆耳之言：休要自我感觉良好。那么多人真的对你情有独钟，真的"赶场子"想跟你交往，真的愿意喋喋不休说尽好话，真的如此大方为你花钱？不！都是冲着权力来的，目的是与权力套近乎，与权力拉感情。就这一点而言，领导干部应该保持足够清醒，铁石心肠，甘耐寂寞，决不动用权力感情，不然的话，就会亵渎感情的美好内涵。

权力的感情如喷泉般倾注于人民，如阳光般温暖着人民，这是我国对人民公仆的根本要求。有一位诗人写道："为什么我的眼里常含着泪水，因为我对这土地爱得深沉。"还有一位伟人说道："我是中国人民的儿子，我深深地爱着我的祖国和人民。"这就是感情，深沉而执着的感情。只有这份感情与权力相互结合，才会形成真正的力量无比、坚不可摧的权力感情。

有人说，做官只是一种职业，这种职业就是用权。这话不假。重要的是，这种职业要有一份对人民群众的真情实意，有一个为人民谋利益的志向。写到这里，想起了 17 岁时的马克思在他中学毕业论文里的一段话："如果我们选择了最能为人类谋福利而劳动的职业……我们的幸福就属于千百万人，我们的事业将默默地、但是永恒地存在下去。"

（2008 年 6 月）

权力对谁负责

如果在官员中提出"权力对谁负责"这样一个问题，我想会得出如同小学生般地整齐划一回答："对人民负责。"答案非常正确，道理也很简单。因为在我国，任何官员手中的权力都是人民给的，当然必须对人民负责。

可是在现实中，"权力对谁负责"却又是一道说得清、做不来的难题。有相当一部分官员在行使权力的过程中，且不谈徇私枉法、违纪牟利等行为，就从"负责"角度而言，往往发现的是另外一种情况：看上级脸色行事，唯命是从，见风使舵，不怕群众不高兴，就怕上级皱眉头。这里无须举太多的事例，只要看看周围所发生的拆迁事件、政绩工程、数字注水等许多现象，事情就一清二楚，原来他们的权力只是对上级和自己负责。至于群众满意不满意，人民高兴不高兴，可是抛于脑后管不着。"权力对人民负责"，也就成了一句挂在口头的辞藻。

之所以会出现这样一种情况，应该从机制和体制上找找原因。在我国，干部的任命，虽说是要从下到上道道程序、层层认可，但最终关卡是要得到上级组织或是上级的某一个人的首肯，这就容易产生纰漏。你仔细想想，"官帽儿"掌握在上级的手上，权力由上级所给，摘帽儿与戴帽儿、夺印把儿或给印把儿，都是上级组织的一句话，"说你行你就行，不行也行；说你不行你就不行，行也不行"，如此演变，倘若"上梁不正下梁歪"，岂能不造成权力对上负责的怪状？

偶尔还会听到一种"申辩"的声音，人民是主人，官员是公仆，主人在上，对上负责就是对人民负责。况且，上级乃至上级的上级，都是代表着人民群众的根本利益，对上级负责实质也是对人民负责，二者不成悖论，顺乎逻辑。打心底说，我们都不希望"对上负责"与"对下负责"成为悖论，将上下二者构成一致一直是我们的努力方向。问题是，就目前情况而言，上下之间还有不少的隔阂和矛盾，自然这种申辩的声音也就显得太微弱了。况且现实中部分官员"对上负责"与"对下负责"的概念及其态度、行为，可谓云雨是云雨，河水是河水，明明白白，何须辨析。否则越解释越糊涂。

还是一位伟大人物说得好：领导干部要"不唯上，不唯书，只唯实"。它也意味着权力不能"唯上"，只能"唯实"。这个"实"，就是实践，就是创造伟大实践活动的人民群众。官员使用权力，应该眼睛朝下，心有百姓，肩负重任，脚踏实地，切切实实地做到"权为民所用，情为民所系，利为民所谋"。一句话，就是权力必须实实在在地对人民负责，其间来不得一丝虚情假意、半点马虎草率。

权力对人民负责，说来容易，要落到实处并不那么简单。它不仅仅是一种要求、一种引导、一种提倡，更为关键的是要在机制和体制上解决问题，要有刚性的措施，要有法律的保障，要有监督的手段，要让那些视人民利益为草芥的官员领略摘冠交权的滋味。根本一条，就是要让人民真正拥有赋予权力的权利。只有这样，才会使得掌权的官员不欲目视上方，不能糊弄百姓，不敢丝毫懈怠。权力因此也就会变得沉重起来，真正成为服务于普天之下人民群众的有力工具。权力对谁负责，也就不至于成为一个解不开的迷惑问题。

我们有充分的理由坚信，随着政治体制改革的深化，民主政治的推进，权力对人民负责，一定会成为所有官员的统一行动。我们期盼着那一天的早日到来，也为那一天的到来而在今日所做的许多努力感到欣慰。

（2008 年 6 月）

权力岂能是商品

关于权力，政治学告诉我们，权力是一种组织管理的强制力量，它通过人的行使而形成潜在的支配力量；关于商品，经济学告诉我们，商品是为交换而生产的劳动产品，它具有使用价值和价值的两重性。看来，无形的权力与有形的商品，二者大相径庭，互不相干，权力不可能成为商品。但是古往今来，总有政治"商贾"把权力当作商品操弄，乃至文明的现代，仍不乏权贵们把玩娴熟的"商术"操持手中的权力，不失时机地实现权力、商品的有机统一以及政治、经济的完美结合。"商术"竟然与"权术"浑然一体。

从许多揭露出来的事例中人们不难发现，各显其能的腐败行为，有一个共同特征，那就是"权力—商品—资本"的转化。按照商品"公平交换"原则，金钱贿赂与权力构成一桩桩交易，权力商品化，互不欠情分，从而形成权力资本。具体形式可谓千姿百态，各领风骚，比如：

——卖官帽儿。官帽是权力的身份。官帽有价，这是贪官的第一逻辑，买官卖官也就成了权力的直接买卖。买官卖官案中的主角马德，就是大肆兜售官帽的大亨。卖者明码标价，哪级官帽30万，哪顶官帽10万，一清二楚，不打折扣。买者并不含糊，当然也决不会吃亏，他照样可以将官帽的权力转化为商品，一年赚回成本，此后就是利润，其利率之高，令人咋舌。

——卖纸条儿。手中的权力是根充满魔力的指挥棒，指挥棒下自然有人听话。因此，一张纸条、一个电话、一声招呼，甚至一个不太工整的签名，都可以衍化为权力的载体，产生无穷的作用，解决棘手的问题，办成难办的事情。纸条儿之类既然能够取得如此神奇的效果，那就不能白搭白给，应该待价而沽，取得相应回报。

——卖印章儿。印章本身就是权力的象征，其价值如何，还真不好计算。例如，一份土地购置的文件，不仅以成交额大小定价，同时还要看审批机关的级别、文件上盖了多少个大红印章；一张执照或许可证，每个关口、每位把关者，都得留下买路钱，一俟开张，便有赚头。更为严重的是，遇到心怀不轨者，还得定期打点，按时进贡，价格多少那可是有成数的，不然那印章就别盖。

——卖工程活儿。多年来，工程项目"猫腻"忒多，也最容易出事，公认为是非之地。诸如"一公里倒下一个干部""一幢楼（一座桥）毁掉一窝干部""数任干部前腐后继"云云，十有八九是栽在工程项目上。大致情况是，如果甲乙双方有一方的当事人行使的是公权，它就具备了在这起交易中索要、获得回扣的可能，而且回扣富有价格感，什么工程价格的百分之几、总利润的几成。表面上回扣是得利方付给，权利方也没有漫天要价，实际是有条件的，行使公权方要在交易中让出一部分利益来，一块作为回扣，一块归另一方，结果是"羊毛出在羊身上"，回扣的利益量总是小于出让公权而损失的利益量。这可是公开的秘密。

此外，还有利用职权走私贩私、利用职位说情捞好处、利用工作之便拉关系、利用特殊岗位敲诈勒索，甚至直接贪赃枉法的行为等等。如此难以尽罗片纸之上，但这已经够了，眼花缭乱之时，何须再呈五颜六色。

权力成为商品，这是一种社会的变态。问题的奥妙在于，公共权力作为一种公共利益的支配力量，一是权中有利，二是权与利是公共的。在缺乏有效的监督和制约之下，就很容易导致"公权—商品—私利"现象的产生。权力的巨额利润不是通过剩余价值生产来获利，而是靠巧取豪夺的"盗窃"来获利，它是一种典型的黑色经济。整个交易过程，卖权者没有生产性投入，他只要绷紧一根神经，厚着一张脸皮，就可以名公实私、残民以逞地获得利润。很明显，剩余价值生产是"化私为私"性的剥削，权力利润则是"化公为私"性的掠夺。

权力的商品化必然导致权力的覆没，这是中外古今的深刻教训。在任何一个时代，任何一个民主、进步的国家，都不允许把公共权力当作商品而自由交易，否则就会走向反面。从表象看，权力的交易仅仅是卖权者与买权者的关系，但一旦交易成功，便实现了公权私享，权力于是被掠夺占有，而这种"无中生有""以少换多"的侵占景况恰恰是为人民、国家、社会所不容，更与共产党的宗旨背道而驰。

尽管至今还有大部分把权力作为商品交易肆意攫取利润资本的人仍然逍遥法外，但总有一天，他们会处在四面楚歌、八方埋伏的包围之中。倘若他们还是执迷不悟，继续贪得无厌、铤而走险，迎接他们的不是玫瑰花洒满路途的天堂，恰恰是最不愿进去的魑魅魍魉群居的地狱。这就叫历史无情，咎由自取。

　　所以，掌握大小权力的人们都要切切记住，无论何时何地，手中的权力都不能当作商品随心所欲地自由交易。把权力玩弄成商品，不管你怎样玩法都是大忌，若不止步，必然会惹来灭顶之灾，这真是太可怕了。

（2008 年 6 月）

权力旁落的警示

曾几何时，我们听到这样一种激昂的声音："一座座火山爆发，一顶顶皇冠落地，在整个世界上，再也找不到一块安定的绿洲。"社会主义革命正呈燎原之势，资本主义简直是岌岌可危。时间大约过了20年，我们却听到"那边"传来低沉的"呻吟"，东欧剧变，苏联解体，一个又一个社会主义国家权力旁落。现实与理想的反差何等之大，不能不让人感到震惊、感到困惑。

令人记忆犹新的1991年那个多事之秋，苏共作为一个拥有近百年历史、近2000万党员、执政掌权74年的大党，几乎一夜之间，犹如大厦轰然倒塌，迅速土崩瓦解，陷入被动挨打的境地，庞大权力旁落之"干净"、交替之"顺利"，岂止出乎人的意料，简直使人揪心，因为它不是常见的政党兴衰成败、权力潮起潮落。

带着迷茫的目光，痛苦而又彷徨，人们提出了一个又一个问题：苏共是世界上第一个社会主义国家缔造者列宁亲手建立的政党，由特殊材料构成，久经考验，百炼成钢，为什么说垮就垮了呢？苏共在20万党员时取得十月革命的胜利，200万党员时取得卫国战争的胜利，为什么在2000万党员时竟轻易地失去了政权？苏共不是在战争中被拿枪的敌人所征服，也不是受到反对党的致命威胁，而是不战自败，"和平"解决问题，为什么权力丧失得这样冤枉？苏共垮台没有遇到任何抵抗，人民群众没有起来保卫共产党，党的各级组织没有抵制，广大党员也没有发出呐喊，是什么原因导致苏共如此悲惨？

毫无疑问，苏共的大权旁落有其西方"和平演变"的推波助澜作用，是各种因素"合力"的结果。苏共执政几十年来，不断积累和潜伏了许多社会矛盾，并且一直恶性发展，寻找总爆发的机会。在这些矛盾和问题中，最突出、最重要的一点，就是苏共没有跨越腐败的陷阱，自己割断了与广大人民群众血肉相连的关系，淡漠和疏远了与人民群众的鱼水之情，在人民群众的不满、失望、冷漠和抗议的逻辑链条中，最终失去了人民群众的支持和拥护，成为彻底垮台的导火索。归根结底，苏共在腐败面前打了不可挽回的大败仗。正所谓"物先自腐，而后虫生"，堡垒最容易从内部攻破。这是苏共大权旁落给人们留下的重要警示。

欣喜的是，就在世人为苏共权力旁落感到彷徨的时候，中国共产党人却没有犹豫，在充分吸取苏共惨重教训的基础上，敏锐地意识到现行体制所存在的缺陷和毛病，清楚地看到问题的严重性，毅然与时俱进，果断推进改革，积极采取系列措施，对症狠下猛药，根治权力腐败。例如：推行依法治国、依法治党、依法治政，防止权力的个人化；提出"三个代表"重要思想，一切以人民利益为根本，防止权贵阶层的形成和权力的异化；坚持"两个务必"，密切党与群众的血肉联系，防止公仆官僚化；倡导以人为本的科学发展观，统筹兼顾各方面利益，促进和谐社会的构建。至于对那些腐败蛀虫，则是发现一个严惩一个，毫不手软，以消除百姓的怨恨，抚平人民心灵的创伤。

对于中国共产党人为巩固执政地位、防止权力旁落、保持国家安定等所表现的远见卓识和果敢举措，广大人民群众深深赞许、坚决拥护。然而，我国现行政治体制的产生，毕竟有其一定的历史背景，而且形成惯性力量，它在时代的变革和社会的转型过程中，仍会在内部运行机制上出现结构性危机，形成体制性障碍。比如在对官员权力的监督、干部权力的使用、民主政治的建立等方面，在制度上就还有很多真空地带，暴露出诸多弊端，产生了"前腐后继"现象，引起了社会的不满。

冰冻三尺，非一日之寒。苏共陷入权力腐败而导致权力旁落，警示我们必须从体制的根本上找原因。还是邓小平同志说得好，一个好的制度，"可以使坏人无法任意横行，制度不好可以使好人无法充分做好事，甚至走向反面"，"领导制度、组织制度问题更带有根本性、全局性、稳定性和长期性。这种制度问题，关系到党和国家是否改变颜色"。要巩固党的执政地位，必须深化体制改革，坚决杜绝党和国家人员形成自己的特殊利益、形成脱离群众的官僚特权阶层。只是这项改革工程，不可能一蹴而就，而是任重道远。

（2008年7月）

人格与权力

对于拥有权力的领导者来说，人格与权力同放在社会的天平上，孰轻孰重？这并不是一个太深奥的问题，似乎大家都会明白，人格比权力更重要。

然而在社会现实中，人们却不难看到一种悖于常理的情况，那就是有些人（尽管数量不是太多）在一旦获得权力之后，一忽儿便让人格服从于权力，甚或将人格丢到九霄云外，信奉的是权力至尊、权力至上、权力就是力量。正应了不知传了多少年代的一句老话："人一阔，脸就变。"而且变得很快。这就太不可思议了。

诚然，领导者作为权力人物，应该也必须发挥他的权力影响，以其地位形成权威，以其权威产生指挥能力，否则也就不称其为领导人物。但是，倘若领导干部把人格置换为权力，视个人权力为第一生命线，那就很容易出现权力的异化，衍生出不正常的现象。

大家通过各种不同的途径了解到，或在不同场合直接观察到，社会上一些领导干部在行使人民赋予的职权过程中，有的人有些"傲气"，身居要职，趾高气扬，架子特大，前呼后拥，瞧不起群众，疏远百姓；有的人有些"霸气"，把群众当成工具，任意摆布，颐指气使，动辄训斥，听不进不同意见；有的人有些"邪气"，给人办事一看来头、二看背景，不给好处不办事，给了好处乱办事，处事不公也不明；有的人有些"冷气"，对群众疾苦不闻不问，麻木不仁，侵犯群众利益，伤害了群众感情；有的人有些"懒气"，公文包要人提，车门要人开，水杯要人端，报告要人写，就差吃饭要人喂；更有极少数人有些"贪气"，以权谋私，雁过拔毛，钱色俱要，胃口颇大，欲望始终得不到满足。凡此种种，都是权力惹的"祸害之气"，没有权力，哪能出现这么多的"气"。

我们所讲的人格，是指人类共同追求的美好品格。领导者在行使权力的过程中，尤其不能忘记"人格的力量""情感的力量"。正直树立信任，仁爱蕴藏力量，"士为知己者死"，"得人心者得天下"。人民群众永远追随的是领导人物所言所行而产生的人格魅力，绝不会把权力当作图腾，盲目崇拜。这就提示，领导干部要更加深刻地领会"三个代表"重要思想，善于尊重人、理解人、关心人、爱护人，用伟大的事业凝聚人心，用崇高的精神鼓舞人心，万万不可陷入权力泥淖而不能自拔。

就影响力而言，权力是短暂的，稍纵即逝，人格却是恒久的，百世不息。最好的领导人物不是靠玩弄权术、发展权力，而是靠通过不断学习成长，塑造人格的人。他们为了能不断提高自己的水平，拓宽自己的事业，增加自己的技巧，发挥自己的潜能，会作出种种必要的牺牲，通过自己的努力变成受别人敬仰、受社会尊重的人。如有那样一位思想家，长期在大英博物馆里陈述他的见解和编撰一本书，在书中介绍一种全新的世界观，以及构思计划改变世界的运动。他的意见和主张变成几乎统治地球半数人口政府的标准。他的名字叫卡尔·马克思，共产主义运动的创始人。20世纪的历史以及未来的日子，都将深受他的影响。

古往今来，热衷权力而又不顾人格、滥用权力而又践踏人格、倒腾权力而又玷污人格的人，只能是在权力的巅峰时期凭借权力呼风唤雨、揽云逐月，实在经不起历史车轮的颠簸。权力在握时他可以耀武扬威，有朝一日被权力抛弃，便立即威信扫地，形如丧家之犬，有的甚至被绑上历史的耻辱柱，任人唾弃，结果是"尔曹身与名俱灭，不废江河万古流"。这样的事例实在太多，数不胜数，给人的教训也极其沉重而且深刻。因此，任何一个掌握权力的领导者，都要时刻在心中一遍又一遍地默念"人格比权力更加重要"，以此不断地警醒自己的言行。

（2008年7月）

让权力远离腐败

腐败就在身边，现象前所未有

曾经，我们从历史的教科书中获知明朝末年的没落、晚清时期的腐朽，等等。总以为，腐败作为历史进程中代表社会的丑陋疮疤，离我们是那么遥远。

然而，近些年来被查处的一起又一起官场腐败大案要案，它让人们在感到震惊的同时，也让人们感到痛心而又揪心。原来，腐败就在我们身边，甚至就在我们一些熟悉的官员中间。

有人东窗事发，有人接受调查，令人五味杂陈，难以置信，打心底不愿接受。因为，曾从一些被查处的官员那里，我们听到过何等虔诚的话语："打碎骨头烧成灰，信仰依然是共产主义。"听到过格外超脱的语言："人生一世，草木一秋，生不带来，死不带去，钱有何用？"还听到过多么激昂的声音："要与腐败分子不共戴天，进行坚决斗争！"云云。

但，证据确凿的腐败事实，却又让我们不得不信，一些官员确实犯事了、堕落了、腐败了，而且腐败的程度还不轻。

一宗宗贪腐案件发生在眼前，层出不穷的腐败现象触目惊心，伴随着一声声悠长的叹息和深深的惋惜，人们的心中激荡起社会的正义良知：铲除腐败，固本清源；惩治腐败，务必从严。继而思考："物必先腐，而后虫生。"在人民政权内部，滋生腐败的根源究竟隐藏在哪里？对于腐败恶疾，有必要采用中医的辨证方法审症求因。

权力产生腐败，腐败侵蚀权力

关于政治学中的"腐败"概念，目前尚无学理上的确切界定，但构成腐败的基本元素，却是得到了比较一致的认同，即"官职、公权、私利"。按照顺序排列，三大要素之间，前者是人，后者是物，要害就是居于其中的那个权。

有句话大家耳熟能详，"权力是把双刃剑"。换言之，"成也权力，败也权力"，权力可以温顺地为民服务，也可残暴地掠夺民利。我国宪法明确规定："中华人民共和国的一切权力属于人民。"针对"属于人民"的权力，马克思很早以前发出过预言："在政治权力对社会独立起来并且从公仆变成主人以后，它可以朝两个方面起作用。"这也正应了王安石的那首充满辩证法的诗："春风春雨有时好，春风春雨有时恶；不得春风花不开，花开犹被风吹落。"

良性权力是人民欢迎的管理服务型工具，恶性权力只会成为戕害民生的洪水猛兽。权力所承载的这双重不同性质的内核作用，都是由手握权力的"人"掌控并且发挥。所以，抽象的"权力管制"，具体化就是管制国家公职人员，即当下所说的追究领导责任，尤其是"一把手"的责任。

人民赋权，"举贤任能"，这是天经地义的治国之法。党委领导，部门管理，人民选择，干部选拔程序必须落到实处。如果大小官员都是由上而下"提拔"（"提拔"这个词非常形象），不是由下而上"选举"，势必造成权力本源的逻辑颠倒，后果只能是权力"全心全意"对上负责，人民的利益则可置之不顾。

"带病"提拔上岗，权力容易患上"疯狂"。为何某些民怨直指的贪腐官员能够"轻风相送扶摇直上"？缘于"戴帽"与"摘帽"之间缺乏责任的连带。严格追查官场腐败的种种"猫腻"，对违法违纪的"戴帽"者与受"戴帽"者一道"摘掉帽儿"，唯此才能以儆效尤。

一旦权力成为少数人的私有，公权必然出现私用，贪腐现象因之衍生，腐败继而反过来侵蚀权力，最后导致整个政权被啃啮吞噬。中国历史上多少王朝的覆没，以及现代的苏联解体、东欧剧变等等，那些惨重的教训和噩梦般的悲剧，无不印证了以上道理。我们不能忘记过去，历史值得今人回味。

教育非常重要，关键还在制度

强化对领导干部的廉政文化教育，十分必要，也极为重要。提升道德修养、提振精神斗志、提高免疫能力，可以促使党风廉政建设成为一种时代的风尚，那就是以廉为荣，以贪为耻，反腐倡廉因此在时代的壮歌中不断前行和升华。

可是恐怕这还不够，因为人都免不了怀有或多或少的私心杂念，"心中的老虎最可怕"。在巨大的利益面前，利用权力即能唾手可得，若要做到"不想贪"，并不是一件容易的事情，需要在意志上相当时日的磨炼。

如果仅仅以廉洁品德的好人文化来教化成年人的官员，祛除他们心中的无穷欲念，多么困难的事情。幼儿教育就有这般内容："别人的东西不能拿，要做一个好娃娃。"如此简单而又浅显的道理，为什么在一些高智商的贪腐官员身上得不到体现？难道他们真的公私"拎不清"？非也！

早在几百年前，法国政治学家孟德斯鸠说过这样的话："一切有权力的人都容易滥用权力，这是一条亘古不易的定理。""一切不受约束的权力必然腐败。"英国历史学家阿克顿甚至断言："绝对的权力必然产生绝对的腐败。"故而，权力不仅需要道德约束的"自律"，更加需要制度和法律约束的"他律"。邓小平同志曾不止一次告诫全党，还是制度靠得住，法治靠得住。许多事实也一再表明，遏制腐败泛滥，防止权力滥用，关键是要严格执行制度，真正形成"不能贪、不敢贪"的良好氛围。

权力在阳光下运行，必须建立机制；把权力关进笼子，必须健全制度。权力行使情况的正常与否，是在"休眠"还是在"躁动"？人民群众的心中清清楚楚。所以，还必须创新体制和机制，让人民群众紧紧拽住权力的尾巴，使权力服服帖帖地忠诚于法律，忠实于人民，这点非常重要，也是不致权力弱化、腐化和异化的根本保证。

人人起来负责，民主监督权力

93年的光辉历程，65年的执政岁月，已经充分证明中国共产党不愧是一个伟大的政党，她在丰富的实践中积累了宝贵的拒腐防变经验，完全具有"自我净化、自我完善、自我革新、自我提高"的能力。直面党内机体上腐败的疮痍肿瘤，新一届中央领导集体用壮士断腕的勇气刮骨疗毒，老虎、苍蝇一起打，使执政党重新赢得了民心，也使中华儿女透过高潮迭起的反腐行动，更加增添了信心，看到了新的希望和曙光。

千锤百炼，烈火金刚，让人民的权力能够坚强地远离腐败的诱惑和侵袭，在工作中树立"人民至上"的理念，切实尊重人民群众的主体地位。任何时候都不能忘记那句话：“老百姓是地，老百姓是天，老百姓是共产党生命的源泉。”

马克思、恩格斯在总结巴黎公社经验时，提出一切公职人员必须“在公众监督之下进行工作”，这样才能“可靠地防止他们去追求升官发财”和“追求自己特殊的利益”，警示着人民的权力必须接受人民民主力量的监督。对此，毛泽东主席也曾做出过响亮回答。

1945年7月4日，在延安的窑洞，针对黄炎培先生提出的那个近乎“刁钻”的话题：如何走出“其兴也浡焉，其亡也忽焉”的历史周期率？毛泽东坚定地说：我们找到了一条民主新路，“只有让人民起来监督政府，政府才不敢松懈；只有人人起来负责，才不会人亡政息。”这里的“人民起来”，寓意极其深刻。

1949年10月1日，在天安门城楼，毛泽东庄严宣告：“中华人民共和国成立了”，紧接着的一句话，就是“中国人民从此站起来了”。“站起来了”，它一直让人民群众热血沸腾、扬眉吐气、脊梁挺直。因为，在古老的中国，黎民百姓毕竟在几千年的皇权和强权面前，跪拜得太久、太久了。

要让人民“站起来”，对人民群众的主人意识培育至为紧要。当年，陶行知先生兴办平民教育，为的是“教人做主人，做自己的主人，做国家的主人，做世界的主人”。当人民群众在权力面前，能够真正昂然挺立成为主人，权力也就自然会在人民面前儒雅地举手致礼。

蓝天白云，阴风淫雨仍是阵阵袭来；时逢盛世，腐败现象还会连绵不断。这在我们一个如此之大、而且处于社会转型时期的国度，也并不算十分奇怪。“人民是自己政府唯一可靠的看守人”，我们应当保持十分清醒的认识，为了巩固执政基础，不致权力旁落、人亡政息，在社会主义政治文明建设中，要进一步发挥人大和政协的作用，以制度保证和支持人民当家作主，让人民群众拥有依法监督政府和管理事务的权力。扩大民主权利，实行人民民主，这原本就是防止权力腐败的有效途径。

人民权力人民赋，人民权力为人民，中国共产党的“为政之道、为政之本”令人崇仰。把权力还源于民本，让权力接受监督、瘦身减负，从而使权力远离腐败，对此，我们无比憧憬，充满期待！同时，我们更要勇于担当，从今天做起，从自己做起！

（原载于《群言》2014年第12期）

为民情怀的生动体现

习近平同志出任中共中央总书记以来，人们对新一届领导人的一言一行都非常关注。从他的集体表态到离京调研，从提出"从严治党"到通过"八项规定"，从强调"讲实话"到诠释"复兴梦"，等等，被视为新一届中央领导集体施政纲领的不断延伸和完善。然而，我们从总书记的平实谈吐和平民作风中，"一枝一叶总关情"，对人民始终充满着浓郁而深厚的真情，时时处处真切而生动体现出来。

体现之一：做明白人

做人要清白，清白的前提是明白。明白人懂得事理，虽然有时表现"若愚"，但心中往往充满着"大智"。2012年12月初，习近平总书记在广东视察时，曾对随行人员反复强调，要真正做明白人，明白人知道组织上在想什么、做什么，不要以为对付一下、应付一下就行。做明白人，有三点显得重要。

树立坚定信念。信念是支撑着人们努力奋发、积极向上的内在力量，信念也是人们对美好生活的憧憬和向往。实现中华民族伟大复兴的梦想，"凝聚了几代中国人的夙愿，体现了中华民族和中国人民的整体利益，是每一个中华儿女的共同期盼"，这就是明白人的信念。有了这种坚定的信念，我们就会相信在中国共产党的领导下，中国的许多事情会一天天地变好，民族伟大复兴将会展现出前所未有的光明前景；有了这种坚定的信念，我们就会唤起战胜困难的斗志和勇气，增强生活的激情和工作的动力。为了实现理想信念，我们每个中华儿女，都将焕发活力，迸发力量，奉献才智，豪迈前进，当回忆往事的时候，不感到内心负疚，"不会因为虚度年华而悔恨，也不会因为碌碌无为而羞愧"。

培养高尚情操。人需要有一点精神，精神源于个人的道德情操。正如习近平同志所说，要培养高尚的道德情操和健康的生活情趣，始终保持蓬勃朝气、昂扬锐气、浩然正气。"百行以德为首"，道德是做人的根本。一个明白人，善于把道德情操与生活情趣密切联系在一起。古往今来，那些名满天下的英才俊杰，无不把"仁义礼智信"等训条当作个人"修身、齐家、治国、平天下"的准则，从而成就了个人尽忠报国的伟业。中共十八大倡导公民要"爱国、敬业、诚信、友善"，标示的也是一种正确的价值取向。纵观多少贪官污吏走上腐败犯罪的不归之路，无一不是从操守不严、品行不端、道德沦丧开始。所以，明白人应该知荣辱、懂礼节，用个人的高尚品格去引领社会风尚。

保持清醒头脑。习近平指出，面对错综复杂、快速变化的形势，我们要保持清醒头脑。在光怪陆离的大千世界面前，能够始终保持一个人的清醒而不浑浑噩噩，不仅难得，而且必要。真正的明白人，具有政治上的清醒，在云谲波诡、扑朔迷离时，能够坚持真理、把握大局；具有意志上的刚强，在物欲横流、污浊渗涌时，能够经得起诱惑、耐得住寂寞；具有态度上的坚决，在飞短流长、谬言纷起时，能够分辨是非、不会人云亦云；具有思维上的理性，在鲜花簇拥、光环笼罩时，能够防微杜渐、不做"温水中的青蛙"。总之，只有时刻保持清醒，才能够"先天下之忧而忧，后天下之乐而乐"，不致随波逐流、迷失人生的方向。

体现之二：干实在事

习近平担任总书记两周后，带领其他政治局常委参观《复兴之路》展览，专门提出"空谈误国，实干兴邦"。之后在广东视察时，他又着重提到，抓工作、办事情，一定要一抓到底、务见实效，不能虎头蛇尾、半途而废。的确，一个人做一点好事实事并不难，而要以铁杵磨针的恒久耐心，将一件件事情扎实地做下去，那就很不容易了。

高度的责任感。新任常委们首晤记者，习近平总书记10次提及责任，表示要把"人民对美好生活的向往"化作常委们"多谋民生之利，多解民生之忧"的重大责任。责任是担当应尽的职责，出色地完成好工作任务。在每个人的生活当中，大部分的时间是和工作联系在一起的，职务高低不同，能力大小有异，但在各自不同的工作岗位上，每个人都有一份自己的责任。认真负责地做好本职工作，这是一种本分，也是一种历史和社会的使命。"人可以不伟大，但不可以没有责任心"，放弃了对社会的责任，就背弃了对自己所负使命的忠诚和信守。立足岗位，忘我的坚守，全身心的投入，以最佳的精神状态，将自己的潜能发挥到极致，这就是责任。人性将在责任中不断地得到升华。

强烈的事业心。12月5日，习近平在同外国专家代表座谈时，充分表达了中国共产党人的事业观，着重强调我们的事业是得到世界各国人民支持的事业，是向世界开放学习的事业，是同世界各国合作共赢的事业。事业的成功需要有颗事业心，有了事业心才会对从事的工作感兴趣，正如原女排教练袁伟民所说，"要想在事业上真正干出名堂来，首要的是有一颗强烈的事业心，以及在这种事业支配下产生的钻劲和出奇的迷劲。"在人生的旅途中、前进的道路上，任何人都会遭遇这样和那样的挫折，但只要有了事业心，他都会义无反顾、一往无前，把精力和才干真正集中到所干的每一件工作上来，毫不动摇地为自己追求的事业奋斗。中国特色社会主义伟大事业光荣而又艰巨，需要每一个中华儿女做好自己的每一件事情，全身心地投入到壮丽的事业中去。

幸福的劳动观。劳动是辛苦的，劳动又是快乐的，劳动始终推动着社会的进步与发展。人类在劳动中不仅创造了财富，创造了文明，而且创造了人本身。习近平在与中外记者的见面会上说到，"人世间的一切幸福都是要靠辛勤的劳动来创造的。"既包括了"幸福源于劳动、劳动创造幸福"的深刻内涵，也表明了更加合理地分配劳动成果，让更多人享受幸福生活的社会要求。岁月无语，江山有思。不管将来社会如何发展、时代怎样变迁，劳动始终是人类幸福的强劲动力。亚里士多德留给后人的一句名言，"幸福来源于我们自己"，说的正是人们对劳动的心态与感觉，在任何情况下，我们都应该以快乐的心情去劳动、去创造。

体现之三：守住规矩

习近平同志在上任以后的多次场合谈到，"无规矩不成方圆"。他还说，规矩是起约束作用的，所以要紧一点，自己紧一点，人民才会舒适一点。所以，要守住规矩，要求别人做到的自己先要做到，要求别人不做的自己坚决不做。

自我约束。习近平同志在主持召开的中共中央政治局会议上，通过了改进工作作风、密切联系群众的"八项规定"。"八项规定"是掷地有声的政治承诺，更是强而有力的自我约束。各级领导干部因为权力在握，必须自觉遵守廉政准则，加强对亲属和身边工作人员的教育和约束，决不允许以权谋私，决不允许搞特权，这是"正人先正己"的严于律己。"八项规定"对我们每个人来说，具有自律的教育示范意义。从某种意义上来说，自律是一种能够"慎独"的个人修养，完善个人美德，在没有他人的监督之下，严格按规章办事，会保障制度的执行。比如说不闯红灯、不随地吐痰、不大声喧哗，等等。故而，"不以善小而不为，不以恶小而为之"，生活在社会中的人，都应该具有自律精神，不随心所欲，不自以为是，只有这样，世界才会和谐安宁。

接受监督。在十八届中央纪委二次全会上，习近平着重强调要加强对权力运行的制约和监督，把权力关进制度的笼子。过后不久，习近平同党外人士共迎新春，又一次提出要有容得下尖锐批评的雅量，听得进逆耳之言，主动接受、真心欢迎民主党派和无党派人士监督。当然，这番话是说给领导者听的。但从另一个角度而言，作为我们每一个生活在社会中的人，都应该时刻接受各个方面的监督，这叫他律。他律与自律相辅相成，而他律也往往优于自律，因为一个完全自律的社会往往会处于无政府状态，造成社会秩序的混乱。"国有国法，家有家规"，"法者天下之公器"，他律在个人与社会的发展中起到极重要的作用。在当今社会，社会意识的多元化趋势使得个人的内心准则即价值观多元化，分散的个人如此，社会本身也如此。每一个人都主动接受监督，依法依规强化他律，为社会秩序的稳定构建提供了一个平台。天堂和深渊只有一步之遥，如何走好人生之路，是每个人毕生都需要认真加以思考的问题。我们一定要牢固树立正确的世界观、人生观和价值观，时刻绷紧法律这根弦，在工作和生活中严格要求自己，防微杜渐，警钟长鸣，认认真真学习、老老实实做人、干干净净干事，培养生活情趣，做一个对国家、对社会、对家庭负责的人。

体现之四：永不止步

习近平首次离京考察，选择的地点是我国改革开放中得风气之先的广东，寓意深刻，意味深长。考察过程中总书记发出的"改革不停顿，开放不止步"的铿锵有力的宣示，传递出新一届中央领导集体承前启后坚定不移走改革开放道路的决心和信心。然而，不走老路，也不走邪路，就必须自我审视，不断创新。

经常自省。几个月来，习近平反复强调一句话："我们要警醒啊！"警醒就是自我省悟、自我反思，有了自觉的警醒，才会有自信自尊自重、自励自强。我们的民族是一个具有自我反省精神的民族。"一日三省吾身"，古人在道德这面镜子面前，经常总结、检讨、解剖自己的思想、言论和行动，及时而不断地发现、纠正自己的弱点缺点和失误错误，不停地形成一种难能可贵的自知之明。总书记谈到毛主席和黄炎培在延安窑洞关于历史周期率的一段对话，指出要清醒地看待当前我国经济社会发展取得的成绩，看到我国经济社会发展基本面长期趋好的态势，也要看到国际国内各种不利因素的长期性、复杂性、曲折性，不回避矛盾，不掩盖问题，从坏处准备，争取最好的结果，牢牢把握主动权。这种反省的品格力量，表现出了自我解剖的勇气和刮骨疗伤的毅力，具有高度的文化自觉和文化自信，对我们是一种很好的鞭策和警示。我们应具有忧患天下的意识，避免和防止"神经麻痹"现象，不至于陶醉其中而飘飘然、昏昏然。

善于创新。"芳林新叶催陈叶，流水前波让后波。"世界上万事万物的发展，无时无处不在遵循着新陈代谢的铁律。求新是灵魂，创新是动力。"实践发展永无止境，解放思想永无止境，改革开放也永无止境，停顿和倒退没有出路。我们要坚持改革开放正确方向，敢于啃硬骨头，敢于涉险滩，既勇于冲破思想观念的障碍，又勇于突破利益固化的藩篱"。这些极有分量的话，让我们看到了领导层改革创新的决心和意志，与民众的期盼完全吻合。"御政之首，鼎新革故"，新一届中央领导集体履职百日来的言行，向世人展现了坚持改革创新、奋发有为的精神风貌，表现出了对自主创新浓厚的兴趣。"国家要走创新发展之路"，激励着我们坚持与时俱进，不断总结经验，不故步自封，不走封闭僵化的老路，对过去成绩不自满，对中国未来事业的发展充满信心。

路漫漫其修远兮，我们正站在一个新的起点，总书记的滚烫为民情怀，必将激励我们继续上下努力求索。让我们在以习近平同志为总书记的中共中央坚强领导下，进一步深化改革开放，聚合起团结奋进的正能量，在建设美丽中国的进程中，殚精竭虑，勤奋工作，争取早日实现中华民族伟大复兴的梦想！

（2013 年 2 月 14 日）

辑六

理论情思

从道德范畴看民主监督

在人民政协的三大主要职能之中，民主监督是一个概念上较难廓清、现实中不易把握的命题。每当我思索着民主监督的逻辑起点和价值目标，心中就会涟漪荡漾，情不自禁地想起康德的话："有两种东西，我对它们的思考越是深沉和持久，它们在我心灵中唤起的惊奇和敬畏就会日新月异，不断增长，这就是我头上的星空与心中的道德定律。"故此，我勉力而为，试图从道德范畴的角度，对民主监督进行一些肤浅的探究。

一、民主监督传承道德文化

根据马克思主义的观点，道德是一种社会意识形态，它是人们共同生活及其行为的准则和规范。不同国家和民族的道德体系，由于各自的文化传统、生活习俗、宗教信仰等方面的差异，可以表现出不同的内容，从而构成一个国家和民族独具特色的精神支柱与文化灵魂。

我国的传统文化博大精深，历代典籍中的诸多旨义如"孝悌忠信，礼义廉耻"，就好似"大珠小珠落玉盘"，它们镶嵌在道德体系之中，相互构织一体，难舍难分，胶合成为辉映千古的道德文化。通观我国古代的礼治，是以圣人的言论作为道德价值体系，形成一种强大的约束力量，规范并教化人们的行为。如在先秦时期，人性善恶之争便有了"善"与"恶"的范畴，义利之争又有了"义"与"利"的范畴，孟子提出的"良知"则相当于"良心"的范畴，等等。这些内容至今仍然浸透在国人的血脉之中。

传统道德文化极力倡导人生以求道为标的，社会以守德为秩序，其思想直接融贯于国家的治理和个人的修身。孔子提出"志于道，据于德""君子谋道不谋食"，主张"道"是理想的人格，"德"是立身的准则，"仁爱"是个人修身的核心。国家强盛在于德政，"政之所兴，在顺民心；政之所废，在逆民心。"（《管子》）"得天下有道，得其民，斯得天下矣；得其民有道，得其心，斯得民矣；得其心有道，所欲与之聚之，所恶勿施尔也。"（《孟子》）为人之本在于德治，"欲明明德于天下者；先治其国；欲治其国者，先齐其家；欲齐其家者，先修其身；欲修其身者，先正其心。"（《礼记》）以上思想认识广为流传，滋润人心，由是固化为一种光芒四射、熠熠生辉的基本理念：为有道之邦服务则是利国利民，为无道之邦处事便是"助纣为虐"。

在漫长的历史长河中，一大批具有良知而又谙练道德文化的知识分子，坚持"不虚美、不隐恶"的精神气度，"一念之萌，必谨而察之"。为了达到礼仪教化的目的，他们往往走入民间倾听百姓疾苦，敢于担当道义，以开阔的视野，秉笔直书，激扬文字，"书之有益于褒贬，不书无损于训诫"。甚至不惜身家性命，"宁为兰摧玉折，不作萧敷艾荣"（《世说新语》），直接向统治者上书建言，谏诤献策，以成文事实印证道德体系中的规范，告诫天下孰是孰非，敦促权力持有者有所顾忌，唯恐"秽行彰于一朝，恶名披于千载"而遭到后世的唾弃。

这种以道德标准构成特有监督形式的文化底蕴，可否视为我国民主监督的滥觞？暂且不论。然而，"事皆从实，善恶必书""择善而从，不善而改"等道德思想的结晶，都能够从民主监督制度的内容中寻觅到吉光片羽。此外，民主监督对于道德文化的传承，还体现在民主监督者的道德伦理素养的高低，及其在道德选择、道德评价、道德行为等方面，关乎对"道"的一以贯之。如传统道德文化中的"和而不同，同中存异"，江泽民同志认为这是"社会事物和社会关系发展的一条重要规律，是人们处世行事应该遵循的准则，是人类各种文明协调发展的真谛"，其演绎为当代道德伦理的意义，就是要"异中求同"，在"思想上同心同德、目标上同心同向、行动上同心同行"，胡锦涛总书记这一"同心思想"的提出，对于坚持和完善中国共产党领导的多党合作和政治协商制度，推进新时期民主监督制度的建设，具有十分重要的现实意义。

以史为鉴，可知兴替。如今，我们从绵延数千年的中华优秀传统文化中汲取道德营养，丰富当今民主监督的思想内容，使民主监督在传承文化的过程中，能够通过道德观念、道德情感、道德信念、道德实践等因素，遵照道德伦理文化范畴原则行事，更好地履行自己的责任与义务，这仍是一件很有意义的事情。

二、民主监督融合道德元素

道德原则和道德规范是一定社会在一定历史时期提出的普遍道德要求，它们虽不像日月星辰那样永远恒久，但一些能够概括和反映道德主要本质的基本元素，由于能够增强人们的道德责任感和道德评价能力，并对人们的行为发生深刻影响，乃被奉为务必时刻遵从的人生道德之圭臬，这就是人类社会所谓的"终极关怀"。道德范畴把这种在人们普遍信念基础上形成的"终极关怀"，通常简约地归结为三个字：真、善、美。

从人性的角度，社会道德弘扬的是人性的"真、善、美"，这是无限的，也是不朽的。康德所称"心中道德定律"的哲学思考，除了"真、善、美"之外，另有"义务""良心""荣誉""幸福"等要素，在我国还特别强调了"仁、义、礼、智、信"五大道德常规。"天不变道亦不变"，就"真、善、美"范畴及其所衍生的内容而言，它表达的是人性的一种大道、大德、大仁、大义。在政治学道德范畴中，黑格尔认为人应该"成为一个人，并尊敬他人为人"。这个"人"，现在一般称为"国家公民"，即他享有做人的权利，同时又必须承担社会的职责、行使应尽的义务。一个个道德元素与人性的融合和演绎，实际上诠释了关于人的"权利本位"与"义务本位"思想，从而开掘引流出了一股政治清泉，那就是"民主政治"的概念。

民主监督是一种人文自觉，渊薮于公民的权利与义务，隶属于国家政治制度，它不像权力监督、法律监督那样直接而又具刚性，却是国家民主政治中一项不可或缺的重要内容。邓小平同志指出，民主监督"能够对于我们党提供一种单靠党员所不容易提供的监督，能够发现我们工作中一些我们所没有发现的缺点和错误，能够对于我们的工作作出有益的帮助"。这种"有益的帮助"，表现为监督者不是站在事物的对立面，颐指气使，一味责难，专挑毛病，而是始终着眼于帮忙不添乱，立足于尽职不越位，寓监督于工作支持之中。因此，民主监督凸显的是从"真"如铁，言之凿凿；从"善"如流，意之切切；从"美"如诗，情之浓浓。

由于民主监督凝聚着诸多富含"真、善、美"内容的道德元素，故而在实现建设高度社会主义民主政治目标的进程中，对民主监督制度设计的要求也就更加广泛、更加严格、更加深邃。权势者不能有暴戾之气，监督者不能有激愤之怨，监督与被监督的双方，需要的是中国式的和谐温情，以及对"真、善、美"的不懈追求。这让人想起《礼记·聘义》中的一段譬喻："君子比德于玉焉，温润而泽，仁也。"更让人看到了一种久违的"执其两端，贵和尚中"道德思想的回归。

我们不能漠视或低估道德范畴下民主监督的作用及其价值，因为道德是法律最基本法理的来源，"真、善、美"等道德思想元素的载体，当从天上落到人间，由"上帝的天启"转变为"制度的设计"，就进入了人的能动性可以有所作为的领域。民主监督既敢于指出问题，又善于发现问题，它虽不能替代法律监督而存在，却又与源自道德的法律监督并驾齐驱、相得益彰，共同实现人们美好的道德愿望。实行民主监督会让人觉得："一种温暖的力量，正推动着我们迎来洒满阳光的春天。"

三、民主监督维护道德正义

公平正义始终是人类向往和追求的价值目标。实现和维护社会的公平正义，关键在于"建立健全权力运行制约和监督体系，保证党和国家机关按照法定权限和程序行使权力"。我国的民主监督制度，通过提建议、提批评的方法，选择社会关注、群众关心、影响较大的热点和难点问题，对国家宪法、法律和法规的实施，重大方针政策的贯彻执行，国家机关及其工作人员的工作进行有效监督，从而发挥维护社会公平正义的重要作用。

首先，民主监督制约权力的泛滥作为，构筑道德正义的坚实基石。权力的行使将直接影响着道德价值的取向和一个国家的生命成长，这已经成为人们的共识。诚如广为流传的阿克顿勋爵格言所说，"权力导致腐败，绝对权力导致绝对的腐败""绝对权力会败坏社会道德"，因此，"对权威的限制是必不可少的"。在一定程度上，民主监督就是通过四面八方一双双明亮的眼睛，紧紧盯住非正义的权力专制行为，对权威进行限制，驱使权力与道德正义同行，不能肆虐，从而赢得"得道多助"，避免"失道寡助"。对此，中国共产党人在执政以前就有着非常清醒的认识，早在延安时期，毛泽东同志回答民主人士黄炎培先生如何跳出"其兴也浡焉，其亡也忽焉"的周期率时，就坚定地说要"让人民当家作主"，"只有让人民来监督政府，政府才不敢懈怠"，表明共产党执政要走人民监督这条"民主新路"，以保证国家政权不致出现"人亡政息"。

其次，民主监督激活社会的自身免疫能力，构造道德正义的牢固防线。一个社会，如果出现愚昧的"鸦雀无声"与无知的"傲慢偏见"，就很容易造成自身免疫系统的破坏，这是件很可怕的事情。因为本来隐藏于社会肌体内的"癌细胞"，一旦免疫低下，它就会魔鬼般地随着淋巴和血液蔓延，迅速侵蚀着整个肌体。最近相继发生的"电梯伤人""动车追尾""铬渣污染""渤海漏油"等公众事件，足以表明我国的诚信缺失和道德滑坡已经到了何等严重的地步。胡锦涛总书记在建党90周年讲话中指出"要坚持用社会主义荣辱观引领社会风尚，深入推进社会公德、职业道德、家庭美德、个人品德建设"，塑造和培养良好的社会道德。在加强社会监督、舆论监督的同时，大力加强民主监督，提高广大人民群众政治参与的积极性，本身就是一个全民道德的修炼过程，可以让更多的人挺身而出，发出道德正义的声音，给正在下坠的道德力量以一个向上的托举，形成讲诚信、讲责任、讲良心的强大社会氛围，用公众的脊梁顶住道德的滑坡。

最后，民主监督践行社会主义民主政治，构建道德正义的标准体系。民主制度未必就是人类社会最理想最完美的政治制度，"但迄今为止，它是最好的制度。"我们不能不承认这么一个事实，随着公权的滥用、贫富的悬殊、社会矛盾的加剧，人们的世界观、价值观正日渐发生变化，道德底线日益突破。此时此刻，建立道德正义的标准体系何等重要。这个标准体系的中心环节，就是要"深入了解民情、充分反映民意、广泛集中民智、切实珍惜民力"，"保证决策符合人民利益和愿望"。民主监督从维护道德正义和人民利益出发，"路见不平一声吼"，虽不能强制要求人们都以道德标准来要求自己的道德行为，却可以打破社会的沉闷和极致权力的钳制，让人们的民主意识得到自由解放，在道德正义的坐标系中找准自己的位置、扮演好自己的角色。这种以群体的力量构建社会的道德范式，可以使社会的道德标准体系更加稳固。

四、民主监督提升道德境界

撇开意识形态和社会制度的差异，就以民主监督的形式实现对权力的制约，中国共产党人的政治设计充满了中华民族的道德智慧，它既有"忠言逆耳、良药苦口"的庄重严肃，也有"和衷共济、志同道合"的和睦融洽。打个并非十分贴切的比方，民主监督既好像啄木鸟驱虫除害那样疾恶如仇、刚而有力，又好像小蜜蜂采花酿蜜那样团结协作、柔而有情，目的都是帮助党和政府改进工作。民主监督没有在朝在野之分，大家沐浴着道德的灿烂阳光，以仁爱的心态"诲人不倦"，不是站在水火难容的对立面使用暗器"毁人不倦"，可以避免发生一些所谓民主国家社会急剧动荡的风险。人们期待在社会主义民主政治制度下，健全和完善民主监督机制，并通过与其他各种监督形式的优势互补，促进社会的进步稳定、幸福安康，实现"美人之美，各美其美，美美与共，天下大同"的道德境界。

民主监督的过程也是唤醒大众道德觉悟的过程。我国历史文化传统悠久，一方面蕴含着道德正义的精髓，另一方面又沉淀着两千多年封建专制统治的事实。中国曾经经历过大动荡、大扭曲、大无奈的时代，专制的阴霾笼罩着民主的曙光，权力的"通吃"咬啮着道德的灵魂。在社会转型时期，利益的分化与侵蚀、观念的多元与错位、社会的改革与阵痛，使得道德的挺立与生长，面临着前所未有而又表现复杂的公众生态。民主监督不仅使人们看到了民主政治在风雨雷鸣中的艰难前行，而且看到了文明道德发出的理性之光，它激励百姓在心灵沮丧和痛苦的挤压中，唤起向前的决心，振奋搏击的勇气，勇敢告别过去的荒蛮与懵懂，坚韧地迈上崇高的道德境界，不致个人品格走向自我沦丧。

用辩证的观点看待民主监督，一方面它催生着新鲜事物，犹如春风化雨，润物无声，帮助权力行为符合道德规范；另一方面它摧枯拉朽，最大限度地压缩权力滥用的时间、空间，使权力得到"驯服"。这正应了王安石那首小诗的意境："春风春雨有时好，春风春雨有时恶。不得春风花不开，花开犹被风吹落。"为防止无辜花朵"被风吹落"，民主监督注重方式方法的运用。我国古代知识分子就有"文章礼节，通晓大义"之说，他们极其谨慎地把握好自己的话语权，论政叙事中讲求"放言、慎言、无言"。"放言"指商议国是要做到知无不言，言无不尽，表达自由，淋漓畅快；"慎言"则要求出言谨慎，话语机智，施之无过，不可越轨；"无言"意味着以沉默对待强烈的批评，不随意表态，不妄加评论，"言者无罪，闻者足戒"。领悟古人的"三言"寓意，推陈出新，使其菁华移植于现今的民主监督实践，即可以达到一种"致中和，天地位焉，万物育焉"的道德境界。

于今看来，具有中国特色的民主监督制度，由于"不抓辫子、不扣帽子、不打棍子"，引领着"广开言路，广开才路"，集思广益，让各方面的意见、要求、批评和建议充分反映出来，不仅有利于党和政府集中正确意见，及时发现和纠正工作中的缺点错误，把社会主义各项事业推向前进，而且充分体现了我国执政党政治上"海纳百川、厚德载物"的宽阔胸襟。我们应该坚持在中国共产党的领导下，倍加珍惜民主监督制度，站在道德境界的更高处，促进这项制度不断加强、日臻完美。

五、民主监督彰显道德情操

尽管在社会政治实践的现实中，民主监督较之其他监督还属于"弱项"，存在不少薄弱环节，与当代中国民主政治发展的要求存在着相当大的差距，不时还会遭到"随意的认同"和"冷淡的认可"。这些不可回避的尴尬境遇，并没有降低人们对于民主监督的推崇程度。人们喜爱着民主监督，就像喜爱"皇帝的新衣"故事里那个指出"皇帝什么也没穿"的小孩，是因为他的天真可爱，敢于说出真话，不怕被旁人嘲笑为"愚蠢"，才终结了那场"皇帝光着身子丢丑"的闹剧。无论是民主监督的主体还是接受监督的客体，都意味着要从那个说真话的小孩身上效仿一点做人的品格，多一份纯真少一些世故，是其所是，非其所非，心怀着对道德的无比敬畏，在民主监督中诚实地坚守住做人做事的道德情操。

如今的国家政治体制建设特别是民主政治建设，已经成为一个与执政安全、国家稳定、社会和谐紧密相连的重大课题。执政党应该因势利导、顺势而为，健全民主监督机制，听取各个方面的声音，要像让全民共享经济社会改革发展成果那样，将民主监督的权利分流到大众手中，自觉地接受民主监督。不然的话，就如同亚当·斯密在《道德情操论》中的那句警世名言，"它在道义上将是不得人心的，而且是有风险的，因为它注定是要威胁社会稳定。"记得2008年广州召开"两会"期间，一位政协委员就全国遭遇恶劣的冰冻天气灾害，对铁道部履行职责不力提出批评，引起了媒体的极大关注，而铁道部新闻发言人也很快通过媒体公开高调回应，质问这位委员当时身居何处、做了些什么？旧事重提，只想给个提醒：如果一旦公权活动都异化成为赤裸裸的部门或个人的功利时，公众也就缺少那份尊严与体面，甚至连起码的生存安全感都没有了，心目中的那份道德情操的神圣感自然也会化为烟云。近年来所发生的一些事情雄辩地证明，只有让社会洋溢着道德春风，才能让公众树立道德情操，在诚信的环境中过上有尊严的生活。

对于民主监督的主体而言，我们"可以不伟大，但不可以没有责任心"。道德所系，责无旁贷；以民为贵，不负重托。把人民群众装在心中，积极表达民众的诉求，反映百姓的呼声，发表自己的见解，充当好"看门人"的角色，这是一份不可推辞的光荣使命和神圣职责，有理由"任尔东南西北风，咬住监督不放松"。如果以为民主监督暂时缺乏一定的"权威性"，就可以把它不当回事儿，或者束之高阁、草率处理，或者唯唯诺诺、马首是瞻，或者坐井观天、隔岸观火，等等，这些不负责任的行为都是道德失范、情操低俗的表现，应该坚决摒弃。不然，民主监督就有可能名存实亡。

"心事浩茫连广宇，于无声处听惊雷。"民主监督重在推进工作，而不在于权力制约，既不是考核班子，也不是查办案子，更不是"包治百病"。民主监督的一些鲜明观点和独特见解，也有可能只是来自道德灵魂深处喷发而出的强烈愿望，有关方面应该对它持有宽容的态度，即认真对待，相互尊重，不能"听不听由我，信不信由你"。记得在当年论证三峡工程的汇报会上，民主党派有识之士不畏压力，对工程提出要全面考虑经济、社会和生态效益统一的质疑，疾呼宁可把困难估计得更多一些，把问题看得更严重一些，万万不可强迫命令，以免愧对子孙后代。当时的高层领导充分吸纳了这些论证意见，使工程设计更加缜密、施工更加科学。这种立身无悔、虚怀若谷的精神，充分展示了"天下为公"的道德情怀。所以直到今天，人们还会说三峡大坝建设的成功，多亏了当初的民主监督。

要而言之，民主监督是我国社会主义民主政治"风雨送春归，飞雪迎春到"的一个新气象，颇具有傲然的"已是悬崖百丈冰，犹有花枝俏"的道德风范，孕育着可贵的"俏也不争春，只把春来报"的道德气质，显示了高尚的

"待到山花烂漫时，她在丛中笑"的道德情操。"一生肝胆向人尽，磊磊落落向曙星"，我们要在"涵养、致知、力行"上下功夫，发扬道德精神、培养道德品格、树立道德勇气、践行道德理念，坚持不懈地加强和完善社会主义民主制度，"不为任何风险所惧，不被任何干扰所惑"，积极履行民主监督职能，为党和国家兴旺发达、长治久安努力奉献自己的聪明才智。

（原载于《理论研究》2011 年第 6 期）

从生态政治看我国的政党制度

长期以来，一些西方国家总是喜欢拿中国的政党制度说事儿，竭力贬损我国的民主政治制度，其居心叵测又不难测，目的无非颠覆中国政权。中国的政党制度究竟如何？我想从生态政治的视角，谈谈个人的一些肤浅认识。

一

要谈生态政治，必须首先明白什么是生态。所谓生态，它通常指生物在一定的自然环境下生存和发展的状态，以及它们之间和它与环境之间环环相扣的关系，由此推及到各种事物之间的关联度和依存度。如今，生态的概念渗透到各个领域，涉及的范畴也越来越广，许多健康的、和谐的、美好的事物，人们常常用"生态"来定义。当生态延伸到政治领域，也就衍生出生态政治的学说。

根据生态政治学的观点，一个国家的政治体制的模式及其政治功能的发挥，在很大程度上并不取决于人们的主观选择，而是由一系列复杂的生态因素影响和作用的结果。相对自然生态、环境生态、经济生态而言，政治生态是一种社会政治状态，它与各个方面保持着动态平衡的关系。一个国家的生态政治，通常是这个国家的"软环境"和"软实力"，可以简单地概括为四个字："政通人和"。

对生态政治的理解，不同社会制度和文化背景的人会有所不同。但不管怎样，正如自然界万事万物在各种条件的作用下形成之后，通过相互之间的依赖与制衡，维持着物种的平衡发展，一种生态政治制度的确立与存在，也有着它的合理性，这种合理性由事物的必然性、多样性、同一性及其依存制约性等要素所构成。生态政治追求的是一种多元互补的美，恰似绿叶红花组合成万紫千红，只有斑斓多彩，才能交相辉映。

当前，科学发展观的理论正在指导着我国当前经济、政治、文化、社会的全方位发展。可以这样认为，科学发展观本身就是一种生态政治，其中"以人为本"思想、"全面协调可持续"要求、"统筹兼顾"方法，立足于生态基础，把握了生态规律，闪烁着生态光辉，蕴含着极其丰富的生态内容。要以科学发展观为指导，推进我国社会主义民主政治建设，进一步完善我国的政党制度，使生态政治更加生机勃勃。

二

中国有句古话，叫"一方水土养一方人"。一个国家的政党制度，只有与这个国家的生态政治相匹配，才能体现出这种制度鲜明的生态特征，否则，就会东施效颦，不伦不类。因而，"一个国家实行什么样的政党制度，由该国国情、国家性质和社会发展状况所决定。各国政党制度的不同体现了人类文明发展的多样性。"（《中国的政党制度》）下面，我们不妨按照生态的观点，看看中国这块沃土，如何培育出中国的政党制度。

历史的必然性与现实的合理性。生态的形成既不能一蹴而就，又必须符合现实环境。邓小平同志明确指出："实行中国共产党领导的多党合作是我国具体历史条件和现实条件所决定的，是我国政治制度中一个特点和优点。"中国政党制度是在历史发展的实践中，中国共产党与各民主党派互相认同、互相努力奋斗的结果，是一种历史的必然选择。在现实的多党合作事业中，各民主党派继续发扬与中国共产党风雨同舟、患难与共的优良传统，殚精竭虑，建言献策，为中华民族的伟大复兴做出了应有的贡献。无数事实一再雄辩地证明，中国的政党制度，是历史形成、现实需要的一种最科学、最合理，也是最明智的政党制度。

形式的多样性与内容的统一性。按照生态位理论的观点，"群落中生态位相似的物种是要发生竞争的，物种越接近，竞争越激烈，其结果就可能使其中一些物种灭绝。"虽然各民主党派与中国共产党的组织形式和行为方式上有所不同，但在反帝反封建及发展中国、民族复兴这一点上，却有着根本相同。我国党派的差异，不是在朝党和在野党、执政党和反对党的关系，更不存在尔虞我诈的政治倾轧，而是通过各民主党派联系各阶层群体，表达各方面利益，反映各种意愿，调动各方面积极性。显而易见，我国的政党制度不仅有利于共产党巩固执政地位，也有利于各民主党派参加政权建设，参加国家政治生活和经济建设活动，在团结合作中，实现与稳定"长期共存、互相监督，肝胆相照、荣辱与共"的基本方针。

关系的依存性与相互的制约性。在大自然的生物链环中，环环紧紧相扣，谁也不能缺少谁，都以对方的存在为自己存在的前提，就似人们常说的"鱼儿离不开水，瓜儿离不开秧"。在多党合作制度中，正有着这么一种相得益彰的依存关系。一方面，由于中国封建社会的历史相当长，民主传统比较少，参政党通过各种方式积极参政议政，使党和政府有效防止权力过分集中、家长制、一言堂、官僚主义等弊病，及时把握时代脉搏，了解群众呼声，制订出符合广大人民群众要求的方针政策，从而实现重大决策的民主化和科学化。另一方面，处于执政地位的中国共产党，帮助各民主党派加强建设与发展、处理各种关系，不断吸取各不同利益群体的意志和智慧，接受各种行之有效的监督，倾听不同的意见和批评，取长补短，集思广益，更好地提高自己的执政水平。

三

生态学有一种观点，"结果往往是为了适应需要"，犹如人体手脚的分工合作，就是经过漫长岁月的生态演练和长期进化的结果。同样的道理，中国政党制度的"一朝分娩"，经历了艰难的"十月怀胎"，有着久远的历史孕育过程，并拥有十分深厚的文化积淀。对此，孙中山先生曾指出："中国几千年以来社会上的民情风土习惯，和欧美的大不相同"，"所以管理社会的政治自然也是和欧美不同，不能完全仿效欧美"。

从社会习俗来看，中国社会产业化程度很低，期望组织管理者的出现，并愿意尽力帮忙，于是形成了"一个好汉三个帮，一个篱笆三个桩""众人划桨船速快，众人拾柴火焰高"的社会习俗，并领悟出"水至清则无鱼，人至察则无朋"的深刻道理。中国人民在挣脱了沉重的枷锁、推翻了三座大山的压迫之后，尤为需要一种民族的脊梁和精神的支柱，支撑着经济的发展和社会的进步。中国的政党制度充分体现了这种要求，她以中国共产党为领导，团结各个阶层，凝集各种智慧，汇聚成一股势不可当的伟大力量。从这个角度来认识当代的中国政党制度，可以发现别的政党制度无可与其媲美。

从群体构成来看，中国一直属于农业国家，以劳动群体尤其是农民居多，中层阶级人数较少，人群基本上处于游离松散的形式，呈现出两头大、中间小的"哑铃"型社会结构特点，至今这一特点也没有得到根本改变。群体需要权威，而权威的形成与产生，需要时间的锤炼和实践的检验。中国共产党从诞生之日起，就植根于劳动大众之中，团结了大多数群体，代表了广大中国人民的利益。相对而言，各民主党派则难以担当实现大多数人群愿景的重任，因此也就决定了"共产党领导，多党派合作；共产党执政，多党派参政"的政治格局。

从文化传统来看，几千年来，中国倡导的是"同中存异、异中有同"的"和谐"文化，崇尚的是"以和为贵""和气生财""家和万事兴"，企盼的是"有朋自远方来，不亦乐乎"。它充分体现了中华民族和而不同、兼容并蓄的优秀文化传统，与西方的"海盗文化""殖民文化"和剑拔弩张的骑士文化等等，有着质的区别。和谐文化所包含的"群芳争艳、大浪淘沙"良性竞争，"物竞天择"的生态需要，决然不同于强肉弱食、以强凌弱、强势掠夺的酷烈竞争。在中国政党制度的框架中，中国共产党与各民主党派不是政敌关系，没有你死我活的政治竞争，而是友好地处于一个共同体，担当各自的角色，实现共同的愿望，构成和谐美好的"政治田园风光"。

从地理环境来看，中国绵延起伏的山脉和辽阔无垠的大海，烘托出一片广袤的中原地带，自古以来，人们热切地向往着"中央之国"，并把她定义为"中国"。由于各地自然条件、气候环境和民族风貌等存在极大的差异，要统筹发展，就应该具有"中央"意义的"领导核心"。"中国共产党是中国人民的领导核心"，在中国，如果没有这样一个坚强的领导核心，就会出现若干政治重心或权力中心，必然会出现国家民族的分裂、政治局势的动乱。半个多世纪的革命和建设实践已经充分地说明，中国共产党担负核心力量当之无愧，各民主党派已经是打心底拥戴。

四

生态自有生态的规律，谁也不能违背它。就像不能强求在滔滔的海洋中植树、在干涸的沙漠中养鱼，谁也不能强求英国向美国学习"三权分立"，强求美国向英国学习"君主立宪"，当然，我们也不高兴他人强求中国生搬硬套西方的政党制度。缘木怎能求鱼，适履岂可削足？"水土不服"必致夭亡，这个道理可是明明白白。

作为民主党派成员，面对当前跌宕起伏、错综复杂、矛盾叠加的国际国内形势，我们应该做些什么，的确值得思考。

其一，用生态的观点去分析我国的政党制度。生态政党制度的一个重要观点是"一损俱损，一荣俱荣"。中国共产党是执政党，民主党派是与之并肩战斗的亲密友党，不是异己，也不是附庸，而是负有重大的参政责任。在宪法面前，各个党派享有平等自由、独立自主的权利。只有这样认识，才能正确理解我国执政党与参政党互相合作、互相监督、共生共荣的关系，才能正确理解我国政党制度的特色和优势所在。

其二，用生态的方法去把握我国的政党制度。生态政治的方法之一是遵循自然，服从规律。中国政党制度是符合中国社会发展规律、适应中国国情的政治制度。各民主党派要在多党合作的生态政治格局中进一步坚定信念，把握方向，准确角色定位，突出各自特色，增强凝聚力，扩大代表性；要在中国特色社会主义民主政治建设的进程中，充分发挥作用，实现自身价值，进而使各民主党派在组织上得到优化组合，在参政上提升履职水平。

其三，用生态的姿态去坚持我国的政党制度。生态的政治姿态必须是矢志不移，维护真理。各民主党派要进一步增强政党意识和大局意识，在提高"四种能力"上下功夫，无论在什么情况下，都要像老一辈党派领导人那样，毫不犹豫地站在国家兴旺、民族复兴的高度，卓有成效地维护中国共产党的领导地位，坚定不移地维护民主、和谐的政治局面。只有这样，才能真正做到"心正身修，俯仰无愧"。

其四，用生态的举措去参与我国的政党制度。生态政治的基本要求是改革突破，发展创新。民主党派要在原有的工作基础上，进一步加强自身建设，继续把参政党成员普遍存在的政治归属感升华为必须具备的政治责任感，把老一辈必然的历史选择转化为新一代成员的现实选择，在履行职能、发挥作用上有新举措、新作为，千方百计推进中国政党制度在新的历史条件下稳定发展。

其五，用生态的行动去实践我国的政党制度。生态政治中的一项根本内容是刻苦顽强，积极向上。当前，在国际金融危机的影响下，我国的经济社会发展遇到暂时的困难。民主党派要挺身而出，紧密围绕党和政府"保增长，保民生，保稳定"的中心任务，开拓奋进，共克时艰。一句话，就是要在"关键时刻顶得上去、帮得上忙、管得上用"，用实际行动和优秀业绩，彰显出民主党派的一贯英雄本色。

（原载于《光华时报》2009 年 9 月 8 日）

搞好参政议政工作的新认识

5月14日，在民盟十届十一次中常会上，我们认真聆听了蒋树声主席关于"进一步提高民盟参政议政质量和水平"的重要讲话，感受很深，启示很多。我认为，蒋主席的讲话以非常简明的语言，通过"四点成绩、五点体会、四点部署"的表述，对为什么要做好参政议政工作、怎样做好参政议政工作等重大问题，作了深刻的阐述。

毋庸置疑，中国民主同盟是个参政党，参政党就必须履行参政议政职责，这譬如理发匠要理发、教书匠要教书，本来就是天经地义的事情，道理再简单不过了，因为这是责任之所在，使命所使然！

新的历史时期，面对新的形势任务，怎样将参政议政工作做得好一些，更好一些？正如蒋主席在讲话中所指出，要坚持讲真话、要善于搞好合作、要高度关注民生等等。这些都非常重要。对此，我展开了一些思考，获得了以下认识：

一、关于"要讲真话"

讲真话是做人的基本要求，更是参政议政的基本准则。然而，我们扪心自问：我们是否在每时每刻、每个场合，都在不折不扣、毫无保留地讲真话？我们是否在参政议政的舞台上，尽情地扮演着一个讲真话的纯真角色？答案可能很尴尬。

当然，我们不必过于自责，却有必要自省。因为，讲真话需要前提条件，需要真实环境，甚至需要付出代价。只有乐意听真话，才会愿意讲真话；只有善于听真话，才能敢于讲真话。现实是，听真话的氛围还需要努力营造。正因如此，在今年的全国政协会议上，原国家计生委主任、全国人资环委主任张维庆在小组讨论时发出了这样的感叹：讲真话真难。广州市政协主席朱振中也以其"不要讲官话、套话、假话、违心的话"的 8 分钟大会发言而赢得了 9 次热烈掌声。他们似乎都在诉说心中的真话，却也有网民评曰：只是因为他们到了讲真话的年龄。如果真是如此，则更印证了说真话之难。

然而，又一现实是，由"天上的星空和心中的道德定律"（康德语）所决定，参政议政必须说真话，否则便失去了起码的良知。两难之中，不由使我想起去年驾鹤而去的国学大师、咱们尊敬的盟员前辈季羡林先生的一句名言："真话不全说，假话全不说。"这应该是这位老人人生经历的洗练总结。看来，真理需要包装，真话讲究艺术。参政议政讲真话，应是我们孜孜追求的一种崇高境界，尽管很艰难也很有风险，但无论如何至少做到：假话不能说，假话全不说。其实，这也不是一件容易的事情呀！

二、关于"合作精神"

合作，渊源于中华民族传统的"和合"文化，涵摄了人与人和谐相处的基因。在历史上，民盟曾经保持不偏不倚的谨严态度，不苟同也不立异，讲求的就是合作。搞好参政议政，更应该讲求合作。没有合作，就没有参政议政的呼应可能，更没有参政议政的实效可言。

合作是一种相互的协同，不是单向的依赖；是一种交相辉映，不是一枝独秀。故而，在强调党外人士增强合作共事能力的同时，也要注重另方合作共事素质的提高，恰如红花绿叶对根的这种情结、情意。我欣赏着周敦颐《爱莲说》中的"出淤泥而不染，濯清涟而不妖"，却又更加敬重李时珍《本草纲目·莲藕》中的"质柔而穿坚，居下而有节"。藕与莲的合作，才是一种互为依存的联合。

参政议政既然是一种团结式的合作、和谐式的合作、民主式的合作、协商式的合作，就应该以相互尊重为前提，以中心大局为根本，以伟大复兴为目标，合作的各方都来不得半点矫揉造作，来不得丝毫虚情假意。诚然，我们得首先严格要求自己坦诚坦荡，和合合作。说到这儿，不妨温习费孝通先生的一段美言，"'和'的途径，是以对话求理解，和谐相处；以共识求团结，和衷共济；以包容求和谐，和谐发展。'和'的佳境，是各美其美，美人之美，美美与共，天下大同。"其中一再提到的"和"，蕴含着合作，折射出合作，这是一种参政议政工作过程中应该具有的合作。

三、关于"关注民生"

参政议政，参也罢，议也罢，着眼点在于"政"。这个"政"，可以理解为政治。天生民，民生就是天，就是最大的政治、最大的经济。今年"两会"期间温家宝总理在《政府工作报告》中指出，改善民生是经济发展的根本目的，是政府各项工作的落脚点。继而又在答记者问时着重提到，我们的经济工作、社会发展都要更多地关注穷人，关注弱势群体，因为他们在我们的社会中还占大多数。

"立盟为公，参政为民。"当前，我们的国家、我们的社会正处于转型时期，因为利益格局的调整而产生的激烈碰撞，引发了系列如分配不公、二元结构的矛盾，积累了不少如社会保障、贫富悬殊的民生难题。"衙斋卧听萧萧竹，疑是民间疾苦声"，参政议政，既居于庙堂之高，又处于江湖之远，位置超脱，但责任不可超脱，反映民生诉求，伸张社会正义，是我们应尽的义务与职责。所以我们应该树立这样一种思想意识，我们应该具备这样一种政治觉悟：关注民生就是参政议政工作的立足点。我们必须明白，倾听群众呼声，关心百姓疾苦，围绕民生问题开展调查研究，探寻有效对策，是我们当前乃至今后相当长的一段时期的重要参政议政任务。与此相悖，则有可能误入"清谈"的歧途，也就失去了参政议政应有的社会与政治意义。

"江河长流，生活常新"；凤凰涅槃，浴火重生。怀着满腔的热情，踏着时代的脚步，我们正在不断面临着参政议政新的挑战，唯有锐意进取、勇于创新，在参政议政的实践中一次次地完善自我、超越自我，才能在迎接瞬息万变的时代发展中，释放出自己的一片参政激情。这，就是我学习蒋树声主席讲话精神之后对搞好参政议政工作的一些新认识。

（2010 年 5 月 15 日于湖北武汉）

民主与权力的理性思辨

自从人类产生了"权力"，便围绕着这种"权威力量"的归属及其价值取向而出现了"民主"。民主与权力在漫长的风云岁月里，既有博弈较量，也有依偎相伴，演绎了多少传统与现代、东方与西方的不同故事。在此，笔者试图对民主与权力的相关内容作一番梳理，阐述一些未必成熟的观点。

明确民主与权力的对应定位

有一种说法，无论时空的差异有多大，民主与权力从来就是一对天然的对手，它们始终冰炭不投、水火不容。这种认识可能简单了一点，因为在不同的历史阶段和不同的社会时期，民主与权力具有它们的相互对应性和相互适应性，往往可以表现出某些鲜明的时代特征和区域特质。所以，有必要对无处不有的各种权力作一个大致的分类。

一是专制型权力。专制是一种与民为敌的残酷权力。"官视民如草芥，则民视官如寇仇"，哪里有压迫，哪里就有反抗。古今中外，皆是如此。故而，在专制权力之后，接踵而至的便会发生人民造反、暴力革命，"无产者在这个革命中失去的只是锁链，他们获得的将是整个世界"。英文中的民主"democracy"由"demo"（人民）和"cracy"（权力）两个词所构成，最初的意思就是"人民夺取权力"。

二是统治型权力。统治是运用权势而进行支配与控制被统治者的行为。统治者为了巩固自己的统治地位，一方面实施专制主义，一方面又实施安民政策。由于统治者大都懂得"水能载舟，亦能覆舟"的道理，因此他们在统治中往往会奉行民本人本主义，做出一些顺民心、得民意的行为表现。中国古代最早的民主概念即是"做民之主""为民作主"，其本质意义实为"君主"——以君为主。

三是管理型权力。这是一种人们理想的权力形式。就像生活在居民小区的业主将一些具体事务委托给物管部门办理一样，人民将部分权力让渡给管理者，管理者与被管理者是服务与被服务的关系。这种由大多数人参与监督、让少数人行使管理的权力，只是一种职守、一种责任，管理也只是一种职业。现代意义上的民主，对应的主要是管理型权力，在政治学上的称谓是"人民主权"或"主权在民"。

由于事物处在不断地运动与变化之中，三种类型的权力有时会互为交织、交替更迭。旧的专制权力被推翻，过上一定时期，新的专制权力又会出现。权力这头猛兽，在民主力量的面前，一会儿被驯服就范，一会儿又烈性发作。这样一来，民主与权力就在不断较量中出现新的对应性与相互适应性。现代民主与权力的定位，就是通过发展民主让大多数人拥有权利，使得权力变成管理而为大多数人服务。

新中国的成立，标志着专制型权力与统治型权力已经成为历史。"中国人民从此站立起来了"，目标是要建立人民当家作主的管理型权力和服务型政府。"没有民主就没有社会主义，就没有社会主义现代化"，人民民主是社会主义的生命。然而，我们正处在中国特色社会主义的初级阶段，有一个从传统民主向现代民主的转型过程，管理型权力也有一个克服旧习和矫正差错的特殊时期，当今的一项重要任务，就是扬弃传统的民主思想，清除封建专制的影响。关于这一点，胡锦涛总书记在纪念建党 90 周年大会上作了科学、完整的论述，"要坚持国家一切权利属于人民，健全民主制度，丰富民主形式，拓展民主渠道，保证人民依法实行民主选举、民主决策、民主管理、民主监督"。这条符合中国国情的社会主义民主政治发展道路，我们必须坚持走下去。

理解民主与权力的相互关系

民主与权力是一对矛盾，它们之间存在既对立又统一的辩证关系，这种关系类似于我国古代哲学中所讲的阴阳。在这里，不妨根据阴阳学说的基本内容，对民主与权力的关系做个简单的说明，抑或有些牵强，但也许可以加深理解。

对立制约。属性相反的阴阳双方在一个统一体中相互斗争、相互制约和相互排斥，如水火、寒热、明暗、上下、升降、动静等就是如此。"阴则能制阳矣，动则能制静矣。"民主与权力的这种对立制约关系，一直普遍存在，它们直接交锋、胜负交错。特别是在公共权力出现"私有化"时，民主与权力之间的斗争就会旷日持久，表现得更加激烈。权力压制着民主，而民主也绝不允许职权成为私有物，要倒逼着权力"交公"，因之促进社会的前进和发展。

互根互用。对立的阴阳双方互相依存，任何一方都包含着另外一方，每一方都以相对的另一方的存在作为自己存在的前提。民主与权力既具有相互制约的一面，又具有不能脱离另一方而单独存在的一面，无权力则无所谓民主，无民主也无所谓权力。当权力脱离君主的专制统治而成为人民所主使，民主与权力也就各自相融，相辅相成，呈现出一种互根互用的状态。

消长变化。对立互根的阴阳双方并非一成不变，而是处于不断地增长和消减的变化之中，在彼此消长的运动过程中保持着动态平衡。阴消阳长，阳消阴长，阴阳双方的这一关系在民主与权力方面的典型表现，就是民主与权力力量强弱的对比，权力甚嚣尘上则民主受到戕害，民主发扬光大则权力有所收敛。如果民主与权力的消长变化出现一方的过弱或者过强，力量对比过于悬殊，社会就会出现委顿或者动荡。

相互转化。在一定的条件下，阴阳双方的消长可以发展为互相转化，阳性事物颠倒为阴性事物，阴性事物颠倒为阳性事物，即由量变到质变发展过程中的"物极必反"。权力的肆行会形成压迫，有了压迫就有革命，就有造反，就需要民主力量对专制权力的颠覆。同样道理，民主的权力如果没有约束，也会偏离民主既定的轨道，甚至走向民主的反面而演变成新的专断权力。

平衡自和。平衡自和是阴阳交相感应，双方自动维持和恢复协调平衡状态的能力与趋势。阴阳"相接成和"，化生世界万物，而为"变化之父母，天地之道也，万物之纲纪"，此谓之和谐。民主与权力的相互作用，最佳发展目标便是制约与资生互存，双方自动调节，达到"平衡自和"的理想境界。如果这种动态平衡关系一旦打破，不和而乱，就会招致失调、格拒、互损乃至亡失的反常现象。

民主是个好东西，大家对此深信不疑。因为民主是一种人民当家作主的政治体制，它可以克服权力高度集中的弊端，把权力机关的权力行为，切实地放在人民的监督之下，使社会权力成为名副其实的公共权力。但是，如果民主缺乏法制的有力保障，缺乏人民公共权力的正确引导和驾驭，民主就难以实现大多数群众的根本愿望，人民的权益不仅无法保障，而且容易导致无政府主义的"大民主"，进而引发民主的伤痛和灾难。对此，我们有着极其沉重而又深刻的教训，那场轰轰烈烈不受约束、没有法治的"文革"运动，部分人随心所欲地大鸣、大放、大字报、大辩论，即是明证。由此得出一个结论，民主需要一个坚强的领导核心，否则，就没有人民当家作主的地位和权利，甚至会出现诸雄争霸、一盘散沙的动乱局面。

权力是把"双刃剑"，大家对此耳熟能详。法官出身的法国人孟德斯鸠早在几百年前说过，"一切不受约束的权力必然腐败"。马克思也曾经预言，"在政治权力对社会独立起来并且从公仆变为主人以后，它可以朝两个方面起作用。"大量事实已充分证明，民主是制约权力的最好方式。在权力关系中，如果社会公众被排除于政治视野之外，就会使制约权力的效果大打折扣，最后导致权力的异化。在我国，要真正确立人民的权力主体地位，建立起社会主义的公共权力体系和良好的权力运行机制，就应当进一步完善以社会主义民主政治为基础的权力结构。让我们重温一遍毛泽东主席当年在延安讲的那句老话：我们要走一条民主的新路，"只有让人民起来监督政府，政府才不敢松懈，只有人人起来负责，才不会人亡政息。"

辨析民主与权力的文化差异

在推进我国社会主义民主政治的征途中，有人把更多的目光、更深的关切投向了西方的民主文明。一种比较流行的观点，就是轮流执政、"三权分立"，党派的民主竞争有利于制约权力。果真如此吗？大家可以放眼看看世界。

前东欧地区一些国家鼓吹西方民主自由的人士，一旦掌握权力，往往在民主的旗帜下，把权力发挥到极致，甚至到了滥用权力的地步，使得这些国家的人民不得不反思自己过去所走过的民主道路。印尼、泰国等东南亚国家学习西方式民主，政党之间不仅没有形成相互监督机制，反倒是结成了分赃同盟。诸多无情的事实告诉人们，东施效颦，越效越病。"一方水土养一方人"，各个国度自有其不同的文化渊源与根基。暂且撇开我国人口众多、幅员辽阔、区域发展失衡、民族习俗殊别等基本国情不说，单从东西方文化特质的比较，就可以发现存在诸多的差异，因而也就引酵了不同的民主权力观。现择其要者概述二三。

"为公"与"私欲"相左。从古至今，中国历来倡导的是一种"公"文化，天下不私于任何人，乃"天下人之天下也"，治理天下，必"天下为公，选贤与能"。这一传统的民主与权力思想，影响着一代又一代的国人尤其是知识分子，使他们勇于担当道义，以天下为己任。西方资本主义民主的本质源于一种"私文化"，"实际上是对富人的民主"，其以个人主义为动力、以物质利益为目标，是一饱私欲的"金钱民主"，连西方媒体也这样评论，西方的竞选"与其说是不同施政纲领的对决，不如说是钱袋的对决，谁筹集的竞选资金多，谁就多一份胜算"。

"民本"与"等级"迥异。在如何处理国家与民众的关系方面，我国一直主张以民为本，民本无类，如"民为邦本，本固邦宁""民为贵，社稷次之，君为轻"等。故巩固国家政权的根本在于安民，"政之所兴，在顺民心；政之所废，在逆民心"。西方国家长期以来制造阶级对立，所要满足的不是他人需要，而是个性发展的欲求，社会不是人的自然结合，而是在自由民和奴隶、贵族和平民、领主和农奴、行会和帮工的不同阶级中再制造各个等级，所以马克思在《共产党宣言》中凝练了这一警世名句："每个人的自由发展是一切人的自由发展的条件。"

"和合"与"分权"冲突。中国传统文化着重强调做人处事要"和而不同，同中存异""和衷共济""天人合一"，主张"君子以厚德载物""礼之用，和为贵""协和万邦"等。"和合"是以对话求理解，以共识求团结，以包容求和谐，它突出了承认尊重、宽容圆融等人类各种文明协调发展的真谛。西方张扬的是与"和合"文化大相径庭的恃强凌弱、弱肉强食的强势文化，其表现为对外竞争掠夺、扩张殖民，对内相互倾轧、尔虞我诈。强权政治促进了资本主义时代的崛起，也造就了"分权制""轮流制"的民主方式及其价值观。

中国的社会主义正处于初级阶段的特色时代，过去经典作家所没有预料到的许多历史性特征，已经在我们面前一一展现。东西方文化差异的比较足以启示我们，世界上没有抽象的、普遍适用的民主，只有具体的、一定历史条件和文化背景下的民主。学习和借鉴西方文明，但不能脱离本国国情，盲目照搬他国模式。如果过多地理会西方的民主思想和所谓的普世价值，最后只能是政局动荡、社会冲突、人民受难，什么事情也办不成。吴邦国委员长在 2011 年"两会"上明确提出，"不搞多党轮流执政，不搞指导思想多元化，不搞三权鼎立和两院制，不搞联邦制，不搞私有化"。这是人民共和国庄严的政治宣言，掷地有声，表达了人民当家作主，走中国特色的民主政治发展道路的强烈意愿。

促进民主与权力的双向调节

双向调节是指一事物可使另一事物从亢进状态或者低弱状态向正常方面转化，最终趋于平衡状态。民主可以约束权力，也可支持权力，使得权力正常运行；权力可以抑制民主，也可护佑民主，促进民主正常开展。民主与权力二者之间的这种相互作用，即表现出双向调节的特征。

中国特色社会主义民主政治的中心内容，是中国共产党的领导、人民当家作主、依法治国三者的有机统一。作为一种新型的民主政治，其本质要求是坚持一切权力属于人民，人民在党的领导下，在法治基础上实现真正的当家作主。人民是主体，党的领导是核心，法治是基本保证，如果脱离"三者统一"去孤立地追求民主，就有可能损害民主的"可持续发展"。在公共权力运行方面，党的十七大报告提出要"建立健全决策权、执行权、监督权既相互制约又相互协调的权力结构和运行机制"，使公民社会与公共权力出现良性互动的局面。这一切，充分体现了民主与权力的双向调节作用。

近年来，我国围绕民主建设与权力运行，坚持"权为民所用"和"权为民所赋"，在制度上不断完善，在理论上大胆创新，在实践上积极探索，促进了民主与权力的双向调节，取得了显著成效，实现了经济的快速发展和社会的和谐稳定。但是，还应该争取在工作上有新的突破。比如：

进一步加强民主教育。人民民主是来自公众的一种巨大的政治力量，在公众中加强民主教育显得尤其重要。陶行知先生说过，"民主教育是教人做主人，做自己的主人，做国家的主人，做世界的主人。"他还倡导"六个解放"：解放眼睛、解放头脑、解放双手、解放嘴巴、解放空间、解放时间，使大家能够看清事实、想通问题、向前开辟、谈出真理、走进社会、多干点于老百姓有益的事情。于今看来，这些内容仍不失其教育意义。

进一步扩大民主选举。吏治腐败是最大的腐败，选人、用人关乎人心向背。群众是明眼人，干部德才好不好，实绩怎么样，群众心里一清二楚。要相信群众，依靠群众，让群众拥有发言权，提高选人用人的公信度，形成选人、用人风清气正的氛围，确保选好、用好、监督好干部。建立人民广泛参与和内在参与制度，不断扩大民主选举范围，用基层民主的办法选"官"，让广大干部群众表态发言，投出自己神圣的一票，使人尽其才，择优而用，干部选得合情合理。

进一步推进权力"下沉"。权力"下沉"，领导干部下基层，透射的意义是权力从哪里来，便到哪里去、往哪里用，这有助于权力的正本清源。习近平同志最近指出，深入调查研究，"非常有益于促进领导干部正确认识客观世界、改造主观世界、转变工作作风、增进同人民群众的感情，有益于深切了解群众的需求、愿望和创造精神。"民意表达渠道得到畅通，群众意见有人听、困难有人帮、怨气有处诉、事情有人管，就会令老百姓信服，使他们心情舒畅，真正享受当家作主的感觉。

进一步保障人民权益。民生是人民群众的最大权益，是发展民主的基础和前提，而发展民主又可促进民生的良好改善。从另一个角度看，改善民生也是调动群众积极性的最好办法，而"调动积极性是最大的民主"。如果因为贫富不均、两极分化而致民不聊生，一切也就无从谈起。因此，在权力行使的始终，都要做到关注民生、改善民生，切实保障人民的权益，实现社会的公平正义。如此一来，民主与权力即能协调配合，相得益彰。

进一步强化民主决策。让公众参与各种形式的决策，不仅能够集思广益，防止少数人拍脑袋而出现失误，更有利于集中民主智慧，加强民主监督，对权力进行有效约束与限制。发挥民主力量，强化科学决策、民主决策，让人民群众紧紧拽住权力的尾巴，使权力能够对人民群众忠实地负责，在宪法和法律的范围内运行，在阳光下操作，这是不致权力弱化、腐化和异化的根本保证。此外，老百姓参与决策，权力自我公开，会使他们觉得政府主持公道，真正为人民办事。因此，民主决策是确保为人民执好政、掌好权，实现民主与权力双向调节的重要途径。

我们期待着：民主从天上走向人间，权力本位走向权利本位，一切回归于"天人合一"的神圣境界。那该是一件多好的事情！

（原载于《学习时报》2012 年 1 月 16 日）

"合作"文化精神散论

在新中国成立前后，毛泽东主席以其博大的胸怀、睿智的目光，先后指出："党外无党，帝王思想；党内无派，千奇百怪。""我党同党外民主人士长期合作的政策，必须在全党思想上和工作上确定下来。究竟是一个党好，还是几个党好？现在看来，恐怕是几个党好。不但过去如此，而且将来也可以如此，就是长期共存，互相监督。"由是，奠定了中国特色政治制度的基础，开始了我国多党合作的新纪元。

多年来，徜徉于"多党合作"的历史文化长河中，我时常为那一朵朵跳跃激荡的晶莹浪花所悸动，诚如牛顿所说："我好像是在海上玩耍，时而发现了一个光滑的石子儿，时而发现了一个美丽的贝壳而为之高兴的孩子。尽管如此，那真理的海洋还神秘地展现在我们面前。"透过那光芒四射的"合作"文化精神，我似乎寻找到了一股股汩汩涌动的力量源泉，脑海中不由地浮现出宋代学者邵康节的一句话："君子生于浊世，当思所以善处；必须虚己接物，和易谦恭，方为处世良法。"诚哉斯言！"虚己接物，和易谦恭"这一世代传承的处世良法，支撑着国人独特而又宽广的精神世界！

一、"合作"文化精神的概念

（一）什么是文化精神？

关于文化的概念，众说纷纭，繁简不一。对文化的理解，简而言之，即：文化是国民之魂，是一种"以文教化"，"文而化之、化而文之"的东西，其内核就在于"化"，即"内化于心，外化于行"。"文化是一个群体在一定时期内形成的思想、理念、行为、风俗、习惯、代表人物，及由这个群体整体意识所辐射出来的一切活动。"而余秋雨先生则以通俗易懂的语言将其归纳为"文化是变成习惯的精神价值和生活方式"。

至于"精神"一词，通常会被认为是哲学术语，其实原本来自中医"三宝"——精气神。根据中医理论，"精"为生命活动之物质基础，"气"为生命活动之动力源泉，"神"为生命活动之外在表现，三者相合谓之"精神"。衍生为哲学意义，则专指人的意识、思维活动和一般心理状态。"人之文明，无文象不生，无文脉不传。无文象无体，无文脉无魂。"文象是物质的，而文脉则是非物质的，隶属精神范畴，体现为魂脉和风骨。

据此，可以概括为：在文化不断延续和传承的过程中，需要一种贯彻始终、渗入血脉、浸润肌肤的坚强力量，而这种力量就是文化精神，此所谓"一脉文心传万代，千户不绝是真魂"。

（二）什么是"合作"文化？

"合作"文化渊源于中华民族传统的"和合"文化，"和合"文化则以和谐合作为基础。这种文化涵摄了中华文化的诸多优点，如：不喜欢远征的"男耕女织"、不喜欢极端的"中庸之道"、不喜欢无序的"同文同轨"等。当然，它也没有排斥一些不应有的内容，如：不在乎公德的"自我修行"、不在乎创新的"编书习文"、不在乎实证的"格物致知"等。

我国独具特色的"合作"文化，必须是以一种互为认同的感情和道德为基础，以相互协同为事业志向的文化，其效果是相得益彰，其基础则可以概括为"拥党、爱国、为民"。

之一：拥党情结。党外人士拥戴中国共产党的情结不是与生俱来的，而是经历了长期培育，有一个认识过程。拥党是一种自觉的思想升华，经受了历史的风雨考验和血与火的洗礼。我们不会忘记李济深、沈钧儒等人在《我们对于时局的意见》中庄严宣布："在人民解放战争进行中，愿在中共领导下，献其绵薄，贯彻始终，以冀中国人民民主革命之迅速成功，独立、自由、和平、幸福的新中国之早日实现。"这是各民主党派、无党派民主人士第一次明确提出在政治上接受中国共产党的领导，这种拥党的感情，为新政协的召开和新中国的成立打下了坚实的基础，同时也为多党合作打下了坚实基础。

之二：爱国情操。爱国，是中华民族的优良传统。从古到今，不管朝代如何更迭、时间如何改变、历史如何续写，爱国始终是各个历史时代的主旋律。

"惶恐滩头说惶恐，零丁洋里叹零丁；人生自古谁无死，留取丹心照汗青。"南宋杰出的爱国人士文天祥的《过零丁洋》荡气回肠，震撼山河，充分反映了他坚贞的民族气节和高尚的爱国情操。民盟前辈如李公朴等以"爱国、民主、进步"为己任，在烽火连天的抗战岁月，保持着一种不偏不倚的谨严态度，既不苟同也不立异，在国民党反动派举起屠刀之时，毅然宣称民盟的立场就是"人民的立场，民主的立场，因而也必然是革命的立场"，这一切，为的是不忍山河破碎，追求于国家的和平、统一、团结、民主。

之三：爱民情感。管仲曾说："政之所兴，在顺民心；政之所废，在逆民心。"黄宗羲则认为："天下之治乱，不在一姓之兴亡，而在万民之忧乐。"若干历史实践表明，只有代表了最广大人民的利益，才能够赢得人民群众的拥护和爱戴。胡锦涛同志把"权为民所用，情为民所系，利为民所谋"作为共产党人全心全意为人民服务的重要标志，在青海玉树地震发生后，他饱含深情地说"我要同人民在一起"！于是果断提前结束国外访问日程，赶往灾区指挥抗震救灾工作。这种大爱将永驻民心。

"爱"出乎情，真情产生无疆大爱。我们总能铭记伟人邓小平同志的一句话："我是中国人民的儿子，我深情地爱着我的祖国和人民。"而温家宝总理则经常引用诗人艾青的一句名言："为什么我的眼里常含着泪水，因为我对这土地爱得深沉。"此间流露表达的都是一种对祖国、对人民的深深的爱。正是由于同人民群众有了深厚的血肉之情，中国共产党才能无往而不胜、无坚而不摧，才能带领全国各族人民取得一个又一个的巨大成就，也才能不断夯实多党合作的基础。

（三）什么是"合作"文化精神？

我很赞同这种观点，"合作"文化的特质是一种莲荷文化。莲荷，联合之谓也。莲与荷的结合，彼此之间筋骨相依、血脉相连，出淤泥而不染，濯清涟而不妖，中通外直，香远益清。莲荷身上散发出的那种"花之君子"般的气节馨香，在莲藕身上更具完美。李时珍在《本草纲目》中说："夫藕生于卑污，而洁白自若。质柔而穿坚，居下而有节。孔窍玲珑，丝纶内隐。生于嫩而发为茎叶花实，又复生芽，以续生生之脉。四时可食，令人心欢，可谓灵根矣。""洁白自若、质柔穿坚、居下有节、生生不息"——何其伟大的"合作"

文化精神气质!

"合作"文化精神的基本特征：一是团结，包括协商性、妥协性、同一性；二是民主，蕴含平等性、中庸性、折中性；三是生机，具有活跃性、多样性、引领性。三者的统一，使得"合作"文化精神表现出一派生机盎然的自然生态特征。

"合作"文化来源的多元性，形成了其内容的多元性和精神的独特风格，这种"笔中风骨，字里情操"的风格，一言以蔽之，那就是"和"。正如费孝通先生所指出：中国的儒、释、道思想中都含"和"。"和"的精神，是一种承认，一种尊重，一种感恩，一种圆融。"和"的基础，是和而不同，互相包容，求同存异，共生共长。"和"的途径，是以对话求理解，和睦相处；以共识求团结，和衷共济；以包容求和谐，和谐发展；"和"的佳境，是各美其美、美人之美、美美与共、天下大同。

要之，"合作"文化精神，是伟大的中华民族精神的一个重要组成部分。鲁迅说："我们从古以来，就有埋头苦干的人，有拼命硬干的人，有为民请命的人，有舍身求法的人……这就是中国的脊梁。"毛泽东在《别了，司徒雷登》一文中写道："我们中国人是有骨气的。……闻一多拍案而起，横眉怒对国民党的手枪，宁可倒下去，不愿屈服，表现了我们民族的英雄气概。"在"中国脊梁"表现的"英雄气概"中，我们可以处处发掘"合作"文化的精神内涵。

二、"合作"文化精神的内容

（一）"三和"精神

"三和"系指和而不同、和衷共济、和而大同，它们以"和"为根本，构筑了"家和万事兴"这一朴素而又崇高的文化境界。

1. 和而不同

"和而不同"源于《论语》之"君子和而不同，小人同而不和"。江泽民同志认为：和而不同"是社会事物和社会关系发展的一条重要规律，是人们处世行事应该遵循的准则，是人类各种文明协调发展的真谛"。

民主合作，因各自代表着不同阶层、团体的利益，所以未必尽乎是一团和气、一盆清水，必须同中存异，否则就没有合作的意义。正如周恩来总理所说："政协不是一盆清水，如果是一盆清水就没有意思了，只要拥护宪法、立场站过来，我们就欢迎。"围绕"同中有异"的问题，毛泽东主席曾坚定地表明了共产党人的态度："国事是国家的公事，不是一党一派的私事。因此，共产党人只有对党外人士实行民主合作的义务，而无排斥别人、垄断一切的权利。"

2. 和衷共济

《三国志》载："和羹之美，在于合异；上下之益，在能相济。"杜甫曾说："君臣当共济，贤圣亦同时。"唯有发自内心的和谐合作，共同承担责任、共同面临挑战、共同抓住机遇，同舟共济，共克时艰，才能共同到达理想的彼岸。

新中国成立伊始，美帝国主义将战火烧到了中国的鸭绿江畔，面对挑衅与侵略，打还是不打？党内外都有不同意见。1950 年 11 月 4 日，中国共产党与各民主党派发表联合宣言："誓以全力拥护全国人民的正义要求，拥护全国人民在志愿基础上，为着抗美援朝，保家卫国的神圣任务而奋斗。"抗美援朝，保家卫国，这是在艰难岁月中形成的不同寻常的共识。

1953 年，爱国民主人士沈钧儒先生在太湖疗养时，发现在长江下游各省血吸虫病流行极为严重。患者到了晚期，腹大如鼓，丧失劳动力，以致死亡。小小的血吸虫像瘟神一样威胁着农村广大劳动人民的生存。看到这些，沈钧儒心急如焚，给毛泽东主席写了一封信，反映了这一情况，并附送了有关材料。不久，这封信和材料放到了毛泽东的办公桌上。因为关系着疫区千百万人民身体健康，毛泽东对此极为关注，随即给沈钧儒复函："血吸虫病危害甚大，必须着重防治。大函及附件已交习仲勋同志负责处理。"在毛泽东的直接关怀下，根治血吸虫病的工作，在全国进展很快。可见，沈钧儒先生在推动消灭血吸虫方面，也是功不可没的。

3. 和而大同

和而不同，世界大同，呈现的是在五彩缤纷的世界中展示出来的事业一致性。即《易经》所云："保合太和，则利贞。"《礼记》所载："大道之行也，天下为公……是为大同。"革命先驱孙中山先生终生致力于"天下为公"，追求的就是中华民族的"和而大同"。

当年《中国人民政治协商会议共同纲领》的问世就是"和中求同"的光辉典范。《共同纲领》初稿由中国共产党负责起草，经过七次反复讨论修改，在广泛吸收各方意见的基础上，确立了中国共产党领导地位的合法性，将协商民主转化为国家意志，得到了大家的一致赞许，提交政协全体会议通过。李济深认为，《共同纲领》的基本精神和全部内容正是中国人民近百年来艰苦奋斗追求实现的目标；张澜深情表示，"我要赞许那个将要通过的《共同纲领》，这是新中国的一个人民大宪章。"

（二）"三容"精神

"三容"，即宽容、包容、兼容。"三容"通常以"宽容"或"包容"一词而概之，实际涵有三个不同的递进层次。名联"大腹能容，容天下难容之事"，林则徐"海纳百川，有容乃大"等，所指的都是一种天地之间人与人相容的博大精神。无"容"则无以合作。

1. 宽容

《化书》记载了这样一个浅显而又精深的道理："抑人者人抑之，容人者人容之。"海尔普斯做了现代意义的诠释："宽容是文明的唯一考核。"宽以待人，严以律己，这是人与人相处的起码准则，正如一段散文一般的语言所描述：宽容是甘甜柔软的春雨，可以滋润内心的焦渴，给世界带来勃勃生机；宽容是人性中最美丽的花朵，可以慰藉内心的不平，给生活带来幸福和希望。

新中国刚刚成立，党内部分同志对当时某些国民党起义将领的安排不理解、有意见，认为"早革命不如晚革命，真革命不如反革命"。针对这种情绪，毛泽东同志及时指出："有些国民党官员，过去虽然表现不好，甚至是敌人，是罪犯，但在关键时刻，能站在人民一边，反对蒋介石，反对打内战，愿意和共产党共同建设祖国，我们不能忘记他们，否则，新政协会议就失去了代表性，我们的政策也就会出现偏差。"并亲自邀请一些国民党将领同游天坛，展示了一代伟人的宽广胸襟。

2. 包容

《周易》说："地势坤，君子以厚德载物。"又说："天下一致而百虑，同归而殊途。"阐释的就是包容的道理。包容就好像一座座桥梁，连接着每个人，连接着整个世界。正是有了包容，才有了世界的蓬勃景象。

比如，1949 年组成的人民政协，定位于团结全国各民族、各民主阶级、各民主党派、各人民团体及各界民主人士的伟大的统一战线的政治组织。毛主席还指出，人民政协是统一战线的总部、神经中枢、各党派的总党部。这些，都体现了人民政协巨大的包容性。

3. 兼容

《三十国春秋》载："单者易折，众则难摧。"梁启超感叹道："孔北老南，对垒互峙、九流十家，继轨并作。如春雷一声，万绿齐苗于广野；如火山乍裂，热石竞飞于天外。壮哉！"表明的是中华民族对于各种力量联合的推崇。

回顾历史，新中国国旗、国徽、国歌的诞生，无一不体现了当时各种意见的汇聚和兼容。比如，关于国歌的确立，曾经历过一番争执。徐悲鸿说："我建议用《义勇军进行曲》代国歌怎么样？"郭沫若说："我赞成暂用它当国歌，但歌词修改一下好些。"黄炎培说："我觉得词不改好些。"周恩来说："觉得很好，表达了一种忧患意识。"毛泽东一锤定音："'中华民族到了最危险的时候'，这句歌词没有过时。我们要争取中国完全独立解放，还要进行艰苦卓绝的斗争，所以，我认为还是原词好。"最后一致同意将《义勇军进行曲》作为代国歌，完全可以选作新中国国歌。

（三）"三求"精神

"三求"，即求真、求进、求新。屈原留给后人一名句："路漫漫其修远兮，吾将上下而求索"，告诫人们一生求索的真谛。"求"是一种志气，人品、学问，俱成于志气。"无志气之人，一事做不得。"

1. 求真

求真，即说真话、求真理、做真人。实事求是，求真务实，是坚持马克思主义科学世界观和方法论的本质要求，它体现了马克思主义所要求的理论和实践、知和行的具体的历史的统一。

说真话。列宁说过："我们应当说真话，因为这是我们的力量所在。"诚然，针对现实的复杂，确有难以真言之隐，但即便如此，也切切不可说假话，至少，应该像季羡林先生说的那样，"真话不全说，假话全不说"。

求真理。《论语》载："朝闻道，夕死可矣。"所谓道，即为建立于事实基础之上的真理。周恩来有一句名言："只有忠实于事实，才能忠实于真理。"由此可见，人生之最高理想，就在于求索真理，因为不断追求真理要比占有真理更加高贵。

做真人。真人之"真"，贵在精诚。《庄子》有言："真者，精诚之至也，不精不诚，不能动人。"王守仁认为："谦者众善之基，傲者众恶之魁。"陶行知则一语道出了教育的真谛："千教万教，教人求真；千学万学，学做真人。"可见，做真人实属不易。

2．求进

时代在不断前进，事物在不断变化。置身于大变革的洪流之中，个人必须不断地跟进，否则难以跟上"合作"的节拍。正所谓"不进则退，不喜则忧，不得则亡，此世人之常"。而梁启超说得更加直白："人之处于世也，如逆水行舟，不进则退。"

与时俱进是中国共产党特有的理论品格，也是多党合作的一贯作风。"高山流水诗千首，明月清风酒一船。"冯友兰曾经辉煌与风雨同在，然而晚年仍不放弃对学问的追求，他说："我好比一头老黄牛，懒洋洋地卧在那里，把已吃下的东西吐出来，重新咀嚼，不仅其味无穷，其乐也无穷。古人所谓'乐道'，大概是这意思吧。"又说："凡是在任何方面有所成就的人，都需要一种拼命的精神。"这应该也是一种与时俱进的精神。

3．求新

求新拥有三个层次，即推陈致新、革故鼎新、新益求新，犹如《礼记》"苟日新，日日新，又日新"之谓也。

举凡学术创新的杰出人物，大都以"求新"作为治学的法宝。正所谓《二程集》中的"君子之学必日新，日新者日进也。不日新者必日退，未有不进而不退者。"例如：美学家朱光潜终生追求"新科学"，他的"对于一棵古松的实用、科学、美感的三种态度"，一直为人们所景仰；经济学家厉以宁力挺"国有企业股份制改革理论"，因此在2009年荣获第二届中国经济理论创新奖。

（四）"三开"精神

"三开"，即开明、开悟、开拓。意指做人要心胸开阔，做事要思想开明。试想：当阳光透过心扉，感觉无比畅快，浑身自然会散发出一股拓荒者的勇气，合作的劲头也就油然而生。

1．开明

"开明"源于《淮南子》："东方曰东极之山，曰开明之门。"原意为东方欲晓日照大地之时，后人则引申为做人的洞明事理，如《论语》的"己所不欲，勿施于人"，就是一种开明的行为。一个人的成功，常常是精明加上开明，精明属于智商，开明则为情商，情商比智商更加重要。

当年，毛泽东、周恩来致电宋庆龄，请她北上参加新政协，"新的政治协商会议将在华北召开，中国人民革命历尽艰辛，中山先生遗志迄今始告实现，至祈先生命驾北来，参加此一人民历史伟大的事业，并对于如何建设新中国给予指导。"宋庆龄却因"北平是我的伤心之地"予以婉拒。共产党人深明大义，再三礼邀，宋庆龄金石为开，欣然北上参加政协会议和开国大庆。其中显然包含了不少开明的浓浓情意。

尚须指出，开明与开放紧密相连，开明是开放的基石，有了开明才有开放，有了开放就有了合作。只有具备开放的思维、开放的胸怀和开放的氛围，才不为某一种单一的文化思想所禁锢，才会愿意吸纳接受各种先进文明的因子，才能做到在合作的过程中畅所欲言、开怀坦言。

2．开悟

开悟是一种思想的豁然开朗和心灵的顿然觉悟，是从焦虑和虚幻中解脱出来的生命回归，是每一种生命个体的本性。《三国志》载："足下虽有自然之理，然未见大数，熟省此论，可以开悟矣。"《法华经》载："照明佛法，开悟众生。"其实，开悟未必是深奥玄妙的东西，"饿的时候吃饭，困的时候睡觉"，这就是人最本能的开悟。

现代社会的进步，有赖于群体认识的觉悟。曾经被毛泽东主席誉称为"凤毛麟角"的学者任继愈先生就说过："一个哲学家启发一个时代的历史已经过去，以后，时代发展的大趋势是，一个觉悟了的群体来推动社会。"合作的群体，本身就是"一个觉悟了的群体"，这个群体，将会推动着中华民族的伟大复兴。

3．开拓

唐朝诗人韩愈的"江淮永清晏，宇宙重开拓"之诗篇，《宋史·陈亮传》的"推倒一世之智勇，开拓万古之心胸"之名句，使开拓的境界跃然纸上。开拓就是以这样一种生生不息的创造精神，不断地创立、创建新领域，勇于行使前瞻性行为，恰如鲁迅先生所说的，"世界上本没有路，走的人多了也便成了路。"

在合作队伍中，不乏优秀的开拓者们，例如：杂交水稻之父袁隆平院士数十年如一日，开拓杂交水稻新领域，为世界粮食安全作出了杰出贡献，增产的粮食每年至少可为世界解决 7000 万人的吃饭问题；社会经济学家冯之浚先生潜心研究经济可持续发展，开拓了循环经济新领域，他提出在生产过程没有"废"字，"废"是发展的"发"带"病"了，所以我们投资的目的就是把"病"拿走，这样我们就发展了，就发财了，就发达了。

（五）"三自"精神

"三自"，即自尊、自知、自励。海瑞认为："人不能重己，无以致人。"高尔基说过："人，作为历史的创造者，他的基本行为的目的是什么呢？那就是自我肯定，捍卫自己创立的思想，获得解释事实意义的自由。"在合作之中，我们必须具有这种自我认识的能力。

1. 自尊

自尊是自重、自爱、自强、自律的立脚点，它能够帮助人的成才与成功。《礼记》载"不自尚其事，不自尊其身"，《韩非子》曰"重厚自尊，谓之长者"等，道出的都是自尊的严格要求。故而，人们总记得别林斯基说过的一句话："自尊心是一个人灵魂中的伟大杠杆。"

诸葛亮说过，"恢弘志士之气，不宜妄自菲薄。"自尊是一种铮铮傲骨，绝非一种故作清高的傲气。在成绩面前不能骄傲自满、狂妄自大、目中无人，但也不能丧失气节，一味讨好别人，唯别人马首是瞻。一个人可以没有荣誉和鲜花，但不能没有起码的自尊。现代著名画家徐悲鸿留给我们的"傲气不可有，傲骨不可无"，令人回味无穷。

2. 自知

人的可贵之处，在于战胜自我、超越自我。《礼记》的"知困，然后能自强也"，《老子》的"知人者智也，自知者明也"，《韩非子》的"自见之谓明"，等等，指出的是自知的价值意义。在谈到"文化自觉"时，费孝通先生也说过："文化自觉"的意义在于生活在一定文化中的人对其文化有"自知之明"，明白它的来历、形成过程、所具有的特色和发展趋向。自知之明是为了加强对文化转型的自主价值能力，取得决定适应环境、新时代文化选择的自主地位。当我们检阅梁漱溟的人生历程时，也会发现其生命的两条重要轨迹，一为对自我、人生不无苛刻的反思、责求与体悟，一为对学问以及学问事功的追索。这大概会给我们一些启示。

党外人士的形象源于自己。回顾六十多年来多党合作的风雨历程，党外人士塑造了一种独特的不屈不挠形象，而这种形象源于党外人士对自我思想、行为、工作的认知与反思。如果党外人士丧失了这种优良朴实的作风，就会与大众疏远，在人们眼中的崇高形象也就会荡然无存。

3. 自励

《周易》载："天行健，君子以自强不息。"《荀子》谓："以修身自强，则名配尧禹。"有志的人战天斗地，无志的人怨天恨地。创造机会的人是勇者，等待机会的人是愚者。人们往往在这种自我激励中不断前进。

自励具有两个基本境界：一是执着于目标；二是持续而不息。新的时代，赋予我们新的使命，要求我们有新的作为。丁石孙先生有一段这样的励志语言，值得我们铭记。他说："一生能做的事情其实非常有限。年轻人往往会很狂妄。我年轻时也非常狂妄，总想做点惊天动地的大事。但狂妄、简单并不是什么坏事。有了这种冲劲，人才会进取。一个人应该有理想，但在实现的过程中会很困难，需要在现实生活中不断地修改，这样才可以在生活、工作当中成长起来。不要在成长的过程中变成一个没有目的的人。"

人生苦短，事业无限。在合作的征途上，总会有风雨和阳光相伴随，我们不妨记住著名书画大家范曾说过的一段话："人生的搏击，不是草原上的牧歌，不是顺风中的轻帆，你等着吧，够你花一生的精力去奋斗，在艰难苦怅中寻觅人生的乐趣，去深悟人生的真谛。"

三、"合作"文化精神的传承

"合作"文化精神的传承，体现在新型政党关系建立和维护上。胡锦涛同志在人民政协成立 60 周年纪念大会上指出："要坚持民主协商、平等议事、求同存异、体谅包容的原则，搞好中国共产党同各民主党派和无党派人士在人民政协的合作共事，支持各民主党派和无党派人士参与国家重大方针政策讨论协商及履行职责各项活动，维护和促进民主团结、生动活泼的政党关系。"总书记的讲话精神，激励着我们在新时期多党合作的道路上继续迈出新的步伐。

要建立和维护好新型政党关系，坚持和完善中国共产党领导的多党合作和政治协商制度，民主党派自身也应不断提高素质、忠实履行职责。具体可以从以下几个方面来加以理解，提高认识。

一是要牢记"山外有山，天外有天"，提高自己的能力与水平。杜甫曾说过："始知五岳外，别有他山尊。"正因如此，我们就应该多发现他人之所长，以补自己之所短，时刻不放松自己的进步，正如著名理学家朱熹所说："为学，正如撑上水船，一篙不可放缓。"

二是要坚持"立志立足，修身修德"，加强个人品德修养。要做到"为天地立心、为生民立命、为往圣继绝学、为万世开太平"，就必须不断修炼自己的心身，"心正而后身修，身修而后家齐，家齐而后国治，国治而后天下平。"缺乏"修身、齐家、治国、平天下"的韧性与决心，也就谈不上合作的自觉性。

三是要做到"百姓呼声，笔底波澜"，增强社会责任感。无论闲时忙时，都有必要多多吟诵郑板桥的"衙斋卧听萧萧竹，疑是民间疾苦声"的诗句，时刻心系劳苦百姓，在"萧萧竹"声中闻出"民间疾苦"，如果真正能够把那些微小的"一枝一叶"汇聚为"滔滔波澜"，你就会感觉出合作事业的价值与力量。

四是要勇于"指点江山，激扬文字"，忠实履行参政职责。"建睿智之言，献务实之策"，这不是一种轻松的责任，需要敢于"指点"，善于"激扬"，同心同德，将"江山"与"文字"统于一体，为中华民族的伟大复兴贡献出自己更多的聪明才智。

做个容易"合作"的人，说难也不难，关键在于怎样做人。黄炎培在《写给儿子的座右铭》中写到的"理必求真，事必求是；言必守信，行必踏实。事闲勿荒，事繁勿慌；有言必信，无欲则刚。和若春风，肃若秋霜；取象于钱，外圆内方"，其中的"求真求实、守信无欲、外圆内方"等，传授了我们许多颇具价值的做人要素，我们可以慢慢品味。

历史长河悠悠，文化精神熠熠。山河沧桑，时代巨变；社会前进，精神不朽。在新的历史条件下，"合作"文化精神所蕴含的无限活力和盎然生机，将激励我们迎着和煦的春风、明媚的阳光，萌动一片豪情、释放一片激情！行文至此，我欲沿用康德的一段旷世名言作为本文的结束："有两种东西，我对它们的思考越是深沉和持久，它们在我心灵中唤起的惊奇和敬畏就会日新月异，不断增长，这就是我头上的星空与心中的道德定律。"必须领悟的是，我们应该怎样更好地把握"头上的星空与心中的道德定律"？

让我们共同努力，树立和践行社会主义核心价值体系，大力弘扬"合作"文化精神，坚定地走向更加和谐美好的明天！

（原载于《中央社会主义学院学报》2010年第6期）

民主与真话的互根联动

民主与真话，一个百年老话题！多少年来，每当人们谈起这个话题时，往往心事重重，不胜感慨："为什么民主越来越难，真话越来越少？"这种困惑不安的心理表白，反映出人们对民主与真话现实景况的某种担忧，于是也引发了我对民主与真话互根联动意义的一些感想。

民主和真话是两样好东西

"民主是个好东西"，是近年来听得比较多的一句话。然而，并非什么样的民主都是"好东西"。"好东西"的民主，是"人民当家作主"的人民民主，这种民主既遵从多数人的意志，也兼顾少数人的利益，让每个人的自由发展成为"一切人的自由发展的条件"。对此，马克思曾满怀深情地作了描述："民主制才是普遍与特殊的真正统一"，"在君主制中是国家制度的人民，在民主制中则是人民的国家制度"。语言铿锵，掷地有声，"引无数英雄竞折腰"。

虽然说民主不能称为世界上最好的制度，但它推进社会走向文明，永远是专制和荒蛮的天敌。因之，中国共产党人高扬人民民主的光辉旗帜，"问苍茫大地，谁主沉浮？"几十个春秋浴血奋战、风雨同舟，几百万同胞英勇不屈、前仆后继，一个崇高的理想追求，就是建立"人民当家作主的国家"。时至今天，发展社会主义民主政治，依然是新一代中国共产党人始终不渝的奋斗目标。

"真话是样好东西"，对此大家也是耳熟能详。关于真话的命题，往往是相对假话而言，有时也相对于空话、套话。如果世界缺少真话，盛行假话，将充满虚伪和欺骗，"皇帝的新衣"的闹剧就会不时重演。故列宁反复强调："我们应当说真话，因为这是我们的力量所在"，"吹牛撒谎是道义上的灭亡，它势必引向政治上的灭亡。"一个政党能不能坚持讲真话、听真话，关系到政治上是否诚实、力量上是否坚强；一个人能不能坚持讲真话、听真话，关系到个人的道德品格高尚与否。诚如巴金在《随想录》中所言，"人只有讲真话，才能够认真地活下去。"

真话拥有三重境界：一是言出肺腑、心口一致、实话实说，俗话叫"掏心窝子"，换言之"推心置腹"；二是认知全面、依据实情、力求准确，比较客观地反映事物本来面目及其联系，避免所见所闻的主观和片面；三是反复求证、上下求索、实事求是，对已知事实提出质疑，不断寻求新证据，使提出的言论更加真实可信。

民主和真话堪称马克思主义的优良品质。在社会实践中，民主需要真话的坚强支撑，犹如大厦屹立离不开牢固的基座和正直的栋梁；真话需要民主的环境条件，好比万物竞荣须有明媚的阳光和充沛的雨露。民主与真话相依相偎、互为根本，荣损俱同，密不可分，各以对方的存在作为自己存在的前提，二者须臾不可或缺，共同产生互补、互动、互助的联动效应，从而形成完美的协调统一。

民主引导真话。民主是真话的前导，发扬民主就会从善如流、知无不言、言无不尽，尽情传递"知心话"。故而，有没有真话，是民主好坏的"晴雨表"，是人民主体意识及其地位强弱的"风向标"。记得当年毛泽东做"兴国调查"，开始大家很拘谨，不敢吭声，后来毛泽东着意拉家常，参加者"热烈讨论，无话不谈，亲切得像自家人一样"。在民主的氛围中，毛泽东听到了很多来自贫苦农民的心里话。

民主维护真话。民主是大多数人的权利，也是社会良性互动、和谐运行的基础，它始终是真话的捍卫者。尽管真话有时未必是真理，但"讲真话"却总是真理。当真理掌握在少数人手里，或真话并不等于真理的时候，尤其需要民主的悉心呵护。伏尔泰的那句名言，"我不同意你的观点，但我誓死捍卫你说话的权利"，即言此理。毛泽东在延安曾经遭人骂"雷劈"，搞清原委后反向骂人者道歉，这个民主与真话的故事，几十年来传为佳话。

真话推进民主。真话是民主的助推器、社会的润滑剂，它可以调和不同矛盾，理顺官民关系，厘正决策偏差，有利于民主的健康发展。提倡真话是推进民主建设的关键，为人民服务是民主建设的根本要求。人们至今忘不了那句平淡的忠告："因为我们是为人民服务的，所以，我们如果有缺点，就不怕别人批评指出，不管是什么人，谁向我们指出都行。"它启迪着人们更加深入地思考真话推进民主的价值。

真话活跃民主。民主和真话是社会文明进步的重要标志。真话打破沉寂，让民主充满生机与活力；民主有了真话，显得更加绚丽多彩。新中国成立前夕，共产党在战场上所向披靡，在解放区精诚团结，民主与真话共同度过了一段美好的时光。在1949年政协第一届全体会议上，党内外人士沐浴着民主的和煦清风，聚集一堂，围绕国号、国旗、国歌的确立，说实话，道真情，见仁见智，有争论也有统一，那生动活泼的情景令人难以忘怀。

民主和真话谁也不能少

风云沧桑，霜天峥嵘。中国共产党人很早以前就清醒地认识到民主与真话关联互动的意义。在革命斗争时期，中国共产党以其顽强的魄力，探索民主、倡导真话，并付诸实践行动，书写了民主与真话的辉煌篇章，许多范例历历在目。

——让民主制度显示效力。1927年"三湾改编"以后，红四军设立了士兵委员会。之所以成立这样一个组织，毛泽东作了如此阐说：士兵委员会就是监督院，是监督官长的，就是要士兵敢于讲话，讲话要有作用。士兵委员会是中国革命史上较早建立的民主集中制度，它在后来一次次革命斗争中真正显示出了强大效力。

——让人尽量发表意见。受旧式军队的影响，红军初创时期存在许多非组织行为。1929年古田会议上，毛泽东作了《关于纠正党内的错误思想》政治报告，着重指出，"开会时要使到会的人尽量发表意见，有争论的问题，要把是非弄明白，不要调和敷衍"。这对于当时克服"一言堂"的作风起到了至关重要的作用。

——让人充分发挥才干。1938年7月，毛泽东告诉到延安访问的世界学联代表团，边区是一个民主的抗日根据地，实行的是人民民主制度，"无论哪一种职业的人，无论从事什么活动，都能发挥他们的天才，有什么才干的人都可以表现出来。"在民主精神的感召下，无数热血青年和有识之士挣脱牢笼，延安成为他们共同选择的圣地。

——让民主维护团结。1944年，毛泽东在延安坦率地回答中外记者团的提问："中国非常需要民主，因为只有民主，抗战才有力量……亦只有民主，才能使中国在战后继续团结。"让民主凝聚力量，让民主维护团结，协力实现中华民族的伟大复兴，这振聋发聩的声音，给大家增添了强烈的责任感和使命意识。

——让人民群众民主选举。延安时期，边区政府将反动独裁政体"改变为各党派各阶级合作的民主政体"，实行"三三制"和民主选举。边区人民流行的"豆选法"："金豆豆，银豆豆，豆豆不能随便投，选好人，办好事，投在好人碗里头"，充分表达了理想中的民主社会，人民群众实现民主话语权的自然状态。

——让大家都讲真话。在党的七大全体会议上，毛泽东向全党提出了"讲真话"的问题，就是"不偷、不装、不吹"，懂得就是懂得，不懂得就是不懂得，懂得一寸，就讲懂得一寸，不讲多了。把"知之为知之，不知为不知，是知也"的传统文化精神，引申为共产党人忠诚老实的工作学习态度，那是何等"义尚光大"。

——让人民监督政府。1945年，毛泽东与黄炎培谈论"历史兴亡"周期率的世界难题，坚定地说道："我们已经找到了新路，我们能跳出这周期率。这条新路，就是民主。只有让人民来监督政府，政府才不敢松懈；只有人人起来负责，才不会人亡政息。"走人民监督的民主新路，这对于中国共产党夺取和建立政权发挥了重要作用。

"花易谢，雾易失，梦易逝，云易散。物尤如此，情何以堪？"新中国成立之后不久，由于受苏联的影响，党内出现了个人崇拜，领导者处于权力的巅峰，民主政治进程出现倒退，依法治国设想大打折扣，民主与真话遭遇了被人唾弃的颠沛，真叫人不明所以，唏嘘不已。

前车之鉴，后事之师。历史上一次次铁板钉钉的事实证明：什么时候有了民主和真话，党的主张和决策就比较正确，事业就会无往而不胜，否则就会遭受严重挫折；中国共产党人不怕任何困难，但一怕脱离群众，失去执政的民主根基，二怕鸦雀无声，缺少公众对权力的监督。

民主和真话不要走进死胡同

毛泽东曾在延安一针见血地批评指出："中国是有缺点，而且是很大的缺点，这种缺点，一言以蔽之，就是缺乏民主。"经过几代人的努力，中国终究在一天天地变得更加富强、更加和谐、更加美好。民主政治稳步推进，实事求是的作风建设不断加强，将改革开放以后的中国与过去各个历史时期的中国相比较，一个进步文明、团结民主的形象正在树立起来。然而直面现实，我们也不难发现，中国"缺乏民主"、缺少真话的缺点至今并未得到有效克服，一些现象应当引起注意。

"苍穹行云唯我尊。" 由于中国几千年传统文化的熏陶和影响，"权力本位"的观念根深蒂固，深入权力者内心的"民主"，留下了居高临下"为民做主"的痕印，社会主义民主艰难行进。在缺乏民主的氛围中，失去监督的权力极易自我膨胀，犀利直率的忠言难以接受采纳，批评与自我批评变成了表扬与自我表扬，密切联系群众变成了密切联系领导，集思广益变成了一言九鼎，征求意见变成了众星捧月；权力高度集中，权力结构失衡，决策服从权力，"一把手说一不二，二把手说二不一"，谁发表不同观点就是"异类"；权力滥用，独断专行，"我即民主、我即真话"，严肃的民主生活往往成为个别领导"指点江山"。一些"唯我独尊"的境况让人们着实捏一把冷汗。

"惴惴谄谀步琴韵。" 无民主则无真话，无真话则无民意表达。官云亦云、权云亦云，某些场合的表态发言往往变成了规定的附和"步韵"，诸如"高屋建瓴、立意深远、总揽全局、精辟透彻"之类的大话、空话、恭维话、客套话、永远正确的废话，每可散见于一些会议简报、文件材料的内容之中。还有部分官员谙熟所谓的官场"潜规则"：颂扬赞歌可以奉承领导，坦直揭丑引来打击报复；掩盖问题可以避免纰漏，弄虚作假可以捞取政绩。所以他们不愿讲心里的话，不敢讲真实的话，要么说些"正月初一拜年话"，或者"光作笔记不张口"。由此一来，告诫规劝的诤言少了，悦耳动听的谀言也就多了，它严重威胁着民主与真话的生存环境，不能不让人揪心！

"惯看风月逆亦顺。" 农耕文化下的"清官济民"情结，使得相当多的人们认定："天下悠悠万事，地方全靠一官。""耕好自家地，莫管他人田"。他们习惯"把一壶浊酒，莫说长论短"，不懂维护自身的民主权利，不愿意诉说心底事关个人利益的意见。尽管如此，还是有人主张把百姓教化成为"顺民"。另外，在目前我国的教育中，仍掺杂着不少所谓"好孩子听话"的德育内容，让人良莠难辨。如幼儿园阿姨分苹果，谁直言"要大苹果"则给小苹果以示惩戒，结果孩子都违心地说"要小苹果"。阿姨分苹果的"个人权力"，禁锢了孩子表达愿望的"真话权利"，这种教育方式玷污了孩子的纯洁心灵，培养成人难有民主与真话意识，只会唯唯诺诺，马首是瞻。

"愚人效颦扮丽春。"一些所谓的"主流精英"把自己打扮成民主斗士，抛掉"犹抱琵琶"的羞涩，成天价将"民主"喊得震天响，一再申明自己在说真话。他们淡化中国国情的多样性，把西方的民主制度神圣化、教条化，视他人丑陋"疮疤"为妖媚"鲜花"，甚至套用专制独断的思维，把民主和真话工具化、功利化，谁不听他的就是搞专断，严肃的民主话题成了"政治快餐"。有人认为民主就是党派竞争、自由选举，把民主当作包裹自己、掩饰私欲的漂亮外衣；有人认为真话就是政治放松、言论自由，把真话变成免受批评、指责他人的政治武器。这样的民主容易走向极端，真话容易出现异化。古人训言："愚人妄说国政，如野田泄气，何足听哉！"近年一些国家政权因为滥用民主、放开言论，导致独裁当道、宪政危机，从而陷入无休止的政治动荡和社会泥潭，应该作为深刻教训而认真吸取。

目睹身边不时发生的一些现象，我们何能"等闲不理社稷事"，让民主和真话"颓废"下去，何能忍心让变得越来越好的中国前途风雨飘摇？呵一曲幽暗低回，民主唯真；叹一句荡气回肠，真话唯美。新的时代在召唤：一定要把民主和真话请回来。

让民主和真话蔚然成风

在今年2月6日，习近平总书记与各民主党派中央、全国工商联新老领导人和无党派人士代表欢聚一堂、共迎新春，他指出："对中国共产党而言，要容得下尖锐批评，做到有则改之，无则加勉；对党外人士而言，要敢于讲真话，敢于讲逆耳之言，真实反映群众心声，做到知无不言，言无不尽。"体现了我党发扬民主、提倡真话、光明磊落的底气和胸怀。

推进民主和真话的相互联动，是一项具有内在性、根本性和长远性意义的系统工程，不能一蹴而就，需要勇气和智慧，需要时间的长期磨砺，更需要大家的共同担当。我们憧憬着民主春风扑面而来，每个讲真话的人都能受到尊敬、爱戴和保护，那该是何其愉悦的社会风尚。

领导干部带个好头。"一花引来百花开，夺得千峰翠色来"。领导干部身体力行、率先垂范，摒弃"一言堂"，带头说真话、听真话，这恐怕是最有效的方法。道理很简单，"贤路当广而不当狭，言路当开而不当塞"，没有唐太宗的诚意纳谏，就没有魏征的大胆直谏。平时应"找点空闲、找点时间、带上笑容、带上祝愿"，轻车简从，常深入基层之"家"看看；工作当中求真若渴，虚怀若谷，多把忠言当"良药"，多把群众当亲人；生活心态恬静淡定，物我两忘，多想想"自己也是百姓"，多听听平民的"絮叨话语"。果能如此，既可创造一个"政唯求于民便"的民主环境、"事皆可与人言"的真话氛围，又可塑造领导者个人的品德威信，提升非权力性影响的人格魅力。何乐而不为！

教人怎样做主人。民主和真话不仅靠政治体制，还要靠整体觉悟。陶行知先生曾说过："民主教育是教人做主人，做自己的主人，做国家的主人，做世界的主人。"他还提到，"千教万教，教人求真；千学万学，学做真人。"加强对公民的民主与真话的教育，是奠定社会和人生道德金字塔的基础，大家都应从我做起，秉持"守真"的道德准则和"做人的本色"，克服爱听好话、喜欢奉承的通病，培养冰清雪洁、不阿谀奉承的高尚品格。民主与真话的养成教育要从娃娃抓起，让他们从应试教育和标准答案中解放出来，开阔视野，充分发挥想象力和创造力，把民主和真话化作滋养身体、浸润精神的魂脉。

防止极端和异化。中国需要吸收和借鉴人类一切文明成果，也需要冷静而又理性地看待西方民主制度不道德、不公正、缺乏人性、尔虞我诈的一面。民主和真话有其道德与法律的底线，不能随心所欲地把行使民主真话的权利作为情绪宣泄的手段，更不能为所欲为地为满足私利而滥用民主真话。建立一个"政治本土化"的中央权威，确保它在人民监督之下不致过度集权，并忠实地为广大人民谋利益，这种民主政治体制结合了中国国情，富含人本精神。我们应该对自己的民族文化有清醒的认识，对国家的未来前途有足够的信心，毫无必要丢掉自己的优越制度，而去照搬西方的那一套。

坚持和完善好的制度。现代民主制度的科学性、先进性是相对于"专制和集权"而言的。从理论设计的路线上讲，我国的人民代表大会、政治协商等政治制度，当是全世界最好的民主制度。每年"两会"期间，领导与代表委员直接对话、畅所欲言、共商国是，一个个生动活泼的场面即为明证。为何好的制度在执行中会出现偏差乃至"悖于常理"？问题还是出在民主与真话上。如民主选举、民主决策、民主监督，十分必要。然而怎么个"民主"法？怎么增强公众参与度？怎么对权力实行有效监督？如此等等一系列重要问题还需要在制度上进一步明确。此外，应从"开放、包容、多元"出发，提倡"独立之精神，自由之思想"，多听各种不同意见，兼容并蓄，择善而从，建立健全合理的权力结构和权力运行机制、信息公开和决策咨询制度、智力支持系统和协商协调机制。近年来接连出现的圭叶村"五合章"的理财方法、乌坎村委会的村民选举形式，说明中国人配得起搞民主，倒逼着我国体制改革和制度创新，应在实践中积极探索，更好地促进正确制度的不断健全和自我完善。

确立"国家主人"的地位。"人民是国家的主人，人民的利益高于一切。"这句话很动听，但动真格才算数，仅说不干不是真话，甚至连"半点马列主义也没有"。比如：切实保障人民的知情权、参与权、表达权、监督权，让人民的意志决定执政的内容和形式，那么公开"三公消费"和"政府预算"之类，就应该雷厉风行，不能遮遮掩掩；充分体现人民群众的利益和诉求，把民生当作最大的民主，那么当前人民群众面临的就业、住房、教育、医疗、收入分配等"最关心、最直接、最现实"的利益问题，就应该着力解决，不能等待时机；高度尊重人民群众的创造和意愿，促进人的全面发展，那么制订公共政策、上马重大项目、征用建设土地等，就应该履行程序，不能违背承诺。概言之，确立"主人"的地位有一个标准，那就是"群众满意不满意、群众高兴不高兴、群众答应不答应"。

莺飞草长，流云无痕。一个美好的"中国梦"，升腾起全国人民对未来生活的无限憧憬，"让人民共享人生出彩的机会"，激励着我们随时随刻"倾听人民呼声、回应人民期待"。飞穿激越奔放的时空，经历蹉跎彷徨的岁月，在遭遇过无数次的波折起伏、飞流倾泻之后，民主与真话必将在追梦、圆梦的奋斗进程中，涤荡出更加透亮的本色，并蒂绽放在我国政治社会的百花园圃。

（原载于《中国政协》2013 年 10 月）

人口资源环境：均衡协调与统一

2012 年 11 月 8 日，庄严的人民大会堂，举世瞩目的中国共产党第十八次全国代表大会隆重开幕，一个声音雄浑铿锵："要按照人口资源环境相均衡、经济社会生态效益相统一的原则，控制开发强度，调整空间结构，促进生产空间集约高效、生活空间宜居适度、生态空间山清水秀，给自然留下更多修复空间，给农业留下更多良田，给子孙后代留下天蓝、地绿、水净的美好家园。"时代的强音在天地间回响，激发着我们对中国现实的人口资源环境问题进行深入的思考。

天人合一：中国人的崇高境界

自古以来，中国人就没有所谓上帝的概念，心目中信奉的只有一个"天"。无论是遇到高兴的、还是悲哀的、或者是惊奇的事情，都会情不自禁地喊道："我的天啊！""天"，成了中国人的图腾崇拜、中国人的精神上帝。

究竟什么是"天"？一句话说不清楚。董仲舒在《春秋繁露》中说："人之人，本于天。"人的祖宗是人，祖宗的祖宗是天，因此，"天人之际，合而为一"，"天"就是整个大自然。人和万物源于天地自然，"天地与我并生，而万物与我为一"，这种"天人合一"的思想，表达的是生活在自然中的人类，应该尊重自然、顺应自然、保护自然。"天人合一"充分表达了人与自然的融洽关系，强调了人与自然的和谐共处，是中国古人的崇高境界和美好追求，也是中华传统生态文明思想的坚实基石。

"天人合一"的生态文明思想，发轫于农事活动的"靠天吃饭"。一年四季的春播、夏种、秋收、冬藏，全部农事活动与自然密切联系，人们期望风调雨顺、风和日丽。这一点，决然不同于西方的海洋民族，他们只收不种，只有向自然索取，"征服自然、征服海洋"，就是他们的出发点。

"天人合一"是世界传统生态文明思想的一朵奇葩，它蕴藏的睿智和哲理，至今也没有褪去丝毫的灿烂光辉。现代生态伦理学的创始人之一法国思想家施韦兹对"天人合一"表示由衷的赞许与敬佩，他认为，"天人合一"是"以奇迹般深刻的直觉思维"，展示着人类的最高生态智慧。

然而，正当我们审视过去千百年来所发生的一切，而欲欢呼雀跃的时候，会突然记起恩格斯早在19世纪70年代所发出的忠告："我们不要过分陶醉于我们对自然界的胜利，对于每一次这样的胜利，自然界都报复了我们。""我们必须时时记住：我们统治自然界，决不像征服者统治异民族一样，决不像站在自然界以外的人一样——相反地，我们连同我们的肉、血和头脑都是属于自然界，存在于自然界的。"

现实印证了伟人的预言。由于工业文明的扩张、西方思想的渗透，使人们的生活习惯发生了改变，朴素而又精致的"天人合一"思想遭受了颠覆，自然界的生态环境遭受了破坏，人类正在自我毁灭的危险道路上走得越来越远。

即便在"天人合一"优秀生态文明思想诞生的故乡，"天人合一"思想体系中的三大要素——人口、资源、环境，也正面临着重重困难和巨大威胁，成为不能不说的沉重话题。资源约束趋紧、环境污染严重、生态系统退化，决不再是杞人忧天、危言耸听，严峻的形势已经切切实实地呈现在我们的面前。

还是小平同志有远见，他说得多么精辟透彻，中国的国情就是"人口多、底子薄"。是啊，只有充分认识当今中国人口、资源、环境这个基本现实，才能真正领会党的十八大报告提出的"五位一体"思想和"树立尊重自然、顺应自然、保护自然的生态文明理念，把生态文明建设放在突出地位"的深刻内涵，并以积极的行动，自觉地投入到贯彻落实科学发展观的伟大时代洪流中去。

人口众多：难以卸下的沉重负担

最近30多年，我国挥手告别了计划经济，这是改革开放的一大成果。然而，有一个领域却终究未能与"计划"分手，那就是"人口生育"。颇有意思的是，就在购物不再需要粮票、布票、油票之类的凭证时，生育必须出示"准生证"。尽管有些诙谐，但确是在无奈之中不得不采取的强行举措，因为我国在当时的人口实在太多，繁衍得太快，这个不争的事实，已经演变为一个难以卸下的沉重包袱、无法逾越的发展瓶颈。

曾记得在孩提时代，每当我们朗朗上口地读起中国"地大物博，幅员辽阔，资源丰富，人口众多"的时候，自豪感便不禁油然而生。我国不仅是一个人口大国，而且还是一个农业人口占多数的国家，围绕着13亿多人口这个庞大的数字，已经凸显出了许许多多的问题。再多的财富，除以13亿，也会变得很渺小；再小的困难，乘以13亿，也会变成巨大的灾难。

让我们来看看这组吓人的"人均"数字：中国人均土地约13亩，只有世界人均39亩的1/3；中国人均耕地约1.4亩，为世界人均耕地5.5亩的1/4；中国人均草原4.5亩，不到世界人均9.5亩的1/2；中国人均水资源也仅为世界平均水平的1/4；等等。在这些数字面前，我们似乎矮了半截，优越感被扫荡一空。

在"人均不足"数字的指导下，人们将中国落后的原因归结于"人口众多"，连各个部门工作中存在的问题也仿佛都找到了症结：环境恶劣是"人口太多"、交通拥堵是"人口太多"、粮食紧张是"人口太多"、电力不足是"人口太多"，房价过高还是"人口太多"。一切的一切，无不是"人口太多"。当然，这种原因的单一归结有点过头，而"人口众多"的背后，确实也隐藏着许多不容忽视的问题。

一是人口总量持续增长。以第六次全国人口普查的总人口13.7亿为基数，预计2045年将达到峰值16亿人口，按照这个人口的增长与资源、环境的矛盾将会变得更加突出。

二是人口素质亟待提高。我国每年有20万—30万可见先天性缺陷婴儿出生，加上出生后数月和数年才显现出来的缺陷，先天残疾儿童总数高达80万—100万，约占每年出生人口总数的4%—6%。此外还有文化素质、道德素养等都需要进一步提高。人口素质偏低的问题，已经成为影响社会的文明与和谐、资源利用效率和国家综合竞争能力的主要因素。

三是人口结构性矛盾日益显现。老龄化进程加快，至2013年，中国60岁及以上的老年人口将突破2亿，从而导致扶养比不断提高，对社会保障体系和公共服务体系的压力加大，并影响到社会代际关系的融洽；出生性别比持续升高，多年来个别省份超过 120，据预计，至 2020 年，20—45 岁男性将比女性多 3000 万人左右，婚姻挤压导致的社会秩序混乱，也将成为影响社会稳定的严重隐患。

四是生育公平受到挑战。城市流动迁移人口高达 2 亿，规模庞大的"超生游击队"，增加了计划生育管理和服务的难度，落后的农村和边远地区生育水平不断上升，城市的低生育水平面临着人口负增长的风险，公众生育意愿与现行生育政策的要求有很大差距，计划生育的国策也与"以人为本"的普惠政策出现了冲突。

面临复杂的人口发展形势，重点在于人口总量，同时还必须高度关注素质、结构分布和政策的调适。"人是世界上第一个可宝贵的东西"，"有了人，便会有一切"，我们还必须从另一个角度去领会"人口红利"的内涵，这就是辩证法。

资源不足：发展中的一块短板

地球的环境在供养着整个生物圈，并支撑着它们所做的一切，这就是资源。资源是人类生活的源泉，是经济社会发展的重要依托。没有资源，人类只能去喝"西北风"，道理就是如此简单而又浅显。

从历史上看，我国曾经是一个"资源大国"，但从现实的资源存量和利用率的比较看，我们不能不承认，随着经济和社会的高速发展，对能源的需求度迅猛加大，我国已经成为一个实际意义上的"资源小国"。

土地资源紧缺。我国土地资源的特征是"一多三少"，即：绝对数量多、人均占有量少、高质量的耕地少、可开发后备资源少。我国人均占有土地面积不到世界人均水平的 1/3，这个数字本来就让国人尴尬。更为难堪的是，我国土地资源相对贫乏，土地资源较差。在我国境内，流动沙丘、戈壁、盐碱地、高山等难以利用的土地占国土面积三成以上。工矿、交通、城市建设用地不断增加，水土流失严重，土地沙化、盐渍化和草场退化面积不断扩大，致使大片良田损失，耕地面积不断减少。

矿产资源贫乏。我国矿产资源人均占有量仅为世界平均水平的 58%，45 种主要矿产资源人均占有量不足世界人均水平的一半，大型和超大型矿床比重很小，贫矿、难选矿合共伴生矿多，开采成本太高，实际可供利用的资源比例很低。据预测，到 2020 年，我国重要金属和非金属矿产资源可供储量的保障程度，除稀土等有限资源保障程度为 100% 外，其余均大幅度下降。

水资源严重不足。如果世界人均水资源是一满杯水，中国的人均水资源只不过是个杯底。我国水资源总量为 2.8 亿立方米，居世界第 6 位，我国人均占有水资源量，仅仅相当于美国的 1/5，俄罗斯的 1/7，为世界第 109 位。中国是世界人均水资源极少的 13 个贫水国之一，9 个省（市、区）的人均占有水量仅为 500 立方米，远低于国际上的通行标准，难以满足起码的生存要求。水资源危机不是即将到来，而是已经从四面八方"悄悄包围"。

森林资源告急。森林是地球的肺脏、人类的摇篮、环境的灵魂，我们不能没有森林。当前我国森林资源的总量不足、资源匮乏、无后备资源可采，森林面积仅占世界的 4.6%，林木总蓄积量不足世界总量的 3%，人均森林面积只有世界平均水平的 1/5，差距十分明显，严重影响到国土生态安全。同时，森林资源还存在几个不容忽视的问题：一是质量不高，中幼龄林比重大；二是分布不均，主要分布于东北、西南、东南地区；三是破坏严重，乱砍滥伐现象比较普遍，天然森林资源面临严重威胁；四是森林灾害较为频繁，火灾、虫灾不断发生。

生物种类加速减少。乱捕滥猎和乱挖滥采现象屡禁不止，野生动植物种类正在加速减少和消亡。联合国《濒危野生动植物种国际贸易公约》列出的 740 种世界性濒危物种中，我国占 189 种，为总数的 1/4。由于生物多样性受到严重破坏，大大增加了自然生态环境的脆弱性，降低了自然界满足人类需求的能力，我们很难避免一个又一个灾难性的打击，最终威胁到自身的生存。

能源储备减少。我国的煤炭、石油、天然气人均剩余可采储量，分别只有世界平均水平的 58.6%、7.69% 和 7.05%，新能源和可再生资源虽然开发利用潜力较大，但面临的制约因素也很多。与之相反，我国单位 GDP 能源消耗却比世界平均水平高出约 2 倍，能源产出效率大大低于国际先进水平，这令我们感到十分的难为情。

事实一再表明，我们单靠国内资源已无法支撑今后的发展。如此不断地将资源耗竭，真不知道我们的子孙后代该怎么过日子？

环境恶化：需要正视的民族危机

我们目睹了经济的快速发展，同时也看到了生态退化和环境危机。发展经济与环境保护，这对天然的孪生兄弟，竟成为难以协调的对手。"中华民族到了最危险的时候"，以此来形容我们的生态环境，是再恰当不过了。

之一，生态恶化不断加剧。从太空中鸟瞰我们的家园，我们不免为之震惊：大片国土上的郁郁葱葱哪里去了？为何森林稀少，风沙滚滚，不知不觉就变成了棕黄色？版图上与周边国家在颜色上所形成的鲜明对照，使我们的心里一阵阵感受着苦涩和酸楚。

土地持续荒漠化。我国是世界上荒漠分布最多的国家，总面积约128万平方公里，占国土面积的13.3%。由于一度出现的较为严重的乱砍滥伐、过度放牧及围地造田，我国18个省的471个县，近4亿人口的耕地和家园正受到不同程度的荒漠化威胁，加上水土流失的不断侵蚀，整个生态系统的恶化正在让我们吞下一颗颗苦果。

农村环境问题日益突出。面源污染泛滥，已有2亿亩左右农田遭受不同程度的污染，畜禽粪便、水产养殖、不合理使用农药化肥、重金属超标等，致使农产品质量安全事故一次又一次发生，甚至到了"谈食色变"的程度。

之二，水生态系统严重失衡。旱涝灾害频发，河流断流现象加剧，不少湖泊萎缩，天然绿洲消失，现有水库蓄水量减少，湿地破坏严重，地下水位因超采下降，等等。水生态系统失衡所带来的灾害不断重演。

在我国的江河湖海中，颜色越来越变得斑斓多彩，红、黄、蓝、绿，无色不有，水环境污染越来越严重。在七大水系干流中，仅有1/2的断面达到或优于国家地表水环境质量标准3类，大部分江河湖海成为富营养化状态，沿海河口地区和城市附近海域污染严重，水华和赤潮发生频次增加，面积扩大。藻类暴发期间，繁殖十分迅猛，其现场难以控制，常被人称为"生态癌"，形形色色的奇症怪病，往往随之相伴而生。

污水的渗漏，直接影响到地下水的质量，不少城镇集中式饮用水源地"毒素潜伏"，有害物质不同程度超标。在我国，约有2亿农村人口在饮用不合格的水，多数城市居民生活用水受到污染，越是在经济发达的地区，有毒污染物的种类和数量也就越"发达"。

之三，大气环境烟雾重重。在我国的大气环境中，二氧化硫排放量、烟尘排放量和工业粉尘排放量，远远高于环境承载能力。一个看不见的PM2.5，使得我们惶恐心悸。在开展监测的300多个城市中，半数以上城市超过国家空气环境质量二级标准，处于中度或严重污染状态。我国的酸雨面积占国土面积的30%以上，是世界重点酸雨区。

在我国，机动车保有量正在日益增加，机动车尾气已成为大气污染的主要来源之一。预测到2015年，城市机动车污染物排放量将比2000年上升一倍。汽车尾气污染对人体健康的危害日益显现，北京汽车尾气污染已居世界之最，成为世界上最大的汽车尾气污染沉积中心。

之四，土壤环境隐患凸显。据不完全统计，全国污染的土地面积已经超过1.5亿亩，污水灌溉引起的污染耕地约3300万亩，固体废弃物堆存占地和毁田约200万亩，合计约占耕地总面积的1/10以上。危险废物直接向大地排放，垃圾围城现象到处可见，"白色污染"难以降解，废弃物很少经过无害化处理。

在土壤中，发现的有害物质已多达百种，这些有害物质通过根系进入作物体内，顺着食物链传递到人体，毒素的浓度可放大到几十倍。有害物质还具有一定的生物积累性和致癌、致畸、致突变作用，时间越长，毒性反应越大，很难通过稀释作用和自净化作用来消除，除非采用"植皮"或"透析"疗法，进行大面积换土和淋洗土壤。

之五，环境污染带来了巨大损失。新世纪的头20年，中国的环境污染带来的经济损失可能占GDP的10%左右，这一惊人的数据，不能不让我们反省。而据世界银行测算，中国空气和水污染造成的损失要占到当年GDP的8%；中科院测算，环境污染使我国发展成本比世界平均水平高7%，环境污染和生态破坏造成的损失占到GDP的15%。环境还对人民的身体健康造成了明显的危害，癌症、恶瘤及其他恶性疾病明显增多。在保护环境和人类健康的旗帜下，国际贸易中的"环境壁垒"更加森严，我国商品进入国际市场的形势日趋严峻。

生态文明：新时代的伟大抉择

人类社会已经经历了农业文明和工业文明，正在朝着生态文明的方向发展。工业文明给人类带来了福祉，也给人类带来了负面效益，只能期待在生态文明建设的进程中凤凰涅槃，重获新生。

令我们感到不安的是，正当许多发达国家注意到发展经济应当进行环境治理、生态修复时，我国的企业才开始采取传统的、粗放型的生产方式，重蹈了发达国家百年以前传统经济的老路。

我们还没有来得及告别农业文明，工业文明也才刚刚迈步，而工业所带来的灾难却过早地在我们面前肆虐。这个发展时间差，使世人的目光聚焦于中国，国际社会在散布"中国威胁论"时，除鼓噪军力与贸易课题外，经常拿来做文章的题目就是环保与高能耗问题，什么"谁来养活中国、资源消耗巨大、污染超标排放、环境极度恶化"等等，指责之声不断入耳，使我们的内心觉得无比委屈。

然而，我们又是幸运的，因为发达国家昨天发展给人类倾泻的"垃圾"，正为我们今天的发展带来了"财富"，这也算是一种"循环经济"。所以，我们应该大度一点，以宽阔的胸怀直面国际社会对中国的责难，吸取他人的教训，进行理智而又艰难的抉择，更加自觉地珍爱自然，更加积极地保护生态。

中国共产党不愧为一个伟大英明、具有远见卓识的政党。胡锦涛同志在十八大报告中强调指出："坚持节约资源和保护环境的基本国策，坚持节约优先、保护优先、自然恢复为主的方针，着力推进绿色发展、循环发展、低碳发展，形成节约资源和保护环境的空间格局、产业结构、生产方式、生活方式，从源头上扭转生态环境恶化趋势，为人民创造良好生产生活环境，为全球生态安全作出贡献。"这是对历史经验的梳理，对现实思考的回答，也是对世人的科学承诺。把生态文明建设放到更加突出的位置，不仅使全面建成小康社会的前景更加光明，也使中国特色社会主义的理论和实践更具魅力和感召力。

乘十八大万里东风，扬精气神九州潮涌。英雄的中华儿女，将在中国共产党的引领下，按照"五位一体"的新的战略布局，奋力实现中华民族的伟大复兴和永续发展。我们有理由相信：我国一定会统筹解决好人口问题，促进人口大国向人力资本强国转变；一定会节约集约利用好资源，推动资源利用方式的根本转变；一定会加大自然生态系统和环境保护力度，在神州大地上重新"构造"一个"天人合一"的新世界。

　　站在新的历史起点，在党的十八大精神鼓舞下，我们展望未来，备感责任重大，使命光荣，还将继续奋力拼搏，开拓进取。万众一心，众志成城。中国已经启程，正迈着从容的步伐，"努力走向社会主义生态文明新时代"！

（2012 年 11 月）

人民政协：中国人的文化智慧

《中共中央关于加强人民政协工作的意见》指出："坚持和完善人民政协这种民主形式，既符合社会主义民主政治的本质要求，又体现了中华民族兼容并蓄的优秀文化传统，具有鲜明的中国特色。"的确，从文化的视角看，人民政协源于我国千年传统文化，充满着"和谐""中庸""无为""择善""兼爱""非攻""无我"等政治思想，闪耀着中华文化智慧的灿烂光芒。

一、政协组织："容融"的气度

人民政协是中国共产党领导的各党派、各民族、各阶层大团结大联合的组织，具有组织上的广泛代表性和政治上的巨大包容性，富含中国文化的"容融"特色。

容融就是包容、融汇，包容一切才能融会贯通。中国传统文化一贯强调"容融"思想，如《周易》之"地势坤，君子以厚德载物""天下一致而百虑，同归而殊途"，所言即是"容融"。通观古今多少事，都在"容融"中。海不辞水，故能成其大；山不辞土，故能成其高。包容万物，一"容"则荣；拒绝包容，不"融"则殃。所以有了包容，才有了雄伟壮丽的世界。

1945年10月，国共双方代表签订《双十协定》，决定"召开政治协商会议，邀请各党派代表及社会贤达协商国是"。然而，国民党为了拉拢青年党，硬要民盟让出名额，中国共产党为顾全大局，主动让出自己名额，粉碎了国民党操纵"多数"控制政协的阴谋。1946年1月，在重庆召开的政治协商会议上，中共代表与当时的民盟、无党派民主人士密切合作，通过了"和平建国"等五项协议。国民党当局出尔反尔，在会后撕毁政协决议，制造了震惊中外的重庆较场口血案。

1948 年 5 月 1 日，中国共产党发布"五一口号"，提出召开新政治协商会议、成立民主联合政府的主张。各民主党派和无党派民主人士对此热烈响应并积极参与筹建新中国的活动，实现了从同情和倾向共产党到公开自觉接受共产党领导的根本转变。

新中国成立前夕，针对"早革命不如晚革命，晚革命不如不革命，不革命不如反革命"的抱怨和新政协有关人士的安排争议，毛泽东等中共领导在党内反复进行政策教育，以其宽广的胸襟指出，站到了人民一边，就应当不念旧恶，"不能忘记他们，否则，新政协会议就失去了代表性，我们的政策也就会出现偏差。"毛泽东主席还亲自邀请部分国民党起义将领和民主人士游览天坛，批驳了党内部分人"打天下坐天下"的封建农民意识。

"抑人者人抑之，容人者人容之。"两相比较，国民党拒绝"容融"，"失道寡助"失民心失政权；共产党坚持"容融"，"得道多助"得拥护得天下。在人民政协这个大家庭中，各党派、各民族、各阶层愉悦相处，其乐融融。

二、政协性质："和合"的情怀

《政协章程》对人民政协性质的表述是：中国人民爱国统一战线的组织，中国共产党领导的多党合作和政治协商的重要机构，我国政治生活中发扬社会主义民主的重要形式。从这一定性来看，人民政协组织所具有的与其他组织不同的根本属性，在于她具有一种"和合"的品性特点。

何为"和合"？不同的事物之间保持一定的平衡，谓之和；不同的事物有机地构成一体，谓之合。和合是多样性的统一，是中国文化精神的一个主要特性。《易经》云"保合太和，则利贞"，《礼记》主张"礼之用，和为贵"，唯其和而不同，"协和万邦""天人合一"，才会世界大同。

人民政协诞生之初，就具备了"团结合作，同中存异"的政治思维，是"和合"的典型产物。周恩来总理当年说过，"政协不是一盆清水，如果是一盆清水就没有意思了，只要拥护宪法、立场站过来，我们就欢迎。"《共同纲领》由中国共产党负责起草，广泛吸收各方意见，经过七次反复讨论修改，最后提交政协全体会议通过，它所确立的中国共产党领导地位的合法性、将协商民主转化为国家意志等，都蕴含着"和合"的优良品质。毛泽东主席在全国政协一届常委会的一次会议上指出："今天我们之所以有力量，是因为全国人民的团结，我们在座的人的合作，各民主党派，各人民团体的合作。"还说，"国事是国家的公事，不是一党一派的私事。因此，共产党人只有对党外人士实行民主合作的义务，而无排斥别人、垄断一切的权利。"这些感人的语言为人民政协"团结民主"两大主题奠定了基础。

1954 年人民代表大会正式召开，有人提出新政协已经完成了它的历史使命，可以解散。毛泽东主席说：这不行，我们不能过河拆桥，这么一大帮子人呢，我们共产党人有家，他们也需要个家嘛。又一次显示了毛泽东等老一辈共产党人深谋远虑的政治智慧和博大磊落的"和合"情怀。

和谐社会，众缘和合。"和合"是构成我国社会主义生态政治的基础，"和合"可以赢得"万品争妍发众香"，"和合"绽放着中华文化的异彩、彰显着中华文化的无穷魅力。所以直到今天，贾庆林主席依然着重强调："要把促进社会和谐稳定作为人民政协义不容辞的责任。"

三、政协地位："兼爱"的策略

我国实行的是中国共产党领导的多党合作和政治协商制度，共产党领导，多党派合作；共产党执政，多党派参政。江泽民同志指出："我国的政党制度，既避免了多党竞争、相互倾轧造成的政治动荡，又避免了一党专制、缺少监督导致的种种弊端，我国政党制度的巨大优势就在这里，同国外一党制和多党制的根本区别也在这里。"这种"巨大优势"和"根本区别"，既贯穿着"兼爱""非攻"思想，也是人民政协一以贯之的恒久策略。

"兼爱"是墨家学派的主要观点，墨子主张"兼相爱，交相利""爱无差"。兼爱必须非攻，非攻反对攻战，即"大不攻小，强不侮弱，众不贼寡，诈不欺愚，贵不傲贱，富不骄贫，壮不夺老"。在人民政协中，到处洋溢的是和煦的春风，感受的是友爱的氛围，对于政协委员的发言内容"不抓辫子、不扣帽子、不打棍子"，做到"言者无罪，闻者足戒"，凡事"择其善者而从之，其不善者而改之"。何以见得？说说第一届政协会议上的几桩事。

国旗、国徽、国歌的诞生过程既是团结、民主的生动诠释，也是"兼爱""非攻"策略的具体体现。关于国旗，毛泽东主席与多数政协委员原本倾向于"一颗星一条黄河"的图案设计，而后选定了代表大团结的五星红旗图案，就是采纳了张治中"在国旗上画一道杠，有把国土一分为二之嫌"的意见。在《国歌》的确定上，委员们也是各抒己见，见仁见智。徐悲鸿等认为《义勇军进行曲》经受了斗争的考验，足以与法国国歌《马赛曲》媲美，建议用作国歌。一些委员却提出应修改一下歌词，认为"中华民族到了最危险的时候"已不适宜，毛泽东在综合大家意见的基础上，认为"这句歌词没有过时"，它表达了一种忧患意识，"我们要争取中国完全独立解放，还要进行艰苦卓绝的斗争"。

对于政协委员的提名，中共领导提出要注重兼顾各个方面的利益，做到兼爱互利，不能有所疏漏、有所偏颇。然而在第一届政协代表提名时，却没有安排少数民族中的满族，毛泽东主席知道这一情况后严肃地说，"一个民族没有代表，整个少数民族为之不欢。"后来，在召开政协第二届全国委员会时采取补救措施，增加了满族委员，体现了共产党人对各少数民族的平等之爱。

四、政协作用："自强"的风范

《中共中央关于加强人民政协工作的意见》强调："在全面建设小康社会、加快推进社会主义现代化的新的发展阶段，提高党的执政能力、发展社会主义民主政治、构建社会主义和谐社会、推进中国特色社会主义伟大事业，必须大力加强人民政协工作，充分发挥人民政协的作用。"人民政协具有其他组织所不可替代的作用，而其作用的发挥离不开"君子自强"的大家风范。

《周易》开篇即言："天行健，君子以自强不息。"人民政协从整体组织到委员主体，无不效法"天道"，刚健有力，奋发有为，不断超越，永不停息。

"外有敌国，则其计先自强，自强者，人畏我，我不畏人。"当年，毛泽东主席面对帝国主义的核威胁，一方面蔑视地称"原子弹也是纸老虎"，另一方面提出也要"搞一点原子弹、氢弹"。如果没有当初的卧薪尝胆、自力更生，下决心搞"两弹一星"，中国就没有几十年的国家安全和今天的大国地位。

"知困，然后能自强也。"中华民族"艰难困苦，玉汝于成"的顽强精神，在人民政协得到很好的发挥。"当代毕昇"王选率领团队攻克汉字重重难关，成功研发国产激光照排系统，引领了我国报业和印刷出版业"告别铅与火，迈入光与电"的技术革命，开创了汉字印刷的崭新时代；中国杂交水稻之父袁隆平殚精竭虑，"把论文写在绿色的大地上"，为世界粮食安全做出了杰出贡献，2011年，他研究的超级杂交水稻试验田亩产首次突破900公斤，推广后将为更多的人谋取福祉。

"胜人者有力，自胜者强。"中国残联主席张海迪、著名表演艺术家邰丽华等可谓"志强智达"、身残志坚的杰出代表。张海迪怀揣着"所有残疾朋友能够像健全人一样地生活"的梦想，积极为全国残疾人争取权益；邰丽华坚守"残疾不是缺陷，而是人类多元化的特点；残疾不是不幸，只是不便；残疾人，也有生命的价值"的信念，不仅在艺术舞台上将《千手观音》演绎得淋漓尽致，在人生舞台上的表现也是流光溢彩。

五、政协职能："忘我"的境界

人民政协的政治协商、民主监督和参政议政三大职能，既体现了政协组织所承担的职权和作用，又折射了政协委员"先天下之忧而忧，后天下之乐而乐"的"忘我"境界。

《礼记·大学》载："大学之道，在明明德，在亲民，在止于至善。"这种以卓越为核心要义的孜孜追求，需要庄子所言的"忘乎物，忘乎天，其名为忘己"的至高精神。这种"忘我""无我""非我"的智慧光辉，在政协的履职过程中得到了反映。

之一，政治协商。人民政协的政治协商是对国家和地方的大政方针以及政治、经济、文化和社会生活中的重要问题，在决策之前进行协商和就决策执行过程中的重要问题进行协商。如我国"863"计划便是协商的一大成功典范。1986年3月，全国政协委员王大珩、王淦昌等4人联合提出的"关于追踪世界高技术发展的建议"送到了中央高层领导的手中，经反复协商、充分论证、吸纳意见，邓小平要求有关负责同志"宜速决断，不可拖延"，于是形成了《关于高新技术研究发展计划的报告》，产生了巨大的经济和社会效益。

之二，民主监督。人民政协的民主监督是指对国家宪法、法律和法规的实施、重大方针政策的贯彻执行、国家机关及其工作人员的工作进行监督。邓小平同志指出"有监督比没有监督好，一部分人出主意不如大家出主意，共产党总是从一个角度看问题，民主党派就可以从另一个角度看问题，出主意"，为一大批政协委员忘我地"履职为民"解除了思想顾虑。当年陶大镛等党外人士多方质疑三峡工程，认为"要全面考虑经济、社会和生态效益的统一，宁可把困难估计得更多一些，把问题看得更严重一些，万万不可强迫命令，以免愧对子孙后代，成为历史的罪人"，对三峡大坝的成功建设发挥了不可估量的作用。

之三，参政议政。人民政协的参政议政是指对政治、经济、文化和社会生活中的重要问题以及人民群众普遍关心的问题，向党和国家机关提出意见和建议。只有情牵苍生、心忧天下，参政议政才能"参到点子上，议到关键处"。全国政协委员、江西民生集团董事长王翔坚持为民代言。在全国政协十届二次会议的联组会上，王翔向胡锦涛总书记当面建议："一取消农业税，农民少交几块钱；二征收酒类专卖税，弥补取消农业税后财政的开支需要。"两年后我国全面取消农业税，该项政策惠及亿万农民。

六、政协基础："同心"的结晶

胡锦涛总书记在 2011 年党外人士迎春座谈会上，要求各民主党派和中国共产党在"思想上同心同德、目标上同心同向、行动上同心同行"，高度概括了"同心思想"的内涵。"同心"是人民政协事业发展的根本，人民政协的共同基础"热爱中华人民共和国，拥护中国共产党的领导，拥护社会主义事业，共同致力于中华民族的伟大复兴"，即是"同心"的结晶。

"同心"文化散见于我国历代典籍，如《周易》"二人同心，其利断金；同心之言，其臭如兰"，《论语》"道不同，不相为谋"，《孙子》"上下同欲者胜"等，还有大家耳熟能详的"人心齐，泰山移""众人拾柴火焰高"等，说的都是"同心"。"同心"思想是由"和而不同"的现象递进到"同中存异"的理念，再发展为"异中求同"的文化大智慧，它契合于我国多党合作坚持的"长期共存、互相监督，肝胆相照、荣辱与共"的"十六字"方针。

"同心"具有两个基本要求：一是执着于目标的"专心"；二是持续而不息的"恒心"。在新中国成立后的各种重要历史场合中，各民主党派与共产党始终密切"同心"、矢志不移。

如在抗美援朝开战不久的 1950 年 11 月初，中国共产党与各民主党派发表联合宣言："誓以全力拥护全国人民的正义要求，拥护全国人民在志愿基础上，为着抗美援朝、保家卫国的神圣任务而奋斗。"1953年10月，贺龙与民主人士朱学范率团远赴朝鲜进行慰问，充分表达了同心抗击外来侵略的意志和决心。

按照"同心"的要求，政协工作要"围绕中心，服务大局"。曹妃甸工业园的设立和建设工作，就是从农工民主党中央提出《关于首钢搬迁及曹妃甸循环经济生态工业园区建设的建议》开始的。中共中央领导对这一提议作出重要批示，全国政协组织委员调研论证，国务院批复实施首钢整体搬迁、结构调整和环境治理。按照循环经济绿色制造模式，一个具有当今国际先进水平的节能、环保、生态高效型钢铁精品基地已经在曹妃甸基本建成。

七、政协工作："中庸"的基点

李瑞环同志曾经用三句形象的语言阐述人民政协工作的意义："尽职而不越位，帮忙而不添乱，切实而不表面。"他还从我国现有的政治构架和格局出发，指出政协不是"火线"，而是新的"一线"；政协不是"软座"，而是新的"舞台"。这些话语蕴含了政协工作应该立足于"中庸"这一基点的真谛。

"中庸"是中国人文化智慧的重要属性，其实质是"执其两端，贵和尚中"。《礼记》对"中庸"的阐释是"中者，天下之大本；庸者，天下之正道"，凡事要"折中致和"；《论语》则认为"中庸之为德也，其至矣乎"。中庸绝非庸俗地"和稀泥""捣糨糊"，而是恪守中道、坚持原则、不偏不倚的顽强毅力，也是因时制宜、"得法乎上""取法于中"的处世艺术。

在人民政协工作中，应该讲究中庸方法，与时俱进，力求圆满实现个性中的一切而获致和谐。例如今年9月开始施行的新《个人所得税法》，关于个税征收起点的"高低"在全国政协就有过数年的讨论与争议，最后几经调整取其中，得到大多数人的赞同；又如随着"银发浪潮"的到来，人均预期寿命在持续延长，就业人口又处于高峰期，是否可以延长退休年龄？也得权衡得失，"两利相权取其重"；再如，在人口计划生育方面，如果放开生育政策，将会面临就业、资源、环境等更大的压力，而长时间实行独生子女政策，未来会存在人口红利持续下降，养老成本大幅度上升，国民经济失去竞争力，这又得"两弊相衡取其轻"。

因此，人民政协要"建睿智之言，献务实之策，尽精诚之力"，共谋科学发展大计，离不开统筹思考，"中庸"调和，既不能极端偏执，也不能盲目跟风。如何达到"中庸"，而不充当"附庸"，著名学者易中天有三条建议：一是做"减法"，"以他平他谓之和"；二是唱"反调"，"济其不及，以泄其过"；三是开"汽车"，"纠之以猛"，"施之以宽"，也就是要"左左右右，右右左左"。这值得我们在政协工作中参考借鉴。

八、政协话语："忠信"的品格

全国政协新闻发言人赵启正有一句话说得尤为精妙，"政协最大的权力就是话语权"。长期以来，政协委员秉持"忠信"的品格、"节义"的信条，在履职中努力行使好话语这个"最大的权力"，发表了许多有依据、有见地的意见，为人民群众所称颂。

为人之根本，重要的是"忠信"。"人无忠信，不可立于世"，"天之所助者，顺也；人之所助者，信也"，"不宝金玉，而忠信以为宝"，"诚信者，天下之结也"等，这些箴言给人以警示。何谓"忠信"？《管子》解释说："尽心于人曰忠，不欺于己曰信。"亚圣孟子主张"忠信"者应该表现得"富贵不能淫，贫贱不能移，威武不能屈"。

提倡"说真话、实话、管用的话"，是人民政协的一贯传统，也是政协严守"忠信"本色的鲜明特质。政协委员中不乏"丹心一片吐真言"的有识之士。著名经济学家吴敬琏抱诚守真顶"市场"，改革初期，他在国家领导人面前引经据典，勇敢地把市场经济理论推向理论界，为市场经济辩护。他说，"如果当政协委员怕挨骂，那么我们这些人就不用当了，可以回家了。"另一名著名经济学家厉以宁力挺企业"股份制"改造，他认为"肥水要流入外人田，采取产权封闭的形式，不和别人发生产权联系，蛋糕就做不大"；"民营企业必须产权开放，引入外来资本，只要自己控股就行，没必要追求100%的自己股权"，在促进国企改革中起到了重要作用。

尚须指出，政协话语权是为民代言的权力，不是作秀、抢镜头，不能为了追求轰动效应而故意以雷人语言哗众取宠，必须正确行使以发挥其应有效果。因此，行使话语权时务必把握以下三点：一是注重说话的作风，底线是在任何场合都不说假话；二是推敲说话的内容，尽量少说或不说空话、官话、废话、套话、老话；三是要端正说话的态度，信口开河、言不由衷的话不说也罢。

九、政协提案："谏诤"的载体

提案是政协委员履行职能的一个重要方式，是由政协委员提出并经审查立案、提请党政机关部门或一定组织办理的书面意见和建议。在我国，提案的历史可以追溯到古代的"疏""表""策""论"和文书、奏折，其重要作用就是向上"谏诤"。

"谏诤"者，即建言献策、直言规劝，使人改过革新。"谏诤"不仅需要具有远大的眼光和卓越的见解，言人之所未言，更需要超乎常人的胆略与勇气，言人之未敢言。如《世说新语》中的"宁为兰摧玉折，不作萧敷艾荣"，说的就是血泪蘸笔、气节嶙峋、直书进言的"谏诤"胆识。清代左宗棠"无陆防则无海防，无新疆则无大清"的慷慨陈词是如此，近代陈嘉庚"敌未出国土前，言和即汉奸"的11字提案也是如此。

"花逞春光，一番雨、一番风，催归尘土；竹坚雅操，几朝霜、几朝雪，傲就琅玕。"在政协历史上，多少政协委员义无反顾，其言诤诤，其人铮铮，他们的提案在历经风雨洗礼、接受霜雪考验后，傲然领略无限风光。

在人民政协第一届全体会议期间，郭沫若、李济深、沈钧儒等44人联名提出了第一件提案：《请以大会名义急电联合国否认国民党反动政府代表案》，可谓真知灼见。在中央人民政府成立后，周恩来致电联合国，宣告中华人民共和国中央人民政府为中国人民唯一合法政府，否认所谓"中国国民政府代表团"代表中国人民参加联合国的权利，在国内外产生了重大的政治影响。

20世纪50年代末，全国政协委员、北京大学校长马寅初认为"人口出生率高得不得了！人口增长速度快得不得了！这样发展下去简直不得了"，提出"新人口论"，主张"节制生育""控制人口增长"，虽然遭到无情批判，个人受到委屈，但他依然坚持而刚直不折。

全国政协委员、国务院参事任玉岭，在政协履职的舞台上仗义执言，敢于言人所不言，而不人云亦云、亦步亦趋，如提出要力争在财政公开上出台一些新政，要在选举的公开上多做一些探索，要加强行政公开减少行政成本，要创新户籍城市化制度等颇有见地的提案，都在政府改革中取得了积极的推动作用。

十、政协建设："道德"的修炼

政协自身建设是围绕"四位一体"总体工作布局来进行的：一是促进党派合作；二是突出界别特色；三是发挥主体作用；四是加强机关建设。在这四者当中，政协人的自身建设，尤其是委员主体的道德修养是其关键。"修身、齐家、治国、平天下"，摆在第一位的便是修身，也就是人的"道德"修炼。

"万物莫不尊道而贵德。""道"是客观真理，是理想的人格；"德"是顺应自然，是立身的准则。在自身建设中，政协委员应加强以下四方面的道德修养：

其一，宠辱不惊，达观进取。在政协舞台上，不管你是官员、精英，还是学者、专家，都要记住这一点：过去业绩已经成为记忆，昨日荣耀已经化作烟云，"而今迈步从头越"，一切都得从头学起。在履行政协职能时，政协工作者和政协委员应该"恢弘志士之气，不宜妄自菲薄"，心态平和、恬然豁达、与人为善、不卑不亢，工作中力求做到：实事求是，有理有节；肯定成绩，指出不足；分析后果，权衡利弊；启发思维，唤醒良知；拉近距离，换位思考。

其二，博学笃行，慎思明辨。《中庸》认为治学处事有"五大要素"，即"博学之，审问之，慎思之，明辨之，笃行之"。将这"五大要素"化解成政协委员的具体行为，说到底就是要贴近实际、付诸行动，可以概括为以下几个方面：多用双眼洞察世界动态；多用两耳听取群众意见；多用脚步深入基层生活；多用手笔记录社会诉求；多用头脑思索现实问题；多用心智辨析是非曲直；多用身心体验民生哀乐。

其三，恪尽职守，担当责任。清代郑板桥的名诗"衙斋卧听萧萧竹，疑是民间疾苦声"，道的是心系民情；北宋张载著名的"为天地立心，为生民立命，为往圣继绝学，为万世开太平"的"横渠四句"，说的是肩负重任。在人民政协事业中，政协人都应继承中国知识分子"天下兴亡，匹夫有责"的优良传统，不断增强社会责任感，把群众装在心上，把百姓当作亲人，恪尽职守，用实际行动促发展、解民忧、促和谐、保稳定，"唱响振兴中华的赞歌，携手并肩奔前程。"

其四，反思自我，体悟社会。圣人提出了"吾日三省吾身"的明训，《道德经》留下了"知人者智，自知者明"的名言，"中国最后一位大儒"梁漱溟道破了人生要把握"两条轨迹"的哲理："一是对自我、人生不无苛刻的反思、责求与体悟，二是对学问以及学问事功的追索。"这些都应该作为政协自身建设的题中应有之义。只有在坚持文化自觉与文化自信中，不断地反思与反省，我们才会体味到诗人郭小川描写的意境："生活真像这杯浓酒，不经三番五次的提炼呵，就不会这样可口。"从而在波澜壮阔的人民政协事业中，用我们的智慧绘就一幅幅激荡壮美的长卷！

最后尚需说明一点：中国的文化智慧是一个有机整体，人民政协也是一个有机整体，各方面构件互为影响，本无可割裂。此文将相关内容分而析之，简单地归纳为十个部分，只不过是为了阐述与理解的方便。牵强之处，敬请批评指正！

（原载于《光华时报》2011 年 11 月 22 日）

闪耀民主思想的光辉篇章

——对《关心群众生活，注意工作方法》的历史解读

中国共产党是在反对封建专制、追求民主真理的新思潮催动下诞生的。回顾中国共产党90多年的历史，就是一部探索民主、争取民主、实践民主、建设民主、发展民主的辉煌历史。在毛泽东的《关心群众生活，注意工作方法》中，尽管没有出现"民主"的字眼，但通篇内容却散发出清新的民主理念，闪耀着一道道民主思想的灿烂光辉。

明确政府的定位：做"群众的组织者管理者"

在民主的含义中，政权是人民的政权，政府是人民的政府。人民民主的一个重要内容，是推进人民群众对公共事务的平等和有效参与。1931年11月，以"工农堡垒，民主专政"为宗旨的苏维埃政权在瑞金横空出世，毛泽东当选主席并挥毫题词："苏维埃是工农劳苦群众自己管理自己生活的机关，是革命战争的组织者和管理者。"其中的"组织群众自我管理"思想，可视为苏维埃政府的职责定位，它集中表达了人民意志，体现了人民意愿，洋溢着浓烈的民主气氛。

然而，世界上的事情总是跌宕起伏、复杂多变的。中央苏区的民主氛围就像东方的一抹朝霞，很快被极"左"思潮所冲淡。回忆20世纪30年代初那段艰难困苦的革命岁月，就是如此地充斥着矛盾、充斥着斗争。

当时，以教条主义为特征的"左"倾机会主义者飞扬跋扈、独断专行，他们不要民主、不要朋友、不要统一战线，"只讲扩大红军，扩充运输队，收土地税，推销公债，其他事情呢，不讲也不管，甚至一切都不管"，毛泽东等同

269

志受到排斥和打压,"肃反"运动严重扩大化,大批干部受到打击,苏区处于一片人人自危的"红色恐怖"之中。

在这样一种背景下,已处于艰难境地的毛泽东,只有采取迂回策略,一方面克己相忍,做好群众工作,一方面极力扭转局面,使危害减少到最低程度。《关心群众生活,注意工作方法》针砭时弊,郑重提出,"我们是革命战争的领导者、组织者,我们又是群众生活的领导者、组织者。组织革命战争,改良群众生活,这是我们的两大任务。"毛泽东还以模范兴国为例,"他们在革命面前是真正负起了责任,他们是革命战争的良好的组织者和领导者,他们又是群众生活的良好的组织者和领导者",因此,"创造了第一等的工作,值得我们称赞他们为模范工作者。"

用两个"领导者、组织者"和"两大任务",来阐明苏维埃政权的中心工作是团结群众、组织群众,让工农劳苦群众自我管理,而不是凌驾于百姓之上,做官当老爷,作威作福,从而使得襁褓中的新政府的民主定位更加明晰。由此而言,《关心群众生活,注意工作方法》不啻是一篇声讨"左"倾错误路线的檄文,字里行间既饱含着对人民群众的深厚感情,又表达了对"左"倾机会主义者抛弃群众、不要民主的激愤,甚至还可以从中感悟出对权力运行加强制约的民主火花。

凝聚群众的力量:筑成"真正的铜墙铁壁"

团结大多数、保护大多数、代表大多数、为了大多数、服务大多数,这是人民民主的要义。我们可以从《关心群众生活,注意工作方法》中,凝练出这样一种思想主张:无论想问题办事情,都要心系群众,植根群众,通过广泛的民主,动员强大的群众力量投身于革命的洪流。

而当我们把目光放回到 1933 年至 1934 年那段时光,则是令人情何以堪。1933 年 6 月,蒋介石在江西南昌召开军事会议,决定在中央苏区周围建筑几千座碉堡,作为第五次"围剿"的新军事策略,肆意将新生的苏维埃政权扼杀在摇篮之中。形势十分危急,扩大革命力量迫在眉睫。

但是,面对四周敌人的森严壁垒,"左"倾教条主义者竟然置若罔闻,在苏区一味推行"从经济上消灭富农,在肉体上消灭地主"政策,开展极左的

"查田"运动，把一批中农、贫农打成阶级敌人，没收他们的土地财产，侵犯他们的人身权益，结果在一些地方，出现店铺关门、农田抛荒，经济萧条，群众生活困难，"没有柴烧，没有盐买，没有房子住，米价又贵"，引起了群众的强烈不满，革命事业遭受了严重挫折。

黑云压城，极左泛滥，形势严峻，毛泽东忧心忡忡，心急如焚。他为了顾全大局，只能委婉地表明一种以民生引导民主的观点，"要把革命发展到全国去，那末，我们对于广大群众的切身利益问题，群众的生活问题，就一点也不能疏忽，一点也不能看轻。"接着，毛泽东冷静分析，"因为革命战争是群众的战争，只有动员群众才能进行战争，只有依靠群众才能进行战争。"动员群众，就得保护好他们的利益，依靠群众，就要"在革命政府的周围团结起千百万群众来"，不是把部分中间阶层当成敌人推向反革命一边，只有这样，才能构筑起"真正的铜墙铁壁"。

故而，毛泽东发出了历史的呐喊："真正的铜墙铁壁是什么？是群众，是千百万真心实意地拥护革命的群众。"同时也呼出了民主的呼声："这是真正的铜墙铁壁，什么力量也打不破的，完全打不破的。反革命打不破我们，我们却要打破反革命。"在这里，毛泽东以"铜墙铁壁"的生动比喻，不仅展示了人民群众的伟大力量，也彰显了依靠群众、发扬民主的光辉思想。

寻求民主的方法："解决桥和船的问题"

相信群众、依靠群众，离不开民主的方法、民主的决策。学习《关心群众生活，注意工作方法》，将会使我们拥有更多的中国视野、更多的客观视角、更多的历史思考，来深刻理解"一切群众的实际生活问题，都是我们应当注意的问题"这一民主的命题。

中国的民主，在很大程度上是要通过共产党的领导才能得以实现。"我们的任务是过河，但是没有桥或没有船就不能过。不解决桥或船的问题，过河就是一句空话。不解决方法问题，任务也只是瞎说一顿。"无论何时，当人民内部不同阶级、阶层群体之间产生矛盾与冲突的时候，共产党需要处理和协调人民中间的不同阶级、阶层和群体的利益矛盾，"桥"和"船"的问题都显得尤其重要。

纵览中央苏区时期的民主风云，体味革命岁月以群众路线为主线的民主思想，共产党实行的民主制度，采取的民主方法，就是一座座"桥"、一艘艘"船"，阶级指向也非常明确。"动员广大群众参加革命战争，以革命战争打倒帝国主义和国民党，把革命发展到全国去，把帝国主义赶出中国去。""唤起工农千百万，同心干"，这种以民主为标志的群众力量，在处理激化的阶级矛盾时，可以表现得无比强大。正如毛泽东所言，"几千年来，那些封建皇帝的城池宫殿还不坚固吗？群众一起来，一个个都倒了。俄国皇帝是世界上最凶恶的一个统治者，当无产阶级和农民的革命起来的时候，那个皇帝还有没有呢？没有了。"从中我们感受到民主"桥、船"的巨大作用。

革命力量由弱到强，共和国从这里走来，中国共产党不断地发展壮大，从创立根据地到最后夺取全国政权，正是成功地寻求到了民主之"桥"、民主之"船"，以民主促进民生，始终不渝地"关心群众生活，注意工作方法"。民主的灯塔也照亮着前进道路上的"桥"和"船"，从而"满足了群众的需要"，"把革命当作他们的生命，把革命当作他们无上光荣的旗帜"，革命事业因之无往而不胜。

代表百姓的利益："和他们呼吸相通"

以民生为本，以民主为重，充分保障人民的权益，提高人民的地位，这是"人民当家作主"的精髓和内核。在中国革命的早期，共产党人虽然对于民主的理解尚处于一个从"为民做主"到"人民主权"的认识阶段，在思想与行动上表现得还比较单纯稚嫩，但有一个朴实的理念却显得十分出色，那就是对一切群众生活上的问题，"都应该把它提到自己的议事日程上，应该讨论，应该决定，应该实行，应该检查。要使广大群众认识我们是代表他们的利益的，是和他们呼吸相通的。"对于这点，毛泽东在《关心群众生活，注意工作方法》中作了较大篇幅的论述。

如何代表人民群众的利益，真正"和他们呼吸相通"、命运相连？毛泽东认为，首要的是"解决群众的生产和生活的问题、盐的问题、米的问题、房子的问题、衣的问题、生小孩子的问题，解决群众的一切问题。"并且，要把群众生产生活中的琐碎"小事"当作大问题来解决，比如，"妇女群众要学习犁耙，找什么人去教她们呢？小孩子要求读书，小学办起了没有呢？对面的木桥太小会跌倒行人，要不要修理一下呢？许多人生疮害病，想个什么办法呢？"群众利益无小事，群众的事再小也是大事，再难也一定要办好。只有这样，才能体现出共产党人对人民群众的深切关爱，从而开创一条以民生为导向的民主之路。

我们所说的民主，是人民当家作主的一种制度。"民为邦本，以民为贵"的千年训条，在共产党人那儿变为实实在在的行动；"从前是牛马，现在要做人"，劳苦大众自觉跟着共产党闹革命翻身当主人。这一切，都得尊重和维护人民群众的民主权益。所以，毛泽东满怀深情地说道："我们要胜利，一定还要做很多的工作"，"就得和群众在一起，就得去发动群众的积极性，就得关心群众的痛痒，就得真心实意地为群众谋利益。"它给了我们今人许多有益的启迪：密切联系群众永远是巩固党执政基础、永葆青春活力的根本保证，任何时候，都要真正做到在思想上尊重群众、感情上贴近群众、行动上深入群众、工作上依靠群众，重视解决好人民群众最关心、最直接、最现实的利益问题。

赢得人民的拥护：反对"官僚主义的领导者"

官僚主义是人民民主的天敌。在《关心群众生活，注意工作方法》一文中，毛泽东列举汀州市"官僚主义的领导方法"的工作教训与长冈、才溪"两个模范乡"的工作经验，通过分析比较，揭示了人民民主得人心、官僚主义失人心的道理，号召大家"要学习长冈乡、才溪乡，反对汀州市那样的官僚主义的领导者！"

之所以要向"两个模范乡"学习，是因为他们的工作使政府得到广大群众"真心实意的爱戴"，使共产党的号召"得到广大群众的拥护"，让人民群众打心底说"共产党真正好，什么事情都替我们想到了"。与此相反，"汀州市政府只管扩大红军和动员运输队，对于群众生活问题一点不理"，官僚主义作风切断了人民群众与党和政府的血肉联系，使得后来"会议也召集不成了"，"因此也就极少成绩。"

经过梳理，毛泽东严正指出，"不反对官僚主义的工作方法而采取实际的具体的工作方法，不抛弃命令主义的工作方法而采取耐心说服的工作方法，那末，什么任务也是不能实现的。"语言铿锵有力，不仅宣示了共产党人反对官僚主义、命令主义的坚决态度，同时也表明了共产党人高扬民主旗帜、追求民主道路的坚强决心。

毛泽东还在文中一再强调，共产党"真正成了群众生活的组织者，群众就会真正围绕在我们的周围，热烈地拥护我们"。因此，要"用切实的办法来改善我们的工作"，坚决克服"官僚主义的领导方法"，坚决反对"官僚主义的领导者"。由此折射出共产党人以"人民高兴不高兴、答应不答应、满意不满意、赞成不赞成"作为行动标准的崇高境界，也烘托出共产党人"讲民主，顺民意"的高尚情操。

"问苍茫大地，谁主沉浮？"九州方圆在民心。过去的岁月，"我们是在伟大的革命的战争面前，我们要冲破敌人的大规模的'围剿'，我们要把革命推广到全国去"，要真正赢得民心，就必须注意关心群众生活，必须遇事多与群众商量，必须"在革命面前真正负起责任"，"把群众生活和革命战争联系起来，把革命的工作方法问题和革命的工作任务问题同时解决"，把人民当英雄，把群众当亲人，全心全意依靠人民。

至今，《关心群众生活，注意工作方法》中那些"以人为本"的睿智见解、那些充满真情关怀的民主思想，仍然具有深刻的时代意义，时刻激励着我们在中华民族伟大复兴的新征程上，切实做到充分发扬民主，密切联系群众，倾听人民呼声，回应人民期待，切实把人民群众放在心中的最高位置，将人民群众心中所思、心中所想、心中所愿化作自己的积极行动，全心全意为人民服务。

（原载于《风范》2013 年第 8 期）

协商民主：怎样看？怎么办？

追求和实现民主是中国近现代社会历史的一个主题，也是中国共产党成立以来始终不渝的奋斗目标。面对新时期新任务，中国共产党人与时俱进、开拓创新，作出了不断健全和完善社会主义协商民主制度的伟大构想，开启了中国特色社会主义民主政治建设的新征程。对于社会主义协商民主应该怎样看？发展社会主义协商民主应该怎么办？谨此提出以下观点。

一、社会主义协商民主的基本形态

1．基本元素。社会主义协商民主理论在中国的顺势提出，既有国际国内环境的影响，也有中国传统文化的催发，其中包含了古今东西方文化的一些积极的基本元素。

受古代雅典民主"公众参与"方式的熏染，使得协商民主既关注结果，更重视过程，既关注多数人的意见，又照顾少数人的利益，帮助政府修正错误、正确决策；20世纪后期西方学术界形成的"审议讨论"式协商民主理论，是对西方僵化的竞争性民主机制的反思，也是对民主政治陷入的金钱、分裂、信任危机等重重困境的突围，其思想渐入我国，开始对中国民主政治建设产生影响；中国传统文化中的"和合仁爱"精神，如"阴阳五行"的哲学思想、"天人合一"的宇宙观念、"中庸致和"的价值取向、"兼爱非攻"的社会理想、"顺时随缘"的处世方法等等，为协商民主提供了丰富的营养成分；中国共产党人面对我国转型时期出现的一些新情况、新变化，提出"坚持人民主体地位"的执政理念，为更好地保障人民权益、引导人民群众更加积极主动地参与政治生活给予了最新指导。因此，社会主义协商民主理论在中国的兴起，反映了执政党"一心为民"的群众观念，承载着历史悠久的中华民族传统文化，顺应了新时代汹涌的民主浪潮，赋予了协商民主独特的生命形态。

2．基本内涵。社会主义协商民主的精髓集中体现在中共十八大报告的专题论述中。研读十八大报告，可以概括出社会主义协商民主的基本含义：中国共产党"通过国家政权机关、政协组织、党派团体等渠道，就经济社会发展重大问题和涉及群众切身利益的实际问题广泛协商。"其基本形式有专题协商、对口协商、界别协商、提案办理协商、基层民主协商等。协商民主的价值和意义，主要表现在广纳群言、广集民智，增进共识、增强合力，协调关系、汇聚力量，建言献策、服务大局等方面。为了增强协商民主的实效性，在执行过程中，必须坚持协商于决策之前和决策之中的程序。说到底，社会主义协商民主的本质，就是要充分体现并维护人民群众的根本利益，折射出人民当家做主的时代光芒。

3．基本特质。一是参与各方的平等性，参与协商的各方主体包括执政党、参政党、群团组织、宗教团体、民族界别等地位平等；二是政治的合法性，各协商主体在开展民主协商的过程中，都要以宪法和法律为活动的基本准则；三是愿望的包容性，各协商主体在愿望上超越"从民所欲"的层面，达到"君子尚德"的高度，对协商意见体谅包容；四是内容的广泛性，涵盖政治、经济、文化、社会、民生等广阔领域；五是形式的灵活性，在实践中可以表现为政协会议、民主恳谈、民主议事、网络论坛等多种形式；六是方法的妥协性，以"和谐"为核心价值观，采取"不偏不倚、调和折中"的态度，在理性对话中系统、综合地反映诉求，并在协商结果上作出必要的妥协和让步；七是言论的自由性，受《宪法》和党的文件双重保护，协商各方享有充分的言论自由，不戴帽子、不抓辫子、不打棍子；八是成果的丰富性，协商达成的决议、建议、提案以及报告等成果可以满足协商的需要。

二、社会主义协商民主的中国实践

纵观中国革命、建设和改革开放的历史过程，社会主义协商民主始终与我国民主政治建设同步共振、相互促进。其间，有高潮也有低谷，有迷茫也有执着，始终在曲折的历史长河中坚定前行，它会令人不由自主地想起清代思想家龚自珍留下的一首政治诗："九州生气恃风雷，万马齐喑究可哀。我劝天公重抖擞，不拘一格降人才。"

革命战争岁月，以毛泽东为代表的中国共产党人，将马列主义关于统一战线的理论和策略同中国新民主主义革命相结合，建立了广泛的爱国民主统一战线。以此为标志，共产党人开始了早期的具有历史自觉性的协商民主探索。抗战时期，中国共产党实行灵活的统一战线政策，坚持走民主的"新路"，在边区实行"三三制"政权制度，开始将协商民主理念运用于政权建设的实践。抗战胜利后，毛泽东在中共七大提出建立联合政府的主张，要求"立即宣布废止国民党一党专政"，协商民主精神首次公开出现在中共领导人的建国思想中。解放战争胜利前夕，中共中央在1948年发布"五一口号"，号召"各民主党派、各人民团体、各社会贤达迅速召开政治协商会议，讨论并实现召集人民代表大会，成立民主联合政府"，奠定了多党合作和政治协商的政治基础。1949年9月，中国人民政治协商会议第一届全体会议胜利召开，中国共产党与各民主党派、社会贤达广泛协商，确立了国号、国歌、国旗等，制订了具有临时宪法性质的《共同纲领》，民主的惊雷在九州大地回荡。

然而，如同任何事物的发展都不可能一帆风顺，总要历经"九曲十八弯"。1957年下半年，"反右"运动出现扩大化，党内民主被冲击，民主人士被打压，多党合作名存实亡，随之而来的便是假话连篇的"大跃进"。而后那场史无前例的"文化大革命"，人民政协工作被迫停止，民主协商遭受亵渎，民主政治跌入历史的低谷。

1978年中共十一届三中全会的召开，开创了中国各项事业竞相发展的新"春天"，多党合作优良传统犹如枯木逢春而抽枝发芽。1982年宪法修订和1993年宪法修正案，从法律上确立了"中国共产党领导的多党合作和政治协商制度将长期存在和发展"的历史地位；1989年，中共中央制订《关于坚持和完善中国共产党领导的多党合作和政治协商制度的意见》，提出多党合作和政治协商制度是我国的一项基本政治制度，并对多党合作和政治协商的内容、方式作了明确规定；1997年，中共十五大将"中国共产党领导的多党合作和政治协商制度"列入社会主义初级阶段的基本纲领，推进了协商民主的中国化；2005年，中共中央下发《关于进一步加强中国共产党领导的多党合作和政治协商制度建设的意见》，明确提出把政治协商纳入决策程序，重大问题要在决策前和决策执行中进行协商；2006年，中共中央颁布《关于加强人民政协工作的意见》，首次把"协商"与"选举"并列为"我国社会主义民主的两种重要形式"。2012 年，中共十八大进一步明确指出："社会主义协商民主是我国人民民主的重要形式。要完善协商民主制度和工作机制，推进协商民主广泛、多层、制度化发展"。至此，社会主义协商民主这一富有中国特色的民主形式已进入制度化、规范化发展阶段，社会主义协商民主迎来了霞光满天的黄金发展期。

三、社会主义协商民主的现实困境

毋庸讳言，社会主义协商民主在中国虽取得重大进步，但总体上尚处于起始阶段，还有不少亟待摆脱的困境。

1. 作用发挥不足。 这既有认识方面的问题，也有态度上的原因。如有的同志存在"江山"思维，置"权为民所赋"的现代政治理念于不顾，把党内民主的"服从"关系变成协商民主的"服从"关系，抢着拍板，事先定调，致使协商流于形式；有的地方制度落实力度不够，以领导的喜恶确定协商形式、取舍协商内容，选择性、随意性现象严重，甚至以事后情况通报代替事前事中的民主协商，协商成为"聋子头上的耳朵"；有的领导"家长制"作风严重，霸气十足，容不下不同意见，对协商民主轻而视之。凡此种种，不一而足，很不利于协商民主的正常开展。

2. 协商渠道不广。 人民政协作为协商民主组织形式，有其重要的意义，但这种单一的协商平台，远不能满足人民群众的政治参与需求，也不能充分调动参与协商者的积极性。在这种协商情境之下，参与协商的主体容易产生"多一事不如少一事"的心理，"风吹鸡毛，忽上忽下"，有时对协商工作只能被动应付、敷衍塞责，在协商中或说些空洞无物、不着边际的空话套话，或说些曲意迎合、奉承赞美的场面话，很难取得实质性的协商成果。

3. 外部环境不优。 由于当前网络舆论的不成熟，一些所谓的"主流精英"把"协商民主"喊得震天响，把西式的民主争吵形式当成协商民主模式，把他人的"疮疡"看成是妖艳的"鲜花"。他们把自己打扮成绝对正确，叫嚣推翻"专制"，实现"民主"。当别人对他们的观点提出不同意见，便疯狂谩骂进行人身攻击。这种不讲道理，经不起质疑、担不起批评、听不得不同意见的思维，本身就是专制思维，而不是协商民主的体现。此外，一些新闻媒体舆论宣传带有片面性，对协商民主共识宣传的多、差异宣传的少，务虚性的事情宣传的多、实际成果宣传的少，这种重"同"轻"异"的现象，导致社会对协商民主制度的认识出现偏差，亦不利于协商民主的健康发展。

四、社会主义协商民主的发展路径

1. 加强和改善中国共产党的领导。协商民主是一个双边或多边的互动过程，居于执政地位的中国共产党始终处于主导地位。因此，协商民主必须坚持中国共产党对政治原则、政治方向和重大方针政策的正确领导，只有这样，协商民主才不会迷失方向，才不会陷入混乱和争斗。同时，要不断加强执政党的党内民主，培育民主作风，倡导协商精神，以党内民主带动和促进协商民主。此外，还应提升领导干部的民主协商水平，提高沟通技巧，善于通过广泛深入的协商和讨论，增进共识，凝聚力量。

2. 广泛吸收公众参与民主协商。结合我国社会各阶层的流动、分化和组合，新的经济成分、利益群体和社会组织不断产生的实际情况，进一步拓宽协商主体范围。协商者不仅要包括社会各界的精英，还要扩展到一般的行业从业人员和普通百姓，实现从精英民主到大众民主的转变，让协商民主既能"上连天际"，又能"下接地气"。推进人民政协内部机构改革，建立健全党际、团体、民间协商等承接平台，逐步实现协商民主主体由国家公权力唯一主体，向政协组织、党派团体、社会界别、基层群众等多元主体结构转变。

3. 建立健全协商民主制度和法律。拓宽民主党派、群众团体知情的渠道，建立健全必要的情况通报制度，做到协商各方能够信息对称；健全协商程序和效果跟踪制度，协商什么、何时协商、采用什么方式协商、协商的结果如何进入决策层面？需要做出更加明晰而具体的规定，并采取切实有效的措施加以保障；对协商民主制度化、规范化、程序化的一些好经验、好做法，要总结提炼、试点推广、跟踪完善，适时通过立法形式，将其固定下来，使协商民主不仅具有文件规定，更具有法律依据，以推动我国协商民主的法制化建设。

4. 营造宽松活跃的环境氛围。各级党政领导要发扬民主作风，让各个方面说真话、讲实话、道出心里话，切实做到知无不言、言无不尽、言者无罪、闻者足戒，努力营造既有民主又有集中、既有纪律又有自由、既有统一意志又有个人心情舒畅的生动活泼政治局面。在全社会倡导宽松、和谐的政治文化，形成良好的社会舆论氛围，支持民主党派积极履行参政党职能，优化民主党派建真言、出实招的环境，推进民主党派以主动负责的姿态介入国家政治生活，让更多的社会公众能真切感受到民主党派的影响力和作用。

5. 围绕关注民生的工作重点。发展和改善民生是群众关注的热点，也是民主协商的重点，协商内容要从行政事务为主转向提供社会性公共服务为主。对于涉及群众切身利益的教育、卫生、医疗、社会保障等事项，必须经过充分协商、反复协商。协商之前要进行广泛的调查研究，倾听人民群众呼声，体察人民群众意愿，协商过程必须把握人民群众脉搏，反映人民群众诉求，使各方面、各阶层的利益和愿望，能在决策和执行过程中得到更好的体现。

6. 建立公开透明的操作程序。一是协商信息公开，协商之前通知各方协商事项，提供相关资料，让协商方有充足的时间调研、讨论，从而提高协商的质量；二是协商内容公开，对协商事项的意图或初步方案，各种意见和建议，凡能公开的内容都有必要进行公开；三是协商结果公开，对于一些协商方的重要意见和建议在决策时的采纳情况，予以说明并在一定范围内公开。既要避免"暗箱操作"，也要防止那种为了赋予党政意见合法性与民意基础，通过协商形式"走过场"的做法，使协商真正成为党和政府科学决策、民主决策系统工程中不可或缺的重要环节。

7. 构建相互尊重的平等权利。相互尊重、彼此平等是协商民主的一个基本前提，协商过程是平等参与、增进理解、增强团结的过程。参与协商的任何一方，都没有凌驾于其他方之上的权利，各方都应该做到换位思考、以诚待人，既要敢于提出意见，又要勇于接受批评，在表达己方利益诉求的同时，更应尊重其他各方的利益诉求，不能自以为是。

五、社会主义协商民主的未来憧憬

实践表明，社会主义协商民主是完善我国民主政治的理想路径。在新的历史时期，不断丰富和完善协商民主机制，必将进一步促进中华民族的伟大复兴。展望未来，一幅壮丽而动人的社会图景正在我们面前铺展。

1. 民主制度更加美好。 协商民主是中国民主政治的一大特色，既打着中国传统文化的烙印，又富有现代政治文明的气息。在中国创造的现代化与民主化的历史进程中，社会主义协商民主与选举民主并驾齐驱、双翼齐飞。人民内部各个方面通过"选举"和"协商"的渠道，充分行使民主权利，参与国家管理，中国民主制度必将日臻内容与形式的完美统一。

2. 社会关系更加和谐。 当今中国，正处社会转型期和矛盾凸显期，社会不和谐因素增多。协商民主的作用，就是通过公民有序的政治参与，将社会上各种异质性要素、政治诉求等有机整合起来，使"政治参与"和"组织有序"这两个方面有机结合，使矛盾双方通过沟通、协商达成谅解，避免暴力事件和群体事件发生，有利于促进社会的和谐稳定。

3. 国家竞争力明显提升。 国家作为一个组织，其竞争力不仅表现在经济科技实力上，也表现在国民的凝聚力和向心力上。协商民主在中国的稳步推进，必将调动各方面积极性，凝聚改革开放共识，寻求改革的最大公约数，找到发展的最佳途径。它以一种春风化雨、润物无声的形式，将领导意图、专家意见、群众意愿、社会反映连为一体，汇成一股强大的力量，推动"中国梦"的早日实现。

4. 人民政协作用充分发挥。 人民政协作为我国协商民主的重要组织形式，涵盖了各党派、各团体、各民族、各阶层和海内外同胞，具有人才荟萃、智力密集的优势。社会主义协商民主的发展，必将要求进一步规范人民政协活动，健全政协组织结构，为协商民主的开展提供更加广阔的舞台，进而通过人民政协平台的辐射作用，不断丰富协商民主的形式和方法，完善民主监督机制，拓宽社会各界有序参与政治的渠道，推进协商民主广泛、多层、制度化发展。

憧憬美好未来，一个富有诗情而又自信的声音在我们耳边回响："生活在我们伟大祖国和伟大时代的中国人民，共同享有人生出彩的机会，共同享有梦想成真的机会，共同享有同祖国和时代一起成长与进步的机会。有梦想，有机会，有奋斗，一切美好的东西都能够创造出来。"民主是中国共产党人矢志不渝的追求，也是人民为之奋斗的梦想。相信凭借13亿多中华儿女的智慧和勇气，协商民主一定会在中国绽放出更加绚丽多彩的花朵。

（原载于《中央社会主义学院学报》2013 年第 5 期）

中国民主文化的演绎与阐释

　　文化是一个民族生生不息的血脉和灵魂。一部人类社会史，就是一部对于传统文化不断继承、对于时代菁华不断融合、对于未来发展不断探求的历史。坚持走中国特色的社会主义民主政治发展道路，离不开我国丰富和深厚的文化传统的影响与制约。中国的现代民主，也将会在对传统文化的扬弃和超越中奋力迈进。

一、历史的天空有颗闪烁的星

　　"民主"不是一个新词，也不是西方的舶来品。仰望华夏的历史星空，我们不难找见那颗闪闪发光的"民主"之星。

　　最令国人感到自豪的是辉煌灿烂、气势磅礴的先秦文化，因为它蕴含着许多治国处世的哲理，其中就有"民主"的吉光片羽。早在西周时期的《尚书·多方》中，就有"天惟时求民主，乃大降显休命于成汤，刑殄有夏"，"乃惟成汤，克以尔多方简，代夏作民主"的记载。当然，这里所说的"民主"与近现代意义上的民主大相径庭，其实质是"君主"，即"作民之主"、为民作主。但是，这种以民为基础的君臣相对平等的人治，其中也包含着一些民主的玄机：统治者不能过于专制凶暴，要懂得获取民心，善用多方贤才，允许公民参与政治。"民主"这颗种子，从此深深植于中华文化这片沃土之中，孕育出具有鲜明特色的中国民主文化的雏形。

　　天下为公。中国历来倡导的是一种"公"文化，天下不私于任何人，乃"天下人之天下也"，因此治理天下"必先公"。《礼记·礼运》对夏朝以后这一历史阶段作了经典描述："大道之行也，天下为公，选贤与能，讲信修睦。"凡通过推荐、考试或选拔的贤能之人都可以参与到国家治理中来，即如孔子所说："举直错诸枉，则民服；举枉错诸直，则民不服。"尽管政权必须为君王或皇帝所独掌私有，但"天下为公，选贤与能"可以带来一种人类向往的社会愿景："故人不独亲其亲，不独子其子，使老有所终，壮有所用，幼有所长，鳏寡孤独废疾者皆有所养。……是故谋闭而不兴，盗窃乱贼而不作，故外户而不闭。是谓大同。"这一由"民主"而致"大同"的生动描述，不能不说是广大百姓的心中憧憬。

以民为本。《尚书·五子之歌》把处理国家与民众的关系简单概括为："民为邦本，本固邦宁。"巩固国家政权的根本在于安民，民众稳定则国家宁和，君主要善于"谋及庶人"，听取下层的诉求。由是衍生出了"天地之间，莫贵于人"的民本人本思想。对此，孟子说得更加直白，"民为贵，社稷次之，君为轻。"（《孟子·尽心下》）官之俸禄，皆为民脂民膏，以民为贵，在于顺民心，得民心者得天下，故《老子》曰："圣人无常心，以百姓心为心。"《管子》也说，"政之所兴，在顺民心；政之所废，在逆民心。"在以上思想的基础上，荀子把君民关系形象地比喻为"水舟"，"君者，舟也；庶人者，水也。水者载舟，水者覆舟。"这些话语穿越历史的时空，千古流传，经久不衰，一直影响到现代。

和合协调。在地域农耕文化的背景下，国家政权需要民主的人治制度来支撑，即人治的民主。首先是要通过修身实现人际和谐，称之为"君子和而不同"（《论语·子路》）、"人和气"（《孟子·公孙丑下》）；其次是群体和合，也就是"同群"（《论语·微子》）、"人能群"（《荀子·王制》），讲究"礼之用，和为贵""协和万邦"；最后是"天人合一"，以天地万物为一体，民胞物与，人皆可以为尧舜，主张通过平天下实现天人和谐。这种通透着根源于人心的道德向往和价值追求，折射出民主与中国文化的相通性或相关性。

平等博爱。从中国传统文化看民主，最大的体现是"仁爱"，而仁爱的基础是人人平等参与的思想。例如，孔子的"仁者爱人""有教无类""诲人不倦""己所不欲，勿施于人""己欲立而立人，己欲达而达人""老吾老以及人之老，幼吾幼以及人之幼"，墨子的"兼相爱，交相恶""视人之国，若视其国；视人之家，若视其家；视人之身，若视其身"，还有老庄倡导的"万物皆一""物无贵贱"，法家强调的"王子犯法与庶民同罪"等等，无不反映了我国古代平等博爱的民主思想。没有这样一种"经世致用"饱含仁爱的道德心态，就不能修炼出披肝沥胆的阳刚正气，也就不可能出现公共的、承载道义的、具有理性的民主政治。

广开言路。开明的君主要巩固其统治地位，维护天下太平，必须重视对于民众舆情的疏导，虚心纳谏、从谏如流，不能让其郁积太久而致后患。故《国语·周语》一再告诫："防民之口，甚于防川，川壅而溃，伤人必多，民亦如之。是故，为川者，决之使导；为民者，宣之使言。"孟子则主张要让国人表达意见，参与政治，如"左右皆曰贤，未可也；诸大夫皆曰贤，未可也；国人皆曰贤，然后察之，见贤焉，然后用之。左右皆曰不可，勿听；诸大夫皆曰不可，勿听；国人皆曰不可，然后察之，见不可焉，然后去之。……如此然后可以为民父母。"（《孟子·梁惠王下》）这些话语不能不使统治者的行为有所收敛，至少也得摆出一副慈悲为怀、爱民如子、兼听明辨、举贤任能的花拳绣腿。时至今天，我们仍然可以从中汲取一些民主的养料。

二、就像风中那朵雨做的云

秦代以后，中国进入皇权专制的封建社会。虽然专制与民主水火不容，但统治者为了调和与被统治者的矛盾，有时又会把严酷的君民政治关系变为父慈子孝的伦理关系，诚如《大学》的训导："民之所好，好之；民之所恶，恶之。此之谓民之父母。"因此，自秦以降的两千多年封建社会，往往民主、法治与专制、人治相互交织，中国的民主文化就像"风中那朵雨做的云"，变得缥缈不定，波诡云谲。尽管它在风雨岁月中艰难地飘移迁徙，但始终附着那颗中国文化的灵魂，秉持着一种原有本色。

等贵贱，均贫富。波澜壮阔的农民起义，一次次地向统治阶级挑起抗争，发出了"民要作主"的呐喊，典型的是秦末陈胜提出"王侯将相，宁有种乎？"之所以要取而代之，否定君权神授，一个根本原因，就是贫富悬殊，社会有失公平，"民不患寡而患不均"。唐代的王仙芝号称"天补平均大将军"、黄巢自称"冲天太保均平大将军"，广大农民追随着揭竿而起，积极响应，即为明证。还有，北宋王小波明确提出"吾疾贫富不均，今为汝均之"，南宋钟相、杨么宣传"法分贵贱贫富，非善法也；我行法，当等贵贱、均贫富"，明末李自成强烈要求"均田免赋"，洪秀全领导的太平天国运动提出"有田同耕，有衣同穿，有钱同使"，等等，无一不包含着民主的"均贫富"的平等性，反映的是一种原始农耕社会的小农民主思想。

天下大，君为客。汉武帝"罢黜百家，独尊儒术"，使"普天之下，莫非王土；率土之滨，莫非王臣"的理念发生动摇，"朕即天下"的意义易为朕属天下。如唐太宗以其治国的远见卓识，宣称"天地之大，黎元为本。"(《唐太宗集·晋宣帝总论》)宋代著名学者苏东坡在《上皇帝书》中就直言不讳地说："人主之所失者，人心而已……失之者亡。"明代学者黄道周说："天与君皆托于百姓而因以自存"。(《存民篇》)至清朝，这一思想得到进一步的发挥，如黄宗羲提出"天下为主，君为客"，"凡君之毕世所经营者，为天下也"，还指出，"天子之所是未必是，天子之所非未必非"，(《明夷待访录》)主张将"是非"公之于众；唐甄否认"君臣之义"的说法，认为"天子之尊，非天地大神也，皆人也"，甚至激烈地指斥"自秦以来，凡为帝王者皆贼也。"由此可见，其时的民主文化已经不是原汁原味的"孔孟之道"，尽管民本思想是作为统治阶级的一种手段，但诸如"君作民主"之类的观念已经在逐渐褪色，甚至出现了反对君主专制的大胆言论。

灾异变，天之谴。汉代儒学通过神秘主义的路径，竭力把儒学准宗教化。它以渲染"天人感应""灾异之变"的方式，来节制皇帝的行为。董仲舒说："刑罚不中则生邪气。邪气积于下，怨气蓄于上。上下不和则阴阳缪戾而妖孽生矣。"(《汉书·董仲舒传》)人君的"貌、言、视、听、思"五种行动如有不当，就会引起五行的变化和四季的失常。(《春秋繁露·五行五事》)"灾常先至而异乃随之。灾者，天之谴也；异者，天之威也。谴之而不知，乃畏之以威。"(《必仁且智》)用"天"来警示和恐吓人君，也许是一种政治谋略，对于肆无忌惮的皇权来说，这比起民众直接提意见，其威慑性要强大得多。

人有私，遂其愿。"天下为公""克己复礼"思想得到进一步发挥，如"身无半亩心忧天下""先天下之忧而忧"等。但到了明清时期，一批学者反其道而行之，倡导"有私"之说，积极争取个人的权利与自由。例如，明代思想家李贽认为"夫私者，人之心也；人必有私而后其心乃见，若无私则无心矣。"故而，"为无私之说者，皆画饼之谈，观场之见"，人们应该"各从所好，各骋所长"，"各遂其生，各获其所愿有"(《李氏文集》)，如此人人"自治"，则天下大治。又如，清代思想家戴震批评宋儒理学"存天理，去人欲"，认为"使人之欲无不遂，人之情无不达"，极力主张"圣人治天下，体民之情，遂民之欲而王道备"，(《孟子字义疏证》)"遂欲""达情"表达了伸张个性、维护私权合理性的愿望。

树"道统"，立"规范"。韩愈、二程和朱熹等人开创的宋明理学或称道学，演绎出一个"尧以是传之舜，舜以是传之禹，禹以是传之汤，汤以是传之文、武、周公，文、武、周公传之孔子，孔子传之孟轲"，(《原道》)以后又经韩愈、朱熹传之后世的儒家"道统"。道统首先是思想学术的统系和精粹，认为"四书"所表达的儒家思想代表了中国传统文化的真谛，把"道统"从"政统""皇统"中独立出来甚至凌驾于后者之上，就可以用"圣人之言"来拒绝和匡正当朝执权柄者的悖谬之言和随意之政。道统也体现为古来贤君良臣面临各种情形时的行为举止，构成一种政治典范和道德楷模，即使贵为天子，也必须从小学习和终生遵循。

女与男，同尊卑。长期以来，在"唯女子与小人难养也"的封建礼教观念影响下，女权没有受到尊重，妇女地位受到严重歧视。到明清时期，一些思想家对于这种女子的被压抑现象展开了抨击。明代李贽说："谓人有男女则可，谓见有男女岂可乎？谓见有长短则可，谓男子之见尽长，女子之见尽短，又岂可乎？"因此他呼吁："有好女子便可立家，何必男儿？"(《初潭集》)清代学者俞正燮明确反对女子守志守节之类陋俗，主张男女平等，他说："夫妇合体，同尊卑"，指责"男子理义无涯""而深文以罔妇人"是"无耻之论"。(《癸巳类稿》)女权思想的动摇，为民主拓展了更加广阔的社会空间。

三、在黎明前的黑暗中寻求曙光

1840年的鸦片战争，西方帝国用坚船利炮打开了中国的大门，中华民族的传统文化随同中国的经济秩序、政治结构、社会风尚遭到了严重瓦解，中国大地承受着前所未有的深重灾难。在历史即将出现重大转折的黎明前的黑暗中，中国人民毅然决然作出了抉择：推翻封建专制统治、抵御列强外来入侵、实现民族伟大复兴。戊戌变法、辛亥革命、五四运动、马克思主义传播等，推动了中国传统民主文化与时代融合，逐步走向现代的进程。

西方民主的渐进。在中国近代史上，最早引入西方民主的林则徐、魏源、徐继畲等人，他们介绍英国的议会制度、美国的政治制度并予以盛赞，目的是实现国中大事，应由议会议允。郑观应最早使用现代意义上的"民主"一词，他在《易言》中说："泰西有君主之国，有民主之国，有君民共主之国"，企求在中国实行西方民主制度。同时，一大批知识分子也强烈要求实行政治改革，希冀中体西用，走向民主治国的道路。

戊戌变法的启蒙。甲午战败、列强瓜分、朝廷衰落，激起了国内先进分子对传统民主文化的深刻反思。康有为及其同道极力否定君主专制，"公车上书"，发起自下而上的改革运动，要求君主为民而立；严复认为君民互立契约，各有权利义务；谭嗣同提出君由民共立之，亦可由民共废之；梁启超确信民权制度必然遍及世界各国，中国也须推动民主；等等。在这样一种背景之下，年轻的光绪皇帝下诏变法。虽然由于西太后发动政变，使这场变法维新运动仅仅持续百日即宣告流产，但它对我国近现代民主思想起到了启蒙作用。

辛亥革命的取向。"世界潮流，浩浩荡荡；顺之者昌，逆之者亡。"孙中山先生领导的辛亥革命，实质上是一场上下求索的民主革命，它影响了整个20世纪中国的历史进程，也带来了20世纪中国的思想解放。这场革命把与封建君主专制捆绑在一起的封建传统请下了"圣殿"，也把西方的科学精神和民主精神引进到中国。孙中山将"民国"解释为"以国家为人民之公产，凡人民之事，人民公理之"，提出"民权主义则为一般平民所共有，非少数人所得而私也"，"国民者不但有选举权，且兼有创制、复决、罢官诸权"等，说明了辛亥革命的民主取向是权力属于国民。然而，封建君主的下台，并不意味着封建制度随之消亡，学习套用西方的民主模式，也并不意味着民主能够在中国获得新生。传统的变革绝非轻而易举，辛亥革命的枪声，在漫漫夜空中留下了一道痕迹，之后一切重归于沉寂，黑暗依旧笼罩着这个国家。

五四运动的追求。1919年发生的五四运动，并非要彻底"打倒孔家店"，它作为中华民族精神的现代奠基，与民主精神的推动是分不开的。首先是推翻专制独裁的旧制度，实现广大人民期盼的民主、自由；其次是促使国人形成新的民主观念，重新思考追求民主、实现民主的道路。陈独秀、李大钊、胡适、梁漱溟等学者从不同的角度，对民主作出了新的理解、诠释和阐扬，体现了民主意识的觉醒和对民主政治的不同求索，各具有代表性和合理性，在20世纪中国思想史上有着值得肯定的积极意义，同时也丰富和发展了中国民主文化的内容。

马列主义的传入。"十月革命一声炮响，给中国送来了马克思列宁主义"，也给中国送来了马克思主义的民主思想。中国共产党的诞生，宣告中国革命在马克思主义指导下进入了新民主主义革命阶段。反对帝国主义，以"废除一切不平等条约，推翻帝国主义在中国的一切特权，为其主要目的"，争取中华民族的独立解放；反对封建主义，在经济上消灭封建剥削阶级的土地所有制，在政治上消灭封建的军阀官僚的专制统治；反对官僚资本主义，打击依靠帝国主义、勾结封建势力、利用国家政权力量而发展起来的买办的封建的国家垄断资本主义。中国共产党人确立了建立新民主主义国家的目标，带领中华儿女为了争取独立、民主和自由，在黎明前的黑暗中浴血奋战，使人们看到了渴望日久的那一抹民主的"曙光"。

四、民主：世界因你而壮美

中国共产党是中国优秀传统文化的忠实继承者和发展者，在长期的新民主主义革命、社会主义建设和改革开放的实践中，以担当和实现人民民主为己任，把马克思主义与中国文化传统和现实国情紧密结合，与时俱进，不断创新，孕育了中国化的马克思主义民主思想，促进了中国民主文化的不断升华。

传承民主文化特征。"耕者有其田"，而能"仰足以事父母，俯足以畜妻子，乐岁终身饱，凶年免于死亡"。（《孟子·梁惠王章句上》）这是中国农民的千年希望，也是传统中国民主文化的一个重要特征。土地革命时期，中国共产党在农村建立革命根据地，制订了《井冈山土地法》，明确规定"没收一切土地归苏维埃政府所有"，"以人口为标准，男女老幼平均分配"，开展打土豪、分田地，从土地着手满足农民的基本需要，从而"唤起工农千百万，同心干"；抗战时期，中央政治局通过了《关于抗日根据地土地政策的决定》，制订了抗战时期土地政策及其基本原则，在各抗日根据地实行减租减息；新中国成立前夕，解放区率先实行土地改革，废除封建土地所有制，集中力量分田地，劳动人民欢欣鼓舞，唱响了"解放区的天是明朗的天，解放区的人民好喜欢"的心声。中国共产党"有步骤地将封建半封建的土地所有制改变为农民的土地所有制"，基本上传承了"耕者有其田"这一民主思想所特有的内容。

富含民主文化特质。现代民主的一个鲜明特质，就是"人民主权""主权在民"，也就是马克思所说的"在民主制中则是人民的国家制度"。延安时期实行"三三制"和民主政治选举，强调"不要民主，就等于不要革命"，确立了人民当家作主的地位。一个大家耳熟能详的经典实例是：当年黄炎培先生访问延安，在窑洞中向毛泽东询问中共执政后如何跳出"其兴也浡焉，其亡也忽焉"周期率的支配力时，毛泽东坚定而又自信地回答："我们已经找到新路，我们能跳出这周期率。这条新路，就是民主。只有让人民来监督政府，政府才不敢松懈。只有人人起来负责，才不会人亡政息。"注重人民的监督，让"人人起来负责"，这是民主的题中之义，所以黄炎培即时频频赞许，"用民主来打破这周期率，怕是有效的。"

秉持民主文化特向。中国典籍《易经》中之《泰》曰："上下交而其志同"，其《否》曰："上下不交而天下无邦。"在长期的革命实践中，中国共产党秉持了"交而志同"的文化特指方向，深入群众调研、听取群众意见、建立统一战线、团结各方力量、建立联合政府等等，这一切无不是"上下相交、强国兴邦"之举，蕴含着民主的丰富内容。新中国成立前夕，中国共产党发布"五一口号"，号召"各民主党派、各人民团体及社会贤达，迅速召开政治协商会议，讨论并实现召集人民代表大会、成立民主联合政府"，得到了民主党派、无党派民主人士的热烈响应，这标志着各民主党派和无党派人士公开、自觉地接受中国共产党的领导，也标志着中国的民主政治建设和政党制度建设揭开了新的一页，在我国民主历史上具有里程碑的意义。

彰显民主文化特性。新中国成立以后，中国共产党的历史地位发生了重大变化，老一辈领导人开始积极探索如何为人民执政掌权这一重大问题，注重加强社会主义民主建设，造成又有集中又有民主，又有纪律又有自由，又有统一意志，又有个人心情舒畅的生动活泼的政治局面。如在党际关系方面坚持"长期共存，互相监督"，在科学文化工作中实行"百花齐放，百家争鸣"，在处理社会矛盾时要坚持"专政要继续，民主要扩大"原则，还有充分保障人民群众的权利、尊重人民群众的创造等等，这些内容无不彰显着中国民主文化的固有特性。然而令人扼腕的是，中国的社会主义实践后来经历了波折，表现的却是轰轰烈烈的不受约束的、没有法治规范的"大民主"，民主受到践踏，人权遭到剥夺，这场民主之殇的浩劫，已经作为教训深深地埋藏在国人的心中。

发展民主文化特色。改革开放初期，邓小平同志在吸取"文革"严重教训时说："像'文化大革命'那样的'大民主'不能再搞了，那实际上是无政府主义。"他指出："没有民主就没有社会主义，就没有社会主义的现代化。"于是，把人民民主视为社会主义的生命也就写入了党的文件之中。经过不断发展和完善，中国共产党领导、人民当家做主、依法治国三者的有机统一和四项政治制度的框架体系得以确立，中国特色社会主义民主政治得到加强，意味着我国民主文化进入了现代发展阶段。在世纪的交替时刻，江泽民同志和胡锦涛同志先后提出了"三个代表"重要思想和科学发展观，把党的一切工作的出发点和落脚点放到人民群众的根本利益上，坚持以人为本，实现经济、政治、社会、文化各个方面的全面、协调、可持续发展。这是中国共产党人在新的历史时期对民主科学的全新阐释和生动实践，从此掀开了中国民主文化新的精彩篇章。

要而言之，民主追求已经成为当代中国社会的共同追求。在这个过程中，回归"以民为本"的传统文化，同时赋予它新的内容和含义，进而坚持发展与完善中国特色的社会主义民主政治制度，已经成为我们一种义不容辞的时代责任；一切以人民的意志为重点，把人民群众的利益放到高于一切的位置，以人民的满意度来作为我们工作的衡量标准，已经成为民主文化的一种价值追求；对过去的民主文化不能一味地予以否定或者全盘接受，既要剔除其中的奴性文化，又要批判封建官僚的愚民说教，在传承的基础上加以改进，已经成为我们对待历史文化遗产的一种态度。通过努力，中国特色的社会主义民主政治制度一定会优于西方的民主制度，因为它拥有更加丰厚的文化积淀。我们应该具有这种文化自觉，也应该具有这种文化自信。

最后，借用两位领导人的话作为本文的结束：一是胡锦涛总书记在建党90周年纪念大会上的谆谆教导，"只有我们把群众放在心上，群众才会把我们放在心上；只有我们把群众当亲人，群众才会把我们当亲人"；二是温家宝在2010年《政府工作报告》中的庄严承诺，"我们所做的一切都是要让人民生活得更加幸福、更有尊严，让社会更加公正、更加和谐。"

民主的灿烂阳光，将会普照在中国的大地上！

（原载于《光华时报》2012 年 2 月 24 日）

协商式监督：开启民主新征程

民主监督是人民政协的三大职能之一。长期以来，围绕着什么是政协的民主监督，政协如何履行民主监督职能等问题，仁者见仁，智者见智，各种观点纷至沓来，如此反而让人们觉得有些困惑和迷茫。

初春三月，明媚的阳光温暖着欣欣向荣的大地，热烈的掌声回响在人民大会堂。俞正声主席在今年全国政协常委会工作报告中明确指出：政协的民主监督，是"以提出意见、批评、建议的方式进行的协商式监督"，它虽不具有强制约束力，但却拥有强大的政治影响力。

"协商"者，协以求同，商以成事。这是千百年来国人孜孜不倦的追求。"协心勠力，天下归之"，治国理政，离不开善于借助民力维护国家昌盛；"商兑未宁，介疾有喜"，众人的事情众人办，大家有事好商量，总会得到好结果。将协商的文化渗透融合于民主监督之中，不啻是政协民主监督的一大递进和提升，它既包含了社会主义协商民主的题中要义，又丰富了社会主义协商民主的深刻内涵。

"监督"者，"谓监当督察其事"，一个给人感觉似乎有点冷冰冰的刚性字眼，一旦为它赋予协商的形式和内容，即可在严肃的气氛中产生一种强烈的温度感。"兼相爱，交相利"，美美与共，天下大同。在我国，人民的权力属于人民，接受人民的监督天经地义，"只有让人民监督政府，政府才不敢松懈。只有人人起来负责，才不会人亡政息。"民主监督，原本"道是无情却有情"，故而"绿叶扶红花，相伴总相宜"。

协商式监督，贵在协商，重在监督。如果说政治是一门妥协的艺术，协商就是妥协的一种具体方法。政协组织的"三四五六"（34 个界别、56 个民族），分布广、差异大，利益诉求各不相同，只有尊重差异、求同存异，才能凝心聚力、达成共识，从而寻求最大公约数，画好最大同心圆。协商不是和稀泥，而是以坚持原则为基础，实现宽大包容、厚德载物的一个较好程序；监督不是搞对立，而是以共同目标为前提，防范和制约公权滥用，实现权力为民的一条较好途径。所以，协商式监督，体现的是中国特色社会主义民主政治中相互尊重、相互体谅的精神价值。

协商式监督，要求树立"公、和、诚、实"的正确理念。"天下为公"，美好社会的政治理想激发"公生明"的热情；"执中致和"，协调不同的声音构成和谐的壮丽乐章；"诚者自成"，严格自律的至诚之道成就伟大的事业；"实事求是"，严实的作风让人民群众感到政协就在身边。"公、和、诚、实"四个字，凝练了中华优秀传统文化的精髓，切合人民政协的准确定位，同时充分表达和聚合民心民意，确保政协的民主监督工作沿着正确的政治方向前进。

诚然，协商式监督还需要有一个发展完善的过程，关键是要扩大各界群众的参与度，汇聚实现中华民族伟大复兴的磅礴力量。人民政协联系广泛，要通过切实发挥政协委员联系群众的桥梁纽带作用，最大限度地发挥公民广泛参与协商式监督的积极性，着力解决政府与社会互动的内容、方式、程度等，以保证政协民主监督工作的公正性、客观性、真实性和准确性。因此，依靠群众进行协商式监督，这也是人民政协的优势所在、活力所系。

"忽如一夜春风来，千树万树梨花开。"永葆初心，继续前行，在肝胆相照、荣辱与共的协商式监督中，只要大家"坚守真理、坚守正道、坚守原则、坚守规矩"，就一定能齐心唱好"民主监督"这同一首歌。用协商的方法手段开展政协的民主监督，在协商中凝聚人心增进共识，在监督中解决问题促进工作，民主监督由此开启了新的征程，中国特色社会主义民主政治道路将会越走越宽广。

（原载于《光华时报》2017 年 3 月 7 日）

形式主义的调研"要不得"

——以《反对本本主义》为镜子

开展党的群众路线教育实践活动，聚焦形式主义、官僚主义、享乐主义和奢靡之风等作风问题，非常有必要，而把形式主义放在"四风"之首，也是非常有道理。因为，形式主义往往与其他"三风"纠缠在一起，就像阴影一样随时相伴困扰在我们周围，可真是防不胜防呀。

就拿我们经常开展的调查研究来说吧。"没有调查，就没有发言权"，深入基层调查研究，原本是密切联系群众，反对形式主义、官僚主义、教条主义的有效工作途径和方法，与"四风"应该是冰炭难容、格格不入的。但这些年来，人们却发觉一些调查研究遭受到形式主义的侵蚀，沾染上了形式主义的坏毛病，不同程度地存在"调研走过场、讲话唱高腔、语言翻新样"等现象，与人民群众的距离越拉越远，与形式主义、官僚主义越走越近。一些调查研究在不知不觉中变成了"作秀"行为，这是一件很值得注意的事情。

于是，我们记起了1930年5月毛泽东在《反对本本主义》中的一句话，"为什么党的策略路线总是不能深入群众，就是这种形式主义在那里作怪"，他还以激愤的心情告诫大家："要不得！要不得！注重调查！反对瞎说！"把毛泽东在赣南中央苏区时期的《反对本本主义》当作一面明亮的镜子，对照检查我们当前的一些调查研究工作，的确可以发现不少形式的、教条的、官僚的等"要不得"的东西，甚至还存在"瞎说"的情况。

一是少数人"拍脑袋"想当然。决策之前必须做深入细致的调研，认真倾听人民群众的呼声，广泛搜集和采纳各个方面的意见建议，这是起码的常识。然而有的时候，决策者仅依据或参考少数"精英"的动议，由是草率地作出某项决定，以致在执行中出现适得其反的结果。比如有人说，长假期间免收小车过路费，可以带动内需、促进消费、增加地方经济收入。乍一听起来很有道理，也就没多加考虑，只是稍做一番象征性的小范围调研，之后便匆忙把通知一发，造成的后果是"小车一起上路、大车跟着拥堵、车水马龙无尽头、高速路成了停车场"，好心换来的是一片抱怨声。对于这种类似的做法，毛泽东在《反对本本主义》中曾经提出过尖锐批评，"只有蠢人，才是他一个人，或者邀集一堆人，不作调查，而只是冥思苦索地'想办法'，'打主意。'"在工作中，我们当不得这样的"蠢人"。

二是盲目顺从上级领导的意图。调查研究本是一个"去粗取精、去伪存真、由此及彼、由表及里"的过程，而在不经意间，有人会把调查研究当作对上级领导某种意图的诠释和论证，"只唯上，不唯实"，凭着热情，盲目跟风，缺乏独立思考的能力。有时明知上级的主张并不缜密周全，观点也未必成熟，但还是竭力在调研中曲意迎合上级的要求，维护上级的正确形象。如前些年有的上级领导认为某个产业项目具有发展前景，应该抢抓时机、大干快上，于是乎在调研中，领导意图先入为主，只着眼项目的可行性一面，没有考虑不可行性的另一面，不深不透的调研，导致了领导决策的偏差，结果是项目上马、产能过剩、市场冷落。对于这种情况，毛泽东在《反对本本主义》中曾严厉指出："盲目地表面上完全无异议地执行上级的指示，这不是真正在执行上级的指示，这是反对上级指示或者对上级指示怠工的最妙方法。"毛泽东的这段话可谓是一针见血、入木三分，现在听起来仍然觉得很有分量，令人警醒。

三是身子不能沉下去。调研的根本要求是要沉下身子"接地气"，从实际中发现问题，从群众中汲取营养，不能走马观花、蜻蜓点水。反观当今一些调研的通行做法，是事先踩点、设计路线、确定方案，然后按部就班地"坐在车上转一转、隔着玻璃看一看、座谈会上谈一谈"。兴师动众，浮光掠影，走平坦的路，看亮丽的点，听顺耳的话，如此浅尝辄止、浮于表面的调研，不仅不能深入群众了解真实情况，反而会引起群众的强烈反感。毛泽东指出，"从不肯伸只脚到社会群众中去调查调查"，"一定要弄坏事情，一定要失掉群众，一定不能解决问题。"这里毛泽东连用三个"一定"，对形式主义的调研进行了坚决否定，它提示着我们，调查研究一定要"到社会群众中做实际调查去"。一段时间以来，新的一届中央领导集体坚持深入贫困地区做调查研究，为我们做出了表率。习近平总书记还语重心长地说道，调研就是要"看一些最偏僻的地方，最困难的地方，到边远地方去，同群众聚一聚，见见面，聊聊天，有什么不好？"句句话语透露着对人民群众的深情厚谊。

四是按照固定程式搞座谈。在《反对本本主义》一文中，毛泽东提出，调查会要开成讨论式，不能"只凭一个人讲他的经验和方法"，与调查内容相关的人员都可以参加。他还说："那种只随便问一下子，不提出中心问题在会议席上经过辩论的方法，是不能抽出近于正确的结论的。"然而，反观现在的一些调研座谈会，一般都是严格按照固定程式进行，议程精心安排，会场仔细布置，人员慎重筛选，甲方主官汇报工作，乙方领导肯定经验，相关同志补充成绩，其他人员简单提问。看起来座谈会开得紧凑有序、热热闹闹，气氛也是何其浓烈，可是将座谈会的内容概括起来，无非又是"领导重视、部门努力、单位配合、群众支持、措施得力、成效显著"那干巴巴的几条。座谈会既听不到不同的声音，又看不到思想交流和观点碰撞，没有讨论互动的活泼场面。对于这种缺乏民主氛围的调研座谈会，要么是听其一面，要么是流于形式，很难从中得出有益的启示和"正确的结论"。

五是调研材料内容空泛。调研的最终成果表现形式是文字材料。材料内容是否言之有物、持之有据、论之有理，语言风格是否鲜活生动、朴实简练、表述准确，关乎整个调研工作的成败。习近平总书记最近指出，"有的单位上报的材料没得看，都是一些表面的话，下去调研回来都是说一片大好形势。我们是要看问题、解决问题的，报这些来有什么用呢？"总书记的话是因感而发、有的放矢、针砭时弊，说明当下的一些调研材料，还留有"八股"的气息与痕迹，没有情况、没有问题、没有建议、没有对策，专拣好听的话说。此外，还有的调研材料读起来如在云里雾里，"甲乙丙丁、一二三四的一大串"，但不能揭示事物的本质、反映事物的规律，结构刻板雷同，内容单薄空泛，正如毛泽东当年批评的那样，"调查的结果就像挂了一篇狗肉账，像乡下人上街听了许多新奇故事，又像站在高山顶上观察人民城郭。这种调查用处不大，不能达到我们的主要目的"，"那几句老生常谈，使人厌听"。毛泽东的这番恳切的言辞，于今仍会让我们感到振聋发聩、脸红耳赤。

凡此种种，不一而足。时光倒回到20世纪的峥嵘岁月，毛泽东在发表了"不做调查没有发言权"这一论断之后，言犹未尽，又补充和发展了另一句话，"不做正确的调查同样没有发言权"。形式主义的调研就是这样一种步入歧途的

"不正确调研"，它脱离群众，危害事业，误人误己呀，实在是"要不得"，更不能让它拥有"发言权"！

　　说到底，之所以出现形式主义的调研，问题的根源在于形式主义的泛滥。反对形式主义，关键是要树立实事求是的态度，着重解决好作风漂浮、工作不实的问题，像习近平总书记所倡导的那样，"真正把心思用在干事业上，把工夫下到察实情、出实招、办实事、求实效上"。引用毛泽东在《改造我们的学习》中的一句话作为我们的警醒："马克思列宁主义是科学，科学是老老实实的学问，任何一点调皮都是不行的。我们还是老实一点吧！"

（原载于《学习时报》2013 年 7 月 22 日）

试论参政议政创造力

参政议政创造力，它集中体现了民主党派的集体智慧，直接关系到民主党派参政议政的能力与水平，是参政党永葆生命力的重要源泉之一。继而推论，民主党派在参政议政的过程中，其创造力如何，是否具有创造力，能不能发挥创造力，这是参政党保持生机和活力，与中国共产党长期合作，正常履行三大职能的重要保证。

一、关于参政议政创造力的概念及其含义

对于参政议政创造力，目前见诸文字的内容还比较少，也没有一个准确的概念。个人根据有关资料，结合实际情况，阐述一些不太成熟的观点。

何谓创造力？一般认为，创造力是指对已经积累的知识和经验进行加工、整合和创造，产生出新概念、新知识、新思想，发现和创造新事物的能力。创造力与一般能力的主要区别在于它的新颖性和独见性。

在人们的具体行为中，创造力可以表现为以下主要特征：一是变通性。善于排除思维定式，能够举一反三，由此及彼，产生超常的构想，提出新的观念。二是流畅性。思维反应敏捷，能够在较短的时间内表达出比他人更多的新观点。三是独特性。对事物具有不同寻常的独特见解，即人们通常所说的能够"另辟蹊径，独具慧眼"。就个性而言，创造力往往表现为：不受外界环境的约束，不受利己主义和过度紧张刺激的干扰，经常突破常规，超越习惯，勇于挑战世俗，以求新求变、钻研探索的精神，去构思观念或解决问题，既有清晰的目标指向，又不满足于既定的结论，善于从已知探求未知，乐于从不确定的事物中找出规律。

之所以把创造力的概念与参政议政联结起来，这是因为，时代在不断地前

进，新的历史时期对民主党派的参政议政职能已经提出了许多新要求，赋予了许多新内容，如果我们在参政时缺乏创造力，不能与时俱进，对于不断涌现的新问题、新事物不去进行新思考、新判断、新探索，参政议政的声音就有可能是套话连篇或者言之无物，参政议政的行动就有可能是蜻蜓点水或者劳而无功，参政议政的光荣使命也就难以担当胜任。

那么，什么是参政议政创造力呢？要回答这个问题，得从参政议政说起。参政议政，是民主党派、无党派和其他爱国人士参与国家政治生活的泛称，主要体现在"一个参加"和"三个参与"，它作为民主党派的基本职能之一，从多个层面发挥参政党在国家政治生活中的作用，协助执政党推动社会的发展、进步与和谐。因此，参政议政创造力具有推动全社会创造力的功能，而且往往可以对政治、经济、科技、文化等产生直接的推动力和影响力。按此理解，参政议政创造力包含着三层意义：

一是指一种创新能力。 就是指参政党在所进行的参政议政事业和工作实践中，对于重大理论、现实问题和事关国计民生的实际问题，是否具有回答和解决的能力，对回答和解决问题的能力是否具有合理性、科学性，是否具有前瞻性、预见性、敏感性和影响力，是否与时俱进、具有突破性，能否促进经济和社会的发展。江泽民同志指出，"创新是一个民族的灵魂，是一个国家兴旺发达的不竭动力，也是一个政党永葆生机的源泉。"这对于参政党的创造力建设同样很有指导意义。

二是指一种精神和态度。 这里的精神就是具有开拓创新的精神，态度就是对人民、对国家、对民族负责任的态度和求真务实的科学态度。这种精神和态度，关键的是能否提供人们的精神动力和精神财富。在参政议政的过程中，如果因循守旧、故步自封、人云亦云，没有敢为人先的精神，缺乏尽职尽责、身体力行的态度，就无法紧跟时代的潮流，担负"一个参加，三个参与"的重任，充当为人民参政的角色。

三是指参政党的参政方式、工作方法和合作水平的创造力。 参政党要不断适应新形势，就必须与时俱进，在自身建设上狠下功夫，增强责任感、紧迫感和危机感，不断开拓新思路，探索新方法，研究新问题，创新新模式，从理论上、思想上、工作上不断改进，使参政议政工作在新的制高点上适应新形势新任务的要求。比如，在新的历史时期，参政党如何加强队伍建设，如何开展政治协商和民主监督，如何增强综合素质，等等，这都需要发挥创造力，不断提高参政的能力和水平。

回顾参政党与中国共产党所走过的几十年密切合作的风雨历程，正是充分发挥了参政议政创造力，克服了一个又一个困难，完成了一项又一项使命，取得了一个又一个成就，从而始终保持了参政党的生机与活力，保持了与执政党肝胆相照、荣辱与共的团结合作局面。

二、影响参政议政创造力发展的主要因素

中共中央两个 5 号文件的相继出台，为民主党派拓宽参政议政的领域和渠道，更好地发挥参政党作用，丰富了理论根据，创造了更加宽松有利的政策条件和环境。但从目前参政议政实际状况来看，还存在一些新情况、新问题，直接阻碍了参政议政创造力的发展，制约着参政议政工作的顺利进行。

第一，不能摆正位置。部分党派成员过于强调参政议政的权威性，不能正确摆正自己的位置，很好地发挥参政议政的作用。有的身为知识分子，严重脱离实际，脱离国情，脱离群众，没有起码的价值观，思路偏执于一面，总是认为真理在我。工作忽冷忽热，患得患失，一旦自己的意见、建议未被有关部门采纳或遇到挫折时，便怨天尤人，牢骚满腹，甚至一甩手不干了事，不从自身找原因。

第二，知情不足。民主党派及其成员对党委、政府的有关工作情况了解不深，知情不足，对相关文件读得少或没有吃透精神，信息来源仅限于媒体报道或每年的几次情况通报会。政府工作未能公开透明，信息不对称，很难满足参政党及时、全面、准确了解政府工作情况的需求。这些问题的出现，导致民主党派不可能在参政议政中知情献策，提出科学合理的意见和建议，制约了参政议政创造力的发挥。

第三，没有形成整体机制。民主党派人才荟萃，智力密集，联系广泛，但在参政议政过程中，不同程度存在各自为政，个人能力强，集体力量弱的现象。有时可能以某个成员的建议、提案作为党派意见，没有充分发挥集体参政议政的作用，有效组织整合专家、学者们的知识力量，形成强有力的整体参政议政机制，集体智慧结晶的优势显示不出来。由于党派中担任实职的干部很

少，故而通过实职干部直接参政议政的途径显得身单力薄，效果不能达到理想境界。

第四，对口部门配合不力。党派的各自对口联系工作不够深入，没有形成制度化、规范化、程序化，对口单位积极主动性不高，不能给民主党派提供翔实、具体的调研材料，不能很好地为党派参政议政、建言献策创造良好的环境与氛围，没有自觉地与民主党派形成合力，工作时有脱节。更有些对口单位不愿意让党派了解太多的内部事情，能搪塞尽可能搪塞，致使对口工作有时流于形式，走走过场，参政者难以提出针对性的意见、建议。

第五，责任意识淡薄。不可否认，个别党派成员把人大代表、政协委员当作荣誉和身份的象征，忽略了沉甸甸的责任，放松对自己的要求，认为讲与不讲一个样，淡化了参政议政、建言献策的使命感。在届内仅参加几次会议，挂名不出力，写不出几个像样的提案、议案，甚至把参政议政视为包袱，不屑于做这方面的工作，没有与党派结合为一体，不能为参政议政工作出力，创造力发挥不出来，显示的作用也很微弱。

第六，视野不宽阔。有的成员常年沉湎于书斋、实验室，对社会的情况了解得不多，对专业以外的知识知之甚少，很难科学准确地把握全局性的问题，对于各种层出不穷、纷纭繁杂的社会多元化的发展和相互交织的社会矛盾认识不清。因此，面对许多领域宽、空间大、情况复杂的社会热点、焦点、难点问题，在参政议政的舞台上只能是就事论事，谈谈一般的看法，不能发表入木三分、切中肯綮的观点。

第七，队伍老化。民主党派集中了社会大量的优秀知识分子，他们始终是参政议政的基本力量，也是发挥参政议政创造力的中坚力量。从现实情况来看，由于种种原因，造成了民主党派成员年龄的急剧老化，有的党派基层组织成员平均年龄已经超过60岁，有相当一部分同志已退休在家，后备力量接续不上，参政议政工作出现空当，因此，急需补充新鲜血液，扩充基本力量，确保参政议政创造力的有效发挥。

第八，经费不足。民主党派长期经费不足是一个不争的事实，财政拨款往往只能满足于人头经费、办公经费和专门会议经费。"巧妇难为无米之炊"。没有经费或经费不足，就不能组织专家学者下基层调研，更不能组织成员外出学习考察，因此在一定程度上遏制了党派成员了解实情、开阔眼界的热情，制约了民主党派参政议政潜能及其创造力的正常发挥。

以上问题的产生，既有客观因素，也有主观原因，都必须加以足够的重视，并在中共党组织的领导和帮助下，通过自身的积极努力，认真予以克服和解决。

三、参政议政创造力的开发与培养

（一）参政议政创造力的开发

创造力的指向是创新。关于参政议政创造力的开发，在除外个人心理条件的情况下，主要受内生态环境和外生态环境的影响。前者包括创新精神、创新品德、创新人格和人文素质，后者主要指创新的社会环境，即"天时、地利、人和"，二者共同合成为创造力的基本要素。

创新精神是指一切与创新相联系的意识、思维活动及其内容和成果。它具有以下内容：标志——探索求新，精髓——求实求佳，支点——勤奋坚韧，根基——忘我奉献，灵魂——造福人类。创新精神所包含的创新意识，能够能动地指导人们的创新活动，可以这样认为，创新精神及其意识对于创造力的形成，犹如飞机有发动机一样是绝对不能缺少的。

创新品德主要指创新主体应该具有的道德品质，以及为培养良好的创新品德而进行的道德修养。它是创新的社会功能和创新的特征所要求和规范的，其核心是利他原则和奉献精神。创造力开发最终体现在提高主体的创新能力，而前提就是创新主体必须具备良好的道德品质。如果参政主体缺乏良好的创新品德，所产生的参政议政创造力就有可能给社会带来危害。

创新人格是创新主体在适应各种环境的过程中所形成的独特性格。高创造力具有如下一些人格特征：执着追求，兴趣广泛，反应敏捷，思辨严密，善于记忆，工作效率高，从众行为少，自信乐观，喜欢研究抽象问题，生活范围大，社交能力强，有理想抱负，态度直率，感情奔放，等等。纵观许多老一辈参政党领导人，都具备以上人格特征，他们为我们树立了学习的楷模。

人文素质一般也称为文化素质，但又有别于专业素质，主要指创新主体在文学、历史、哲学、艺术、经济、管理、法律等人文学科领域有比较丰富的知识和较高的修养。人文素质是创造力的重要基础，它有利于创新主体开阔视野、活跃思维、升华人格和陶冶情操，树立创造精神和增强创新意识，为更好地开发创造力提供深厚的文化底蕴。

创新的社会环境有：社会氛围如社会风气、社会舆论等，社会支持如组织领导支持、政策制度支持、教育培训支持等，社会保障如人员保障、经费保障、设备保障、时间保障等，社会评价如评审鉴定、绩效评定、奖励激励等。总之，参政议政作为一项社会系统工程，其创造力的开发应该有创新的社会环境，满足"天时、地利、人和"的要求和条件。恶劣的社会环境会泯灭创造力，摧残和压抑创新人才的成长。只有在和谐和充满生机的良好社会环境中，才能使参政议政创造力之源泉充分涌流。

（二）参政议政创造力的培养

《中庸》一书提出的"博学之，审问之，慎思之，明辨之，笃行之"的治学大法，是我国的优秀传统文化瑰宝，对于参政议政创造力的开发与培养，仍具有重要的现实指导意义。

一要加强理论学习。尽管参政党成员的个人文化素质都比较高，但面对新世纪的许多新问题、新情况，还存在知识结构方面的失衡，要求我们树立终身学习的意识。在学习内容上应根据"缺什么补什么"的原则，多掌握一些管用的知识，涉猎的范围尽可能宽广一些，尤其要加强政治理论、方针政策、市场经济、法律法规等方面知识的学习。应采取多种学习方式，增强学习的感召力和时效性，多开展一些专题讲座和现实问题探讨，对重大问题进行深入思考，以激起思想火花，获得敏锐的洞察力。

二要深入调查研究。注重利用和发挥民主党派智力密集的优势，结合各自熟识的领域，围绕社会经济发展的实践状况，组织成员深入实际开展调查研究，全面掌握研究对象的真实情况和详细资料，系统分析原因，提出精辟见解，真正把现实生活中新的重点、热点、难点问题，把蕴藏在群众中的各种合理性意见和要求，如实及时地反映出来，为部门领导对事业发展做出科学决策提供有价值的参考。

三要提高实践能力。实践出真知，实践长才干。离开参政议政实践，参政议政创造力就成为无源之水。要善于把立足本职和奉献社会紧密结合起来，广泛参与社会实践，为参政议政吸取营养，补充能量。同时，社会的发展，新的实践，又为我们提出新的挑战，只有不断在实践中增长才干，才能不断增强创造力，更加体现出参政议政的社会价值。

四要建立基金机制。参政议政是无私的奉献，但不能给参政议政者增加经济负担，为找钱而浪费精力和扼杀创造力。因此，有必要建立适当的参政议政基金机制和奖励机制，支持参政议政组织及其人员的基本支出，调动起参与参政议政活动的积极性，激发参政议政工作的创造力，多提出颇有价值、颇有影响力的建议和提案。正如科学基金的运作要建立相应的约束机制一样，参政议政基金机制也要与参政议政课题招标制度相配套。

五要树立责任意识。参政议政不是可有可无，也不是炫耀的荣誉，它对于落实科学发展观，发展社会主义民主政治，构建社会主义和谐社会，实现中华民族的伟大复兴，都具有重大而深远的意义。我们要努力保持思想认识上的进步性，增强做好参政议政工作的责任感、紧迫感、使命感，深化对参政党地位、性质和历史使命的认识，不忘人民的重托和组织的信任，摆正位置，把握好参政与执政的关系，从全局的高度，善意的挑毛病，提出建设性的意见，尽可能做到参政参到点子上，议政议到关键处。

六要整合智慧力量。善于充分发挥社会上的创造力资源，开放、容纳和整合各种智慧和力量，只有将各个方面的专家学者凝聚起来，才能汇成参政议政的合力，形成参政议政的创造力。参政党应在工作中不断完善工作机制，把那些智力人才吸收进来，聚水成河，聚智成贤，鼓励他们见仁见智，提出不同意见，将一些研究成果论证加工、集思广益之后成为大精品，从而显示出参政议政的创造力。

七要加强人才培养。就党派而言，要使参政议政工作代代传承，参政议政创造力的火花久久闪烁，就需要做好人才培养的基础性工作，形成合理的人才结构和人才梯队，建立参政议政人才培养机制和专家人才库。当前，经过新老交替，一批新的人士正逐步走上政治舞台，他们不少人来自基层或专业岗位，富有激情，但缺乏社会活动经验，难以进入参政议政角色。因此，要努力培养和造就一批具有较高政治素质和社会责任感、学识渊博并熟悉社会主义市场经济、具有一专多能的复合型知识结构、具有较丰富的政治经验和活动能力的社会活动家，以保持参政议政的活力和创造力。

八要紧密依靠党委。"党委出题，党派调研，政府研究，部门反馈"是参政议政的工作机制。参政党要完成好"答题"的任务，必须紧密依靠各级党组织，发挥党委统战部门的"娘家"作用，遇到难题及时与统战部门协商沟通，共同寻求解决诸如联系对口不到位、有关部门不配合、情况不了解等问题的途径，通过加强联系，取得相互信任，更好地发挥参政议政创造力，为党委、政府出谋划策，避免"即兴之作，无感而发，人云亦云，言之无物"现象的发生。

九要强化制度建设。制度是带有长期性、根本性的问题，是机制的重要体现，是正常工作的保障。目前民主党派参政议政尚缺乏一种长效的激励机制，普遍存在少载体、缺平台、无制度的状况，影响了参政议政创造力的发挥。因此，党派组织要建立和健全一整套发现和培养参政议政人才的科学、规范的程序和制度，制订组织发展规划，在工作和活动中，根据参政议政工作需要，有重点、有目的地吸纳各方面优秀人才，注意发现和选拔有参政才能的人才进入后备干部队伍，充实参政议政力量。

十要实行绩效考察。可考虑建立参政议政绩效考核档案，把参政议政业绩作为党派成员考核的重要条件。对参政议政业绩突出的成员给以通报表扬、表彰，并在政治安排和"特约人员"的安排时优先考虑，或提供外出学习考察接触实际的机会。操作的关键是要人人平等，优胜劣汰，有进有出，实行良性循环，动态管理。通过绩效考核的激励机制，进而激荡出思想火花，焕发出创新激情，使参政党产生不竭的参政议政创造力。

（2007 年 1 月）

民主监督：跳出历史周期率

2016 年 10 月，中共十八届六中全会胜利召开，全会审议通过的《中国共产党党内监督条例》规定："各级党组织应当支持民主党派履行监督职能，重视民主党派和无党派人士提出的意见、批评、建议，完善知情、沟通、反馈、落实等机制。"把民主监督写进党内法规，并作为一种制度安排，这是中国共产党历史上的第一次。

2017 年 2 月，中共中央办公厅印发《关于加强和改进人民政协民主监督工作的意见》，对民主监督工作的总体要求、主要内容及形式、工作程序与机制等进行了全面而又深刻地阐述，这在中国共产党的历史上也是第一次。

执政党先后颁发的这两个纲领性文件既一脉相承，又一以贯之，它充分体现了以习近平同志为核心的党中央自觉接受人民监督的宽广胸怀，同时也赋予了人民政协和民主党派履行监督职能的新内涵。

一、延安"窑洞对"的启示

近年来，有一段往事被人们一再提起。1945 年 7 月初，黄炎培等六位参政员访问延安，为国共两党谈判搭建桥梁。从延安街道两旁"直达上听"的意见箱、中共领导人"朴实稳重"的平等作风等桩桩小事，使黄炎培欣喜地看到了中国未来民主的希望，同时心头又萦绕着历史朝代"兴涤亡忽"的疑虑。于是，他坦率地向毛泽东提出了中共如何跳出历史周期率支配，避免"人亡政息"覆辙的千年难题。

毛泽东胸有成竹地回答："我们已经找到新路，我们能跳出这周期率。这条新路，就是民主。只有让人民监督政府，政府才不敢松懈。只有人人起来负责，才不会人亡政息。"黄炎培频频点头："用民主来打破这周期率，怕是有效的。"这就是著名的延安"窑洞对"。

抗战胜利在即，"问苍茫大地，谁主沉浮？"黄炎培发出"周期率"之问不无道理。历史是一部生动的教科书，"禹、汤罪己，其兴也浡焉，桀、纣罪人，其亡也忽焉"，历朝历代，盛衰交接，兴亡更替，留下诸多的经验教训，归结一点："政之所兴，在顺民心；政之所废，在逆民心。"

"得民心者得天下"，一条亘古不易的古训。回望历史风云，面对时代坎坷，毛泽东没有丝毫的彷徨和徘徊，表现出伟人的洞察和淡定。他从中探索出了一条契合历史前行规律的"民主新路"："让人民监督政府"，让"人人起来负责"，让人民当家作主。在这里，"民主"是思想的前提和逻辑起点，"人民监督政府"是民主的必然要求，"人人起来负责"是民主的必然结果，三者交织统一，由此构成了毛泽东最初的民主监督思想。

毛泽东关于"民主新路"的回答，寥寥数十字，铿锵有力，是中国共产党人关于民主执政的警世名言。首先，它揭示了产生历史"周期率"的主要原因，统治者将公家天下当作私权，人民权利受到侵害，造成社会矛盾不可调和，终致人亡政息；其次，人民权力由人民作主，执政党要主动接受人民监督，保障人民的监督权利，为民主监督提供和创造必要的条件；再次，蕴含着马克思主义人民主权的学说，"每个人的自由发展是一切人的自由发展的条件"，人民是一切国家权力的最终拥有者，为了"防止国家和国家机关由社会公仆变成社会主人"，在行使国家权力时，必须"人民当家作主，人民管理国家"；最后，体现了中华优秀传统文化的崇高境界，即"贵和持中""兼爱非攻"，从而彰显"各美其美，美人之美，美美与共，天下大同"的良知。

花开花落、春来春去。通过几代人的努力，由"民主新路"到形成较为完整的民主监督的理论体系，其基本要义可以勾勒为：以坚持"四项基本原则"为基础，本质是人民群众自下而上对公共权力开展的监督，它作为人民政协和民主党派的一项重要职能，通过提出意见、建议和批评的方式，主要是对党政部门的工作开展非权力性的政治监督，虽不具有法律的约束力和纪律的强制性，但有助于党和政府解决问题、改进工作、克服不足、消除腐败，有利于增进团结、形成合力、维护国家利益和公民合法权益，从根本上巩固中国共产党长期执政的地位，跳出历史周期率。

二、"不能忘记走过的路"

大江东去浪淘尽，"一切向前走，都不能忘记走过的路；走得再远、走到再光辉的未来，也不能忘记走过的过去，不能忘记为什么出发。"人民民主是中国共产党的初心，民主监督曾经走过崎岖不平的路。

井冈山的星星之火，之所以能够形成燎原之势，"除党的作用外，就是实行军队内的民主主义。""士兵委员会"是井冈山时期的民主管理机构，"每个士兵都有发言权，有当家作主的感觉"，实行官兵一致的政治民主和待遇平等的经济民主，即便是黄埔军校毕业的军官，被士兵委员会发现与人玩牌，也要受到"站岗三天"的处罚。由于有了民主，故而"红军的物质生活如此菲薄，战斗如此频繁，仍能维持不敝"。

在中央苏区，毛泽东要求把群众的事当作"一等一"的大事，带头倾听群众的呼声，注意工作方法。1930年10月，毛泽东作"兴国调查"，听到有人对干部的不满，指出"这些坏事是土地革命初期的状况，将来都要改变。"1932年5月，毛泽东根据群众举报，指示"与贪污腐化作斗争，是共产党人的天职，谁也阻挡不了！"大义凛然处决了叶坪村苏维埃政府主席谢步升，打响了中共反腐第一枪。同年9月，中央苏区《红色中华》颁布了《中央工农检察部控告局的组织纲要》，决定设立"控告箱"，受理工农群众对政府及其工作人员的检举揭发信件，号召"各位工农群众们，一切事情都可来这里控告"。

延安时期，为了加强人民对边区政府的协商办事，毛泽东提出"三三制"，实行群众参与监督的"豆选法"。李鼎铭先生提议"精兵简政"，毛泽东认为是"一个极其重要的政策"，坚决给予支持。"自己动手，丰衣足食"的大生产运动，也是起因于一位大娘"犯忌"的批评。共产党人广纳忠言的胸襟和风范，受到人民群众的拥戴。

新中国成立前夕，由周恩来亲自主持，在广泛征求各党派、各阶层意见的基础上，数易其稿制订《共同纲领》，曾经发挥过不可替代的共和国宪章的重要作用。在中国人民政治协商会议第一届全体会议上，围绕着对国号、国歌、国旗的确立，各界人士畅所欲言、热烈讨论、见仁见智，在严肃而又和谐的气氛中协商、争议、监督，充分地发表意见。

新中国成立以后，针对民主党派是否继续存在的不同认识，毛泽东及时提出"两个万岁"的口号，鲜明地指出："究竟是一个党好，还是几个党好？现在看来，恐怕是几个党好。不但过去如此，而且将来也可以如此，就是长期共存，互相监督。"对此，他还作了精辟阐述："为什么要让民主党派监督共产党？这是因为一个党同一个人一样，耳边很需要听到不同的声音。"表现出一种由革命党向执政党转变的难能可贵的自觉与自省。

在拨乱反正的关键时刻，邓小平说过一句关键的话："一个革命政党，就怕听不到人民的声音，最可怕的是鸦雀无声。"民主监督被重新提到解放思想的重要议事日程。1980 年 8 月，邓小平明确告诉意大利记者法拉奇，中国"准备从改革制度着手，认真建立社会主义民主制度和社会主义法制"，避免"文革"那样可怕事件的发生。1982 年 9 月，中共十二大将"八字方针"发展为"十六字方针"。同年 12 月，民主监督首次写进《政协章程》。

三、"中国人民非常需要民主"

中国的皇权统治岁月悠久，在"做民之主""为民做主"思想的浸淫之下，有的人做了权力的"奴隶"，更多的人做了被权力统治的"奴隶"。辛亥革命推翻了帝制，却对皇权思想体系的沉淀未加彻底清洗，官本位、权本位在我国依然根深蒂固。对此，中国共产党人很早就看得非常透彻。

1944 年 6 月，毛泽东在延安向中外记者坦陈："中国是有缺点，而且是很大的缺点，这种缺点，一言以蔽之，就是缺乏民主。"因此，"中国人民非常需要民主，因为只有民主……才能建设一个好的国家。""要用延安作风打败西安作风"，于是成为当时中国共产党人的孜孜追求。

1937 年夏天，国民党飞行员李学炎送军饷到延安，他惊奇地发现："财政一把手"的林伯渠，居然穿着打补丁的裤子；传闻"青面獠牙"的毛泽东，原来是一名儒雅的文弱书生；悬赏十万大洋的朱德，不过是一名朴实的勤务兵模样。抗战中期，陈嘉庚率团回国慰劳抗日将士，重庆达官显贵的花天酒地与延安的政治清明形成了鲜明对比，他深感国共两党有天渊之别，由此断论"得天下者，共产党也！"

"民主新路"是取得人民信任的重要途径，防止公共权力滥用的有效方式。即使在漫长的封建时代，人们也没有放弃对"民本"的希望和以"民本"协调君民之间矛盾的寄托。耳熟能详的"民惟邦本，本固邦宁""民贵君轻"，以及"防民之口，甚于防川""兼听则明，偏听则暗"等等，就是告诫专制君主不能暴虐无道、独断专行，应该多听"民间疾苦声"，择善而从，闻过则喜。

中共十八届六中全会指出：中国共产党作为长期执政的党，最大的挑战就是对权力的有效监督。历史和现实证明：促进权力的正确行使，加强内部监督，可以带动和促进外部监督，但没有强而有力的外部监督，内部的自我监督和约束也会虚化和弱化。现代民主与权力的定位，就是通过发展民主让大多数人拥有权利，把公共权力置于社会公众的政治视野之下，增强制约权力的效果，使得公共权力真正回归于民，以此减少权力异化、腐化的危险。

四、"要继续加强民主监督"

人们不会忘记，2013 年 2 月 6 日，中共十八大之后不久，习近平总书记在中南海同党外人士共迎新春，他诚挚地对大家说："要继续加强民主监督。对中国共产党而言，要容得下尖锐批评，做到有则改之、无则加勉；对党外人士而言，要敢于讲真话，敢于讲逆耳之言，真实反映群众心声，做到知无不言、言无不尽。"总书记的讲话，情真意切，感人肺腑，其中饱含着对历史的深刻思考和对现实的深刻洞察。

人心向背，关系政权的生死存亡。品味历史，感悟未来，可以得出一条基本经验：密切联系群众，革命的事业就会无往不胜；脱离人民群众，党的事业便会遭遇挫折。在 20 世纪 50 年代，我国曾出现过"雅量之争""城墙之争"和"人口之争"等，于今看来，那诚然是君子"和而不同"的文人之争，有些观点或许超越了当时的客观现实。但后来中国出现的人民民主遭到践踏的社会动荡和灾难，直让人们感受到"万马齐喑究可哀"的切肤之痛，教训尤为沉重。

如今，中华民族伟大复兴的梦想在亿万国人的心中升腾，美好的愿景在华夏儿女的心中飞跃，中国共产党人率领 13 亿人民正在开始一场新的长征。愈是在社会转型和全面深化改革的关键时期，愈是需要万众一心、众志成城，在这过程中，由公众参与的民主协商和民主监督须臾不可或缺。

"让人民监督权力，让权力在阳光下运行。"国家的一切权力属于人民，满载着人民群众的深切嘱托，"人民对美好生活的向往，就是我们的奋斗目标。""一切国家机关和国家工作人员必须依靠人民的支持，经常保持同人民的密切联系，倾听人民的意见和建议"。希望民主党派的同志们"切实履行民主监督职能"，更好地发挥中国特色社会主义政治制度的优越性。习总书记在新时代的一次次经典之语，为做好新形势下民主监督工作指明了前进的方向。

民主监督需要披肝沥胆，"长期共存，互相监督"。一方面，通过政党之间互相监督，互相鞭策，使民主党派在坚持四项基本原则的基础上，修正偏差，把准航向，更大程度凝聚共识，更广范围团结力量，始终与中国共产党同心同德，致力于实现中华民族伟大复兴的中国梦。另一方面，由于"中国共产党处于领导和执政地位，更需要自觉接受民主党派的监督"，通过提出意见、批评、建议的方式，帮助党和政府"多一只眼睛视事"，推进科学决策、民主决策和方针政策的有效执行，促使公民社会与公共权力的良性互动与配合。

民主监督需要"走自己的路"，"不啃别人啃过的馍"。"履不必同，期于适足；治不必同，期于利民。"民主监督要走适合中国国情的路。它是善意的规劝，不是恶意的攻击；它是在春风化雨、润物无声中实现共同的利益，不是在搞三足鼎立、两党制、多党制中相互拆台，你死我活；它是"真善美"的"和合"，不是"假恶丑"的"对峙"。因此，坚持共产党执政、多党派参政，共产党领导、多党派合作的政治立场不能动摇，中国特色的政治发展道路不能改变，西方的资产阶级民主制度不能照搬。否则，苏联的悲剧就有可能在中国重演。

民主监督"不是装饰品，不能做摆设"，需要解决实际问题。中共十八大以来，以习近平同志为核心的党中央高度重视发挥民主监督作用，不断完善民主监督的组织领导、权益保障、知情反馈、沟通协调机制，拿出了不少实实在在的新举措。比如：全国政协召开双周协商座谈会，以监督为特色，紧扣群众期待、社会关注的实际问题，推动经济社会发展重大问题的积极解决；中共中央请各民主党派与8个省份对接，对脱贫攻坚开展民主监督，引起社会的热烈反响。从这些以上率下、以下促上的行动中，我们看到了民主监督新的希望。

五、民主监督"永远在路上"

邓小平说："在中国来说，谁有资格犯大错误？就是中国共产党。犯了错误影响也最大。"因此，"办好中国的事情，关键在党，关键在党要管党、从严治党"。在新的历史时期，中国共产党正面临着前所未有的"四大考验""四大危险"，需要有"壮士断腕"的勇气，从内部"重典治乱"，还需要有不"讳疾忌医"的决心，借助外部监督力量"刮骨疗毒"。猛药去疴、革故鼎新，把党内监督和外部监督结合起来，实行全面从严治党，才能保持中国共产党的长期执政地位。只要"作风建设永远在路上"，民主监督也就永无止境。

"还是制度靠得住"。为了充分发挥人民政协和民主党派的监督作用，更好地调动民主监督的积极性，必须从上到下制订规章制度作为保障，进一步健全民主监督的知情明政机制、协调沟通机制、办理反馈机制、权益保障机制，明确民主监督的工作重点、工作要求、工作形式、工作程序等内容。

通过建立民主监督制度，不断完善工作机制，进一步营造合法依章的民主氛围，促进民主监督成为友好合作的监督、广泛代表性的监督、统一战线主要方面的有组织监督、高质量高水平的监督。在民主监督的过程中，坚决遵守宪法和法律，不突破道德和规矩，提倡热烈而不对立的讨论、真诚而不敷衍的交流、尖锐而不极端的批评，真正做到补台而不拆台，帮忙而不添乱，让各个方面尽职尽责，将协商、参政、监督职能融为一体。

"莲花出水有高低"。"山上松柏有高矮，池里荷花开不齐。"世界上没有两片完全相同的绿叶，应正确处理好一致性和多样性的关系。"声一无听，色一无文，味一无果，物一不讲。"只有尊重差异、求同存异，才能听到更多更好的不同声音。对专家意见与群众呼声兼容并蓄、博采众长，不顾此失彼、有所偏颇，一方面做到"不打棍子，不扣帽子，不抓辫子"；另一方面还得注意"不要凌驾，不要绑架，不要吵架"。固守住政治底线的圆心，包纳的多样性半径越长，画出的同心圆就会越大。

当年周恩来倡导民主议事精神："第一，要有听得进去的胸怀；第二，要有辨别是非的本领。"民主监督靠的是平等协商的民主精神，靠的是切中要害的真知灼见，靠的是以理服人的方式方法，不求说了算，但求说得对、提得准，即便有偏差、有交锋，也应换位思考，体谅包容，充分尊重和保障民主权利，从中找到最大公约数。

"打铁还需自身硬"。围绕中心、服务大局，深入群众、深入实际，比说任何大话都管用。加强和改进民主监督，对人民政协和民主党派来说，需要切实提高民主的素养和监督的本领，"着眼增强政治把握能力、联系群众能力、调查研究能力和合作共事能力。"换言之，就是能够上接天气、下接地气，广聚人气、树立勇气，弘扬正气、抵制邪气，把民主监督的工作落到为国为民的实处。

民主监督最根本的道德修养是诚实守信，在作风上求真务实、言行一致、表里如一，说者"知无不言，言无不尽"，听者"有则改之，无则加勉"。民主监督拥有"话语权"，而"话语权"并不是提意见的特权，也不是拥有抨击的专利，应做到言之有据、言之有理、言之有度、言之有物，深刻而不尖刻，妥协而又坚定。民主监督鼓励"敢于讲真话，善于建诤言"，指的是既不畏首畏尾、虚与委蛇，又讲求方式方法、不走过场，只有实事求是，直率坦诚，才能把民主监督真正监到点子上、督到关键处。

"冗繁削尽留清瘦"。"空谈误国，实干兴邦"，民主监督要有好的文风，不能做官样文章，不能长篇大论说空话套话。历史上朱元璋曾规定行政文书规范："颁示中外，使言者陈得失，无繁文。"民主监督类似"谏言"，应当杜绝废话，直截了当分析问题、提出建议。

毛泽东曾经对"党八股"进行过严厉批评，提出"必须抛弃党八股"。文风不好的最大表现，就是穿靴戴帽、皮厚冗长，字里行间表现出的是"装腔作势，借以吓人"的霸气、"语言无味，像个瘪三"的媚气、"甲乙丙丁，开中药铺"的俗气，其结果是"不负责任，到处害人"。民主监督应该尽量避免拖泥带水的"八股文"，突出问题导向，不文过饰非，努力做到"单刀直入、直奔主题，针针见血、钉钉入木，删繁就简、务求实效"，少说那些"三下五下、三性五性、三要五要、三新五新"之类毫无味道、听得没劲的新"八股"。不然，就会失去民主监督的初衷与本意，也不会受到人民群众的欢迎。

70年前，中国共产党人已经开辟了一条"民主新路"；70年后，我们在前人开辟的道路上奋勇驰骋。只要"以天下为己任"，"人人起来负责"，继续拓宽和畅通民主监督的渠道，始终与人民同呼吸、与历史同步伐、与时代共命运，坚持真理，砥砺前行，就一定能够跳出历史周期率，赢得一个光明的中国和民主的未来！

（原载于《光华时报》2016 年 12 月 20 日）

莲荷品格与政协精神

正是荷花盛开的时节，碧绿的叶、多彩的花、晶莹的露珠、低垂的莲蓬，一一呈现在眼前，直让人陶醉不已，百看不腻，不禁陷入深深的遐想。

灼灼莲荷，亭亭出水。由历史上那些咏颂莲荷的名篇名句，联想起莲荷的高尚品格，进而思考人民政协那种特有的宝贵文化精神及其价值，能使人们的灵魂受到洗礼！

于是乎，我试图将莲荷品格、中华文化和政协精神糅合在一起，进行一番粗浅的探索和比较，希冀从中汲取营养提升自我，并获得一些有益的启示。

藕异心同

早在 1500 多年前的南朝，梁武帝萧衍兴致盎然地观赏片片莲花，由景物而思政事，他动情地写道："江南莲花开，红花覆碧水。色同心复同，藕异心无异。"其中的"藕异心同"，蕴含着极其深刻的"和合"思想。

"礼之用，和为贵""君子和而不同""天施地化，阴阳和合"，"和合"一向被视为中国传统文化精神的瑰宝，产生过广泛而又久远的影响。何谓"和合"，春秋时期管仲有一句话耳熟能详，"畜之以道，则民和；养之以德，则民合。和合故能谐。"儒家主张伦理和合，道家倡导自然和合，禅宗修炼心性和合，各有侧重，但都以和谐为基本特征。正所谓"红花白藕青荷叶，三教原来是一家"。

"名莲自可念，况复两心同。"莲荷的谐音是"连和""联合"，莲荷的品格是"和合"，这正切合政协和而不同、和衷共济的文化精神，同时表现了政协大团结、大联合包容并蓄的情怀。从 1945 年毛泽东在《论联合政府》中提出"废止国民党一党专政，建立民主联合政府"，到三年后发布惊雷般的

"五一口号"，乃至成立人民政协组织，无不展示了中国共产党人对"和合"的孜孜追求。

风雨相依

唐代诗人李商隐写过一首《莲花》诗："花开两姐妹，蒂并一夫妻。芬芳共珍重，风雨紧相依。"显然，诗句描写的是爱情佳话，但从字里行间，却可以发觉其中抒发的那种风雨相依、患难与共的深厚感情。

管子提出"君臣上下贵贱皆从法，此之为大治"，这或许是他从自己人生经历中深深感悟出来的至理。当年，鲍叔牙对他视同手足，并将他举荐给齐桓公，"此世称管鲍善交也。"齐桓公一泯前仇，用厚礼对待管仲，称之为"仲父"，把治国理政大事交给他，成为中国古代侠肝义胆、肝胆相照的典范。

回想起 1946 年 1 月旧政协会议前，国民党为了拉拢青年党，瓦解民盟，孤立共产党，硬性要求民盟让出五个名额给青年党。为此中共据理力争，针锋相对，最后确定国民党让出一名，中共让出两名，民盟保持原有名额不变，打破了国民党的算计。会议期间，中共与民盟密切合作，风雨同舟，相互支持，通过了《和平建国纲领》等五项协议，使国民党处于明显的失利状态。共产党长期与民主党派那种"风雨紧相依"的莲荷情谊，闪烁着时代光辉的中华民族精神，远胜于历史上的管鲍之交。

不染不妖

提起莲荷，人们总会情不自禁地吟诵起北宋周敦颐的《爱莲说》，"出淤泥而不染，濯清涟而不妖"。莲荷那"不染不妖"的高贵品格，千百年来，一直"引无数英雄竞折腰"。不止于此，濂溪先生为提倡"朝廷正而天下治"，还写过一首《赞莲》，其中两句："不与桃李争春风，七月流火送清凉"，以出水芙蓉超尘脱俗的风情，寄托着一种"俏也不争春"的人生境界。

洁身自好，超然物外；独善其身，远离诱惑。这是古人自身价值的追求，也是当代求严求实的自我要求。"心安而不惧，形疲而不倦"，人如何活得更清白洒脱？诸葛亮在《出师表》中以两汉兴衰为例，"亲贤臣，远小人，此先汉所以兴隆也；亲小人，远贤臣，此后汉所以倾颓也。"只不过是，螳螂捕蝉，飞蛾扑火，"后人哀之而不鉴之，亦使后人而复哀后人也。"

在政协委员中，不乏乐观豁达、清正廉洁的人物和事例，他们"不为物喜，不以己悲"，始终积极向上，不为名利缠身。新中国成立初，"巾帼英雄"史良将他人所赠的上海十余幢房屋财产全部献给国家，离世后留下的一些"漂亮首饰"，鉴定的结果却是价值仅为"三千元"的"赝品"，叫人在"不敢相信"之余发出由衷的赞叹。

中通外直

在周敦颐的《爱莲说》中，有一句朗朗上口、不能忘却的话："中通外直，不蔓不枝，香远益清，亭亭净植，可远观而不可亵玩焉。"通者，达也；直者，正也。"中通外直"，说的是做人处事应该心胸开阔、谦逊坦陈，不偏不倚、品行端庄，虚心傲骨"而不可亵玩"。

人生须"两明"：自知之明，兼听则明。"中通"，是一种知无不言，闻过则喜的自觉；"外直"，则是一种理直气壮，刚直正言的自信。晚清名臣左宗棠满怀一腔热血，"身无半亩心忧天下，读破万卷神交古人。"当他看到李鸿章偏听偏信，代表清政府签订中法新约，放弃陆防行径，竟毫不留情，直言批评："李鸿章误尽苍生，将落个千古骂名。"

在20世纪50年代，有两位"是其所是，非其所非"的政协委员值得人们景仰。一位是"清言雅量"鉴古今的梁漱溟，他诚挚地提出，不能"忽略或遗漏了中国人民的大多数——农民"；一位是我国"计划生育"首倡者马寅初，他尖锐地指出，"控制人口实属刻不容缓"。"大雪压青松，青松挺且直"，虽受误解和打击，但他们依然虚怀若谷、从谏如流，爱国之情至死不渝，所以半个多世纪过去，大家仍在赞许他们当初的观点和勇气。

未肯从风

古往今来，多少文人墨客乐于把莲花比作"凌波微步"的仙子，在秋风中独自绽放，而不肯附庸风雅。隋朝弘执恭作《秋池一株莲》："秋至皆空落，凌波独吐红。托根方得所，未肯即从风。"显示了莲花与众不同的高洁品质，给人以清纯幽美的想象和感受。

"从风"也称跟风，用以讽人不扎实做事，却又偏好虚名浮事，如同"墙上芦苇，头重脚轻根底浅"。"从风"不仅是品德问题，还有能力和意志问题。苏东坡的"博观而约取，厚积而薄发"，郑板桥的"咬定青山不放松……任尔东西南北风"等，都说明未肯从风要有坚定的信念和厚实的基础。逆流而上，顺势而为，才能到达成功的彼岸，如常羊学射，心无旁骛，简单的事情重复做，"置一叶于百步之外而射之，十发而十中"。

在政协的参政议政中，一个符合科学颇有见地的意见或富有前瞻性的合理化建议，往往需要经历反复求证的曲折过程，展开不同观点的"逆向论证"，不可能一蹴而就。当年一批政协委员坚忍执着，锲而不舍，顶着压力，对三峡工程提出的许多质疑，就是建立在科学基础上，并非主观臆断，空穴来风，这些意见为后来三峡大坝建设的成功，发挥了极其重要的完善措施、纠正预防的作用。

质柔穿坚

明代李时珍的《本草纲目》是一部集中国医药学之大成的著作，其中对莲藕就有生动的论述，"夫藕生于卑污，而洁白自若。质柔而穿坚，居下而有节。"寥寥数语，饱含哲理，把莲藕的特有品格描述得活灵活现。

《孟子》曰："富贵不能淫，贫贱不能移，威武不能屈，此之谓大丈夫。"在几千年的中华文明史上，无数英雄豪杰，"洁白自若，质柔穿坚，居下有节"，表现出大无畏的气概。比如，苏武历尽艰辛，留居匈奴十九年持节不屈；文天祥抵御外侵，宁求速死，坚决拒降，用生命写下了"留取丹心照汗青"的浩然壮歌。他们的英名彪炳史册，值得永远纪念。

政协组织拥有一大批爱国敬业、勇于担当的知识分子，他们以行动印证了"知识分子就是站起来思考的人们。"新中国成立之初，不少在海外从事学术研究的专家，如"抵得上五个海军陆战师"的钱学森，感叹"梁园虽好，非久留之地"的华罗庚，高呼"让我们准备参加新中国建设"的李四光等等，他们面对威逼利诱，冒着生命危险，冲破重重阻挠，历尽艰险毅然回国。拳拳赤子心，殷殷报国情，巍巍民族气节，支撑着他们成就了不朽的人生。

心承露珠

"根是泥中玉，心承露下珠。在君塘上种，埋没任春蒲。"这是唐代李群玉留给后人的一首《莲叶》诗。根接地气，心承露珠，哪怕瞬间消失，也要快乐地映射出晶莹的生命之光。然而，正是那无边莲叶上的颗颗露珠，却又似群星璀璨，在万丈霞光之前，装点着整个多彩的世界。

在赞美莲叶露珠的同时，再揣摩李白"吐言贵珠玉，落笔回风霜"的含义，别有一番韵味。由心承露珠，到口吐珠玉，从古至今，多少坦荡君子心怀大志，卓尔不群，直抒胸臆，大胆发表真知灼见。然而，他们又铭记"三人行必有我师"，择其善者而从之，从不轻视任何人。李世民和魏征君臣二人，一个广纳谏言，一个忠直敢谏，"道是无情却有情"，在政治生涯中表现了各自的品格和能力。

新中国即将成立之时，国号、国歌、国旗等方案尚无定论，拿到第一次全国政协会议上征求意见。那些脚踏实地、心有主见的政协代表和领袖一道，畅所欲言，见仁见智，真可谓篇篇锦绣，字字珠玑，言之凿凿，确可信据。不同的意见，在其乐融融的氛围中达成共识，挥写了政协会议共商国是的开篇之作。

接天映日

若论脍炙人口、广为流传的七言莲荷诗篇，当首推南宋杨万里的《晓出净慈寺》："毕竟西湖六月中，风光不与四时同。接天莲叶无穷碧，映日荷花别样红。"倘若把"接天莲叶，映日荷花"比作贤能人才，还不能忘记他在《小池》中的两句："小荷才露尖尖角，早有蜻蜓立上头。"接天映日的气派，小荷蜻蜓的精致，远近景象的反衬，给人的认知带来强烈的冲击力。

治国之道，莫先于选贤用人；为政之要，首在于诚信和睦。故《礼记》言："大道之行也，天下为公。选贤与能，讲信修睦。"战国时期魏文侯深知"尚贤者，政之本"的道理，他求才若渴，按照李悝提出的"识人五法"，最后找到了辅佐国家治理的贤能人才。

人民政协成立之初，三教九流，人才云集；亦官亦民，通融百家。共产党人高瞻远瞩，把握全局，以恢宏的气度，"泉眼无声惜细流，树阴照水爱晴柔"，精心扶持着株株"莲荷"。针对当时的一些错误思想，毛泽东一再指出："我们不能忘记他们，否则，新政协会议就失去了代表性"；"要给事做，尊重他们。手心手背都是肉，不能有厚薄。对他们要平等，不能莲花出水有高低。"老一辈政治家爱才惜才、择人用人的博大胸襟，由此可见一斑。

共蒂连丝

唐代青年才俊王勃不仅写下了气势磅礴的《滕王阁序》，还留下了委婉动听的《采莲曲》："牵花怜共蒂，折藕爱连丝。故情无处所，新物徒华滋。"他借纯洁善良的采莲女子的内心独白，寄托了"花共蒂、藕连丝"的美好愿望，也隐喻着炎黄子孙对祖国"打断骨头连着筋"的坚贞感情和立志报国为民的坚强决心。

"有志之人立长志。"范仲淹有志于天下，"先天下之忧而忧，后天下之乐而乐"，矢志"不为良相，便为良医"，力求上以报国，下为救民，忧国忧民，丹心可鉴；王安石呼唤"总把新桃换旧符"，发动改革变法，推行"青苗法""均税法""水利法"等，无不映射出他"不畏浮云遮望眼"的爱民情愫。

自打人民政协成立开始，委员们就以"奔走国是，关注民生"为己任。1949 年，李济深等提出政协历史上第 1 号提案《请以大会名义急电联合国否认国民党反动政府代表案》，宣示中央人民政府是中国唯一合法的政府；1950 年，邓宝珊提交《创办民族学院案》，呼吁大力培养少数民族干部，以适应民族工作之急需；1953 年沈钧儒上书陈述血吸虫病的严重危害，引起了毛泽东的高度重视。他们捧出的那颗殷红的"中国心"，与人民的血脉紧紧相连。

心地聪明

现代画家齐白石写有一首《画作自题》："板桥辛苦木鱼声，是否南无念不平。料到如来修已到，莲花心地藕聪明。"读来耐人寻味。莲花莲藕，枝枝通心，由根至叶，心地聪明，原本是久久修炼而成。故佛学尚莲，道学爱荷，儒学推崇自我修身。

修身律己，上善若水。《礼记》论述"修身齐家治国平天下"，把修身作为人生的基础;《论语》阐扬"吾日三省吾身"，把自省当作填补智慧的阶梯。韬光晦迹，谦尊而光，积极的自我反省能使人更加睿智。由于一日三省，所以孔子见齐景公"不喜亦不惧"，俨然保持着人格的尊严。

社会的文明进步越来越说明，明事理，讲规矩，守底线，顺自然，这是人人各得其所，社会井然有序的先决条件。季羡林先生主张"人的一切要合乎自然大化，顺其自然，不大喜不大悲"，提倡人的"内心和谐"，依循的是"恬淡虚无，真气从之"的准则。他机智内敛，只愿多做点有益的事情，哪怕是默默为新入学的农村学子看守行李;他淡定从容，不愿为虚名所连累，坚决要求摘掉"国宝""泰斗""大师"三顶帽子。这些都是他知行合一，生发于心底深处的大智慧。

心苦芽甜

元代吴师道作《莲藕花叶图》，题诗曰:"玉雪窈玲珑，纷披绿映红;生生无限意，只在苦心中。"丁鹤年对"苦心"作了辩证的诠释，"却笑同根不同味，莲心清苦藕芽甜。"原来远近芬芳、绚丽多彩的莲荷一族，却是苦在心中，甜在芽尖，蕴聚着"梅花香自苦寒来"的旨意。

"艰难困苦，玉汝于成"，责任的担当甘苦相伴。孟子曾大告天下:"天将降大任于斯人也，必先苦其心志，劳其筋骨，饿其体肤。"清代蒲松龄屡考落榜，功名不就，遂撰联自勉:"苦心人、天不负，卧薪尝胆，三千越甲可吞吴。"世上多艰险，人间无数愁;天下无难事，只要肯用功。只要勇于吃苦、敢闯新路，终究可收获丰收的硕果。

中国共产党南征北战，苦难辉煌，浴血荣光，终于在1949年打倒了国民党反动政权。当《共同纲领》提交政协全体会议通过，新中国即将成立的那一时刻，李济深等民主党派人士无不激动，"这是中国人民近百年来艰苦奋斗追求实现的目标。"而今，协商民主转化为国家意志，一个个意见被采纳，一件件提案在落实，我们更会体悟到辛勤汗水浇灌民主之花的喜悦和甘甜。

生生不息

李时珍在《本草纲目》中把莲藕称为"灵根"，"生于嫩弱，而发为茎叶花实，又复生芽，以续生生之脉。"因而又想起千年古训："天行健，君子以自强不息；地势坤，君子以厚德载物。"莲荷的品格，正是顽强不屈的民族精神的生动写照。

远在两千多年前，就有仲尼困厄写《春秋》、屈原放逐赋《离骚》、左丘失明作《国语》、史迁遭刑著《史记》，等等。百折不挠的民族脊梁，傲然挺立的生命丰碑，彰显了自重自强、自尊自爱、自警自励的坚强品质。因为有了他们，中华民族的灿烂文化得以薪火相传。

张澜先生曾以"四勉一戒"告示后人："人不可以不自爱，不可以不自修，不可以不自尊，不可以不自强，而断不可以自欺。"那种不以外物而沉浮摇摆的人格，不断鞭策着人们发愤努力、自强自立，顺应天时、奋斗不息，把自己铸炼成为生命的强者。张海迪说："我有一个梦想，残疾朋友都能融入和谐的大家庭"；邰丽华说："残疾人，也有生命的价值"；杨佳说："你怎样，中国便怎样！强大的正能量源自每一个人"。从她们身上，我们不难发现政协强大而又生生不息的文化精神和价值。

以史为鉴，以人为鉴，以莲荷的高贵品格为鉴，以政协的文化精神为鉴，我们将会更加清楚地认识社会上各种丑恶现象的本质，更加自觉地抵制各种不良思想观念的侵袭，更加注重人民政协组织的自身建设，并且加倍地珍惜和坚守老一辈创下的人民政协这个和谐的"民主家园"。

历史已经昭示，事实还会证明：莲荷的品格、和合的文化、民主的精神，将永远激励着一代又一代政协人，去拼搏风雨，赢得成功，迎来新的春天。风清气正，天朗地明，协商民主的中国将是无限美好！

（原载于《人民政协报》2015 年 8 月 13 日）

关于多党合作的感悟

2005 年 2 月，中共中央正式颁发的《关于进一步加强中国共产党领导的多党合作和政治协商制度建设的意见》，即 5 号文件，是继 1989 年 12 月中共中央 14 号文件以来，进一步推进多党合作和政治协商制度化、规范化、程序化的重大举措，是新世纪新阶段指导多党合作事业发展的纲领性文件，为开创多党合作新篇章指明了前进方向。以下就多党合作问题谈几点感悟，作为自己的学习认识和研讨体会。

合作事关政权兴衰

大家都清楚地记得，60 年前毛泽东主席与黄炎培先生著名的"窑洞对"内容。围绕政权兴衰及"历史周期率"的敏感话题，毛泽东主席曾坚定地回答："我们已经找到新路，我们能够跳出周期率。这条新路，就是民主。只有让人民来监督政府，政府才不敢松懈。只有人人起来负责，才不会人亡政息。"由此折射出了一代伟人民主合作的灿烂思想。

人们也不会忘记，20 世纪 90 年代前后所发生的从东欧剧变到苏联解体等系列事件，似乎恰好印证了"其兴也浡焉，其亡也忽焉"的历史周期。国人总想从中找出一些原因，吸取一些教训，比如个人迷信、高层独断、官员腐败、利益集团、脱离群众等，但如果归结到执政方式而言，恐怕主要原因是没有建立多党合作和政治协商的制度。结论是，在我国没有完善的多党合作机制，就没有牢固的共产党执政地位。其中道理既通俗又非常深刻。

从生态学角度来看，独木不成林，一座无际的森林仅有一个树种则难以恒久；独江不成海，浩瀚大海只有容纳百川才能永不干涸。从文化学角度来看，中国的中庸哲学、大同学说都要求"和而不同、同中存异、刚柔相济、阴阳互生"。从社会学角度来看，一股强大力量的积蓄与形成，必须依靠多个力量点的相互支持和配合，即"一个篱笆三个桩，一个好汉三个帮"。从政治学角度来看，没有堤坝的河流，最容易泛滥，没有监督的权力，最容易导致随心所欲，为所欲为。

以上道理，不一而足。它使我们深深领悟到，从以毛泽东主席为代表的中国共产党人当初用敏锐的目光、睿智的思考，英明地提出多党合作和政治协商的政治格局开始，到中国共产党完成由革命党而执政党的转变，并走过半个多世纪执政道路后的今天，新一届党中央做出进一步加强多党合作和政治协商的战略部署，这该是何等的深谋远虑，何等的远见卓识。

合作道路上的里程碑

当人民欢呼"共产党万岁"的时刻，毛泽东主席也呼出了"民主党派万岁"的强音。如果把这两个"万岁"合成一体，便是"多党合作万岁"。"万岁"是个时间概念，它表明了我国多党合作是"路漫漫，其修远"。

回首我们已经走过的合作道路，可谓几分艰辛，几分豪迈，不管它如何坎坷崎岖，但毕竟我们团结一心、风雨兼程地走过来了。面向未来更加漫长的合作道路，我们应该继续怎样走好？5号文件是座里程碑，她鼓舞和激励我们在新的征程上不断迈出更加坚实的步伐，努力取得多党合作的新成果。

关于"里程碑"的意义，有学者做过这样一个实验。组织三组人，让他们分别向远距离的三个目标进发。第一组不告诉目的地名称和距离，只跟向导走。走完一段路程以后，有人抱怨，有人愤怒，也有人情绪低落，而且越往后走人们越消极。第二组知道目的地和路程，但路边没有里程碑。当走完一段不短的路程以后，大家认为已经走得太远了，觉得疲惫不堪，如果有人说"快到了"，大家才又会振作起来，加快步伐，过段时间又开始情绪低落，如此反复不已。第三组不仅知道目的地，而且道路旁设有里程碑。人们边走边看里程碑，每缩短一段距离便有一小阵快乐，行进中他们用歌声和笑声来消除疲劳，就这样一路激情一路欢跃，很快到达了目的地。

实验说明，当人们的行动有明确的目标，并且把自己的行动与目标不断加以对照，清楚地知道自己奋斗的价值与成功的希望时，人们行动的动机就会得到维持和加强，就会自觉地克服一切困难，奋力达到目标。

之所以我们都把 5 号文件称作为新时期多党合作和政治协商征途上的里程碑，就因为她给我们展示了多党合作的新蓝图，吹响了多党合作的新号角，提出了多党合作的新构想，标明了多党合作的新起点，必将给我们增添新的动力，鼓足新的干劲，激励我们在合作道路上不断开拓创新，不断勇敢前进。

合作与和谐的内核

新一届中央领导在科学发展观的基础上，提出了构建社会主义和谐社会的新概念，深受全国人民的拥护。从多党合作与和谐社会的关系而言，合作是和谐的重要基础，和谐是合作的根本前提，二者相辅相成，须臾不可分离。

合作需要和谐，没有和谐的社会氛围，合作则是空洞的，是虚伪的，也是短暂的。和谐必须合作，没有诚心诚意的合作，窝里内讧、后院起火、吵吵闹闹，和谐自然就会成为水中之月、镜中之花。在人们的记忆中，不可能抹去中国近代那段"洒向人间都是怨"的历史，军阀之间曾经议论过合作，政党之间曾经进行过合作，地方官僚之间也曾奢谈过合作。然而，在四分五裂的中国，一盘散沙的大地，明争暗斗、尔虞我诈代替了同心协力、患难同舟，和谐的社会局面一直难以形成，合作终究成为天方夜谭。

中国共产党深明大义，提出并坚持"长期共存，互相监督，肝胆相照，荣辱与共"十六字方针，在多党合作中保持宽松稳定、团结和谐的政治环境，把合作与和谐完美地统一起来，其揭示的鲜明特征，就是"共产党领导、多党派合作，共产党执政、多党派参政"，从而开创了中国乃至世界政党执政史上的一个伟大壮举，为中华民族的伟大复兴奠定了雄厚的政治基础和思想基础。

历史是面镜子，现实昭示未来。在幅员辽阔、人口众多的中国，多党合作事业之所以能够取得显著成就，根本一条是大家在实行合作的进程中，始终共同贯穿一根主线，崇仰一个信念，把握一个主题，依赖一根主心骨，那就是坚持中国共产党的领导。为何如此，道理自不必多说，因为我们都清楚，共产党的领导地位绝非自封，也非赐予，而是历史形成的，世人公认的，国情决定的，也是各民主党派所拥戴的。如果离开中国共产党的正确领导，那将国之不国，党之不党，民族兴亡未知，人民安危未知，又何谈合作与和谐？

因此，始终不渝地坚持中国共产党的领导，巩固中国共产党的执政地位，同时在更大程度上、更大范围内充分发挥各参政党的积极作用，这就是合作的内核，也是和谐的内核。

合作是一种美好境界

坚持多党合作，人是重要基石。真心诚意地合作，其实是一种高贵的品质，一种深刻的内涵，一种美好的理想，没有深厚的底蕴，恐怕是难以望其项背的。

中国共产党人以宽阔博大的胸怀，勇敢顽强的魄力，不论是在革命战争岁月，还是在执政和平年代，始终坚持多党合作的实践活动，并在实践中不断丰富和完善合作内容，展示的是一种风采，一种气魄，一种大度。各民主党派成员通过深邃的思索，理智的选择，无论风云变幻，几十年如一日，"咬定青山不放松"，接受和拥护中国共产党的领导，在合作中提高自身素质，在合作中竭力为国效劳，表现的是一种坚定，一种执着，一种理想。这一切，都充分反映了多党合作应该、也必须是一种境界，而且是一种大境界。

为什么我们这样孜孜不倦地去追求合作？就因为合作使人心情舒畅，合作的世界更臻完美，合作的机制更富活力。"人心齐，泰山移"，讲的就是合作的道理。尽管天下没有两片相同的树叶，但它们相互交织，浑然一体，就会构成一派美丽的景观。所以，我们唯有以国家利益至上的精神，在多党合作的进程中和衷共济，团结进步，每人都贡献自己的一分力量，和谐社会宏伟目标的实现就为期不远。假如整日蝇营狗苟，追名逐利，计较得失，且不要谈合作，就连起码的人格尊严、社会良知也会丧失得干干净净。

就在写完这篇"感悟"之际，我仍然在心中默誓：为了共同推进统一战线和多党合作事业，为了发展社会主义民主政治和建设社会主义政治文明，为了全面建设小康社会和实现中华民族伟大复兴，亲爱的党外朋友，让我们携起手来，与中国共产党同心同德同行，走向更加美好的明天！

（2005 年 8 月 31 日）

两个"务必"：西柏坡的深切嘱托

在庆祝中国共产党成立 95 周年大会上，习近平同志发出庄严的号召："一定要不忘初心、继续前进，永远保持谦虚、谨慎、不骄、不躁的作风，永远保持艰苦奋斗的作风。"总书记两个"永远"的铿锵之语，把人们的思绪带到 60 多年前的回忆里。1949 年 3 月，新中国成立前夕，中共七届二中全会在西柏坡这个小山村举行，毛泽东同志在会上向全党郑重提出："务必使同志们继续地保持谦虚、谨慎、不骄、不躁的作风，务必使同志们继续地保持艰苦奋斗的作风。"

由两个"务必"到两个"永远"，跨越历史的时空，二者灵魂相通、内涵一致，具有各自时代的鲜明特点，体现了共产党人矢志不渝的坚定信念，既一脉相承又与时俱进。在朝着"两个一百年"奋斗目标阔步前进的今天，重温毛泽东率领共产党人"进京赶考"时在西柏坡提出的两个"务必"的殷殷嘱托，依然可以激发催人奋进的精神力量。

一、两个"务必"的文化内涵

"满招损，谦受益"，"兢兢业业，如霆如雷"。在中华民族的传统文化中，谦虚谨慎、勤俭清廉，历来是追求个人修身养性不可或缺的基本内容，它作为一种为人处事之道，已经深深扎根于中华民族灵魂深处，渗透于华夏儿女的血脉之中，并上升为治国理政的重要理念。

谦以待人，虚以接物。"谦谦君子，卑以自牧"，君子因"谦尊而光"，"盛德而卑，虚己以受人"。自古以来，历史上凡有巨大成就被后人所称颂者，大都能够坚守"谦和好礼"，而不居高临下、恃才傲物。孔子"见贤思齐，见不贤而自省"，乃至向垂髫幼童项橐行礼拜师；刘备"三顾茅庐"，恳请诸葛亮出山辅佐，助力复兴汉室功业；清朝大学士张英"让他三尺又何妨"，宽容大度，物我两忘，传为后世美谈。古今沧桑多少事，谦虚礼让成伟业。谦以待人，虚以接物，这是一种低调作风，也是一种高尚品德，在日常生活中有助于个人自身的内心修炼。

谨以处事，慎以律己。谨者敬也。"圣人谨小慎微，动不失时。"谨慎者，"外如疏放，内实谨厚"，遇事三思而后行，处理问题既要全面仔细考虑前因后果，又要怀有一颗敬畏之心，不为眼前的一己之利胡作非为。春秋宋国大夫正考父在家庙鼎上铸下铭训："一命而偻，再命而伛，三命而俯。循墙而走，亦莫余敢侮。"温良恭敬，慎终如初，绝不敢仗势欺人。行谨以坚其志，言谨以崇其德，"修己慎独，慎独心安"，它在古人心目中的地位极其崇高，具有强大的约束力。曾国藩遗嘱第一条就是"慎独"："能慎独，则内省不疚，可以对天地质鬼神"。

静以修身，俭以养德。"历览前贤国与家，成由勤俭败由奢。"这是历经岁月凝练的不朽古训。诸葛亮撰《诫子书》："夫君子之行，静以修身，俭以养德，非淡泊无以明志，非宁静无以致远"；司马光作《训俭示康》："以俭立名，以侈自败，有德者皆由俭来"。说的就是这个道理。国家成之败之，都在俭奢演绎中。隋炀帝好大喜功，生活奢靡，致使天下揭竿而起，禁卫军哗变，被身旁人勒死，落得个"一代英雄归黄土，几行烟柳掩孤坟"的悲摧下场；唐太宗吸取隋亡教训，勤于政事、戒奢从简、革除弊政、任用贤才、虚心纳谏，成为一代明君，创造了"贞观之治"的清明世界。

二、毛泽东倡导两个"务必"的缘由

纵观中国共产党的辉煌历史，从建党到建国，从革命到执政，毛泽东不但是两个"务必"的倡导者，也是两个"务必"的模范执行者，这是一种何其难能可贵的自省和自觉。一代伟人毛泽东，之所以一再强调两个"务必"，究其缘由主要有如下方面。

历史的教训。毛泽东熟读"四书五经"，深谙历史之道，注重以史为鉴。他从历代王朝包括历次农民起义，从艰苦创业到成功建业，再到人亡政息的历史教训中，深刻地意识到：只有保持谦虚谨慎、戒骄戒躁、艰苦奋斗的作风，才能建立政权、建设政权、巩固政权。

"力拔山兮气盖世"的西楚霸王项羽刚愎自用，贪爱虚名，结果兵败人散、自刎乌江，毛泽东批评他"不爱听别人的不同意见"，告诫全党"不可沽名学霸王"；李自成率领大顺军攻陷北京，由于骄傲自大，腐化堕落，争权夺利，仅在北京待了42天便一蹶不振，毛泽东多次提到"我们决不当李自成"，把郭沫若的《甲申三百年祭》当作延安整风文件；洪秀全定都天京，带头向新的封建王朝政权蜕变，表现出等级观念、享乐思想，严重脱离将士群众，毛泽东以此提醒全党不能犯"打江山18年，坐江山18天"的错误，重蹈"因骄傲而腐败，因腐败而亡国"的覆辙。

革命的挫折。在革命历史时期，中国共产党犯过几次大错误，出现过几次大挫折，都与骄傲自大密切相关。例如：1927年，面对北伐战争的暂时胜利，党的主要领导犯了右倾机会主义错误，一味妥协退让，放弃领导权，最终导致大革命失败；1934年，由于党中央的"左"倾教条主义错误造成的恶果，第五次反"围剿"失败，被迫进行二万五千里的战略转移，红军力量和根据地丧失大半；长征途中，张国焘拥兵自重，利令智昏，把红四方面军当作自己的功劳和政治资本，另立中央，最终闹得众叛亲离。

对于一次又一次由于骄傲所铸成的大错，毛泽东进行了认真总结。在1944年4月12日的延安高干会议上，他心情沉重地说："我党历史上曾经有过几次表现了大的骄傲，都是吃了亏的"，"全党同志对于这几次骄傲，几次错误，都要引为鉴戒，不要重犯胜利时骄傲的错误"。

身边的事件。在流血、流汗、流泪的苦难岁月，毛泽东目睹了身边发生的多起领导干部居功自傲、为所欲为、脱离群众的事件，让他感到无比痛心。1932年5月，时任瑞金叶坪村苏维埃政府主席谢步升敛财贩私、欺男霸女，毛泽东态度鲜明地指出："与贪污腐化作斗争，是共产党人的天职，谁也阻挡不了"，打响了中共历史上的"反腐第一枪"；1937年10月，红军师团级干部黄克功在延河岸边枪杀了陕北公学女学员刘茜，毛泽东亲自主持会议，经过慎重讨论，决定处以死刑；1941年，身经百战、战功赫赫的肖玉璧贪污公款、倒卖粮油，引起极大民愤，经毛泽东过问，结果被枪决正法。

无情的现实。毛泽东清醒地认识到：革命成功之后，有些人可能会以功臣自居，出现骄傲自大、腐化堕落现象。因此他提出："要用延安作风打败西安作风"，时刻不能脱离群众，不得在群众中摆架子，永远和人民群众同呼吸、共命运。他知行合一、率先垂范，将一位爱国华侨赠送给延安领导人的两辆小轿车让给了其他老同志。

三、放弃两个"务必"的原因分析

"放荡功不遂，满盈身必灾"，骄兵必败，侈靡多危。这个道理人们未必不懂得。然而，"冥冥之中，注定你我，为何还要飞蛾扑火"，置两个"务必"于不顾，染上贪恋骄矜奢华的情结？其中包括的各种主客观原因值得剖析与思索。

人性的脆弱。恩格斯曾说："人的一半是天使，一半是野兽。"私欲是留在人的思想深处的野兽尾巴。有一本书叫《人呀人，你到底是什么东西》，书中把复杂的"人心"概括为"七色"：上进心、正义心、责任心、自尊心、嫉妒心、虚荣心、自私心。其所占比例不同，造就了人的各种外在行为表现。

人有性格的缺陷，容易患上一种通病：爱慕虚荣和放大自我，过高地估计自己的能力水平。由自恋到自大仅有一步之遥，在不健全的心态支配下，被扭曲了的自尊心理会以自己为中心的优先顺序做事，认为事业取得成功是自我奋斗的结果，只见成绩，喜欢班门弄斧，喜欢听"美言"、吃"甜食"、戴"高帽"，经不起捧场，害怕别人批评，甚至把忠言当成恶语，"诣诣之声音颜色，拒人于千里之外"，从而迷失自我，成为在"糖弹面前打败仗"的"意志薄弱者"。

环境的变化。人当处于逆境、险境时，往往不敢须臾懈怠，处处表现小心谨慎，唯恐出现差错。正如毛泽东在延安时期所说："我虽然兢兢业业，生怕出岔子，但说不定岔子从什么地方跑来。"而在顺境中，面对成功之后蜂拥而来的喝彩、鲜花和掌声，有的人便开始头脑发热，"免疫力"下降，躺在"功劳簿"上爬不起来，所以"平滑的冰面上最容易摔跤"。

有则寓言说，一头驮着佛像的蠢驴，把路人对佛像的顶礼膜拜误以为自己是何等神圣，以致闹出笑话。有些人与之无异，因掌控了某个职权而受到他人尊重，便表现出过分自负，利令智昏，随心所欲，以为自己就是"蒙娜丽莎"，就是"杨贵妃"，美得不能再美，不能严格要求自己，产生"人不如我"的心理障碍。因此，毛泽东作出预断："因为胜利，党内的骄傲情绪，以功臣自居的情绪，停顿起来不求进步的情绪，贪图享乐不愿再过艰苦生活的情绪，可能生长"。

制度的缺失。因骄傲自大而滋生品行不端、灵魂堕落，还不能仅仅简单归纳为个人因素，在很大程度上则是由于制度缺陷所使然。对权力缺乏有效制约，人民群众拽不住权力的尾巴，加之社会对权力的图腾崇拜，致使部分人"飘飘然、醺醺然、昏昏然"，忘乎所以，如"天马行空"，放荡不羁，我行我素。

"一兔走，百人追之；积兔于市，过而不顾。"它给人们"分定不可争"的启示。掌控权力者之所以放肆，说到底制度存在疏漏，缺少"名分规定"。新中国成立以后，毛泽东已经意识到这个问题，在谈到斯大林个人独断专行时认为："斯大林的错误，不是个人崇拜问题，而是一个制度问题"。垄断所有权，垄断政治权力，垄断真理，个人凌驾于组织之上，搞"唯我独尊"，斯大林模式为后来的苏共垮台埋下了伏笔。

四、背离两个"务必"的严重危害

左丘明说过，"骄奢淫逸，所自邪也。"王阳明认为："人生大病，只是一'傲'字"，"傲者众恶之魁"。骄傲自大、生活奢靡，大则可毁其国，小则可毁其后，危害十分严重，后果不堪设想。

志骄气盈，迷失方向。"自见者不明，自是者不彰，自伐者无功，自矜者不长"。骄奢淫逸是人生的大敌，它往往导致人们出现自我认知的偏差，孤芳自赏，故步自封，放不下架子，缺乏亲和力，不能正确地评价自我。久而久之，便会降低分析问题和判断问题的能力，与本来很适合自己个性发展的理想环境相对立，结果在时代发展的大潮中掉队，在人生的征途上迷失方向。

由古至今，人生有两种悲剧值得注意，一种是踌躇满志，一种是万念俱灰。唐代诗人孟郊在中年获得功名之后，或许只记得"春风得意马蹄疾"的风光，忘却了"悠悠寸草心，报得三春晖"的抱负，任上以诗为乐，不事政务，故而被罚半俸，家境凄苦，63岁暴病去世，连营葬费都是朋友韩愈等为他筹集。

骄横跋扈，断送前程。"居庙堂之高而拒群众之远"，为人心胸狭隘，作风强势，盛气凌人，拉帮结派，经营"小圈子"；好大喜功、睚眦必报，一切视如草芥，无容人、容言、容事的度量，从来不把"谦虚""宽恕"二词收入自己的人生词典。一意孤行的疯狂结局，最后只能是身败名裂、自取灭亡。

当下不少落马官员，原本也是"农民的儿子"，当初带着泥土的芳香，带着乡亲们的关怀，踏着弯弯的小路从田野里走来。然而一旦有了权势和地位，一些人很快在恭维声中变质变味，逐渐变得霸道起来，把"根与大地同在，永远不忘人民爱"的初心抛到脑后，把持不住自己，物欲、权欲膨胀，作威作福，终被法律查处，令人扼腕叹息。

骄奢淫逸，人亡政息。骄奢是人生的大忌，同时也是理政的大敌。一味计较名利，贪图享乐，追求贵族化生活，讲排场、比阔气，铺张浪费，沉湎于灯红酒绿、声色犬马，甚至以权谋私、争权夺利等等，"任其发展下去，就会像一座无形的墙把我们党和人民群众隔开，我们党就会失去根基、失去血脉、失去力量"，执政基础就会因之出现动摇。

唐庄宗李存勖战场上"意气之盛，可谓壮哉！"当天下已定，大功告成，便变得骄横堕落，纵情声色，以致上下离心，国运日衰，数年后祸端骤起，被乱箭射死，成为"死于女人乳浆的战神"。前社会主义国家罗马尼亚领导人飞扬跋扈，压制民主，不顾百姓生活，迷恋于打猎、下棋、游山玩水，引发了1989年"十二月风暴"，使政权顿时坍塌于"风暴"之中。这些事例，可视为骄奢淫逸而致人亡政息的注脚。

五、两个"务必"的优良传统不能丢

"回首清晖来时路，古月依旧照今人。"一件件旧事历历在目，一句句箴言回荡耳畔，任何时候，无论是做人做官，还是做事做学问，都应该牢记两个"务必"、坚持两个"务必"。两个"务必"的优良传统不能丢，丢不得，应当始终成为我们的人生坐标。

时刻不忘"三个谁"。理想支撑信念，"为了谁、依靠谁、我是谁"，这是一个理想与信念的问题，也是坚持两个"务必"需要解决的一个根本性问题。"三个谁"，充满了精气神的正能量，其中饱含着"民惟邦本""一切为民者，则民向往之"的历史深思，满怀着"老百姓是地，老百姓是天，老百姓值得永远挂念"的为民真情，彰显着"己欲立而立人，己欲达而达人"的人生哲理，从而烘托出"上无骄行，下无谄德"的政治氛围。

一滴水融入大海才能永不干涸，"吃百姓饭穿百姓衣莫道百姓可欺自己也是百姓"。延安时期，共产党人深深懂得"三个谁"的真谛，将同人民群众的关系比之为鱼和水、喻之为血和肉、视之为种子和土地，因此能够保持谦虚谨慎、艰苦奋斗的旺盛斗志。对此，甚至连当时的对手也不能不服。1937年国民党飞行员李学炎送军饷到延安时惊奇地发现，"财政一把手"林伯渠居然穿着打补丁的裤子，传闻"青面獠牙"的毛泽东原来是一名温和的文弱书生，悬赏十万大洋的"军阀"朱德只是一名勤务兵模样，所见所闻直让他感慨不已。抗战中期，美国新闻记者组团前往延安，被共产党人的精神气质所鼓舞，不由得为中国居然还有这样一群积极上进、健康廉洁的人而发出赞叹。

心中要有"一杆秤"。"心是一杆秤，称人先称己。"以理性增强自律，这是一种教养。奢靡往往从骄傲开始，缺乏理性的人总是不能正确地称量自己，把个人作用看得过重。"骏马能历险，犁田不如牛；坚车能载重，渡河不如舟。"人各有优点和不足，责人短处，自身也有不完美，因此要多发现别人的长处，择其善者而行之，择其不善而改之。尤其是在工作态度上，应该加重百姓在心中的砝码，始终植根于人民群众，拜人民群众为师，尊重人民的主体地位，以人民群众拥不拥护、满不满意、答不答应为准则，把人民对美好生活的向往当作自己的奋斗目标。

"天高云淡，望断南飞雁。"大凡心智成熟的人都懂得这个浅显的道理：在被功利所包围的世界里，谁胜利就会有人向"天纵英才"抛绣球，倘若为之陶醉则易跌入深渊。唯有坦然与淡定，才能更加坚强地去应对新的挑战和风险。在里约奥运会上，郎平带领中国女排12年后再次夺冠，让人们重新把目光聚焦"女排精神"。郎平最是明白人，当年功成名就后选择靠"手艺"吃饭，祖国需要时毅然回国执教，和她的"女儿们"一起卧薪尝胆、顽强拼搏，当为祖国赢得巨大荣誉后，只是"背对"满世界的功利淡然一笑。从中，我们可以发觉那种"俏也不争春，只把春来报，待到山花烂漫时，她在丛中笑"的意境。

自觉套上"紧箍咒"。坚持两个"务必"，要靠自律，更要靠他律，他律必须有制度，"还是制度靠得住"。制度就是一道道"紧箍咒"，把纪律和规矩挺在法律前面，把"紧箍咒"套在每个人的头上，看似严格约束，实为真情关爱，好比茫茫大海的警示灯，它可以让人避开惊涛骇浪，护佑好人一生平安。井冈山时期制订"六项注意"，使红军得到了人民群众的全力拥戴；中共七届二中全会做出"六条规定"，毛泽东说"遵守这些规定，就是谦虚态度"，让人民群众看到了新中国的希望。

张居正说："天下之事，不难于立法，而难于法之必行；不难于听言，而难于言之必效。"建立完善制度，每人自觉遵守制度，这是"需要很久的时间和要花费很大的气力的事情。"权力任性，因权力而令人仰慕，为权力而趋之若鹜，这是当下的一种社会弊病。民心所向的无形赋权，应保证"权为民所用"，不再是在人民群众的感恩之中而是在监督批评之中。只有把权力牢牢地关进制度的笼子里，使权力受到严格的管理与制约，才能从根本上抑制权力的欲望，即便个人再有天大的本领，他也无法恣意骄奢，迷信崇拜权力的社会现象也可随之得到遏制。

"士不可以不弘毅，任重而道远。"把过去所取得的一切骄人业绩，都视为"万里长征第一步"，面对中国特色社会主义的伟大事业，实现中华民族伟大复兴的"中国梦"，"以后的路程更长，工作更伟大，更艰苦"。长征永远在路上，始终牢记西柏坡的深切嘱托，保持两个"务必"的优良传统，会使人们感到以往的成功，"好像只是一出长剧的一个短小的序幕，剧是必须从序幕开始的，但序幕还不是高潮"。因此，我们仍当"不忘初心，继续前进"。

（原载于《光华时报》2016 年 9 月 27 日）

四大摇篮：统一战线的生动体现

江西，一片富有文化灵性的土地，一片浸透烈士鲜血的土地。

时光回溯到 20 世纪二三十年代，在这片神奇的土地，曾经发生了一系列轰轰烈烈的事件，演绎了安源罢工、南昌起义、井冈星火、瑞金苏区等撼天动地的故事，成为工人运动、人民军队、革命根据地和人民共和国的摇篮。

盱衡历史风云，江西在那个时代所发生的每一件石破天惊的大事，都孕育着"在各种不同的情形下，团结一切可能的革命的阶级和阶层，组织革命的统一战线"的丰厚内容。江西，唱响了中国革命的壮丽序曲，拉开了统一战线的精彩序幕。

安源路矿工人大罢工："工运"从这里爆发

团结工友。1921 年，刚刚成立的中国共产党，手捧着一本《共产党宣言》，不知该如何开展革命斗争，唯有将目光投向共产国际，学习俄国革命现成的经验，把工作重点放在城市的工人运动，香港、广州、上海、武汉、长沙，各地工人罢工风起云涌。

位居湘赣交界的萍乡安源，有着 20 世纪 20 年代中国最大的企业——株萍铁路和安源煤矿，简称安源路矿，拥有职工近 2 万人。在那个暗无天日的年代，安源路矿工人遭受着沉重的阶级压迫和剥削，贫困交加，过着牛马不如的悲惨生活。"少年进炭棚，老来背竹筒；病了赶你走，死了不如狗。"这正是当时安源路矿工人生活的真实写照。

"地火"在安源山下涌动。毛泽东、李立三、刘少奇，这几个年轻的湖南后生，肩负着党的使命，先后来到安源，播下了大罢工的火种。1922 年，汉阳铁厂工人大罢工，直接成为引发安源路矿工人罢工的导火索。

中国共产党成立前夕即1920年11月，毛泽东以走亲访友的名义，赴萍乡了解社会状况，与工人促膝谈心，访问工人的疾苦。1921年秋，毛泽东又以湖南第一师范学校附属小学主事（校长）的公开身份，来到安源煤矿考察。他下矿井，走工棚，在工人中讲无产者联合起来，讲"阶级团结"，大家听不懂，他就打比方：一根筷子容易断，一把筷子折不弯。

1921年底，李立三受毛泽东委派，运用统战策略，争取官府支持，到安源开办平民学校和工人补习学校。县府官员听说办学可以帮助工人增加知识，发扬德性，于是表示同意。利用这一时机，李立三在参加补习学校学习的工人中发展党员，成立党的组织，告诉大家，"工人"两个字连起来写就是一个"天"，工人团结起来，力量大于天。党的统战思想由此萌芽。

工人运动需要建立自己的组织，起什么名称好呢？就用"俱乐部"吧，俱乐俱乐，大家快乐！李立三用"四六文"的雅致格式，亲自起草了报县衙立案的呈文，把"联络感情，涵养德性，团结互助，共谋幸福"作为俱乐部宗旨。宗旨符合当时官府的要求，申请很快就被批准。

1922年5月1日，保护工人权益的安源路矿工人俱乐部正式成立，李立三被选举为俱乐部主任。这件事情在国内外产生了很大的社会影响，不足周岁的中共组织倍觉振奋，中央在给共产国际的报告中也专门提到这一成果。

争取支持。毛泽东还告诉李立三，要善于运用"哀兵必胜"的斗争策略，提出"哀而动人"罢工口号，取得合法地位，争取社会和舆论的广泛同情支持。罢工前夕，俱乐部散发217字"全体工人泣白"，其中"把我工人当牛马""血汗工资都不发"等词句，令人感动流泪，义愤填膺。

当时的安源，帮会林立，洪帮势力最大，甚至可以一呼百应。许多工人为了找个"靠山"，纷纷加入洪帮。要团结工人，就得借助洪帮的权势。为此，在罢工前夕，李立三带着已是俱乐部成员的两个洪帮小头目，提着一瓶酒、一只大公鸡，主动来到洪帮龙头老大章龙的家府，一番"侠肝义胆"，一碗"鸡血烈酒"，章龙拍着胸脯，答应了罢工期间帮助维护治安的要求。李立三歃血盟约，与洪帮头目结"兄弟"，使得安源罢工期间街头秩序井然，充分展示了统一战线的作用，成为中共统战史上一段佳话。

维护权益。1922年9月初，毛泽东又一次来到安源，召开党支部会议，作出了组织路矿两局工人大罢工的决定。为了加强罢工斗争的领导力量，毛泽东派刘少奇来安源参与领导大罢工，"长住俱乐部应付一切"，负责与各方面联系、谈判工作。

其间，安源路矿工人俱乐部向当局提出要求路矿当局以财政困难为由，拒绝了发清积欠工人存饷要求。罢工已经一触即发，俱乐部向全国各工团以及社会各界发出紧急呼吁，请求声援安源工人。9月14日零点，安源路矿大罢工开始。"工人要活命"，"从前是牛马，现在要做人"的罢工口号此起彼伏，震天动地。同时，俱乐部注意斗争策略，发表罢工宣言，提出17项复工条件，用血泪控诉路矿当局欺压工人罪行。

大罢工持续五天后签订协议，"秩序极好，组织极严，未伤一人，未败一事，取得完全胜利。"18日下午，工人俱乐部召开庆祝罢工胜利大会，李立三走进会场，"掌声雷动，万余人执帽呼跃以欢迎之。"李立三在会上发表讲话并高呼"劳工万岁"！

为了巩固罢工成果，继续保护好工人利益，团结工人与资本家进行经济斗争，1923年2月7日，中国共产党领导的第一个股份制经济实体——安源路矿工人消费合作社正式开业，毛泽民任总经理。合作社实行持矿票兑换现钱，能够在合作社购买廉价日用商品，极大地凝聚了人心，不久便把安源街上大大小小的银铺挤垮了。

安源路矿工人大罢工，"是中国共产党第一次独立领导并取得完全胜利的工人斗争，是中国工人运动史上的一次壮举。"（《中国共产党历史》）它对于我党在建立革命统一战线中如何团结各种力量、争取各方支持、打击敌人的嚣张气焰，进行了初步探索，积累了早期经验，对全国后来的工人运动产生了重大影响。

八一南昌起义：军旗从这里升起

掌握主动。1924年初，为了推翻帝国主义和北洋军阀的统治，国共两党第一次建立了统一战线，共同创办黄埔军校，同仇敌忾"打倒列强"，北伐战争节节胜利，工农运动蓬勃发展。

然而，好景并不长久。1927年4月12日蒋介石在上海举起反革命屠刀，接着7月15日汪精卫在武汉公开叛变革命，成千上万的革命志士倒在了血泊之中，轰轰烈烈的第一次大革命惨遭失败。血的教训令中国共产党人清醒：坚持统一战线中的无产阶级领导权，对资产阶级实行又联合又斗争的政策，建立革命军队，开展武装斗争，已经时不我待！

早在1926年底，朱德就奉命来到江西做国民党军队的工作。他充分借助其在滇军中的声望和同僚朱培德的旧谊，担任南昌市公安局长，办起了军官教育团。1927年6月初，朱培德把一批共产党员强行押上开往武汉的火车，名曰"礼送出境"。虽然朱德不在"礼送"之列，但他立马去武汉向党中央汇报和请示。

1927年7月18日，中共中央在武汉召开会议作出决定：与国民党武汉政府第二方面军总指挥张发奎脱离关系，回广东继续革命。李立三奔赴九江，朱德回南昌做准备。

李立三抵达九江，敏锐地发现"南下广东"并不可行，转而提出将一些可以争取的部队尽快集中于南昌，举行起义！李立三和邓中夏立即上庐山向鲍罗庭、瞿秋白和张太雷汇报。鲍罗庭听了李立三关于起义的汇报，觉得事关重大，沉默不表态。瞿秋白动身前往汉口，向中共中央汇报。中共中央立即展开讨论，最后同意举行暴动，起义时间定为1927年7月30日晚上。因为准备起义的叶挺、贺龙部队已陆续开往南昌，举行南昌武装起义的决定初步形成，7月27日晨，张国焘抵达九江，带来了中央的最新意见，他曲解了中央关于"起义要慎重"的意见，提出"应该争取张发奎的同意"，要求重新讨论起义。周恩来为此拍案而起！因为当时知道起义秘密的人过百，起义部队正在调动，起义如箭在弦，已经无法阻止。最终，张国焘只得服从多数，起义时间最后定为1927年8月1日凌晨。

联合力量。1927年7月下旬，就在南昌起义工作紧张准备的关键时刻，第二方面军总指挥张发奎感到叶挺、贺龙部队"不稳定"，企图以开会的名义把叶、贺召集到庐山，解除他们的兵权。时任第四军参谋长的叶剑英虽然已经加入中国共产党，但仍秘密留在国民党军队，得知会议内幕后，他秘密下庐山，赶到九江，和叶挺、贺龙、高语罕和廖乾吾在九江甘棠湖的一艘小划子上，紧急商议对策，决定叶、贺不上庐山，所辖部队按照预定时间，沿南浔铁路开赴南昌。

在参加八一南昌起义的三支部队中，贺龙领导的第二十军人数最多，又被誉为"钢军",但贺龙当时不是共产党员,争取贺龙,至关重要。实际上,在决定南昌起义之前,共产党员周逸群就带领一支宣传队在其所部开展有声有色的宣传工作,贺龙颇受教育,并向周逸群提出要求加入中国共产党。

1927年6月26日,贺龙率部从河南班师武汉,周恩来亲自到贺龙寓所拜访,向贺龙分析了蒋介石叛变后的形势和汪精卫的动向,希望他和共产党站在一起,贺龙毅然答应。7月15日,汪精卫在武汉公开叛变革命,7月23日,贺龙率部以"东征讨蒋"的名义乘船东下到达九江,7月26日抵达南昌。28日,周恩来把前委关于南昌起义的计划告诉他,征询他的意见。贺龙深明大义,斩钉截铁地回答:"我完全听共产党的话,党叫我怎样干,我就怎样干。"

起义之前,林伯渠、徐特立利用老朋友的关系,住在江西省政府代理主席兼任民政厅长姜济寰的家里,和他推心置腹交谈,贺龙也叫商民协会的负责人进行思想开导。经过多方努力,姜济寰表示:"坚决跟共产党走,同你们共患难。"为维护起义期间的社会秩序、稳定财政金融做了不少工作,起了一定作用。

八一起义后,张发奎下令追赶南昌起义部队,叶剑英给张发奎"献计",力主不追赶叶、贺部队,让共产党到东江由李济深调部队阻击,张发奎即可以顺利地回到广州。张发奎采纳叶剑英的"妙计",率部和八一起义军分道而行,减轻了起义军的压力。

建立同盟。起义前夕,专门成立了包括党外人士参加的国民党特别委员会。周恩来、谭平山就起义宣言、政权名称、组织人事等重大问题,与党外人士平等协商。起义后,叶挺向特别委员会报告了起义经过,并得到承认。周恩来就起义、行军计划以及进一步联络左派人士的工作,与他们商讨,获得了大家的支持。

8月1日上午9时,起义胜利后,在原江西省政府西花厅召开了国民党中央委员及各省、区、特别市和海外党部代表联席会议,成立了革命委员会,通过了《中央委员宣言》《联席会议宣言》等,6条政纲与共产党的反帝反封建纲领一致。在革命委员会的25名委员中,党外人士13名,具有广泛的代表性。主席团由宋庆龄、贺龙、张发奎、邓演达、谭平山、郭沫若、恽代英等7人组成,其中党外人士占5名,进一步团结了国民党左派力量。

南昌八一起义,团结一切力量,打响了武装反抗国民党的第一枪,丰富了

革命统一战线的经验，"标志着中国共产党独立地领导革命战争、创建人民军队和武装夺取政权的开始。"(《中国共产党历史》)

井冈山革命根据地：星火从这里燎原

扩大武装。大革命以后，一系列各种形式的城市暴动受到挫折，促使毛泽东开始战略转变的思考：依靠农民，向农村进军，寻求落脚点，保存红军实力，另图发展。

1927 年 9 月初，在安源张家湾召开湘赣边界秋收起义会议。卢德铭任总指挥，毛泽东任前敌委书记。9 月 9 日起在修水、铜鼓、平江、浏阳一带举行武装起义，遭到敌人围击。

起义受挫后，1927 年 9 月 29 日至 10 月 3 日，在永新县三湾村，毛泽东领导了举世闻名的"三湾改编"，他创造性地确立的"党指挥枪""支部建在连上""官兵平等"等一整套崭新的治军方略，是运用统战策略，加强军队建设最早的一次成功探索和实践。

在毛泽东来井冈山之前，袁文才、王佐已经在这一带活动，是井冈山的"山大王"，他们所领导的武装组织，没有正式的名称，被人视作"土匪"。而毛泽东要上井冈山，就必须与他们合作，取得他们的信任，建立统一战线，这是一个非常现实的问题。

毛泽东以礼相待，先给袁文才写了一封信，争取他的支持，并只身前往和他见面，并赠送他 100 支枪，使袁文才认识到，毛泽东不是吞并自己，而是帮助自己发展。袁文才当即表示包下工农革命军的粮饷供应，并赠给银元 1000 块。

为了做好王佐的工作，何长工受毛泽东的委派，带着毛泽东写给王佐的亲笔信，独自上山。王佐见信十分高兴，当即摆酒设宴，但仍存戒备之心。何长工从他母亲入手，进行认真细致的思想工作。毛泽东也亲自到山上与王佐长谈："跟共产党走，不做绿林好汉，为穷人闹革命"，并送给他 70 支枪。王佐深受教益，与袁文才商量参加革命，于是一拍即合。

1928 年 2 月，毛泽东将袁文才、王佐部队改编为工农革命军第一师第二团，袁文才任团长兼第一营营长，王佐任副团长兼第二营营长，何长工为党代表。两支原来被人称为"土匪"的地方武装，成为井冈山中国工农红军的重要组成部分。

整顿军纪。1928 年 4 月 28 日，毛泽东和朱德这两双扭转乾坤的巨手紧紧地握在一起了！秋收起义、南昌起义、湘南起义三支部队以及井冈山本地武装胜利会师！操着湘音、川调、粤语、赣声以及客家方言的一群救国救民的年轻共产党人聚首在井冈山！部队会师后合编为"中国工农革命军第四军"，这是沿用北伐时国民革命军第四军——叶挺的"铁军"番号。

井冈山斗争时期，毛泽东代表前委宣布宽待俘虏的三大规定：不许打骂俘虏；不许搜俘虏的腰包；受伤者给予治疗，愿回者发给路费。红军对于俘虏政策不折不扣地执行，打破了敌军"共匪见俘就杀，对俘虏割耳挖眼"的欺骗宣传，产生了巨大的政治威力，对国民党军的战斗意志形成很大的冲击，所有参加"剿匪"的官兵脑子里悄然地产生了不必与红军拼死苦战的念头。

为了整顿军纪，红军宣布了"三大纪律"：行动听指挥，不拿工人农民一点东西，打土豪要归公；"六项注意"：捆铺草，上门板，买卖公平，言语和气，借东西要还，损坏要赔偿，不准乱翻东西。以后，又增加了"洗澡避女人"和"不搜俘虏腰包"两项注意。红军对人民群众秋毫无犯，赢得人民群众的支持。

在井冈山根据地，创造性地对工商业实行统战政策，重视活跃经济贸易市场，恢复和发展榨油、造纸、石灰、樟脑等手工业，产品秘密运往白区，换回一些生产生活必需品，并从中增加收入，打破了敌人的经济封锁。改造和开辟圩场，疏通商品流通渠道，群众生产的草鞋、斗笠、草席、木、竹藤等产品，可以在圩场上自由买卖，红色贸易非常活跃。同时，保护中小商人利益，在土地分配中以人口为分配标准，以原耕地为分配基础，对中小商人不加歧视，同样分田地，使中间阶级感到满意。取消全部苛捐杂税，保护中小商人做买卖，照顾小商贩和民族资产阶级利益，调动他们的积极性。

推行民主。井冈山时期，毛泽东等革命家就懂得运用各种形式，宣传革命的好主张，让劳苦大众当家作主，团结各种力量参与革命斗争，形成广泛的统一战线。成立体现军队民主的士兵委员会，实行"政治民主"和"经济民主"，陈毅曾经担任过士兵委员会主任，部队中出现了一种官兵一致、上下平等的新型官兵关系，凝聚力和战斗力大大增强。

红四军离开井冈山转战赣南途中，发布《红四军布告》和《告绿林弟兄书》，起到积极作用。当时，井冈山流传着不少歌谣和口号，如"打土豪好比砍大树，砍倒了大树有柴烧，打倒了土豪就有饭吃，有衣穿。"还有"参加红军讨老婆不要钱"，吸引了大批农民参加红军。

依靠最主要、最可靠的同盟军——农民来创建农村革命根据地，重要的是满足广大农民对土地问题的迫切要求。在 1928 年上半年，毛泽东三到永新塘边调查研究，领导分田，总结分田经验，亲自起草《分田临时纲领十七条》，开始了井冈山革命根据地土地革命。《工农兵政府临时政纲》明确规定："凡从事劳动及不剥削他人以为生活的男人和女人，如工人、农民、士兵和其他贫民，都有参与政治的权利。""凡工农兵平民有集会、结社、言论、出版、居住、罢工的绝对自由。"这些规定，集中反映了工农贫苦阶级的根本利益，代表了根据地创建初期的政权主张，激发了大家当家做主人的责任感，深受工农贫苦群众的拥护。

"井冈山革命根据地的建立，在全党为挽救革命，寻找革命新道路的艰苦斗争中……逐步找到了一条推动中国革命走向复兴和胜利的道路。"(《中国共产党历史》) 以毛泽东为主要代表的一大批共产党人，经过创建、发展红军和农村革命根据地，利用各种条件开展统一战线，保护同盟者的利益，不断壮大革命的队伍的实践，为我们提供了许多鲜活的统战经验。

红色故都瑞金：共和国从这里走来

立足国情。历经从工农武装暴动到工农武装割据、从军事反"围剿"胜利到建立红色政权、从"左"倾教条主义到"左"倾军事冒险主义，红军在江西赣南发展了新的地盘。

1931 年 11 月 7 日，"一苏大"在瑞金召开，毛泽东当选为主席，朱德当选为军委主席。主席台前横匾："工农堡垒，民主专政"，毛主席题词："苏维埃是工农劳苦群众自己管理自己生活的机关，是革命战争的组织者和管理者。"苏维埃政府红色政权的横空出世，是在中国共产党领导下有工人、农民、小资产阶级参加、具有统一战线性质的革命政权组织。

在中央苏区，王明、博古、李德不要统一战线，不要朋友，排挤毛泽东，甚至剥夺毛泽东的军事指挥权，推行以教条主义为特征的"左"倾机会主义、冒险主义路线，进行反右倾斗争，导致"肃反"严重扩大化，伤害了群众利益，使大批干部受到打击。红军也在国际顾问李德的错误指挥下遭受失败，红军由三十万锐减为三万，根据地也失去了百分之八十，对革命事业造成了极大危害。王稼祥对于李德不了解中国国情，按照苏联的那套条令组织红军作战，进行不切实际的瞎指挥，表示了强烈的不满，第一个提出要轰李德下台。

面对"左"倾思想的泛滥，毛泽东总结了土地革命和根据地经济建设的经验，提出"关心群众生活，注意工作方法"的论断，亲自带领大家挖井、修桥、铺路等，赢得了群众的欢迎和支持。一大批领导同志为了制止苏区肃反扩大化，团结苏区老百姓，也做了许多纠错的工作。

化敌为友。1931 年 2 月，蒋介石调遣驻扎济宁的国民革命军第二十六路军前往江西"进剿"红军。到江西后，该军被迫参加了第二、三次军事"围剿"。

1931 年 5 月，第二十七师在永丰县中村被红三军团和红四军包围，被歼一整旅，使得军心浮动。与此同时，共产党员王超等潜入二十六路军，与地下党员刘振亚取得联系，积极开展工作，先后秘密发展 20 余名党员，并摒弃"要兵不要官"的"左"倾兵运路线，发展了赵博生入党。1931 年 11 月，军参谋长赵博生，旅长董振堂、季振同，团长黄中岳等高级将领联名通电蒋介石，强烈要求北上抗日，而蒋命令二十六路军"死守宁都"。12 月 14 日晚该军举行起义，1.7 万余名官兵掉转枪口加入了工农红军，浩浩荡荡开进苏区，使红一方面军由 4 万余人猛增到 6 万人。

宁都起义是国民党具有较强战斗力的正规军第一次大部队在战场上起义投向红军的行动，对后来抗日民族统一战线的形成产生了深远的影响，也为我党在国民党军队中开展统一战线与兵运工作提供了许多宝贵的经验，是中国现代史上革命统一战线的光辉典范。毛泽东在延安时期，为宁都起义题词："以宁都起义的精神用于反对日本帝国主义，我们是战无不胜的。"

同中存异。周恩来于 1931 年底到瑞金，既看到苏区洋溢着浓烈的革命气氛，也发现干部群众不愿多说话，当地老表见了"公家人"唯恐避之不及。了解情况后，周恩来主持召开苏区中央局会议，专题讨论苏区肃反工作，通过了《关于苏区肃反工作决议案》，有效制止了苏区肃反扩大化，受到大家的由衷称赞。

1931年8月，邓小平来到瑞金，由于当时中共瑞金县委书记李添富在瑞金县大肃所谓的"社会民主党"，滥杀无辜，已使全县城乡处于一片恐慌和人人自危之中。新任瑞金县委书记邓小平立即制止乱杀"社党分子"的错误行为，发动群众揭穿李添富的罪行，此后主办全县土地革命干部训练班，开展土地革命斗争和苏维埃政权建设。

张闻天1933年1月进入瑞金，发现苏区普遍贯彻的《劳动法》，是依照城市工人运动状况来制订的，完全套用到以农村为主的苏区不切实际。成人每日工作8小时，青工6小时，童工4小时，周日不做工，大幅度缩短劳动时间，工资过高，使得一些雇主承受不起，师傅不愿带徒，店铺关门，经济萧条。后来，张闻天建议中央政府结合苏区实际，对《劳动法》进行了较大修改。为此，毛泽东称张闻天是一位"开明君主"。

1933年，"左"倾教条主义者在查田运动上推行"从经济上消灭富农，在肉体上消灭地主"政策，中间阶级受到巨大打击，部分小地主、富农、工商业者被打成阶级敌人，部分革命争取的对象被逼上了对抗革命的道路，给红色政权带来极大危害，统一战线遭到极大的破坏。处于困难境地的毛泽东，只有采取迂回策略，一方面克己相忍，另一方面走"富农路线"，做好各个方面的工作，极力扭转局面，使危害减少到最低程度。

"中华苏维埃共和国临时中央政府的成立，对各根据地在一定程度上起到了加强中枢指挥的作用，在政治上也产生了很大的影响。这对于鼓舞革命群众的斗志，推动革命斗争的进程，有着积极的作用。"（《中国共产党历史》）但是，中央苏区时期的经验教训也极其深刻，尤其在建立统一战线方面，必须立足国情，允许同中存异，善于化敌为友，壮大自己的力量。后来，毛泽东曾经提到：金无足赤，人无完人；水至清则无鱼，人至察则无徒。瑞金时期搞清一色，革命队伍搞清而又纯，结果革命遭到失败。他还风趣地以打麻将作比喻：混一色好打，清一色难"和"。

江西早期革命斗争的生动实践，给我们留下了正反两方面的统战经验。从此，中国共产党领导的统一战线拉开了新的帷幕，演出了一场又一场威武雄壮的胜利史诗。1939年，毛泽东深情地说道："十八年的经验，已使我们懂得：统一战线，武装斗争，党的建设，是中国共产党在中国革命中战胜敌人的三个法宝，三个主要的法宝。"烈火熔铸的"三大法宝"，在中国共产党的辉煌历史上，一直闪耀着灿烂的光芒。

（原载于《党史文苑》2015年第10期）

政党协商：中国化的民主政治

在庆祝中国共产党成立 95 周年大会上，习近平总书记向世人宣示："不忘初心、继续前进，毫不动摇走中国特色社会主义政治发展道路。"政党协商是"中国特色社会主义政治发展道路"的一项重要内容，也是社会主义协商民主体系的重要组成部分，堪称马克思主义政党学说中国化的生动体现。

2015 年 10 月，中共中央办公厅印发《关于加强政党协商的实施意见》，明确了政党协商的地位作用、主要内容、形式程序和保障机制，界定了其基本内涵及其拓展，"政党协商是中国共产党同民主党派基于共同的政治目标，就党和国家重大方针政策和重要事务，在决策之前和决策实施之中，直接进行政治协商的重要民主形式"。《实施意见》实现了政党协商有章可循、有制可依、有序可守，对于进一步提高中国共产党的执政能力和各民主党派、无党派的参政能力，具有极其重要的意义。

本文拟结合中华传统文化，对我国政党协商的发展历程、现实意义，以及民主党派在政党协商中的努力方向等进行一些初步的探讨。

政党协商的文化传承

历经 5000 多年文明发展孕育的中华优秀传统文化，"积淀着中华民族最深层的精神追求，代表着中华民族独特的精神标识"。政党协商也不例外，富含着中华民族优秀文化的元素和独特精神的基因。

大道之行，天下为公。在我国古代，君子立世做人，信奉"矜而不争，群而不党"，不能党同伐异，祸国殃民。同时，古人更加深刻地认识到，天下者，乃公家之天下，不独私有。故此，《礼记·礼运》曰："大道之行也，天下为公，选贤与能，讲信修睦。"若不能如此，《史记》责问："独以己之私怨求一人，何示天下之不广也？"这一思想传至后来，便有了顾炎武的疾呼："天下兴亡，匹夫有责；国之兴亡，肉食者谋。"国家兴衰的责任共同担当，统治者不能把政权据为己有，而是要善于借助民力维护国家昌盛。

得众得国，失众失国。民为国之根基，根基牢固，国家为之安定太平。自古以来，治国安邦就是政治家的首要职责。故《尚书·五子之歌》云："民惟邦本，本固邦宁。"《管子·牧民》亦曰："政之所兴在顺民心，政之所废在逆民心。"唐太宗上任初，魏征即进谏："君处台榭，则欲民有栋宇之安；食膏粱，则欲民无饥寒之患；顾嫔御，则欲民有室家之欢。"说的就是"为政之道"须遵循"以顺民心"的基本规则，此所谓"得民心者得天下"。

广开言路，兼容并蓄。海纳百川，兼听则明；厚德载物，兼容并蓄。这是我国几千年的传统美德。其道理正如《史记·李斯》所曰："泰山不让土壤，故能成其大；河海不择细流，故能就其深。""防民之口，甚于防川"，唯有以宽容的度量和大气的风范，广开言路，广泛接受公众意见，像郑国子产那样择其所善而行之，择其所恶而改之，才能及时疏通统治者与被统治者之间的关系，获得黎民百姓来自心底的拥戴，使国家不断强盛起来。

和而不同，求同存异。《左传》中有两句话："若以水济水，谁能食之？若琴瑟专一，谁能听之？"揭示的是一个简单道理，具有差异性的不同事物融合一起，可以产生互补效应，使人在感官上得到享受。"君子和而不同，小人同而不和。"其意义就在于尊重差异，包容多样，形成共识，维护统一。千古兴衰多少事，一江春水向东流。历史上的"楚汉得失""隋唐更替"等故事告诫人们：求同存异，美美与共，故能天下大同；刚愎自用，排除异己，则会丧失大好江山。

功以才成，业由才广。中华民族历来具有尚贤爱才、"择天下英才而用之"的优良传统。李世民曾说："能安天下者，惟在用得贤才。"强调尚贤者政之本，治国之要关键在善用人才。为了集聚人才，成就国家事业，早在西汉时期就实行了察举孝廉制度，由下而上推选人才，不少名公巨卿皆出自此。汉昭帝还就盐铁官营专卖一事，召见御史大夫官员及60多名贤士举行盐铁会议，几番征求意见，《盐铁论》记述了其讨论内容。

中庸致和，兼爱非攻。中庸是一种不偏不倚、折中调和的处世态度，人们处理问题宜中正平和，根据具体情况进行调整，"宽而栗，严而温，柔而直，猛而仁"，既有原则规矩，也有妥协礼让。中庸的目标是"致和"，"致中和，天地位焉，万物育焉"，表现出一种追求仁爱和谐的境界。墨子将"致和"升华为"兼相爱、交相利"的道德思想，其实质是通过"兼爱"的情感表达来改善人际关系，消除破坏性冲突，创造良好的社会环境，从而使各方面利益都能得到照顾。

政党协商的艰难求索

纵横历史，跨越春秋。"一切向前走，都不能忘记走过的路；走得再远、走到再光辉的未来，也不能忘记走过的过去，不能忘记为什么出发。"在风雨沧桑的征途中，中国共产党人洒下了"鲜血、汗水和泪水"，赴汤蹈火，对政党协商进行了艰难探索，在苦难辉煌中铸就了追求民主的初心。

国共合作的端倪。1924 年 1 月，国民党一大召开，确立了"联俄、联共、扶助农工"三大政策，第一次国共合作正式建立，开创了中国革命的新局面。在风云变幻的北伐战争中，工人运动迅猛发展，农民运动如火如荼，中共为北伐的胜利做出了卓越的贡献，也让中共深深懂得，多党合作必须牢牢掌握领导的主动权。西安事变后，国共代表多次协商，在中共坚持下，最终实现了第二次国共合作，正式建立了抗日民族统一战线。这既是协商民主的思想与实践成果，又为抗战时期的民主推进奠定了基础。中共变得日益成熟。

边区政权的探索。1939 年 2 月 6 日，边区政府委员在延安宣誓就职，第一届民选政府正式成立，产生了极大影响。"金豆豆，银豆豆，豆豆不能随便投，选好人，办好事，投在好人碗里头。"这首歌谣就是那个时期民主选举的真实写照。1941 年，边区政权机构人员分配实行"三三制"原则，无论左派右派，无论在党非党，"只要你说得对，我们就改正。你说的办法对人民有好处，我们就照你的意见办"。李鼎铭提出的"精兵简政"的政策，毛泽东带头表示支持，充分表现了共产党人的民主气质和为民情怀。

联合政府的构想。1945 年 4 月，毛泽东在中共七大提出成立民主联合政府，建设民主联盟的新民主主义的国家；同年 7 月，毛泽东坚定回答黄炎培的"窑洞之问"："我们已经找到新路，我们能跳出这周期率。这条新路，就是民主。只有让人民来监督政府，政府才不敢松懈。只有人人起来负责，才不会人亡政息"；重庆谈判期间，毛泽东三顾"特园"，在"民主之家"与张澜共商国共谈判情况；1946年1月，民盟与中共密切合作，与国民党斗智斗勇，在"旧政协"会议上，通过了《和平建国纲领》等五项协议。透过一个个历史片段，可以发觉共产党人与民主党派相互映照的赤胆忠心。

"五一口号"的主张。1948年国际劳动节之际，中共中央发布"五一口号"，标志着政党协商合作关系跨上了更高的境界。"各民主党派、各人民团体、各社会贤达迅速召开政治协商会议，讨论并实现召集人民代表大会，成立民主联合政府！""五一口号"道出了各界爱国人士的共同心声和奋斗理想。之后，在香港的各民主党派、民主人士致电毛主席，拥护中共五一时局主张，毛主席即刻电邀共商国是。民主人士和华侨代表不畏艰险，长途跋涉，陆续从香港及国统区到达东北、华北解放区，最后到达和平解放的北平古都，从此拉开了我国政党协商新的一幕。

协商建国的实践。1949年9月21日至30日，中国人民政治协商会议第一届全体会议胜利召开。会议通过了各界人士协商制订、并具有临时宪法性质的《共同纲领》。新中国的国号、国歌、国旗以及后来国徽的正式确立，无不浸透着政党之间共同协商的辛勤汗水。1949年10月1日，毛泽东主席在天安门城楼庄严宣告"中华人民共和国成立了"，各民主党派、无党派人士与共产党人站在一起，登高望远，欢欣鼓舞，见证了这个伟大的历史时刻，中国政党协商开辟了一个新纪元。

春晖万里的气象。从反右到"文革"，政党协商历经近20年的中断和迷离，在拨乱反正之后，重返民主的殿堂。1979年1月17日，邓小平在人民大会堂福建厅邀请胡厥文、胡子昂等五位原工商巨子品尝北京火锅，共同商议中国经济发展，"五老火锅宴"于是成为佳话。此后，"中国共产党领导的多党合作和政治协商"写入我国《宪法》，中共中央下发了一系列有关内容的重要文件，政党协商摆到了执政党的重要议事日程。仅在2015年一年之间，中共中央相继颁发了《关于加强社会主义协商民主建设的意见》《统一战线工作条例（试行）》《关于加强政党协商的实施意见》等三个纲领性文件，政党协商呈现了春晖万里的皇皇气象。

政党协商的时代价值

政党协商促进了新中国的成立，也促进了社会主义建设与改革，是社会主义协商民主的开路者、压舱石和风向标。面临新的形势，把握历史方位，"寻求最大公约数，凝聚改革共识，汇聚改革正能量"，在协调推进"四个全面"战略布局中，政党协商彰显了"鲜明中国特色、明显制度优势、强大自我完善能力"，它的时代价值越来越闪亮地展示在世人眼前。

提供中国方案。习近平总书记在"七一"讲话中指出："中国共产党人和中国人民完全有信心为人类对更好社会制度的探索提供中国方案"。毋庸置疑，政党协商是中国方案不可或缺的有机组成部分，其包含的民主元素如求同存异的党际关系、民族复兴的奋斗方向、尊重差异的议事作风等，有别于西方国家水火不容、势不两立的政党关系，体现了中华民族处事的聪明才智。这种"一党执政、多党参政，一党领导、多党合作"的友好关系，呈现出中国特色、中国风格、中国气派，引起了世界的侧目与关注。

凝聚政治共识。毛主席曾经说过：所谓领导权，不是要一天到晚当作口号去高喊，也不是盛气凌人地要人家服从我们，而是以党的正确政策和自己的模范工作，说服和教育党外人士，使他们愿意接受我们的建议。就党和国家大政方针、国家经济社会发展规划等重大问题，在决策之前和决策实施之中进行真诚而又充分的政党协商，既有助于扩大民主党派人士有序政治参与，畅通意见表达渠道，了解和接受执政党的政治主张，又可以最大限度地增进共识，把各民主党派的智慧和力量汇集到国家和人民的利益上来。

推进国家治理。"每有大事，必相咨访"，这是中共在长期执政实践中坚持的一个好方法。一方面，执政党以会议协商、书面协商和约谈协商等形式，围绕着国家治理的一项项专题，同民主党派座谈交流、听取意见；另一方面，民主党派通过参加各种形式的协商，积极投身于国家治理体系之中，自觉承担起国家治理的重要角色。众人划桨、同舟共济，由此形成的生动活泼、安定团结的政治局面，充分体现了各方参与国家治理的政治现代化的内在精神，让中国这艘改革大船稳健地沿着航线驶向胜利的彼岸。

坚定"四个自信"。我国的政党协商，包括了"道路自信、理论自信、制度自信、文化自信"的丰富内容。开展政党协商，也表现了"四个自信"的坚毅品格。一个时代有一个时代的主题，一代人有一代人的历史使命。如今，实现"两个百年"的奋斗目标，把党和国家、民族的利益紧密地连在一起，坚持"有事多商量，遇事多商量，做事多商量"，与人民同呼吸共命运，如期把中国特色社会主义伟大事业不断推向前进，成为大家的一致心声。就此而言，政党协商在道路、理论、制度、文化各个方面，都最有理由值得自信。

增强"四个意识"。中共中央每年召开 4 至 5 次专题协商座谈会，与民主党派中央和工商联、无党派人士代表座谈协商，征求意见，为政党协商带了个好头。由上而下的政党协商，可以极大地增强党外人士的"政治意识、大局意识、核心意识、看齐意识"，在此基础上，使大家提高"专业素养和工作能力，跟上时代节拍，避免少知而迷、无知而乱"，能够在关键时刻做到"对党忠诚、为党分忧、为党担责、为党尽责"。因此，政党协商具有无可辩驳的中国当代价值乃至未来前进方向的最大公约数。

创造幸福生活。面对着风云迭起、涛声翻滚的修昔底德、中等收入、塔西佗等"三大陷阱"，面对着保障和改善民生、发展各项社会事业、加大收入分配调节力度、打赢脱贫攻坚战等各项难题，需要进一步保证人民平等参与、平等发展的权利，激发万众一心、众志成城的意志，应对各种风险挑战。政党协商的过程，本身也是"坚持以人民为中心"、顺应人民群众向往美好生活的过程。通过广泛的协商，大家的事大家办，共同的理想共同担当，保证在中共中央的正确领导下，朝着全体人民共同富裕的目标，创造幸福生活的美好未来。

政党协商的现实问题

在现实中，开展政党协商还存在一些实际问题，应该按照习近平总书记在"七一"讲话中所指出的那样，"坚持问题导向，坚持以我们正在做的事情为中心，聆听时代声音，更加深入地推动马克思主义同当代中国发展的具体实际相结合"，把政党协商工作做得更加扎实、富有成效。

形式主义的泛滥。"红红火火搞形式，热热闹闹走过场"，对政党协商工作敷衍了事，存在简单化、表面化、浅层化的现象，想到了才协商，没想到就不协商，把协商当作是完成一项可有可无的任务。对一些重大项目，党委已"拍板"、人大已"举手"、政府已"规划"，再进行事后协商、听取各方意见，或者以通报情况、部署工作代替协商。

长官意志的干扰。有的党政领导搞"一言堂"，居高临下，霸气十足，专听顺耳之言，听不进不同声音，容不下不同意见。协商会上先入为主，领导作指示，部门介绍情况，参加协商的人员只能对决策表示赞同和支持。超越协商民主的平等关系，率先表态，抢着拍板定调，搞"一家之言"和"一锤定音"，下命令、作指示，堵塞言路，"调子"已定，不容更改。

保障机制的缺乏。政党协商的保障机制建设相对滞后，制约了民主党派在协商中发挥积极作用。在一些场合，民主党派由于不知情而致"不敢发声"或"发错声音"，"同心干"变成了"一边看"。民主党派呼吁了多年的一些好建议，有关部门既不采纳也不作正面回复，以致成为"明日黄花"。运作流程不畅，职责不清，甚至相关部门固执已见，导致协商的活力弱化，时效性和实效性不强。

协商能力的不足。民主党派的协商能力和水平有待提高。一方面不熟悉协商的方法艺术，不会把握协商的时机与场合，不善于换位思考，生搬硬套，"唯我正确"，语言生硬，结果事倍功半。另一方面既不熟悉相关情况，又不对问题进行深入调研和思考，发表意见就像读"八股文"，没有实质内容，缺乏真招，或者只会随声附和，一味说空话套话和好听的"拜年话"。

责任意识的淡薄。没有认识到搞好政党协商的政治责任，不能担负党委的"首要责任"和民主党派的"重要责任"，把协商当作一种额外负担，未能列入重要议事日程，要么不协商，要么走完程序即收场。对协商议题不做基础性准备工作，从愿望出发，对事物只凭片面了解或局部经验，主观臆断，以偏概全，或高谈阔论、东拉西扯。

操作规程的随意。不制订协商计划方案，不确定协商议题、时间、形式、参加范围，不提供与协商内容相关的参阅资料和背景材料，只当作完成一项"硬性任务"，搞"临时性协商""突击式协商"。没有依照总体要求，把握政党协商的前、中、后三个环节，按制度化、规范化、程序化的流程运行，政党协商的内容不公开、不透明，协商效果不予考评，协商成果束之高阁。

谱写政党协商新篇章

习近平总书记在"七一"讲话中发出了时代强音:"历史从不等待一切犹豫者、观望者、懈怠者、软弱者。只有与历史同步伐、与时代共命运的人,才能赢得光明的未来。"从民主党派的角度而言,进一步激发多党合作制度效能,提高政党协商质量,需要在深化认识、坚持原则、强化机制、增强能力等方面多下功夫。

坚持协商的正确方向。民主党派"参加中国共产党领导的政治协商",表明党的领导与政党协商,是统一而不是对立的。不能讲坚持党的领导就忽视乃至不要协商,也不能讲政党协商就削弱乃至放弃党的领导,党的领导贯穿于政党协商的始终。广泛听取民主党派人士的意见建议,既是执政党为了实现科学决策、民主决策,也是民主党派人士能够更好地了解接受执政党的政治主张。要通过沟通交流、反映诉求,统一思想、集思广益,在形成共识的基础上,确保政党协商沿着正确方向发展。

营造协商的和谐氛围。在政党协商中,各方要以开阔的胸襟、平等的心态、民主的作风,坦诚相待,肝胆相照,"真正形成知无不言、言无不尽的氛围"。作为执政党,"应该更加自觉地做到虚怀若谷、集思广益"。作为民主党派,则要站在全局的角度,坚持理性建言,拒绝浮躁和脱离国情的极端主张,提意见"态度必须诚恳,用词不可过激",不能把参加协商当作批评的"专利",尤其要避免抨击性语言,真正为党和政府决策建睿智之言、献务实之策。

加强协商的工作联系。政府有关部门和司法机关应加强同民主党派人士的联系,强化交流与合作,构建知情明政平台,定期走访、座谈交流,邀请列席有关工作会议,参加民主党派组织的相关专项调研和检查督导活动,帮助其优化调研选题。民主党派应积极争取各方面支持,主动作为,不能"坐等水喝",要与部门一道深入基层开展联合调研或专题考察,多角度了解国民经济和社会发展中的重大问题,全方位掌握社会信息动态,这样才能交流思想、观点互动,取得好的协商效果。

发挥协商的独特优势。发挥好政党协商的优势和作用,不是民主党派领导单枪匹马做"加法",而是党派成员集体履职做"乘法"。民主党派汇集了一大批不同专业领域的专家学者，应充分考虑成员的个体差异性和特殊性，用其专业特长，凝聚和提升党派组织的整体优势。在政党协商中，要避免"隔山喊话"或"言之无物"，前提是要尊重专家学者的主体作用，鼓励他们敞开心扉讲真话、畅所欲言道实情，然后对不同见解反复进行比较论证，由此梳理出有针对性、引领性、前瞻性和可操作性的真知灼见。

找准协商的角色定位。在政党协商过程中，民主党派的角色定位和准确选题非常重要。要善于搭建党委、政府与人民群众之间的联系桥梁，尽职尽责，帮忙助力，努力维护社会的和谐稳定。紧紧围绕经济建设中心，服务改革发展稳定大局，找准切口，选择中央关注、群众关心、社会热点、自身擅长的问题深入调查研究，关注民生，服务基层，了解群众的所思、所想、所盼、所急，真实反映群众的愿望诉求，更好地"参政参在点子上，议政议在关键处"。

力求协商的实际效果。"民主不是装饰品，不是用来做摆设的，而是要用来解决人民要解决的问题的。"政党协商不是为了好听和好看，最终成效要体现在意见建议的质量和采纳上。民主党派能够捕捉问题，分析问题，抓住问题的实质要害，实事求是地提出解决问题的有效办法，促进相关部门制订具体措施，这才是对政党协商质量和实效的最好诠释。故而，提高协商质量，增强协商实效，力求协商管用，这是政党协商的孜孜追求，也是推进协商民主的本质要求。

"以天下之目视，则无不见也；以天下之耳听，则无不闻也；以天下之心虑，则无不知也。"当前，我们正处于一个风起云涌的伟大时代，比任何时候更需要凝聚共识、增进团结。历经岁月的磨砺，政党协商这一中国化的民主政治形式，必将在新的历史时期发挥更大作用，谱写出更加宏伟的篇章！

（原载于《光华时报》2016 年 8 月 16 日）

后 记

斯如初唐才俊王勃在著名的《滕王阁序》中所吟："闲云潭影日悠悠，物换星移几度秋。"不知不觉，在政协任职已经是整整十年的时光。

雪花儿追逐着蜡梅，云彩里跳跃出星光。十年间，面对着政协和党派的各种工作，有感受也有思考，有体验也有领悟，随手将一些所思所悟记录成长短不一的文字，其中大部分散见于各种报刊。林林总总算起来，近年来发表的文章加起来有近百篇。

在一些文字见诸报刊之后，自己也觉得这些文字未必有什么太大的价值，总是不太在意地把它们堆积于书柜的底层里角。但毕竟是花费心血敲写出来的，"自己的孩子自己爱"，我还是不愿意让它们成为过眼云烟，一闪即逝，此所谓"敝帚自珍"矣。因此总希冀有个机会将这些文字结集成册。

幸好我遇到了这个机会。感谢中国文史出版社王文运编辑的大力支持和帮助，他把本书列入政协委员文库的出版计划，并提出具体编选建议。将一大堆新旧文稿收拾成为一本书，其实也不是一件轻松的事情。感谢我的同事刘文萍、赵金华、孙超洋、李冰洁诸君，他们在繁忙的工作之余，断断续续对我十余年来的文稿收集修订，并进行整理归类，于是也就成了今天这本书的模样。

借此机会，我还想谈谈本书的书名《江水流墨》。"江水"者，江西吉水之简称。吉水自古以来就是"文章节义之邦，人文渊源之地"，南宋爱国诗人杨万里、文天祥等就诞生在这块文化丰沃的土地。杨万里曾写过一首著名的《江水》:"水色本正白,积深自成绿。江妃将底药,软此千里玉。"江水之美尽显于笔下。"流墨"者,可理解为"流动的文墨",或"留下的墨迹"。文天祥最著名的诗句,莫过于"人生自古谁无死,留取丹心照汗青","汗青"即是由竹简而演变为文墨,逐渐成为"史册"的代称。

我是江西吉水人氏,家乡就在江西母亲河——赣江的东岸。少年时,我会发呆似的眺望着被风吹皱的一江清水,载着片片落叶向远方静静地流淌,"我的心没底止的跟着风吹",跟着江走,跟着浪流。年纪大了,江水的记忆没有尽头,于是化作一缕缕抹不去的乡愁、一串串似浓似淡的墨迹。故我乐意用"江水流墨"作为本书的书名。

刘晓庄

2017 年 12 月 20 日

图书在版编目（CIP）数据

江水流墨 / 刘晓庄著. —北京：中国文史出版社，2018.6
（政协委员文库）
ISBN 978-7-5205-0381-5

Ⅰ.①江…　Ⅱ.①刘…　Ⅲ.①社会科学—文集　Ⅳ.① C53

中国版本图书馆 CIP 数据核字（2018）第 147031 号

责任编辑：王文运

出版发行：	中国文史出版社	
社　　址：	北京市西城区太平桥大街 23 号　邮编：100811	
电　　话：	010—66173572　66168268　66192736（发行部）	
传　　真：	010—66192703	
印　　装：	北京地大彩印有限公司	
经　　销：	全国新华书店	
开　　本：	787×1092　1/16	
印　　张：	22.75　　插页：1	
字　　数：	375 千字	
版　　次：	2018 年 8 月北京第 1 版	
印　　次：	2018 年 8 月第 1 次印刷	
定　　价：	68.00 元	